Krypto-Mining für Dummie
Schummelseite

GRUNDLAGEN DES KRYPTO-MININGS

Kryptowährungen wie Bitcoin und andere werden durch ein algorithmisches Verfahren, das umgangssprachlich als *Mining* bezeichnet wird, generiert und abgesichert. Der Mining-Prozess stützt Peer-to-Peer-Kryptowährungen durch die Verifizierung und Speicherung von Transaktionen. Die Miner betreiben Mining-Rigs, also spezielle Computer, die neue Transaktionsblöcke erzeugen und sie an die Kryptowährungs-Blockchain anhängen. Im Gegenzug erhalten die Miner frisch geprägte Coins und Transaktionsgebühren als Vergütung. Das Krypto-Mining stärkt das aus zahlreichen Nodes bestehende Peer-to-Peer-Netzwerk und macht Angriffe auf das Netzwerk extrem schwierig und teuer. Miner tragen wesentlich zum Schutz des Systems vor Hackern und anderen Angriffen auf die Integrität der Kryptowährung bei.

Wenn Sie Krypto-Mining betreiben wollen, müssen Sie unbedingt immer auf dem neuesten Stand bleiben. Sehen Sie sich also die folgende Liste von (englischsprachigen) Ressourcen an, um auf dem Laufenden zu bleiben:

- ✔ **Bitcoin Talk:** Nutzen Sie Bitcoin Talk, um sich über fast jedes Kryptowährungsthema zu informieren, einschließlich des Minings (aber definitiv nicht darauf beschränkt). Trotz des Namens geht es hier nicht nur um Bitcoin, sondern es werden viele verschiedene Kryptowährungen diskutiert. Zum Beispiel wurden die beliebtesten alternativen Kryptowährungen hier vor dem Start angekündigt.

    `https://bitcointalk.org/index.php?topic=375643.0.`

- ✔ **Bitcoin Subreddit:** Das Bitcoin-Subreddit bietet ein tolles Forum für viele Neuigkeiten und aktuelle Ereignisse und gibt einen Einblick in die aktuelle Stimmung in der Community. Allerdings ist nicht alles ernst gemeint; Sie werden zahlreiche Memes, Witze und andere nicht Mining-bezogene Inhalte finden.

    `https://www.reddit.com/r/Bitcoin/`

- ✔ **Bitcoin Beginners Subreddit:** Das Bitcoin Beginners Subreddit ist eine noch bessere Ressource für Neueinsteiger in diesem Bereich und bietet eine Menge großartiger Informationen für Neulinge.

    `https://www.reddit.com/r/BitcoinBeginners/`

- ✔ **CoinDesk:** CoinDesk ist eine vernünftige Nachrichtenquelle in einer Branche, die mit fehlerhaften Krypto-Nachrichtenkanälen gespickt ist. Hier finden Sie auch Wechselkursdaten verschiedener Kryptowährungen.

    `https://www.coindesk.com/`

Krypto-Mining für Dummies

Schummelseite

- ✔ **CoinJournal:** CoinJournal ist ebenfalls eine gute Quelle für Krypto-News und grenzt Pressemitteilungen klar von Nachrichtenartikeln ab, so dass die Leser Öffentlichkeitsarbeit und Journalismus auseinanderhalten können.

  `https://coinjournal.net/`

- ✔ **Bitcoin Magazine:** Das Bitcoin Magazine ist seit langem eine zuverlässige Nachrichtenquelle im Kryptowährungsbereich. Obwohl die Druckausgabe schon vor Jahren eingestellt wurde, bietet es immer noch eine gute und kontinuierliche Berichterstattung auf seiner Website.

  `https://bitcoinmagazine.com/`

- ✔ **Merkle Report:** Der Merkle Report kuratiert eine Vielzahl relevanter Inhalte aus verschiedenen Nachrichtenquellen im Bereich Blockchain und Kryptowährungen. Er ist damit eine gute Anlaufstelle für Nachrichten aus der gesamten Branche.

  `https://www.merklereport.com/`

- ✔ **Messari:** Messari bietet eine Fülle von kryptowährungsorientierten Daten und Untersuchungsergebnissen sowie Nachrichten aus der gesamten Branche. Außerdem gibt es einen täglichen Newsletter, um über aktuelle Trends auf dem Laufenden zu bleiben.

  `https://messari.io/`

- ✔ **Block Digest:** Block Digest ist eine hervorragende Nachrichtenquelle in Form eines wöchentlichen Podcasts, in dem verschiedene Leute aus der Community Neuigkeiten und Schlagzeilen aus dem Bereich von Bitcoin diskutieren und analysieren.

  `https://www.youtube.com/c/blockdigest`

- ✔ **Stack Exchange:** Die Bitcoin Stack Exchange birgt eine große Fundgrube an Fragen, die von anderen Kryptocurrency-Enthusiasten beantwortet werden. Jeder kann eine Frage oder eine Antwort posten. Wenn Sie nach bestimmten Antworten suchen, ist die Wahrscheinlichkeit groß, dass Ihre Frage bereits von jemandem beantwortet wurde.

  `https://bitcoin.stackexchange.com/`

Krypto-Mining für Dummies

Schummelseite

EINE KRYPTOWÄHRUNG ZUM MINING AUSWÄHLEN

Überstürzen Sie Ihre Entscheidung, welche Kryptowährung Sie abbauen wollen, nicht. Mit Ihrer Auswahl steht und fällt möglicherweise die Rentabilität des Minings. Einige der wichtigsten Aspekte, die es bei der Auswahl der zu schürfenden Kryptowährung zu berücksichtigen gilt, sind Beständigkeit, Sicherheit, Rückhalt in der Community, relative Dezentralisierung, die Verteilungsmethode der Coins sowie Ihre persönlichen Vorlieben. Wenn die gewählte Kryptowährung eine oder mehrere dieser wesentlichen Eigenschaften eines gut funktionierenden Peer-to-Peer-Systems vermissen lässt, könnte es schwierig werden, sie auch langfristig profitabel zu schürfen.

Die folgende Tabelle enthält Hintergrundinformationen zu häufig geschürften Kryptowährungen:

Coin	Ticker-Symbol	Maximale Coinmenge	Im Umlauf befindliche Coinmenge	Alter in Jahren	Aktueller Preis	Netzwerk-Hashrate	Mining-Algorithmus
Bitcoin	BTC/XBT	21.000.000	85 %	10	10.385 $	72 EH/s	SHA-256d
Ethereum	ETH	–	–	4	185 $	172 TH/s	Ethash
Bitcoin Cash	BCH	21.000.000	85 %	2	310 $	2,2 EH/s	SHA-256d
Litecoin	LTC	84.000.000	75 %	8	75 $	340 TH/s	Scrypt
Grin	GRIN	–	–	1	3 $	4,14 GH/s	Cuckoo Cycle
Monero	XMR	–	–	5	81 $	327 MH/s	CryptoNight
Dash	DASH	18.900.000	51 %	5	94 $	3 PH/s	X11
Zcash	ZEC	21.000.000	34 %	3	50 $	5 GH/s	Equihash

Krypto-Mining für Dummies

Schummelseite

POOL-MINING ODER SOLO-MINING?

Abhängig von der Leistungsfähigkeit Ihrer Hardware und der Blockschwierigkeit der zu schürfenden Kryptowährung können die Chancen, einen neuen Block durch *Solo-Mining* zu finden, extrem gering sein: Ähnlich den Gewinnchancen beim Kauf eines Lotterieloses. Daher ist es oft sinnvoller, sich einem Mining-Pool anzuschließen und so eine gleichmäßige und relativ konstante Belohnung zu erhalten.

Hier ist eine kurze Auflistung einiger Mining-Pools nach Kryptowährungen:

Bitcoin (BTC):

- ✔ BTC.top: https://www.btc.top
- ✔ Huobi: https://www.huobipool.com/pow
- ✔ Poolin: https://www.poolin.com/
- ✔ Slush Pool: https://slushpool.com/

Litecoin (LTC):

- ✔ Huobi: https://www.huobipool.com/pow
- ✔ Poolin: https://www.poolin.com/

Ethereum (ETH):

- ✔ Minerall Pool: https://minerall.io/
- ✔ Mining Express: https://miningexpress.com/
- ✔ Nanopool: https://eth.nanopool.org/
- ✔ PandaMiner: https://eth.pandaminer.com/ (wählen Sie oben rechts Englisch als Sprache aus)
- ✔ Spark Pool: https://www.sparkpool.com/

Zcash (ZEC):

- ✔ Slush Pool: https://slushpool.com/

Monero (XMR):

- ✔ Poolin: https://www.poolin.com/
- ✔ SupportXMR: https://www.supportxmr.com/

Krypto-Mining für Dummies

Schummelseite

VORSÄTZE FÜR KRYPTOWÄHRUNGS-MASSEINHEITEN

Zettahash	ZH	Trilliarde Hashes	10^{21}	1.000.000.000.000.000.000.000
Exahash	EH	Trillion Hashes	10^{18}	1.000.000.000.000.000.000
Petahash	PH	Billiarde Hashes	10^{15}	1.000.000.000.000.000
Terahash	TH	Billion Hashes	10^{12}	1.000.000.000.000
Gigahash	GH	Milliarde Hashes	10^{9}	1.000.000.000
Megahash	MH	Million Hashes	10^{6}	1.000.000
Kilohash	kH	Tausend Hashes	10^{3}	1000

Die Abkürzung von Kilohash lautet kH, mit einem kleinen k, weil das große K im SI-System für das Temperaturmaß *Kelvin* steht. Diese Einheitenvorsätze können in jedem Kontext verwendet werden, in dem große Zahlen auftauchen. Im Kryptowährungsbereich werden sie meist für Hashes und Watt verwendet.

Krypto-Mining für Dummies

Schummelseite

UNTERTEILBARKEIT VON KRYPTOWÄHRUNGEN

Kryptowährungen lassen sich je nach Spezifikation des Protokolls in viele kleine Untereinheiten stückeln. Auch beim Euro wird ja nicht jeder Transaktion immer in ganzen Euros durchgeführt, sondern möglicherweise auch in Bruchteilen eines Euros (Euros und Cents). So können auch Kryptowährungstransaktionen mit Bruchteilen von Coins durchgeführt werden. Sie brauchen beispielsweise keine ganzen Bitcoins zu kaufen.

Hier ist eine Übersicht über einige der gebräuchlichsten Einheiten, die im Hinblick auf verschieden Mengen von Bitcoins verwendet werden (es gibt noch weitere; siehe `https://en.bitcoin.it/wiki/Units`). Andere Kryptowährungen haben eine ähnliche Unterteilbarkeit der Einheiten. Die Liste nutzt BTC als Tickersymbol von Bitcoin, wobei XBT eine ebenfalls gängige Alternative darstellt.

Megabitcoin	MBTC	Millionen Bitcoin	10^6	1.000.000
Kilobitcoin	kBTC	tausend Bitcoin	10^3	1000
Hectobitcoin	hBTC	hundert Bitcoin	10^2	100
Decabitcoin	daBTC	zehn Bitcoin	10^1	10
Bitcoin	BTC	ein Bitcoin	10^0	1,0
Decibitcoin	dBTC	Zehntel Bitcoin	10^{-1}	0,1
Centibitcoin	cBTC	Hundertstel Bitcoin	10^{-2}	0,01
Millibitcoin	mBTC	Tausendstel Bitcoin	10^{-3}	0,001
Microbitcoin	µBTC	Millionstel Bitcoin	10^{-6}	0,000.001
Satoshi	sat	Hundertmillionstel Bitcoin	10^{-8}	0,000.000.01

Krypto-Mining für Dummies

Peter Kent und Tyler Bain

Krypto-Mining für dummies®

Übersetzung aus dem Amerikanischen von
Isolde Kommer

WILEY

WILEY-VCH Verlag GmbH & Co. KGaA

Krypto-Mining für Dummies

Bibliografische Information der Deutschen Nationalbibliothek

Die Deutsche Nationalbibliothek verzeichnet diese Publikation in der Deutschen Nationalbibliografie; detaillierte bibliografische Daten sind im Internet über http://dnb.d-nb.de abrufbar.

© 2020 WILEY-VCH Verlag GmbH & Co. KGaA, Weinheim

Original English language edition Cryptocurrency Mining For Dummies © 2020 by Wiley Publishing, Inc
All rights reserved including the right of reproduction in whole or in part in any form. This translation published by arrangement with John Wiley and Sons, Inc.

Copyright der englischsprachigen Originalausgabe Cryptocurrency Mining For Dummies © 2020 by Wiley Publishing, Inc. Alle Rechte vorbehalten inklusive des Rechtes auf Reproduktion im Ganzen oder in Teilen und in jeglicher Form. Diese Übersetzung wird mit Genehmigung von John Wiley and Sons, Inc. publiziert.

Wiley, the Wiley logo, Für Dummies, the Dummies Man logo, and related trademarks and trade dress are trademarks or registered trademarks of John Wiley & Sons, Inc. and/or its affiliates, in the United States and other countries. Used by permission.

Wiley, die Bezeichnung »Für Dummies«, das Dummies-Mann-Logo und darauf bezogene Gestaltungen sind Marken oder eingetragene Marken von John Wiley & Sons, Inc., USA, Deutschland und in anderen Ländern.

Das vorliegende Werk wurde sorgfältig erarbeitet. Dennoch übernehmen Autoren und Verlag für die Richtigkeit von Angaben, Hinweisen und Ratschlägen sowie eventuelle Druckfehler keine Haftung.

Coverfoto: © Aleksandar – stock.adobe.com
Korrektur: Matthias Delbrück, Dossenheim/Bergstraße
Satz: SPi Global, Chennai
Druck und Bindung: CPI books GmbH, Leck

Print ISBN: 978-3-527-71663-0
ePub ISBN: 978-3-527-82529-5

Über die Autoren

Peter Kent erklärt seit fast 40 Jahren Laien technische Themen. Er hat über 60 Bücher geschrieben (unter anderem »Complete Idiot's Guide to the Internet«). Außerdem berät er Unternehmen, gibt Online-Kurse, Seminare und Workshops und tritt vor Gericht als Sachverständiger für Technologiefragen auf. Vor Kurzem hat er einen achtstündigen Videokurs über den Umgang mit Kryptowährungen (»Crypto Clear: Blockchain und Cryptocurrency Made Simple«) entwickelt. Mehr darüber finden Sie auf CryptoOfCourse.com.

Tyler Bain beschäftigt sich seit mehreren Jahren mit Krypto-Mining. Er lebt als Ingenieur in Colorado und hat an der Colorado School of Mines in Golden ein Ingenieurstudium mit der Fachrichtung Elektronik absolviert. Er hält den Kontakt zu Krypto-Mining-Unternehmen, arbeitet derzeit als Elektronikingenieur für eine lokale Energieversorgungskooperative und ist ein begeisterter Kryptowährungs-Miner. Er ist außerdem aktives Mitglied des Institute of Electrical and Electronics Engineering, der Rocky Mountain Electrical League und hat das Electric Power Research Institute beraten. Sein Herz schlägt für die Elektrifizierung des Finanz- und des Transportwesens, Peer-to-Peer-Systeme und das Stromnetz.

Widmung

Peter: Dieses Buch ist für Monique.

Tyler: Ich möchte dieses Buch Satoshi Nakamoto widmen, ohne den/die unser Buch weitaus weniger interessant gewesen wäre, sowie der gesamten Bitcoin- und Cryptocurrency-Community: Wir alle sind Satoshi.

Danksagung

Peter: Mein besonderer Dank geht an Tyler, denn ohne ihn hätte ich dieses Buch bestimmt nicht schreiben können! Ich danke auch Matt Millen, der uns auf den Weg (und mich mit Tyler in Verbindung) gebracht und das Fachlektorat übernommen hat, und Steve Hayes bei Wiley, von dem die ursprüngliche Idee stammt (man braucht ein ganzes Dorf, um ein Buch herauszubringen!).

Tyler: Dieses Buch wäre nicht möglich gewesen ohne all die Hilfe von Peter, Matt Millens wunderbare Impulse, die unglaubliche Unterstützung der wunderbaren Danielle, die Lektionen, die ich durch BitOFreedom mit Darrin gelernt habe, und die Aufmunterung durch meine Familie und Freunde.

Auf einen Blick

Über die Autoren.. 11

Einführung... 23

Teil I: Die Grundlagen von Kryptowährungen................... 27
Kapitel 1: Kryptowährungen kurz erklärt........................ 29
Kapitel 2: Krypto-Mining verstehen............................. 51
Kapitel 3: Die Reise der Transaktion zur Blockchain............ 59
Kapitel 4: Die verschiedenen Arten des Minings entdecken...... 71

Teil II: Die Evolution des Krypto-Minings..................... 89
Kapitel 5: Die Evolution des Minings........................... 91
Kapitel 6: Die Zukunft des Krypto-Minings..................... 101

Teil III: Ein Krypto-Miner werden............................ 111
Kapitel 7: Mining leicht gemacht: Einen Pool finden und ein Benutzerkonto einrichten........................ 113
Kapitel 8: Eine Kryptowährung auswählen...................... 137
Kapitel 9: Die Ausrüstung zusammenstellen.................... 167
Kapitel 10: Die Mining-Hardware einrichten................... 189

Teil IV: Betriebswirtschaftliche Aspekte des Minings......... 217
Kapitel 11: Rechnen Sie nach: Lohnt es sich?.................. 219
Kapitel 12: Kosten senken und immer einen Schritt voraus sein. 245
Kapitel 13: Ihr Business betreiben............................ 265

Teil V: Der Top-Ten-Teil..................................... 287
Kapitel 14: Etwa zehn Tipps für den Fall, dass der Markt einbricht.. 289
Kapitel 15: Zehn Möglichkeiten zur Steigerung der Kapitalrendite. 309
Kapitel 16: Zehn Kritikpunkte an Kryptowährungen und am Mining. 319

Stichwortverzeichnis.. 331

Inhaltsverzeichnis

Über die Autoren **11**

Einführung **23**
    Über dieses Buch 23
    Törichte Annahmen über den Leser 24
    Im Buch verwendete Symbole 24
    Über dieses Buch hinaus 24
    Wie geht es weiter? 25

TEIL I
DIE GRUNDLAGEN VON KRYPTOWÄHRUNGEN 27

Kapitel 1
Kryptowährungen kurz erklärt 29
    Eine kurze Historie des digitalen Dollars 29
        Zuerst kam das Internet 30
        Verwirrung mit Kreditkarten 30
        Und noch ein wenig David Chaum 31
        Ergebnis? DigiCash, E-Gold, Millicent, Cybercash und weitere 31
        Das Bitcoin-Whitepaper 32
        Bitcoin: Die erste Blockchain-Anwendung 33
        Wer (oder was) ist Satoshi Nakamoto? 33
    Was ist die Blockchain? 34
        Eine Kette rund um die Welt – das Blockchain-Netzwerk 34
        Hashing: »Fingerabdrücke« von Blöcken nehmen 35
        Die Blockchain ist »unveränderbar« 36
    Wo ist das Geld? 37
    Was bedeutet das »Krypto« in Kryptowährung? 39
    Public-Key-Verschlüsselung 41
        Nachrichten an die Blockchain 42
        Nachrichten mit dem Private Key signieren 43
        Die Blockchain-Adresse – hier liegt Ihr Geld 43
        Eine Transaktionsnachricht senden 43
        Die Nachricht entziffern 44
    Die wesentlichen Elemente von Kryptowährungen 46
        Was befindet sich in einer Wallet? 46
        Private Schlüssel erzeugen öffentliche Schlüssel 47
        Öffentliche Schlüssel erzeugen Blockchain-Adressen 47
        Der private Schlüssel gibt Zugriff auf die Adresse 47
    Woher kommt die Kryptowährung? Aus Kryptominen (manchmal) 48

Kapitel 2
Krypto-Mining verstehen **51**
    Dezentrale Währungen verstehen 51
    Die Rolle der Krypto-Miner untersuchen 53
    Vertrauen in eine Kryptowährung schaffen............................. 54
        Die byzantinischen Generäle 55
    Proof-of-Work und Proof-of-Stake 56
    Die Krypto-Welt am Laufen halten 58

Kapitel 3
Die Reise der Transaktion zur Blockchain **59**
    Das Kryptowährungsnetzwerk... 59
    Transaktionen verschicken... 63
        Transaktionsgebühren im Detail betrachtet 64
        Change-Adresse 65
        Die Transaktion verifizieren 66
        Das 10-Minuten-Rennen um Bitcoin............................. 67
        Die Bitcoins einstreichen... 69

Kapitel 4
Die verschiedenen Arten des Minings entdecken.............. **71**
    Proof-of-Work-Algorithmen 71
        Anwendungen von Proof-of-Work................................ 73
        Beispiele für Proof-of-Work 74
        Vorteile... 75
        Nachteile 76
    Proof-of-Stake-Algorithmen.. 77
        Wie funktioniert Proof-of-Stake? 78
        Auswahlverfahren bei Proof-of-Stake........................... 78
        Beispiele für PoS-Kryptowährungen 80
        Vorteile... 81
        Nachteile 81
    Hybrides Proof-of-Stake/Proof-of-Work................................. 82
        Hybride Kryptowährungen 83
        Beispiele für Hybrid-Währungen 84
        Vorteile... 85
        Nachteile 85
    Delegated Proof-of-Stake (dPoS).. 86
    Delegated Byzantine Fault Tolerance (dBFT)........................... 86
    Proof-of-Burn (PoB).. 87
    Und MEHR 88

TEIL II
DIE EVOLUTION DES KRYPTO-MININGS 89

Kapitel 5
Die Evolution des Minings 91
Die Evolution des Proof-of-Work-Minings 91
    CPU-Mining 92
    Einsatz von GPUs 92
    Aufkommen von FPGAs 93
    Vorherrschaft und Effizienz von ASICs 93
Die Zeit des Solo-Minings 95
Pool-Mining 95
    Was ist ein Mining-Pool? 96
    Einen Pool wählen 97
    Vor- und Nachteile des Pool-Minings 97
Cloud-Mining 98
    Vergleich von Pool-Mining und Cloud-Mining 99
    Vor- und Nachteile des Cloud-Minings 99

Kapitel 6
Die Zukunft des Krypto-Minings 101
Kontinuierliche Effizienzsteigerung bei der Rechenleistung 101
    Mit weniger mehr erreichen 101
    An die physikalischen Grenzen gehen 102
Beteiligung von Nationalstaaten und Unternehmen 102
    Nationalstaaten 102
    Unternehmen 104
    Ein Blick in die Zukunft 104
Die sagenumwobene Todesspirale beim Mining 105
    Block-Difficulty 106
    Algorithmus zur Anpassung der Blockschwierigkeit 106
    Miner der letzten Instanz 108

TEIL III
EIN KRYPTO-MINER WERDEN 111

Kapitel 7
Mining leicht gemacht: Einen Pool finden und
ein Benutzerkonto einrichten 113
Mining-Pools für Kryptowährungen verstehen 114
Einen Pool wählen 115
    Pools, die gute Einstiegsmöglichkeiten bieten 116
    Einige der größten Pools 117
    Anreize und Vergütungen 118
    Ideologie des Pools 120
    Reputation des Pools 121
    Poolgebühren 122
    Prozentualer Anteil des Pools am gesamten Netzwerk 123

Einen Pool-Account einrichten. 125
    Serverauswahl 126
    Poolspezifische Einstellungen am Mining-Equipment 126
    Auszahlungsadresse 127
    Auszahlungsschwellen. 127
Mining-Pool-Recherche. 128
Cloud-Mining 129
Honeyminer 130

Kapitel 8
Eine Kryptowährung auswählen 137

Ihre Ziele abstecken 138
Schürfbar? PoW? PoS?. 140
Kryptowährungen recherchieren 141
    Websites zum Vergleichen der Mining-Profitabilität. 141
    Algorithmen und Kryptowährungen 145
    Die Detailseiten der Kryptowährungen 152
    Profitabilitätsrechner. 153
    Die Homepage der Kryptowährung 155
    GitHub 155
    Die Wikipedia-Seite der Kryptowährung. 156
    Mining-Foren. 157
In die Tiefe gehen 157
    Lebensdauer einer Kryptowährung 157
    Zusammenhang zwischen Hashrate und Sicherheit 158
    Unterstützung durch die Community 160
Dezentralisierung ist gut. 161
Nähern Sie sich Stück für Stück an 165

Kapitel 9
Die Ausrüstung zusammenstellen 167

Die richtige Mining-Hardware auswählen 167
    Angegebene Hashrate. 168
    Angegebene Leistungsaufnahme 170
    Hardwarekosten und andere Überlegungen 174
    Nutzungsdauer der Hardware 175
Hersteller von Mining-Equipment. 176
    Hersteller von ASIC-Rigs 176
    Hersteller von GPU-Rigs 177
Eine Wallet zur sicheren Aufbewahrung Ihrer privaten Schlüssel 178
    Verschiedene Arten von Wallets 178
    Ihre Wallet absichern und ein Backup erstellen 180
Wohin mit der Mine? Einen geeigneten Standort finden. 182
    Prüfen Sie, ob Sie von zu Hause aus Kryptowährungen schürfen können . 182
    Anforderungen an die Internetverbindung 182
    Gedanken zur Stromversorgung 184
    Rechenzentren und andere geeignete Gewerbeflächen 187

Kapitel 10
Die Mining-Hardware einrichten 189
ASIC-Mining-Rigs 189
    Racks 189
    Stromversorgung 191
    Steckerleisten 193
    Internet- und LAN-Verbindung 194
    Ein Computer zur Steuerung Ihrer Anlage 195
GPU-Mining-Rigs 197
    Ihr GPU-Rig online bringen 197
    Einen eigenen GPU-Miner bauen 198
CPU-Mining 209
Mining-Software 210
    Pool-Mining 210
    Solo-Mining 214

TEIL IV
BETRIEBSWIRTSCHAFTLICHE ASPEKTE DES MININGS 217

Kapitel 11
Rechnen Sie nach: Lohnt es sich? 219
Einflussfaktoren auf die Profitabilität des Minings 219
    Anschaffungskosten der Ausrüstung 220
    Hashrate Ihrer Ausrüstung 221
    Effizienz der Mining-Hardware 225
    Wartungskosten 227
    Gebäudekosten 228
    Stromkosten 229
    Gesamte Netzwerk-Hashrate 231
    Informationen über Ihren Pool 232
    Block-Rewards 232
    Marktpreis der Kryptowährung 233
Ihre Kapitalrendite berechnen 233
    Block-Rewards 233
    Ihre Ausgaben 237
    Die Kapitalrendite (ROI) berechnen 238
    Die Unbekannten kennen 238
    Online-Profitabilitätsrechner 239
    Historische Schätzungen 241

Kapitel 12
Kosten senken und immer einen Schritt voraus sein 245
Profitabilität durch Effizienz 246
    In die Jahre gekommene Ausrüstung modernisieren 246
    Verschiedene Kryptowährungen schürfen 246
    Abwärme nutzen 246
    Stromrechnung senken 247

Wissen ist Macht 249
    Warum aktuelle Ereignisse wichtig sind 251
    Die »Fork-Kriege« 251
    Ihre Entscheidungen bei Forks. 255
Heute noch da und morgen schon weg 259
Ihre Mining-Ressourcen einschätzen 260
    Steigender Wettbewerb beim Mining 260
    Steigende Block-Difficulty 260
    Sinkende Einnahmen durch Halbierungen 261

Kapitel 13
Ihr Business betreiben 265

Was tun mit der gewonnenen Kryptowährung? 265
    Ihre Kryptowährung umtauschen 266
    Ausrüstung kaufen und Rechnungen bezahlen 266
    Auch dann mit Krypto bezahlen, wenn Sie nicht mit Krypto bezahlen
    können. 267
    Den Mining-Betrieb erweitern oder modernisieren 268
    Vergessen Sie die Steuern nicht. 269
    Kryptowährung hodln 269
    Kryptowährung investieren 271
    Kryptowährung für wohltätige Zwecke spenden. 271
    Kryptowährung verschenken. 272
Den Verkaufszeitpunkt bestimmen 272
    Marktindikatoren für Kryptowährungen 272
    Wo Sie verkaufen können: Kryptowährungsbörsen 275
Cost Averaging 278
    Durchschnittskosteneffekt beim Einkauf 278
    Durchschnittskosteneffekt beim Verkauf. 279
    Verwahrungsrisiko auf Exchanges. 280
Ihr Mining-Betrieb und die Steuer. 280
    Minen ist etwas anderes als investieren! 280
    Es wird kompliziert. 281
Vergrößern? 282
    Übertreiben Sie es nicht 282
    Wichtige Etappenziele vor der Reinvestition 283
    Die Expansion planen 285

TEIL V
DER TOP-TEN-TEIL 287

Kapitel 14
Etwa zehn Tipps für den Fall, dass der Markt einbricht. 289

Einen Plan haben. 290
Wie lange halten Sie durch? 290
Aus der Geschichte des Marktes lernen. 292
Keine Panik! 296

Bei niedrigen Kursen kaufen 297
Suchen Sie nach Vorteilen 297
Mit einer Markterholung rechnen............................... 298
Von Ihrem ersten Markteinbruch lernen......................... 299
Berücksichtigen Sie die Marktvolatilität...................... 299
Zu einer anderen Kryptowährung wechseln....................... 302
Das Mining einstellen!.. 302
    Einfache Berechnungen 304
    Aufhören oder weitermachen? 305

Kapitel 15
Zehn Möglichkeiten zur Steigerung der Kapitalrendite....... 309
Machen Sie Ihre Hausaufgaben.................................. 309
Den richtigen Zeitpunkt für den Einstieg wählen............... 310
Am Markt spekulieren.. 311
Alternative Kryptowährungen mit niedriger Hashrate finden 311
Eine Blockchain von Anfang an abbauen......................... 312
Klein anfangen.. 314
Entscheidungen hinsichtlich der Skalierung 315
Billigen Strom finden... 315
Effiziente Kühlung 317
Hardware-Schnäppchen machen 318

Kapitel 16
Zehn Kritikpunkte an Kryptowährungen und am Mining 319
Energieverbrauch 319
Verschwendete Rechenleistung 322
Skalierbarkeit, Transaktionsgeschwindigkeit und Durchsatz 324
Faire Verteilung der Coins 326
Blasenbildung und Volatilität an den Märkten 326
Zentralisierung... 327
Abzocke und Betrug 328
Preisinflation und Verknappung bei der Hardware 329
Brandrisiken.. 329
Beschwerden von Nachbarn 330

Stichwortverzeichnis 331

Einführung

Willkommen zu *Krypto-Mining für Dummies*. Wir möchten Ihnen helfen, in die wunderbare Welt des Kryptowährungs-Minings einzusteigen. Natürlich brauchen Sie unsere Hilfe dazu nicht. Sie können ebenso gut Google oder eine andere große Suchmaschine aufrufen, suchen und direkt einsteigen. Dort finden Sie viele nützliche Informationen ...

Ha! Probieren Sie es aus und sehen Sie selbst. Sie ertrinken dabei in einer Flut aus verwirrenden Blog-Posts, widersprüchlichen »Nachrichtenartikeln«, unverständlichen Wiki-Einträgen und irreführenden YouTube-Videos.

Hier kommen wir also ins Spiel. Unsere Aufgabe ist es, alles in verständliche, leicht verdauliche, mundgerechte Stücke zu zerlegen, die ein normaler Mensch wie Sie lesen und verstehen kann.

Über dieses Buch

Dieses Buch erklärt, vereinfacht und entmystifiziert die Welt des Krypto-Minings. Sie erfahren, was Sie wissen und tun müssen, um eine qualifizierte Entscheidung darüber treffen zu können, ob und wie Sie mit dem Mining beginnen wollen.

In diesem Buch erklären wir

- ✔ wie das Krypto-Mining funktioniert und welchen *Zweck* es erfüllt (es kann ja nicht *ausschließlich* dazu dienen, dass Sie damit Geld verdienen, oder?),
- ✔ die unterschiedlichen Algorithmen mit ihrer Funktionsweise – Proof-of-Work, Proof-of-Stake, delegated Proof-of-Stake und weitere – und was es mit dem »Hashen« auf sich hat,
- ✔ die unterschiedlichen Mining-Möglichkeiten: Pool-Mining, Solo-Mining, Cloud-Mining,
- ✔ unterschiedliche Mining-Hardwaresysteme für CPU-Mining, GPU-Mining, FGPA-Mining und ASIC-Mining,
- ✔ wie Sie die richtige Kryptowährung fürs Mining auswählen,
- ✔ wie Sie einen Mining-Pool finden und nutzen,
- ✔ wie Sie Ihre Hard- und Software fürs Mining einrichten
- ✔ wie Sie Ihre potenziellen Gewinne (oder Verluste!) berechnen und dabei die Hashrate des Netzwerks und Ihrer Mining-Hardware, den Umrechnungskurs, die Stromkosten und mehr berücksichtigen,

✔ wo Sie eine Fülle von hilfreichen Ressourcen finden, die Sie auf Ihrer Mining-Reise begleiten

✔ und noch viel mehr!

Törichte Annahmen über den Leser

Wir wollen überhaupt keine Annahmen treffen, aber wir müssen davon ausgehen, dass Sie als Leser dieses Buches bereits einige Dinge über das Internet und über Kryptowährungen wissen. Wir glauben, dass Sie sich online zurechtfinden und mit Computern umgehen können. Wir gehen auch davon aus, dass Sie wissen, wie Sie Kryptowährungen kaufen und verkaufen können, dass Sie den Umgang mit Exchanges und Wallets beherrschen und dass Sie Ihre Coins sicher aufbewahren können.

Das ist schon für sich allein genommen ein kompliziertes Thema, für dessen Erklärung ein ganzes Buch nötig wäre. Es ist sehr wichtig, dass Sie diese Grundlagen verstehen; dieses Buch konzentriert sich auf das Mining von Kryptowährungen, und wir haben einfach nicht genug Platz, um diese Grundlagen zu behandeln. Wir empfehlen Ihnen, beispielsweise Peters achtstündiges Videotraining unter CryptoOfCourse.com anzusehen; in jedem Fall ist es aber extrem wichtig, sich den sicheren Umgang mit Kryptowährungen anzueignen, um sich vor Diebstahl und Verlust schützen können.

Im Buch verwendete Symbole

Wie alle *Für-Dummies*-Bücher nutzt auch dieses Buch Symbole, um bestimmte Absätze hervorzuheben und Sie auf besonders nützliche Informationen hinzuweisen. Hier ist eine Übersicht über die Bedeutung dieser Symbole:

Ein Tippsymbol zeigt an, dass wir Ihnen zusätzliche Informationen bereitstellen, die Ihnen behilflich sein oder einen zusätzlichen Einblick in die diskutierten Konzepte geben können.

Mit diesem Symbol gekennzeichnete Informationen sollten Sie unbedingt beachten.

Dieses Symbol steht für technische Details, die Sie im Zweifelsfall auch überspringen können. Wenn Sie aber gerne Hintergrundinformationen möchten, dann lesen Sie sie.

Das Warnsymbol hilft Ihnen, Probleme zu vermeiden. Es soll Ihre Aufmerksamkeit erregen und Fallstricke aufzeigen, die auch finanzielle Verluste nach sich ziehen können.

Über dieses Buch hinaus

Informationen zu Peter's Videotraining *Crypto Clear: Blockchain & Cryptocurrency Made Simple* finden Sie unter www.CryptoOfCourse.com.

Wie geht es weiter?

Wie alle guten Nachschlagewerke ist auch dieses Buch so konzipiert, dass Sie etwas darin nachschlagen können. Es ist in mehrere Teile unterteilt: Hintergrundwissen und Grundlagen zu Kryptowährungen, grundlegende Informationen zum Mining, wie Sie mit dem Krypto-Mining beginnen, die wirtschaftlichen Aspekte des Minings und der Top-Ten-Teil. Wir empfehlen Ihnen, vorne anzufangen und der Reihe nach alles durchzulesen, aber wenn Sie nur herausfinden wollen, wie Sie Mining-Pools finden können, lesen Sie Kapitel 7. Wenn Sie wissen möchten, wie Sie die benötigte Hardwareleistung zum Schürfen einer bestimmten Kryptowährung berechnen können, lesen Sie Kapitel 11. Wollen Sie nur verstehen, welche verschiedenen Arten des Minings es gibt, dann ist Kapitel 4 genau richtig für Sie. Allerdings sind Kryptowährungen ein komplexes Thema, und dies gilt erst recht für das Mining. Alle in diesem Buch behandelten Themen sind miteinander verflochten. Wir empfehlen Ihnen dringend, das ganze Buch zu lesen, bevor Sie mit dem Mining beginnen; Sie sollten unbedingt alles, was damit zusammenhängt, vorher genau verstanden haben. Schließlich geht es um Ihr Geld!

Teil I
Die Grundlagen von Kryptowährungen

IN DIESEM TEIL ...

✔ Die Grundlagen von Kryptowährungen

✔ Blockchain und Hashing verstehen

✔ Mit Wallets umgehen

✔ Public-Key-Verschlüsselung als Eigentumsnachweis

✔ Die Rolle der Krypto-Miner

✔ Transaktionsnachrichten auf der Blockchain generieren

✔ Transaktionsnachrichten signieren

✔ Das Netzwerk verstehen

IN DIESEM KAPITEL

Digitale Währungen

Die Blockchain nutzen

Blöcke hashen

Public-Key-Verschlüsselung

Nachrichten mit dem privaten Schlüssel signieren

Kapitel 1
Kryptowährungen kurz erklärt

Sie können es vielleicht kaum erwarten, Ihren Mining-Betrieb aufzunehmen, aber bevor Sie Kryptowährungen schürfen können, müssen Sie verstehen, was Kryptowährungen eigentlich sind.

Die Sache mit den Kryptowährungen ist so neu – oder zumindest ist das allgemeine Interesse erst in jüngster Zeit entstanden, obwohl es seit den 1980er Jahren Kryptowährungen unterschiedlicher Ausprägungen gibt – dass die meisten Beteiligten eher nur ein vages Verständnis davon haben, was Kryptowährungen sind und wie sie funktionieren. Die meisten Halter von Kryptowährungen wissen vielleicht gar nicht, was sie da überhaupt besitzen.

In diesem Kapitel betrachten wir die Geschichte der Kryptowährungen und das Zusammenspiel der einzelnen Komponenten. Wenn Sie die Grundlagen von Kryptowährungen kennen, dann werden Sie auch die Abläufe beim Krypto-Mining besser verstehen.

Eine kurze Historie des digitalen Dollars

Kryptowährung ist nur eine Form von digitaler Währung ... eine besondere Form. Letztlich kann man sich Kryptowährung als eine Form des digitalen Geldes vorstellen.

Was ist also *digitales Geld*? Nun, das ist ein sehr weit gefasster Begriff, der viele verschiedene Dinge umfasst. Im weitesten Sinne ist es aber Geld, das nur in digitaler und nicht in greifbarer Form (wie etwa Münzen und Banknoten) existiert. Sie können digitales Geld über ein elektronisches Netzwerk übertragen, sei es über das Internet oder ein privates Bankennetzwerk.

Auch Kredit- und Geldkartentransaktionen können als digitale Währungstransaktionen betrachtet werden. Schließlich wird das Geld elektronisch überwiesen, wenn Sie Ihre Kredit- oder EC-Karte bei einem Einkauf (online oder offline) verwenden; das Netzwerk bündelt ja keine Euro- oder Dollarscheine und verschickt sie an den Händler.

Zuerst kam das Internet

Die Geschichte der Kryptowährungen beginnt mit dem Internet. Digitale Währungen existierten bereits, bevor das Internet in großem Umfang genutzt wurde, aber damit eine digitale Währung von Nutzen ist, brauchen Sie eben auch eine Art digitales Transportmittel für diese Währung. Wenn kaum jemand ein digitales Kommunikationsnetzwerk einsetzt – und bis 1994 taten dies nur sehr wenige Menschen –, worin liegt dann der Nutzen einer digitalen Währung?

Aber nach 1994 verwendeten Millionen von Menschen ein globales, digitales Kommunikationsnetzwerk – das Internet – und ein Problem tauchte auf: Wie lässt sich Geld online ausgeben? Okay, heute ist die Antwort ziemlich einfach: Sie verwenden dazu Ihre Kredit- oder Debitkarte oder Ihr PayPal-Konto. Aber Mitte der 1990er Jahre war das noch etwas komplizierter.

Verwirrung mit Kreditkarten

Falls Sie sich daran erinnern – vielen von Ihnen werden dazu natürlich zu jung sein –: Mitte der 90er Jahre hatten viele Menschen Vorbehalte, Kreditkarten im Internet zu verwenden. Als ich meinen eigenen Verlag hatte und im Jahr 1997 Bücher über meine Website verkaufte, erhielt ich (Peter, Tyler ist zu jung, um sich an 1997 zu erinnern) häufig ausgedruckte Produktseiten meiner Website per Post. Der Sendung lag dann außerdem noch ein Scheck zur Bezahlung des gekauften Buchs bei. Ich akzeptierte auf meiner Website auch Kreditkarten, aber viele Leute wollten sie einfach nicht einsetzen; sie wollten ihre Kartendaten nicht dem Internet anvertrauen.

Außerdem war die Einrichtung eines Zahlungsportals für Kreditkarten für den Verkäufer schwierig und teuer. Heutzutage ist es ziemlich einfach, Kreditkartenzahlungen auf Ihrer Website zu akzeptieren – die Funktion ist praktisch in jede E-Commerce-Software integriert und Dienste wie Stripe und Square senken die Einstiegsbarrieren, sodass ein *Händlerkonto* längst nicht mehr so aufwendig und teuer ist wie früher.

Natürlich sprechen wir hier von geschäftlichen Zahlungen, aber was ist mit privaten Buchungen? Wie konnte man die Schulden bei einem Freund übers Netz begleichen oder wie konnten Eltern ihren studierenden Sprösslingen Geld für Bier schicken? (Ich rede hier von den Zeiten vor PayPal und Online-Banking.) In der entstehenden digitalen Welt würden wir mit Sicherheit auch digitale Zahlungsmittel benötigen.

Ein wichtiges Merkmal von Bargeld ist, dass die Transaktionen im Wesentlichen anonym sind – es gibt keine schriftlichen oder elektronischen Aufzeichnungen darüber. Viele Menschen erwarteten von einer gleichwertigen anonymen oder pseudonymen digitalen Währung eine enorme Verbesserung gegenüber den traditionellen Abwicklungsmethoden.

Viele Leute waren also der Ansicht, dass es einen besseren Weg geben müsse. Für die digitale Welt brauchten wir eine digitale Währung. Heutzutage erscheint diese Sichtweise vielleicht naiv. Rückblickend war es doch offensichtlich, dass die Kreditinstitute nicht zusehen würden, wie sich Transaktionen im Wert von Billionen ins Netz verlagerten und sie sich klaglos davon verabschieden würden! Sie wollten ein Stück vom Kuchen und waren nicht bereit, ihr Monopol aufzugeben. Deshalb stützen sich die wichtigsten Transaktionsmethoden in den Vereinigten Staaten und im größten Teil von Europa heute auf die unterschiedlichsten Bankkarten.

Und noch ein wenig David Chaum

Mitte der 1990er Jahre strömten die Leute ins Internet und wollten oder konnten aus verschiedenen Gründen (siehe vorheriger Abschnitt) keine Kreditkarten verwenden. Schecks waren noch schwieriger (es sei denn, Sie steckten sie in einen Briefumschlag) und Bargeld kam nicht in Frage. (Obwohl – und das ist ein Witz für die älteren Geeks unter Ihnen – ich erinnere mich an einen Freund, der mir sagte, ich solle die $10, die ich ihm schuldete, per UUENCODE und E-Mail an ihn schicken. Hier spricht wiederum Peter; ich wette, Tyler ist zu jung, um UUENCODE zu kennen.)

Aber 1983 hatte ein Mann namens David Chaum ein Paper mit dem Titel »Blind Signatures for Untraceable Transactions« geschrieben. Chaum war Kryptograph und Informatikprofessor. In seiner Arbeit beschrieb er eine Möglichkeit, mit kryptographischen Mitteln ein digitales Zahlungssystem zu schaffen, das, genau wie Bargeld, anonyme Transaktionen ermöglichen könnte. (Die moderne Kryptografie ist die Wissenschaft der Absicherung von Online-Kommunikation; darauf kommen wir später noch zurück). Tatsächlich wird Chaum oft als Vater der digitalen Währung und der Anonymität im Netz bezeichnet.

Ergebnis? DigiCash, E-Gold, Millicent, Cybercash und weitere

Wenn wir jetzt Internet, komplizierte Online-Transaktionen, Angst vor dem Einsatz von Kreditkarten im Internet, den Wunsch nach bargeldähnlichen, anonymen Online-Transaktionen und die Forschung von David Chaum in den 1980er Jahren (siehe vorhergehender Abschnitt) zusammenbringen, was ergibt sich dann daraus?

Zunächst einmal erhalten Sie DigiCash, das digitale Bargeldsystem von David Chaum von 1990. Leider war Herr Chaum mit seinen Innovationen wohl oft etwas zu früh dran, und DigiCash war 1998 wieder aus dem Rennen. Es gab auch E-Gold, ein digitales Zahlungssystem, das angeblich durch Gold gestützt wurde, Millicent von DEC (ja, ja, die meisten von Ihnen sind auch zu jung, um sich an DEC zu erinnern ... Ich fühle mich langsam ganz schön alt beim Verfassen dieses »geschichtlichen« Teils), First Virtual, Cybercash, b-money, Hashcash, eCash, BitGold, Cybercoin und viele mehr. Es gab auch Beenz mit 100 Millionen Dollar Investment-Kapital; das von Whoopi Goldberg unterstützte Flooz (ja, wirklich!); die Liberty Reserve (die nach Geldwäschevorwürfen geschlossen wurde) und die chinesischen QQ Coins.

Mit Ausnahme der QQ Coins, die noch immer beim QQ Messaging Service von Tencent im Einsatz sind, sind all diese digitalen Währungen wieder von der Bildfläche verschwunden. Auffallend ist, dass viele der frühen digitalen Währungen auf die eine oder andere Weise zentralisiert waren.

Das war aber noch nicht das Ende des digitalen Geldes. Es gab erhebliche Startschwierigkeiten mit viel Herumprobieren und etlichen Fehlschlägen, aber viele Menschen waren immer noch der Meinung, dass die Welt bargeldähnliche (mit anderen Worten, anonyme) Online-Transaktionen brauchte. Damit sollte ein neues Zeitalter beginnen: das Zeitalter der Kryptowährungen.

Auch die frühen digitalen Währungen basierten zwar auf Kryptografie aber sie wurden nie als Kryptowährungen bezeichnet. Erst durch die Kombination von digitalem Geld mit einer Blockchain im Jahr 2008 begann der Begriff Kryptowährung an Bedeutung zu gewinnen, und erst um 2012 fand der Begriff wirklich eine weite Verbreitung (Blockchain? Das ist eine spezielle Datenbankform, auf die wir später in diesem Kapitel näher eingehen werden.)

Das Bitcoin-Whitepaper

Im Jahr 2008 veröffentlichte Satoshi Nakamoto in einem als »Cypherpunk Mailing List« bekannten Kryptografieforum ein Dokument mit dem Titel »Bitcoin: A Peer-to-Peer Electronic Cash System«. Dazu schrieb er: »Ich habe an einem neuartigen elektronischen Zahlungssystem gearbeitet, das komplett auf Peer-to-Peer-Basis funktioniert und ohne vertrauenswürdige Dritte auskommt«.

Die nachfolgende Liste enthält laut Nakamoto die wichtigsten Eigenschaften von Bitcoin:

- ✔ Mehrfaches Ausgeben von Geld (double spending) wird durch ein Peer-to-Peer-Netzwerk verhindert.

- ✔ Es gibt keine zentrale Ausgabestelle oder andere notwendig vertrauenswürdige Parteien.

- ✔ Die Teilnehmer können anonym sein.

- ✔ Neue Coins entstehen durch den Nachweis von erbrachter Rechenarbeit (Proof-of-Work), so wie bei Hashcash.

- ✔ Bei der neuen Coin-Generation stärkt das Proof-of-Work zugleich das Netzwerk, um doppelte Ausgaben zu vermeiden.

Das Dokument liest sich recht trocken, aber es lohnt sich, es für einige Minuten zu überfliegen. Sie können es problemlos unter `https://bitcoin.org/bitcoin.pdf` finden. Seine Zusammenfassung des *Bitcoin Whitepaper* beginnt Nakamoto mit folgender Feststellung: »Eine rein auf Peer-to-Peer basierende Version elektronischen Geldes würde Online-Zahlungen direkt von einer Partei zur anderen ermöglichen, ohne dabei über ein Finanzinstitut zu gehen.« Er erklärt, dass diese Methode das Problem des »double spending« löst, mit dem frühere digitale Währungen zu kämpfen hatten: zu verhindern, dass digitales Geld mehrfach ausgegeben werden kann.

Nakamoto beschreibt außerdem den Einsatz von Blockchain-Technologie, obwohl der Begriff Blockchain nirgendwo im Whitepaper auftaucht:

> *Wir schlagen vor, ... ein Peer-to-Peer-Netzwerk zu verwenden. Das Netzwerk versieht Transaktionen mit einem Zeitstempel, indem es sie zu einer fortlaufenden Kette von hash-basiertem Proof-of-Work zusammenfügt. So entsteht eine Aufzeichnung, die ohne Wiederholung des Proof-of-Work nicht mehr verändert werden kann.*

Bitcoin: Die erste Blockchain-Anwendung

Anfang Januar 2009 nahm Nakamoto das Blockchain-basierte Bitcoin-Netzwerk in Betrieb (das Blockchain-Konzept gab es seit Anfang der 1990er Jahre, jedoch wurde es hier zum ersten Mal korrekt implementiert. Er erzeugte den ersten Block in der Blockchain, den sogenannten *Genesis-Block*.

Neben 50 Bitcoins enthielt dieser Block auch den Text »*The Times 03/Jan/2009 Chancellor on brink of second bailout for banks*« als Rechtfertigung und Erklärung dafür, warum ein System wie Bitcoin so wichtig war. Nakamoto programmierte weitere Aktualisierungen für das Protokoll, betrieb einen Netzwerkknoten und schürfte dabei bis zu rund einer Million Bitcoins, eine Summe, die ihn Ende 2017 zu einem der reichsten Menschen der Welt gemacht hätte (zumindest »auf dem Papier«).

Ende 2010 postete Satoshi Nakamoto seinen letzten Forumsbeitrag und meldete sich offiziell vom Projekt ab. Zu diesem Zeitpunkt hatten sich aber schon viele andere Krypto-Enthusiasten angeschlossen, die selbst zu schürfen begannen und die Entwicklung des quelloffenen Codes unterstützten. Der Rest ist Geschichte.

Wer (oder was) ist Satoshi Nakamoto?

Wer war also dieser Satoshi Nakamoto ... ein Mann, eine Frau oder eine Gruppe? Das weiß niemand. Satoshi Nakamoto scheint kein echter Name zu sein; sehr wahrscheinlich handelt es sich dabei um ein Pseudonym. Und falls es Menschen gibt, die die wahre Identität von Nakamoto kennen, dann sagen sie es nicht. Dies ist das große Geheimnis der Kryptowährungen.

Es gibt einen japanischstämmigen Amerikaner namens Dorian Prentice Satoshi Nakamoto, offenbar geborener Satoshi Nakamoto. Dieser Mann ist ausgebildeter Physiker, Systementwickler und Programmierer für Finanzunternehmen – vielleicht war er der Satoshi Nakamoto. Er hat es jedoch mehrfach abgestritten.

Wie wäre es mit Hal Finney, der nur ein paar Straßen weiter von Dorian Prentice Satoshi Nakamoto entfernt lebte? Er beschäftigte sich schon vor Bitcoin mit Kryptografie und gehörte zu den ersten Nutzern von Bitcoin. Er behauptet auch, per E-Mail mit dem Bitcoin-Gründer kommuniziert zu haben. Einige Leute haben vermutet, er hätte sich Satoshi Nakamotos Namen »geliehen« und als Pseudonym verwendet.

Dann ist da Nick Szabo, der sich schon lange mit digitalen Währungen beschäftigte und sogar vor Nakamotos Bitcoin-Whitepaper ein Whitepaper über Bitgold veröffentlichte. Oder was ist mit Craig Wright, der bereits behauptete, Nakamoto zu sein, später aber des Betrugs beschuldigt wurde? Oder Dr. Vili Lehdonvirta, ein finnischer Wirtschaftssoziologe, oder Michael Clear, ein irischer Kryptografie-Doktorand – oder die drei Kerle, die in ihrer Patentschrift dieselbe obskure Phrase (»computationally impractical to reverse«) wie Nakamoto im Bitcoin-Whitepaper verwenden, oder der japanische Mathematiker Shinichi Mochizuki oder Jed McCaleb oder irgend eine Regierungsbehörde oder irgend eine andere Personengruppe oder Elon Musk oder ... nun, niemand weiß es, aber Theorien gibt es gewiss genug.

Und das zweitgrößte Geheimnis von Bitcoin? Nakamoto besaß rund eine Million Bitcoin, die im Deczmber 2017 rund 19 oder 20 Milliarden Dollar wert waren. Nichts von Nakamotos wahrscheinlichem Bitcoin-Vermögen wurde bisher verschoben oder ausgegeben; warum hat er oder sie (oder die Gruppe) das Geld noch nicht angefasst? Auch dies ist nicht bekannt.

Was ist die Blockchain?

Um Kryptowährungen zu verstehen, müssen Sie ein wenig über Blockchains wissen. Die Blockchain-Technologie ist komplex, aber das ist in Ordnung – Sie brauchen nicht alles zu verstehen. Es genügt, wenn Sie die Grundlagen kennen.

Blockchains sind spezielle Datenbanken. Eine *Datenbank* ist einfach eine Ansammlung strukturierter Daten. Sagen wir, Sie stellen eine Reihe von Namen, Anschriften, E-Mail-Adressen und Telefonnummern zusammen und geben sie in eine Textverarbeitung ein. Das ist dann keine Datenbank, sondern nur ein Haufen Text.

Sagen wir jetzt aber, Sie geben diese Daten in eine Tabellenkalkulation ein. Die erste Spalte ist der Vorname, die zweite der Nachname der Person, und es gibt weitere Spalten für die E-Mail-Adresse, die Telefonnummer, die Straße und Hausnummer, den Ortsnamen, die Postleitzahl, das Land und so weiter – das sind strukturierte Daten. Das ist eine Datenbank.

Die meisten Leute verwenden ständig Datenbanken. Wenn Sie ein Buchhaltungsprogramm wie Quickbooks, Quicken oder Mint verwenden, werden Ihre Daten in einer Datenbank gespeichert. Wenn Sie Kontaktinformationen in einem Programm zur Kontaktverwaltung, einem »Adressbuch« speichern, werden sie in einer Datenbank abgelegt. Datenbanken bilden hinter den Kulissen einen festen Bestandteil des modernen digitalen Lebens.

Eine Kette rund um die Welt – das Blockchain-Netzwerk

Die Blockchain ist eine Datenbank; sie speichert Informationen in strukturierter Form. Blockchains können für viele verschiedene Zwecke eingesetzt werden: zum Beispiel zur *Registrierung von Eigentumsrechten* (wem gehört ein Stück Land, und wie wurde es erworben?), oder zur *Überwachung einer Lieferkette* (woher stammt der Wein oder der Fisch und wie ist er zu Ihnen gekommen?) Blockchains können alle Arten von Daten speichern. Im Falle von Kryptowährungen speichern Blockchains jedoch Transaktionsdaten: Wer besitzt wieviel Kryptowährung, wer hat sie ihm gegeben und an wen hat er sie weitergegeben (wie wurde sie ausgegeben)?

Natürlich haben Blockchains mehrere besondere Eigenschaften. Erstens sind sie netzwerkbasiert. Es gibt ein Bitcoin-Netzwerk, ein Litecoin-Netzwerk, ein Ethereum-Netzwerk, genau wie es ein E-Mail-Netzwerk oder ein World-Wide-Web-Netzwerk gibt.

Bitcoin ist zum Beispiel ein Netzwerk aus Tausenden von Knotenpunkten beziehungsweise Nodes genannten Servern, die über den ganzen Planeten verteilt sind.

Diese *Nodes* verfügen jeweils über eine Kopie der Bitcoin-Blockchain, und sie stehen miteinander in Kontakt und synchronisieren sich gegenseitig. Mithilfe eines *Konsensverfahrens* einigen Sie sich darauf, wie die aktuelle, gültige Blockchain-Datenbank aussieht. Das heißt, sie nutzen alle die gleiche, passende Kopie der Blockchain.

Hashing: »Fingerabdrücke« von Blöcken nehmen

Die Blockchain auf viele verschiedene Computer zu kopieren, ist sehr wirkungsvoll – dadurch wird es viel schwieriger, sie zu hacken oder zu manipulieren. Aber etwas anderes ist auch noch sehr wirkungsvoll: das *Hashing*. Ein *Hash* ist eine lange Zahl, die eine Art Fingerabdruck für Daten darstellt. Die Blockchain nutzt Hash-Werte folgendermaßen:

1. **Ein Node, also ein Computer, auf dem ein Netzwerkknoten läuft, sammelt und validiert Bitcoin-Transaktionen (Aufzeichnungen von Bitcoin-Beträgen, die zwischen Adressen innerhalb der Blockchain hin- und hergesendet werden), die zur Blockchain hinzugefügt werden sollen.**

2. **Wenn der Computer genügend Transaktionen gesammelt hat, erstellt er einen Datenblock und *hasht* die Daten, das heißt, er wendet eine spezielle Hash-Funktion auf die Daten an, die den Hash zurückgibt.**

   Hier ist ein Beispiel für einen echten Hash eines Blocks aus der Bitcoin-Blockchain:

   ```
   0000000000000000000297f87446dc8b8855ae4ee2b35260dc4af61e1f5eec579Th
   ```

   Ein *Hash* ist ein Fingerabdruck der Daten, der dank der komplexen Mathematik dahinter auf keinen anderen Datensatz passen kann. Wenn die gehashten Daten auch nur minimal verändert werden – aus einer 0 wird eine 5, oder aus einem A wird ein B – passt dieser Fingerabdruck nicht mehr zu den ursprünglichen Daten.

3. **Der Hash wird dem Transaktionsblock hinzugefügt.**

4. **Der Block wird an die Blockchain angehängt.**

5. **Es werden weitere Transaktionen für den nächsten Block gesammelt.**

6. **Wenn ein vollständiger Transaktionsblock fertig ist, wird der Hash des vorherigen Blocks zum aktuellen Block hinzugefügt.**

7. **Der neue Block – mit den Transaktionen und dem Hash des vorherigen Blocks – wird ebenfalls gehasht.**

8. **Dieser Vorgang wiederholt sich und es entsteht eine Kette aus Blöcken, die mit einem Zeitstempel versehen sind.**

Jeder Block enthält also zwei Hashes: den Hash des vorherigen Blocks und den Hash des aktuellen Blocks, der durch Hashing aller darin enthaltenen Bitcoin-Transaktionen und des Hashs des vorherigen Blocks erzeugt wird.

So werden die Blöcke in der Blockchain miteinander verknüpft (siehe Abbildung 1.1). Jeder Block enthält den Hash des vorherigen Blocks – also eine Kopie des eindeutigen Fingerabdrucks des vorherigen Blocks. Jeder Block kennzeichnet auch seine Position in der Blockchain; der Hash des vorherigen Blocks kennzeichnet die Reihenfolge, in der sich der aktuelle Block befindet.

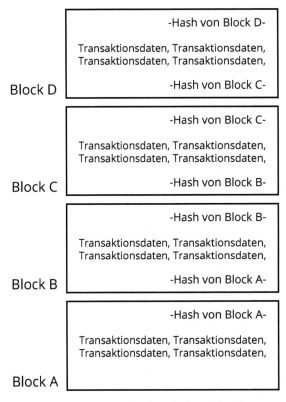

Abbildung 1.1: Der Hash jedes Blocks wird in diesem sowie in den Daten des darauf folgenden Blocks gespeichert.

Die Blockchain ist »unveränderbar«

Vielleicht haben Sie schon einmal gehört, dass die Blockchain praktisch *unveränderbar* ist. Wenn die Bitcoin-Blockchain aussagt, dass Sie x Bitcoin besitzen, dann besitzen Sie x Bitcoin, es kann darüber keine Uneinigkeit entstehen. Und niemand kann in die Blockchain eindringen und sie hacken oder irgendwie verändern oder verfälschen.

Stellen Sie sich vor, was passieren würde, wenn jemand in einem Block (nennen wir ihn Block A) einige Daten ändern würde – wenn er zum Beispiel dafür sorgte, dass Sie, statt jemandem 1 Bitcoin geschickt zu haben, 9 Bitcoins geschickt hätten.

Nun, der Hash von Block A würde nicht mehr mit den darin enthaltenen Daten übereinstimmen. Denken Sie daran, dass ein Hash ein Fingerabdruck ist, der die Daten identifiziert. Wenn Sie also die Daten ändern, dann passt der Hash nicht mehr dazu.

Okay, also könnte der Hacker die Daten von Block A erneut durch die Hashfunktion laufen lassen und dann den »korrigierten« Hash speichern. Aber Moment, jetzt würde der nächste Block (Block B) nicht mehr passen, weil Block B den Hash von Block A enthält. Sagen wir also, der Hacker verändert den Hash von Block A, der in Block B gespeichert ist.

Aber jetzt stimmt der Hash von Block B nicht mehr mit den Daten in Block B überein, denn dieser Hash wurde aus einer Kombination der Transaktionsdaten in Block B mit dem Hash von Block A erstellt!

Also müsste auch Block B neu gehasht und der Hash aktualisiert werden. Aber Moment! Das heißt, dass der in Block C gespeicherte Hash von Block B jetzt nicht mehr passt!

Sehen Sie, wo das hinführt? Dies würde sich durch die komplette Blockchain ziehen. Die Veränderung eines einzigen Zeichens in einem vorhergehenden Block zerstört die gesamte Blocksequenz. Um das Problem zu beheben, muss die gesamte Blockchain neu berechnet werden. Ab dem gehackten Block muss sie »neu gemined« werden. Ein scheinbar einfacher Hack zur Änderung einer Datenbank wird nun zu einem gewaltigen Rechenproblem, das sich nicht einfach mal eben so lösen lässt.

Diese Hash-Funktion plus die Tatsache, dass Tausende anderer Netzwerkknoten mit identischen Kopien der Blockchain synchronisiert sein müssen, macht die Blockchain praktisch unveränderbar; sie kann nicht mit einem praktisch leistbaren Aufwand gehackt werden.

Niemand kann sie verändern oder zerstören. Hacker können nicht in das Peer-to-Peer-Netzwerk eindringen und Transaktionen erstellen, um Coins zu stehlen, Regierungen können sie nicht abschalten (China könnte zum Beispiel versuchen, Bitcoin auf nationaler Ebene auszuschalten, aber die Blockchain würde in vielen anderen Ländern weiter existieren), eine terroristische Gruppe kann sie nicht zerstören, ein Land kann kein anderes Land angreifen und dessen Blockchain vernichten und so weiter. Da es so viele Kopien der Blockchain gibt, ist sie nach menschlichem Ermessen unveränderbar und unverwüstlich, so lange es weiterhin genug Menschen gibt, die sie verwenden wollen.

Wo ist das Geld?

Sie fragen sich vielleicht: »Und wo ist jetzt die Kryptowährung? Wo ist das Geld?« Oder vielleicht haben Sie von Kryptowährungs-Wallets gehört und glauben, dass das Geld darin aufbewahrt wird? Falsch. In einer Krypto-Wallet liegt kein Geld. Es gibt eigentlich überhaupt keine Kryptowährung.

Kryptowährungs-Blockchains werden oft mit Kontobüchern (Ledgers) verglichen. Kontobücher gibt es schon seit Hunderten von Jahren, um Transaktionen von Einzelpersonen, Unternehmen, Regierungsbehörden und so weiter aufzuzeichnen. Der Kontoauszug von Ihrer Bank oder Ihrem Kreditkartenanbieter ist auch eine Art von Kontobuch, dem Sie Ihre einzelnen Transaktionen entnehmen können – Geld, das Sie anderen überwiesen, und Geld, das Sie selbst von anderen erhalten haben.

Im Zusammenhang mit Kryptowährungen stellt die Blockchain ein digitales Kontobuch dar, das die Kryptowährungsbeträge, die Sie an andere senden und die Sie von anderen erhalten, erfasst.

Stellen Sie sich die Sache so vor: Sagen wir, Sie sind etwas zwanghaft und wollen eine Aufzeichnung über den Bargeldbestand in Ihrer Tasche führen. Sie haben immer einen Notizblock dabei, und notieren sich darin jedes Mal, wenn Sie Geld in Ihre Tasche stecken und wenn Sie etwas davon ausgeben, und Sie berechnen Ihren aktuellen Saldo. Dieser Notizblock ist eine Art Buch über Ihre Transaktionen, richtig?

Kryptowährungen funktionieren ganz ähnlich wie diese gedachte Buchführung über Bargeldtransaktionen … nur, dass es hier keine Tasche gibt. Die Blockchain ist das Kontobuch; sie speichert jede Transaktion ab (wann Sie die Kryptowährung zum ersten Mal gekauft oder erhalten haben, wann Sie sie ausgegeben oder verkauft haben und welches Guthaben Sie besitzen).

Den Saldo in der Blockchain finden

Nun ja, die Blockchain speichert nicht wirklich für jede Adresse einen Kontostand. In der Blockchain steht nirgends, wie viel Kryptowährung ein bestimmter Teilnehmer besitzt oder wie viele Coins einer bestimmten Adresse zugeordnet sind. Sie können aber einen Blockchain-Explorer verwenden, um all Ihre Transaktionen nachzuverfolgen, eingehende wie ausgehende, und der Blockchain-Explorer kann dann Ihren Saldo anhand dieser Transaktionen bestimmen.

Es gibt keine Tasche und keine Kryptowährung, die irgendwo aufbewahrt wird. Die Blockchain ist einfach eine Aneinanderreihung »mythischer« (oder virtueller) Transaktionen, die im Kontobuch aufgezeichnet sind. Es wird keine Währung physisch übertragen; wir aktualisieren einfach nur die Aufzeichnungen, um anzuzeigen, dass die Währung transferiert wurde.

Das Kontobuch sagt aus, dass Sie Kryptowährung besitzen, und damit kann jeder überprüfen und nachvollziehen, dass Sie sie tatsächlich besitzen. Und denken Sie daran, dass das Kontobuch nach der Verankerung in der Chain nicht mehr bearbeitet werden kann – es lässt sich nicht hacken. (Im vorhergehenden Abschnitt finden Sie weitere Informationen zu diesem Thema.) Wenn das Kontobuch also sagt, dass Sie zum Beispiel einen halben Bitcoin besitzen, dann ist das auch so, und Sie können diesen halben Bitcoin an jemand anderen verkaufen, indem Sie im Kontobuch einen neuen Eintrag vornehmen, der besagt, dass er nun ihm gehört!

Aber was ist mit der Wallet? Darin muss doch das Geld aufbewahrt werden, oder? Nein, Kryptowährungs-Wallets speichern keine Kryptowährung. Sie speichern private Schlüssel, öffentliche Schlüssel und Adressen. Private Schlüssel sind am wichtigsten, weil sie Zugriff auf die Adressen bieten, mit denen Ihr Kryptoguthaben in der Blockchain verknüpft ist.

Was bedeutet das »Krypto« in Kryptowährung?

Das *Krypto* in Kryptowährung steht für Kryptografie. Aber was genau ist Kryptografie?

Laut Wikipedia ist Kryptografie »ursprünglich die Wissenschaft der Verschlüsselung von Informationen. Heute befasst sie sich auch allgemein mit dem Thema Informationssicherheit, also der Konzeption, Definition und Konstruktion von Informationssystemen, die widerstandsfähig gegen Manipulation und unbefugtes Lesen sind.«

Die Geschichte der Kryptografie reicht mindestens 4000 Jahre zurück. Schon immer mussten Menschen gelegentlich geheime Nachrichten übermitteln. Und genau darum geht es in der Kryptografie.

Die heutige computergestützte Kryptografie ist viel komplizierter als die alten Chiffren der klassischen Welt und sie wird auch wesentlich umfangreicher genutzt. Tatsächlich ist Kryptografie ein integraler Bestandteil des Internets; ohne sie könnte das Internet unsere heutigen Ansprüche einfach nicht erfüllen.

Fast immer, wenn Sie Ihren Webbrowser verwenden, nutzen Sie Kryptografie. Kennen Sie das kleine Schlosssymbol in Abbildung 1.2, das in der Adressleiste Ihres Browsers erscheint?

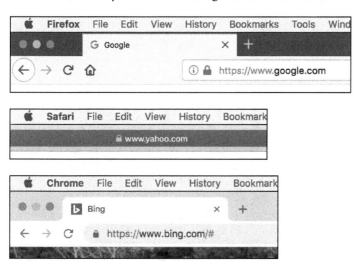

Abbildung 1.2: Das Schlosssymbol im Browser zeigt an, dass die Datenübertragung zum Webserver verschlüsselt wird.

Das Schlosssymbol bedeutet, dass die Seite gesichert ist. Wenn Informationen in beiden Richtungen zwischen Ihrem Browser und dem Webserver ausgetauscht werden, dann erfolgt das *verschlüsselt*. Sollten die Daten also auf dem hunderte oder tausende Kilometer langen Übertragungsweg im Internet zwischen den beiden Endpunkten abgefangen werden, können sie nicht gelesen werden. Wenn Ihre Kreditkartennummer beispielsweise an einen Online-Händler übertragen wird, sendet Ihr Browser diese verschlüsselt an den Webserver und sie wird dann erst vom Empfangsserver wieder entschlüsselt.

Ah, die Blockchain ist also verschlüsselt, stimmts? Nein. Kryptowährungen nutzen Kryptografie, aber nicht, um die Daten in der Blockchain zu verschlüsseln. Die Blockchain ist offen, frei zugänglich und überprüfbar. Abbildung 1.3 zeigt ein Beispiel für einen Blockchain-Explorer für Bitcoin. Mit einem Blockchain-Explorer kann jeder die Blockchain erkunden und jede Transaktion einsehen, die seit dem Genesis-Block (dem ersten erzeugten Bitcoin-Block) durchgeführt wurde.

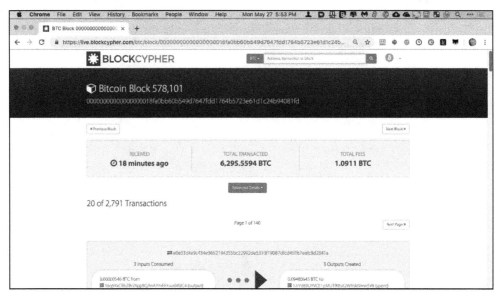

Abbildung 1.3: Beispiel für einen Blockchain-Explorer, zu finden unter https://live.blockcypher.com/btc/

 Verschlüsselte Blockchains

Es können auch verschlüsselte Blockchains erstellt und die Daten innerhalb einer Blockchain verschlüsselt werden. Während etwa die Bitcoin-Blockchain unverschlüsselt und für jedermann einsehbar ist (siehe Blockchain-Explorer in Abbildung 1.3), gibt es auch verschlüsselte Blockchain-Implementierungen, die die Transaktionsdaten verschleiern, wie beispielsweise bei Zcash. Im Allgemeinen sind Kryptowährungs-Blockchains aber nicht verschlüsselt, sodass jeder die darin gespeicherten Transaktionen einsehen kann.

Nein, Kryptografie dient nicht dazu, die Daten in der Blockchain zu verschlüsseln. Sie dient dazu, Nachrichten zu signieren, die Sie an die Blockchain senden. Diese Nachrichten lösen Transaktionen aus und sorgen für Aktualisierungen des Blockchain-Kontobuchs.

Public-Key-Verschlüsselung

Die Public-Key-Verschlüsselung ist ein raffinierter kleiner Trick der digitalen Kryptografie. Dahinter steckt übrigens sehr komplizierte Mathematik, die selbst die meisten Matheabsolventen nicht verstehen, mit Bezeichnungen wie *Carmichael-Zahlen* und *Goppa-Codes* – wir verstehen sie jedenfalls definitiv nicht, und Sie, liebe Leser, wohl auch nicht (das dürfte jedenfalls auf die meisten von Ihnen zutreffen). Aber das macht nichts: Die Schwerkraft wurde auch noch nicht hinreichend erklärt, und doch machen wir jeden Tag davon Gebrauch.

Vergessen Sie also, was hinter dieser erstaunlichen Sache steckt, und überlegen Sie sich stattdessen, was sie eigentlich bewirkt. Stellen Sie sich dazu einen Tresor mit zwei Schlüssellöchern und zwei entsprechenden Schlüsseln vor. Einer davon ist ein öffentlicher Schlüssel (»Public Key«) und einer ein privater (»Private Key«). Stellen Sie sich nun vor, Sie legen etwas in den Tresor und schließen ihn mit dem öffentlichen Schlüssel ab. Sobald die Tür geschlossen und verriegelt ist, lässt sich der Tresor nicht mehr mit dem öffentlichen Schlüssel aufschließen. Er kann nicht mehr verwendet werden, um den Tresor zu öffnen und den Inhalt zu entnehmen. Der private Schlüssel funktioniert allerdings. Der einzige Weg, den Tresor zu öffnen, ist der Einsatz des privaten Schlüssels.

Tatsächlich funktioniert dieser magische mathematische Tresor in beide Richtungen. Sie können ihn mit dem privaten Schlüssel verriegeln, aber nachdem Sie ihn abgeschlossen haben, können Sie den Tresor nicht mehr mit dem privaten Schlüssel öffnen. Nur der öffentliche Schlüssel öffnet einen mit einem privaten Schlüssel verschlossenen Tresor.

Ach ja, und es gibt eine magische Verbindung zwischen diesen beiden Schlüsseln. Sie funktionieren nur untereinander und nicht in Kombination mit anderen Schlüsseln. Der private Schlüssel X funktioniert nur mit dem öffentlichen Schlüssel X und umgekehrt. Sie können den Tresor nicht mit dem öffentlichen Schlüssel X abschließen und ihn dann zum Beispiel mit dem privaten Schlüssel W oder dem privaten Schlüssel K entsperren.

Okay, nehmen wir dasselbe Prinzip, wenden es aber jetzt auf elektronische Nachrichten an. Sie können eine elektronische Nachricht mit einem öffentlichen Schlüssel schützen, die Nachricht damit also verschlüsseln beziehungsweise chiffrieren. Bei dieser Nachricht kann es sich etwa um eine E-Mail oder um Informationen handeln, die von Ihrem Browser an einen Webserver gesendet werden.

Nachdem diese gesicherte (verschlüsselte) Nachricht von der Gegenseite (dem E-Mail-Empfänger oder dem Webserver) empfangen wurde, lässt sie sich nur mit dem privaten Schlüssel wieder öffnen; der öffentliche Schlüssel ist an dieser Stelle nutzlos. Und es muss der magisch (na gut, mathematisch) zugeordnete Schlüssel sein und kein anderer.

Verschlüsselung ist etwas sehr Nützliches. Ich kann Ihnen einen öffentlichen Schlüssel geben, und Sie können mir dann eine Nachricht schreiben, die Sie mit dem öffentlichen Schlüssel verschlüsseln. Einmal verschlüsselt, kann niemand auf der Welt sie lesen, es sei denn, er ist im Besitz des privaten Schlüssels. Wenn ich also meine Schlüssel sorgfältig verwahre, bin ich der einzige Mensch auf der Welt, die die Nachricht lesen kann.

Die Namen dieser Schlüssel sind nicht zufällig gewählt. Der private Schlüssel muss wirklich privat sein – nur Sie und niemand sonst auf der Welt sollte Zugang dazu haben. Der öffentliche Schlüssel darf auch wirklich öffentlich sein. Sie können ihn weitergeben. Wenn Sie zum Beispiel möchten, dass Leute E-Mails an Sie senden, können Sie Ihren Public Key veröffentlichen – auf Ihrer Website, in Ihrer Email-Signatur, auf Ihrer Visitenkarte oder wo auch immer – dann kann jeder, der eine Nachricht an Sie senden möchte, diese mit Ihrem Public Key verschlüsseln, in der Gewissheit, dass Sie die einzige Person auf der Welt sind, die das dann lesen kann (weil Sie den privaten Schlüssel geheim halten).

Wie verschlüsselt man E-Mails? E-Mail-Verschlüsselung gibt es seit Jahrzehnten, aber sie hat sich in der breiten Öffentlichkeit einfach nie durchgesetzt. Dennoch können Sie E-Mails in den meisten E-Mail-Systemen wie Outlook, Google Mail und Yahoo! verschlüsseln, und es gibt Systeme wie ProtonMail, die standardmäßig eine Verschlüsselung einsetzen.

Dieser Vorgang läuft im Grunde genommen auch dann ab, wenn Sie mit Ihrem Webbrowser Kreditkarteninformationen online versenden; der Browser nutzt den Public Key des Webservers, um die Daten zu verschlüsseln, sodass nur der Webserver mit dem zugehörigen Private Key die Kreditkarteninformationen entschlüsseln und lesen kann. (Zugegeben, das ist eine Vereinfachung. Die Kommunikation zwischen Browser und Server ist komplizierter als hier beschrieben, etwa mit temporären Session Keys und so weiter, aber das Grundprinzip stimmt trotzdem.)

Nachrichten an die Blockchain

Bei der Übertragung von Transaktionen an die Blockchain nutzen Sie die Public-Key-Verschlüsselung. Wenn Sie zum Beispiel Bitcoins an jemand anderen senden wollen, senden Sie eine verschlüsselte Nachricht mit dem Inhalt »x.xx Bitcoins von mir an diese Adresse senden« an die Blockchain.

Aber Moment. Ich habe Ihnen gerade erklärt, dass die Blockchain nicht verschlüsselt ist, und jetzt behaupte ich, dass die Nachrichten an die Blockchain verschlüsselt sind! Was kümmert es Sie also, ob die Nachricht an die Blockchain verschlüsselt ist, wenn Sie dann doch sowieso entschlüsselt werden soll?

Erinnern Sie sich, dass ich Ihnen erzählt hatte, dass dieses Verschließen und Entriegeln in beiden Richtungen funktioniert. Sie können mit dem Public Key verschlüsseln und mit dem Private Key entschlüsseln oder mit dem Private Key verschlüsseln und mit dem Public Key entschlüsseln. In beiden Fällen werden die Daten verschlüsselt. Der Unterschied besteht darin, wer in der Lage ist, sie wieder zu entschlüsseln. Wenn Sie etwas mit dem öffentlichen Schlüssel verschlüsseln, kann es nur der Inhaber des privaten Schlüssels wieder entschlüsseln. Aber wenn Sie etwas mit dem privaten Schlüssel verschlüsseln, ist der einzige Mensch auf der Welt, der es wieder entschlüsseln kann … jeder! Absolut jeder kann auf den öffentlichen Schlüssel zugreifen. Deshalb heißt er ja schließlich auch so!

Was ist also der Zweck davon, eine Nachricht mit dem privaten Schlüssel zu verschlüsseln? Natürlich nicht, sie abzusichern, da sie ja jeder wieder entschlüsseln kann. Nein, der Zweck ist es, die Nachricht (Transaktion) zu signieren und damit nachzuweisen, dass man sich im Besitz des entsprechenden Private Keys befindet.

Nachrichten mit dem Private Key signieren

Sagen wir, ich veröffentliche meinen Public Key auf meiner Website, in meinen E-Mails und auf meinen Visitenkarten. Eines Tages erhalten Sie eine Nachricht, die von mir zu kommen scheint. Aber wie können Sie sicher sein, dass ich der Absender bin? Tja, ich habe die Nachricht mit meinem privaten Schlüssel verschlüsselt. Also nehmen Sie meinen öffentlichen Schlüssel (der ja frei zugänglich ist) und benutzen ihn zur Entschlüsselung der Nachricht. Wenn die Nachricht wirklich von mir stammt, kann mein Public Key sie entschlüsseln und Sie können sie lesen. Wenn nicht, wird die Entschlüsselung nicht funktionieren, weil die Nachricht von jemand anderem stammt.

Indem ich also die Nachricht mit dem privaten Schlüssel verschlüsselt habe, habe ich die Nachricht de facto signiert und damit bewiesen, dass sie von mir stammt. Der Empfänger weiß, dass die Nachricht von der Person erstellt wurde, die den privaten Schlüssel besitzt, der zu dem öffentlichen Schlüssel gehört, mit dem die Nachricht geöffnet und lesbar gemacht wurde.

Die Blockchain-Adresse – hier liegt Ihr Geld

Die gesamte Kryptowährung in der Blockchain ist auf Adressen verteilt. Diese hier habe ich gerade beispielhaft mit dem Blockchain-Explorer aus der Bitcoin-Blockchain herausgepickt:

1L7hHWfJL1dd7ZhQFgRv8ke1PTKAHoc9Tq

Es gibt unzählige Möglichkeiten für verschiedene Adresskombinationen, sodass diese Adresse tatsächlich einzigartig ist. Nun, woher kommt diese Adresse? Sie entstammt einer Wallet, die sie aus dem privaten Schlüssel generiert hat. Diese Wallet enthält einen öffentlichen und einen privaten Schlüssel.

Der öffentliche Schlüssel gehört fest zum privaten Schlüssel, er wird sogar aus dem privaten Schlüssel erzeugt. Die Adresse ist dem öffentlichen Schlüssel zugeordnet, sie wird sogar aus dem öffentlichen Schlüssel erzeugt. Alle drei sind also mathematisch eindeutig und exklusiv miteinander verbunden.

Eine Transaktionsnachricht senden

Und wie wird nun die Kryptografie eingesetzt, wenn Sie eine Transaktion an die Blockchain übermitteln wollen, um einen Krypto-Betrag an eine andere Person zu senden? Angenommen, es gibt eine Adresse in der Blockchain mit einem Bitcoin-Guthaben. Als ich zuletzt nachgesehen habe, wies die Adresse

1L7hHWfJL1dd7ZhQFgRv8ke1PTKAHoc9Tq

ein Guthaben von 0,10701382 Bitcoin auf. Sagen wir, dies sind Ihre Bitcoins und Sie möchten vielleicht 0,05 Bitcoin an einen Freund, eine Börse oder an einen Online-Händler senden, von dem Sie eine Ware oder Dienstleistung erwerben.

Ich nutze für dieses Beispiel eine echte Adresse, die Sie sich in einem Blockchain-Explorer selbst ansehen können. (Rufen Sie ihn über diesen Link auf: `https://blockstream.info/address/1L7hHWfJL1dd7ZhQFgRv8ke1PTKAHoc9Tq`.) Während ich dies schreibe, verfügt diese Adresse über 0,107.013.82 Bitcoin. Wenn Sie nachsehen, kann der Betrag natürlich auch abweichen.

Sie senden eine Nachricht an die Blockchain, die im Grunde Folgendes besagt: »Als Inhaber der Adresse

`1L7hHWfJL1dd7ZhQFgRv8ke1PTKAHoc9Tq`

möchte ich 0,05 Bitcoin an die Adresse

`1NdaT7URGyG67L9nkP2TuBZjYV6yL7XepS`

schicken.«

Wenn ich nur eine unverschlüsselte Textnachricht an die Blockchain senden würde, wäre es sehr schwierig, die Gültigkeit zu überprüfen. Woher weiß der Bitcoin-Node, der die Nachricht empfängt, dass ich wirklich der Inhaber dieser Adresse und damit der Besitzer des entsprechenden Bitcoin-Guthabens bin? Ich könnte mir das ja auch einfach ausdenken und diese Informationen fälschen, oder?

Nachricht an die Blockchain

Wie schicken Sie eine Nachricht an die Blockchain? Das erledigt Ihre Wallet-Software. Tatsächlich hat die Wallet-Software weniger mit einer Brieftasche gemein – die Wallet enthält keine Kryptowährung – als vielmehr mit einem E-Mail-Programm. Ihr E-Mail-Programm verschickt Nachrichten über das E-Mail-Netzwerk. Ihre Wallet verschickt Nachrichten (über Transaktionen) über das Kryptowährungsnetzwerk.

Wir selbst verwenden die Wallet, um die Nachricht mit dem zur Adresse gehörenden privaten Schlüssel zu signieren. Mit anderen Worten verschlüsseln wir die Nachricht mit unserem Private Key. Dann fügen wir den Public Key an die verschlüsselte Nachricht an und versenden sie an das gesamte Kryptowährungsnetzwerk.

Die Nachricht entziffern

Der Node – ein Computer, der eine Kopie der Kryptowährungs-Blockchain enthält – empfängt also die Nachricht. Mit dem angehängten öffentlichen Schlüssel liest er die Nachricht aus. Der Node erfährt dabei: »Diese Nachricht muss mit dem privaten Schlüssel, der dem öffentlichen Schlüssel zugeordnet ist, verschlüsselt – also signiert – worden sein.« Natürlich sagt das nicht allzu viel aus. Es ist eine Tautologie! Wenn der öffentliche Schlüssel eine

Nachricht entschlüsseln kann, muss die Nachricht per Definition mit dem passenden privaten Schlüssel verschlüsselt worden sein. Ta-daa.

Aber denken Sie daran, dass der öffentliche Schlüssel mathematisch mit der Adresse

1L7hHWfJL1dd7ZhQFgRv8ke1PTKAHoc9Tq

verknüpft ist. Der Node kann die beiden nun also betrachten und sich fragen: »Ist der öffentliche Schlüssel mit der Adresse verknüpft?« Wenn die Antwort ja ist, dann weiß der Netzwerkknoten, dass auch der private Schlüssel der Adresse zugeordnet ist (alle drei sind eindeutig miteinander verbunden). Was sagt sich der Node also nun?

»Diese Nachricht, mit der Geld von der Adresse

1L7hHWfJL1dd7ZhQFgRv8ke1PTKAHoc9Tq

gesendet wird, wurde mit dem Private Key verschickt, der zur Erstellung dieser Adresse verwendet wurde ... also muss die Nachricht vom Inhaber dieser Adresse und damit auch dem Besitzer des damit verknüpften Guthabens stammen.«

Ich weiß, dass dieses Konzept verwirrend wirken kann; es ist schwer, sich das vorzustellen. Hier ist also noch eine weitere Betrachtungsweise: Der einzige Mensch, der eine verschlüsselte Nachricht mit Transaktionsanweisungen für diese Adresse, plus den öffentlichen Schlüssel, der ursprünglich zur Erstellung dieser Adresse gedient hatte, hätte versenden können, ist die Person, die den zugehörigen privaten Schlüssel besitzt – also der Eigentümer der Adresse und des damit verknüpften Guthabens. Damit ist der Besitzanspruch bewiesen und die Transaktion zulässig.

Wer die Private Keys besitzt, besitzt das Geld

Na gut, aber vielleicht haben ja auch mehrere Leute Zugriff auf den Schlüssel. Aus technischer Sicht ist das aber völlig unerheblich. Wer auf den privaten Schlüssel zugreifen kann, hat das kryptographische Recht, das Geld zu verwalten, das mit der diesem Schlüssel zugeordneten Blockchain-Adresse verknüpft ist. Vielleicht haben Sie schon einmal den Satz »nicht Ihr Private Key, nicht Ihre Bitcoins« gehört. Egal, ob jemand rechtmäßig oder unrechtmäßig an die Schlüssel gelangt ist, er hat damit in jedem Fall Zugriff auf die Blockchain-Adresse und auf das Guthaben. Schützen Sie deshalb Ihre privaten Schlüssel wie Ihren Augapfel!

Das bedeutet also das »Krypto« in Kryptowährung: Sie können Geld in der Blockchain mithilfe von Kryptografie anonym verwalten, indem Sie öffentlich-private Schlüsselpaare und die dazugehörigen Adressen verwenden und Nachrichten kryptographisch signieren.

Pseudonyme Kryptowährungen

Einige Kryptowährungen sind anonymer als andere. Der Bitcoin wird beispielsweise oft als *pseudonym* bezeichnet, weil er nur teilweise anonym ist. Stellen Sie sich vor, dass jemand Transaktionsaufzeichnungen von einer Handelsplattform ausliest und dabei herausfindet, dass Sie dort einige Bitcoins gekauft haben. Ihre Identität wurde aufgrund der Anti-Geldwäsche-Bestimmungen (AML) und der in vielen Ländern verpflichtenden Datenerhebung (Know you Customer, KYC) mit diesen Transaktionen verknüpft. Die interessierte Stelle kennt dann auch die Adresse, unter der die Exchange die Coins verwahrt hatte, oder? Nun, jetzt lassen sich die Transaktionen von dieser Adresse mithilfe eines Blockchain-Explorers durch die Blockchain weiterverfolgen. Und verschiedene Adressen können auf bestimmte Weise miteinander in Zusammenhang gebracht werden, sodass es für jemanden mit diesen Informationen – zum Beispiel eine Steuer- oder Polizeibehörde – von einem einzigen Ausgangspunkt aus möglich wäre, ein Bild aller weiteren Bitcoin-Transaktionen eines Menschen zu erstellen. Also ist Bitcoin in der heute üblichen Verwendungsform nicht komplett anonym. Andere Währungen, wie Monero oder Zcash, erheben den Anspruch, einer echten Anonymität viel näher zu kommen. Allerdings werden Verbesserungen an Bitcoin, wie etwa Conjoin und Layer 2, auch Bitcoin in Zukunft wahrscheinlich anonymer machen.

Die wesentlichen Elemente von Kryptowährungen

Die folgenden Abschnitte beschäftigen sich mit dem Zusammenspiel der Grundkomponenten von Kryptowährungen.

Was befindet sich in einer Wallet?

In der *Wallet* nimmt alles, was Ihr Krypto-Guthaben betrifft, seinen Ursprung. Wenn Sie eine Wallet-Datei erzeugen, erstellt die Wallet-Software einen privaten Schlüssel. Dieser private Schlüssel dient zum Erstellen eines öffentlichen Schlüssels, und der öffentliche Schlüssel zum Erstellen einer Adresse. Die Adresse hat noch nie zuvor in der Blockchain existiert und sie wurde in der Blockchain bisher auch noch nicht angelegt.

Sobald Sie eine Adresse haben, können Sie die Kryptowährung verwahren. Sie können die Adresse beispielsweise an eine Börse oder an jemanden weitergeben, von dem Sie Kryptowährung kaufen, und er kann die Kryptowährung dann an diese Adresse senden – mit anderen Worten sendet er eine Nachricht an die Blockchain, die die Anweisung »Schicke Betrag x der Kryptowährung an Adresse x.« Ab diesem Zeitpunkt existiert die Adresse in der Blockchain und ihr ist ein Kryptowährungsguthaben zugeordnet.

Eine *Wallet-Software* ist ein Messaging-Programm, das Ihre Schlüssel und Adressen in einer Wallet-Datei speichert. Die Wallet-Software übernimmt folgende Hauptaufgaben:

✔ Sie ruft aus der Blockchain Daten über Ihre Transaktionen und Ihren Saldo ab.

✔ Sie sendet Nachrichten an die Blockchain und überträgt Ihre Coins von Ihren Adressen an andere Adressen, etwa wenn Sie einen Kauf mit Kryptowährung tätigen.

✔ Sie erzeugt Adressen, die Sie an andere Personen weitergeben können, damit diese Ihnen Kryptowährung schicken können.

Private Schlüssel erzeugen öffentliche Schlüssel

Der Private Key in Ihrer Wallet dient dazu, den Public Key zu erzeugen, mit dem Ihre an die Blockchain gesendeten Nachrichten entschlüsselt werden können. Private Keys müssen geheim gehalten werden; jeder, der Zugriff auf den privaten Schlüssel hat, hat Zugriff auf Ihr Geld in der Blockchain!

Öffentliche Schlüssel erzeugen Blockchain-Adressen

Public Keys werden auch zum Erstellen von Adressen verwendet. Wenn eine Adresse zum ersten Mal verwendet wird, sendet die Wallet-Software eine Nachricht mit dem Inhalt »Schicke Betrag x der Kryptowährung von Adresse y an Adresse x« an das Blockchain-Netzwerk. Bis zu diesem Zeitpunkt gab es diese Adresse in der Blockchain noch gar nicht. Nachdem die Wallet-Software die Nachricht jedoch verschickt hat, befindet sich die Adresse in der Blockchain und es ist ein Geldbetrag mit ihr verknüpft.

Der private Schlüssel gibt Zugriff auf die Adresse

Die Regelung des Zugriffs auf die Adresse über den Private Key ist ein ganz entscheidendes Konzept von Kryptowährungen, das Menschen, die den Zugriff auf ihre Kryptowährung verlieren oder deren Kryptowährung gestohlen wird, oftmals nicht verstehen (siehe Abbildung 1.4). Die Kryptowährung ist einer Blockchain-Adresse zugeordnet; die Adresse wird vom öffentlichen Schlüssel abgeleitet, der zu einem privaten Schlüssel gehört, der in einer Wallet sicher verwahrt wird. In diesem Buch werden wir nicht im Detail auf die Absicherung von privaten Schlüsseln eingehen. Aber Sie sollten sicherstellen, dass Sie Ihre privaten Schlüssel schützen! Verlieren Sie sie nicht und achten Sie darauf, dass andere Menschen sie niemals erfahren!

Abbildung 1.4: Ohne privaten Schlüssel kommen Sie an Ihre Kryptowährung nicht mehr heran!

»Forks« von Kryptowährungen

Eine *Fork* tritt auf, wenn eine Kryptowährung in zwei Teile aufgespalten wird. Das heißt, die Netzwerkknoten verlieren ihren Konsens und es wird eine veränderte Kopie der Kryptowährungssoftware erstellt. Die beiden verschiedenen Softwareversionen erzeugen dann separate Blockchains. So wurde zum Beispiel im Januar 2015 eine Kopie des DASH-Codes mit der Bezeichnung DNET (DarkNet) erstellt. Sowohl DASH als auch DNET entwickelten sich dann als separate Kryptowährungen weiter, wobei DNET später in PIVX (Private Instant Verified Transaction) umbenannt wurde.

Woher kommt die Kryptowährung? Aus Kryptominen (manchmal)

Woher kommt eigentlich eine Kryptowährung? Kryptowährung kann *gemined* werden – die am wenigsten verbreitete Form, obwohl Sie als Leser oder Leserin dieses Buches gerade daran offensichtlich am meisten interessiert sind – oder sie entsteht durch sogenanntes *Premining*.

Premining bedeutet nichts weiter, als dass die Kryptowährung bereits vorhanden ist. Die Blockchain ist ein Kontobuch mit Informationen über Transaktionen. Bei der Erstellung der Blockchain enthielt das Kontobuch bereits einen Datensatz mit der gesamten Krypto-Geldmenge, die die Gründer vorgesehen hatten. Es kommen keine neuen Coins oder Token hinzu; alles ist bereits in der Blockchain vorhanden.

Es wird zwar viel über Krypto-Mining gesprochen, aber die Mehrzahl der Kryptowährungen (zum Zeitpunkt, an dem dieses Buch geschrieben wurde, waren es über 2000 verschiedene Varianten) sind »premined«: Etwa 74 der 100 wichtigsten Kryptowährungen lassen sich nicht durch Mining gewinnen und auch insgesamt liegt diese Quote bei etwa 70 Prozent aller Kryptowährungen.

Ein Beispiel für eine vorab erstellte Kryptowährung ist XRP, auch bekannt als Ripple, die derzeit die zweitgrößte Kryptowährung ist (gemessen an der *Marktkapitalisierung* – also dem Wert aller im Umlauf befindlichen Kryptowährungen). XRP wird in der RippleNet-Blockchain gespeichert.

Als die Ripple-Blockchain erstellt wurde, waren bereits 100 Milliarden XRP in der Blockchain gespeichert, obwohl die meisten nicht verteilt wurden. Die Gründer von Ripple hielten 20 Prozent, und selbst heute wurden nahezu 60 Prozent der Währung noch gar nicht in Umlauf gebracht.

Ein weiteres Beispiel ist Stellar, ein Zahlungsnetzwerk, das ursprünglich vom Zahlungsdienstleister Stripe finanziert wurde und das zum Zeitpunkt des Schreibens in Punkto Marktkapitalisierung an Platz 4 rangierte. Stellar verfügt über eine Geldmenge von über als 100 Milliarden Lumen, 2 % davon wurden Stripe für seine Investition zugeschrieben.

Also, nein, nicht alle Kryptowährungen können durch Mining abgebaut werden (bei den meisten ist das nicht möglich). Aber das ist nicht der Grund, weshalb Sie dieses Buch lesen, nicht wahr?

Die gute Nachricht ist aber, dass Sie rund 600 Kryptowährungen minen können (obwohl Sie von der überwiegenden Mehrheit die Finger lassen sollten). Um zu entscheiden, welche Sie schürfen wollen, lesen Sie bitte Kapitel 8.

> **IN DIESEM KAPITEL**
>
> Mit Mining Geld verdienen: Transaktionsgebühren und Block-Rewards
>
> Wie Mining Vertrauen schafft
>
> Mining und die sechs Grundmerkmale von Kryptowährungen
>
> Durch Proof-of-Work und Proof-of-Stake den Sieger des Mining-Wettbewerbs ermitteln

Kapitel 2
Krypto-Mining verstehen

Wenn ein Teilnehmer eine Transaktionsnachricht über das Kryptowährungsnetzwerk versendet, nimmt der Computer eines Miners sie entgegen und gibt sie in den Memory Pool aus Transaktionen, die darauf warten, in einem Block des Blockchain-Kontobuchs untergebracht zu werden. (Genaueres zu Kryptowährungen und Blockchain-Datenbanken finden Sie in Kapitel 1.) In diesem Kapitel betrachten wir, wie Kryptowährungen mithilfe von Mining Vertrauen schaffen und dadurch nutzbar, stabil und tragfähig werden.

Dezentrale Währungen verstehen

Kryptowährungen funktionieren *dezentral* – keine Zentralbank, keine zentrale Datenbank und keine andere einzelne, zentrale Institution steuert das Währungsnetzwerk. In den USA gibt es beispielsweise die Federal Reserve in Washington, die den US-Dollar verwaltet, die Europäische Zentralbank in Frankfurt ist für den Euro zuständig, und auch alle anderen Papier- oder Fiatwährungen haben ihre zentralisierten Kontrollorgane.

Bei Kryptowährungen gibt es dagegen keine zentrale Aufsicht. Sie werden vielmehr durch ihre Nutzergemeinschaft und insbesondere die Krypto-Miner und Netzwerkknoten beziehungsweise Nodes verwaltet. Aus diesem Grund werden Kryptowährungen oft als *trustless* bezeichnet. Weil keine einzelne Partei oder Instanz kontrolliert, wie eine Kryptowährung emittiert, ausgegeben oder verrechnet wird, brauchen Sie auch keiner einzelnen Stelle Ihr Vertrauen zu schenken.

»Trustless« bedeutet, wörtlich übersetzt, »vertrauenslos«, und das kann etwas irreführend sein. Das Vertrauen ist fest in das System eingebrannt. Sie brauchen keiner einzelnen zentralen Behörde zu vertrauen, aber Ihr Vertrauen in das System und die vollständig überprüfbare Codebasis ist immer noch unerlässlich. Tatsächlich kann keine Form der Währung ohne irgendeine Form von Vertrauen oder Überzeugung funktionieren. (Wenn niemand der Währung vertraut, dann wird sie niemand akzeptieren oder an ihrer Erhaltung mitwirken!)

Bei »Trustless«-Kryptowährungen können Sie darauf vertrauen, dass die Mechanismen der Nutzergemeinschaft sicherstellen, dass die Blockchain eine genaue und *unveränderbare* Aufzeichnung der Währungstransaktionen enthält. Kryptowährungen werden unter Verwendung verschiedener Software-Regeln erstellt, die sicherstellen, dass Sie Vertrauen in das System setzen können. Der Mining-Prozess ist Teil dieses Systems, das es jedem ermöglicht, auf die Blockchain zu vertrauen.

Bei Kryptowährungen gibt es keine Zentralbank, die neues Geld druckt. Stattdessen schürfen Miner nach einem vorgegebenen Emissionsplan neue Coins und bringen Sie dadurch in Umlauf.

Und warum heißt der Vorgang Mining?

Wenn Sie das Krypto-Mining mit dem Goldschürfen vergleichen, wird deutlich, woher das Verfahren seinen Namen bezieht. In beide Abbauformen investieren die »Bergleute« Arbeit und werden mit einem bisher noch nicht im Umlauf befindlichen Vermögenswert belohnt. In der Goldmine wird natürlich vorkommendes Gold, das sich bis dato außerhalb des Wirtschaftskreiskaufs befand, ausgegraben und nachfolgend der im Wirtschaftskreislauf zirkulierenden Goldmenge hinzugefügt. In das Krypto-Mining fließt ebenfalls Arbeit und der Vorgang mündet in der Erzeugung neuer Kryptowährung, die im Blockchain-Kontobuch verzeichnet wird. In beiden Fällen verkaufen die Miner ihre Belohnung – das abgebaute Gold oder die neu geschürfte Kryptowährung – in der Regel auf dem freien Markt, um ihre Betriebskosten zu decken und ihren Gewinn zu realisieren. So kommt die neue Währung in Umlauf.

Die Arbeit des Krypto-Miners unterscheidet sich natürlich von der eines Goldgräbers, aber das Ergebnis ist im Wesentlichen das gleiche: Beide verdienen Geld. Beim Krypto-Mining wird die gesamte Arbeit von einem Computer oder einem *Mining-Rig* verrichtet, die mit dem Kryptowährungsnetzwerk verbunden sind – hier gibt es also keine zahnlosen Goldwäscher, die auf ihren Eseln angeritten kommen!

Die Rolle der Krypto-Miner untersuchen

Krypto-Miner fügen Transaktionen an die Blockchain an. Unterschiedliche Kryptowährungen setzen dabei auf verschiedene Mining-Methoden (falls die Kryptowährung überhaupt auf Mining zurückgreift – die meisten Kryptowährungen verzichten auf Mining, siehe Kapitel 1.) Es werden unterschiedliche Mining- und Konsensverfahren eingesetzt, um zu bestimmen, wer neue Datenblöcke erstellen darf und wie genau die Blöcke zur Blockchain hinzugefügt werden.

Die Art, wie Sie eine bestimmte Kryptowährung schürfen, variiert von Fall zu Fall ein wenig, aber die Grundlagen sind immer die gleichen: Mining schafft ein System, um auch ohne zentrale Aufsicht Vertrauen zwischen den Parteien aufzubauen, und es stellt sicher, dass die Salden aller Kryptowährungen im Blockchain-Kontobuch aktuell und korrekt sind.

Die von den Minern geleistete Arbeit umfasst einige Hauptaufgaben:

✔ neue Transaktionen verifizieren und validieren,

✔ diese Transaktionen sammeln und zu einem neuen Block zusammenfassen,

✔ den Block an die Blockabfolge des Kontobuchs (die Blockchain) anhängen und

✔ den neuen Block an das Netzwerk der Kryptowährungs-Nodes übermitteln.

Der vorangegangene Mining-Prozess ist eine wichtige Arbeit, die für die Weiterführung der Blockchain und der damit verbundenen Transaktionen entscheidend ist. Ohne sie funktioniert die Blockchain nicht. Aber warum sollte sich jemand diese Arbeit machen? Worin bestehen die Anreize für die Miner?

Für Bitcoin-Miner gibt es gleich mehrere Anreize (andere Kryptowährungen funktionieren vielleicht anders):

✔ **Transaktionsgebühren:** Jeder, der Kryptowährung ausgibt, bezahlt eine geringe Gebühr dafür, dass die Transaktion in den neuen Block aufgenommen wird; der Miner, der den Block anhängt, erhält die Transaktionsgebühren.

✔ **Blocksubvention:** Ein Miner, der erfolgreich einen Block an die Blockchain anhängt, erhält neu erstellte Kryptowährung, die so genannte Blocksubvention.

Zusammen ergeben Gebühren und Subvention den *Block-Reward*. Bei Bitcoin betrug der feststehende Anteil zunächst 50 BTC (BTC ist das Tickersymbol für Bitcoin). Aktuell liegt die Subvention bei 12,5 BTC. Die Blocksubvention wird alle 210.000 Blöcke, oder grob gesagt alle vier Jahre, halbiert; irgendwann um den Mai 2020 herum wird sie sich erneut auf dann 6,25 BTC pro Block halbieren.

Vertrauen in eine Kryptowährung schaffen

Damit eine Kryptowährung funktioniert, muss das Protokoll mehrere Bedingungen erfüllen. Uns gefällt die Liste von Jan Lanksy mit ihren sechs Faktoren (Jan erforscht und lehrt an einer Universität in der Tschechischen Republik das Thema Kryptowährung). Darin wird deutlich, dass das Mining unverzichtbar ist, um diese Bedingungen sicher zu erfüllen (dies gilt für schürfbare Kryptowährungen, nicht schürfbare Kryptowährungen verfügen über andere Mechanismen).

✔ **Das System benötigt keine zentrale Kontrollinstanz und wird durch dezentrale Konsensbildung gepflegt.** Das heißt, alle sind sich über die Salden der Adressen im Blockchain-Kontobuch einig. Mining ist unverzichtbar, um Transaktionen korrekt in die Blockchain aufzunehmen und den Konsens zu wahren.

✔ **Das System führt Buch über die Kryptowährung und die Besitzverhältnisse.** Alle Salden sind jederzeit nachvollziehbar. Mining fügt auf unveränderliche Weise Transaktionen zur Blockchain hinzu – die Blockchain kann nicht mehr abgeändert werden. Wenn die Blockchain anzeigt, dass Ihr Guthaben fünf Bitcoin beträgt, dann besitzen Sie auf jeden Fall fünf Bitcoin!

✔ **Das System definiert, ob neue Kryptowährung erzeugt werden kann, und falls ja, definiert das System die Bedingungen ihrer Entstehung und wie die Besitzverhältnisse dieser neuen Währungseinheiten zu ermitteln sind.** Eine feste Emissions- oder Inflationsrate ist vordefiniert. Mining bietet eine Möglichkeit, mit einer vorgegebenen, kontrollierten Rate frische Kryptowährung in Umlauf zu bringen, wobei das Eigentum dem Miner zugewiesen wird.

✔ **Der Eigentumsnachweis für Kryptowährungseinheiten erfolgt durch Kryptografie.** Die drei Bedingungen von Authentizität, Unbestreitbarkeit und Unveränderbarkeit werden mittels Kryptografie erfüllt. Miner überprüfen mithilfe von Kryptografie, ob die Transaktionsanfragen zulässig sind, bevor sie zu einem neuen Block hinzugefügt werden. Der Miner überprüft, ob die Transaktionsanfrage für einen Betrag erfolgt, der dem Eigentümer der Kryptowährung auch zur Verfügung steht, ob der Eigentümer die Anfrage zum Eigentumsnachweis korrekt mit seinem privaten Schlüssel signiert hat und ob die Empfängeradresse gültig ist und den Transfer entgegennehmen kann.

✔ **Das System ermöglicht die Durchführung von Transaktionen, bei denen das Eigentum an den Kryptowährungseinheiten übertragen wird.** Nur Absender, die das Eigentumsrecht an der zu versendenden Kryptowährung nachweisen können, können Transaktionen einreichen. Besitzer von Kryptowährungen weisen das Eigentum nach, indem sie Transaktionen mit dem zugehörigen privaten Schlüssel unterzeichnen. Mining ist der Prozess, durch den die Transaktionen erfolgen, und Miner überprüfen die Eigentumsverhältnisse, bevor sie die Transaktion an die Blockchain anhängen.

✔ **Werden zwei verschiedene Anweisungen zur Übertragung des Eigentums an denselben Kryptowährungseinheiten gleichzeitig eingegeben, führt das System höchstens eine davon aus.** Es gibt keine Möglichkeit für jemanden, dieselbe Einheit doppelt auszugeben. Das sogenannte »*Double-Spending*« machte früheren Digitalwährungen zu schaffen. Aber bei modernen Kryptowährungen überprüfen Miner Transaktionen und durchsuchen die Transaktionshistorie der Blockchain, um festzustellen, ob der Eigentümer in diesem Moment tatsächlich ein ausreichendes Guthaben vorweisen kann. Ist für die Absenderadresse der Transaktionsanfrage (die Input-Adresse) kein ausreichendes Guthaben verzeichnet, wird die Transaktion von der Software des Nodes abgelehnt und gelangt niemals per Mining auf die Blockchain. Ebenso können die Miner entscheiden, welche der Anforderungen gültig ist, wenn ein und derselbe Absender zwei oder mehr ausstehende Transaktionsanforderungen hat, aber nicht genügend Kryptowährung besitzt, um sie alle abzudecken. Überzählige Transaktionen werden verworfen, um *Mehrfachausgaben* derselben Währungseinheit zu vermeiden.

Wenn auch nur eine dieser sechs Bedingungen nicht erfüllt ist, scheitert eine Kryptowährung, da sie nicht genügend Vertrauen für eine verlässliche Nutzung aufbauen kann. Der Mining-Prozess festigt und erfüllt jede einzelne dieser Bedingungen.

Die byzantinischen Generäle

Es gibt eine Gedankenübung, die als das *Problem der byzantinischen Generäle* (oder auch als *byzantischer Fehler*) bekannt ist. Sie veranschaulicht das Problem, das die Konsensalgorithmen von Kryptowährungen zu lösen versuchen.

Das Grundproblem? Sie wollen einen Konsens erreichen; bei Kryptowährungen probieren Sie, eine Einigung über die Historie der Währungstransaktionen zu erzielen. Aber in einem Kryptowährungsnetzwerk, einem verteilten Computersystem aus gleichberechtigten Teilnehmern, gibt es Tausende oder sogar Zehntausende von Computern (Nodes); im Bitcoin-Netzwerk sind es derzeit 80.000 bis 100.000 Nodes. Aber von diesen Zehntausenden von Systemen weisen sicherlich einige technische Probleme auf – Hardwarefehler, Fehlkonfiguration, veraltete Software, fehlerhafte Router und so weiter. Andere sind nicht vertrauenswürdig – sie werden versuchen, Schwächen zu ihrem eignen finanziellen Vorteil auszunutzen (sie werden von »Verrätern« betrieben). Das Problem ist, dass einige Teilnehmer aus unterschiedlichen Gründen widersprüchliche und fehlerhafte Informationen senden könnten.

Also hat sich jemand eine Art Parabel oder Metapher ausgedacht, das Problem der byzantinischen Generäle. (Ein gewisser Leslie Lamport erzählte diese Geschichte erstmals 1980 in einer wissenschaftlichen Abhandlung zu allgemeinen Fragen der Zuverlässigkeit in verteilten Computersystemen.) Ursprünglich wurde es als *Problem der albanischen Generäle* bezeichnet, später dann aber nach einem längst nicht mehr existierenden Reich umbenannt, um keine Albaner zu kränken! (Obwohl sich in unserer vernetzten Welt mit ihren ständigen Social-Media-Shitstorms doch sicherlich wenigstens einige beleidigte Einwohner Istanbuls finden müssten.) Anscheinend schreiben Wissenschaftler, die sich mit dezentralen Computersystemen befassen, ganz gerne solche kleinen Parabeln; so gibt es das *Problem des dinierenden Philosophen*, das *Leser- und Schriftstellerproblem* und so weiter. Tatsächlich ist das *Problem der byzantinischen Generäle* auch eine Variante des *Problems der chinesischen Generäle*.

Wie auch immer, die Grundidee wurde im Originalbeitrag wie folgt beschrieben:

> *Wir stellen uns vor, dass mehrere Divisionen der byzantinischen Armee außerhalb einer feindlichen Stadt lagern, wobei jede Division von ihrem eigenen General kommandiert wird. Die Generäle können nur durch Boten miteinander kommunizieren. Nach der Beobachtung des Feindes müssen sie sich für einen gemeinsamen Aktionsplan entscheiden. Einige der Generäle könnten jedoch Verräter sein, die verhindern möchten, dass sich die getreuen Generäle einigen. Die Generäle brauchen einen Algorithmus, der garantiert, dass A) sich alle loyalen Generäle für den gleichen Aktionsplan entscheiden ... [und] B) eine kleine Anzahl von Verrätern nicht dafür sorgen kann, dass die loyalen Generäle einen schlechten Plan übernehmen.*

(Suchen Sie im Internet nach `byzantine generals problem leslie lamport robert shostak marshall pease`, wenn Sie den originalen Artikel lesen möchten, den Lamport mit zwei Kollegen verfasst hat.)

Das ist das Problem, das die sogenannten *Konsensalgorithmen* von Kryptowährungen lösen möchten. Wie erlangen die Generäle (die Netzwerkknoten) einen Konsens (alle einigen sich auf einen gemeinsamen Aktionsplan, das heißt das gleiche Transaktions-Kontobuch) und vermeiden, dass sie von einer kleinen Anzahl von Verrätern (fehlerhafte Geräte und Hacker) in die Irre geführt werden?

Proof-of-Work und Proof-of-Stake

Um eine Chance auf die Mining-Rewards zu bekommen, müssen die Miner ihre Mining-Rigs (die Computerausrüstung) einrichten und die zur Kryptowährung passende Mining-Software ausführen. Je nach seinem Ressourceneinsatz erhält der Miner eine entsprechend hohe Chance darauf, den neuesten Block erstellen und an die Blockchain anhängen zu dürfen; je mehr Ressourcen eingesetzt werden, desto höher ist die Chance auf die Belohnung. Jeder Block hat einen festgelegten Auszahlungsbetrag, mit dem der siegreiche Miner für seine harte Arbeit belohnt wird und den er nach Belieben ausgeben kann.

Wie wird also der Gewinner ausgewählt? Das kommt darauf an. In den meisten Fällen kommt eine von zwei grundlegenden Methoden zum Einsatz:

- ✔ **Proof-of-Work:** Bei dieser Methode muss der Miner eine Rechenaufgabe erfüllen, und der erste Miner, der die Lösung findet, fügt den neuesten Block zur Blockchain hinzu und erhält den aus Blocksubvention und Transaktionsgebühren bestehenden Block-Reward. Bitcoin und andere Kryptowährungen, wie auch Ether (hier könnte irgendwann auf Proof-of-Stake umgestellt werden), Bitcoin Cash, Litecoin und Dogecoin setzen auf Proof-of-Work.

- ✔ **Proof-of-Stake:** Bei diesem System wählt die Software einen der Kryptowährungs-Nodes dafür aus, den neuesten Block anzufügen. Um an der Verlosung teilzunehmen, müssen die Nodes jedoch einen Einsatz leisten. Im Allgemeinen bedeutet dies, dass sie einen bestimmten Betrag der Kryptowährung besitzen müssen. Das Kryptowährungsnetzwerk wählt den Miner, der den nächsten Block zur Kette hinzufügt, auf

Zufallsbasis aus, aber auch in Abhängigkeit von der Höhe seines Einsatzes. Bei einigen Kryptowährungen gilt zum Beispiel: Je mehr Kryptowährung Sie besitzen und je länger sie sie besitzen, desto wahrscheinlicher ist es, ausgewählt zu werden. (Es ist wie mit Lotterielosen – je mehr Sie davon besitzen, desto wahrscheinlicher wird ein Gewinn.) Bei anderen Kryptowährungen erfolgt die Auswahl nacheinander aus einer Reihe von vorselektierten Nodes.

Direkt nach der Veröffentlichung von Bitcoin konnte jeder mit einem einfachen Desktop-Computer Mining betreiben. Man lud sich einfach die Bitcoin-Mining-Software herunter, installierte sie und fuhr BTC ein! Im Laufe der Zeit verschärfte sich jedoch der Wettbewerb. Schnellere und leistungsfähigere Computer wurden gebaut und zum Mining eingesetzt. Schließlich wurden mit den sogenannten Application Specific Integrated Circuits (ASICs) spezielle Rechenchips entwickelt. Ein ASIC ist, wie der Name schon sagt, ein Computerchip, der eigens für einen bestimmten Zweck entwickelt wurde, wie zum Beispiel für die schnelle Darstellung hochauflösender Grafiken, den Betrieb eines Smartphones oder die Durchführung einer bestimmten Berechnung. Es wurden spezielle ASICs entwickelt, um die für das Krypto-Mining – zum Beispiel für das Bitcoin-Mining – erforderlichen Berechnungsalgorithmen hocheffizient durchzuführen. Ein solcher Chip kann beim Bitcoin-Mining bis zu tausendmal effizienter sein als der Prozessor in Ihrem PC. Wenn Sie also heute Bitcoins minen wollen, dann brauchen Sie ASICs – sonst können Sie es gleich ganz bleiben lassen!

ASIC – was ist das?

Technisch ausgedrückt ist ein ASIC ein *Application Specific Integrated Circuit*: Ein unglaublich hoch spezialisierter Computerchip, der eine bestimmte Operation sehr effizient durchführen kann. Sie werden den Begriff ASIC aber wahrscheinlich auch von Leuten hören, die damit ihr spezialisiertes Mining-Equipment beschreiben. Ein ASIC eignet sich nur für einen bestimmten Mining-Algorithmus. Mit einem ASIC-Miner für den SHA-256-Algorithmus von Bitcoin können Sie beispielsweise keine Litecoins schürfen. Hierfür bräuchten Sie ein Gerät mit einem für den Scrypt-Algorithmus optimierten ASIC-Chip.

Für Kryptowährungen mit hohem Schwierigkeitsgrad, wie etwa Bitcoin, sollte das ideale Mining-Umfeld folgende Bedingungen erfüllen:

✔ **Geringe Hardwarekosten:** Mining-Rigs sind nicht umsonst zu bekommen.

✔ **Niedrige Temperaturen:** Bei niedrigeren Temperaturen können Sie Ihre Hardware besser kühlen.

✔ **Geringe Stromkosten:** Mining-Rigs können viel Energie verbrauchen.

✔ **Schnelle, zuverlässige Internetverbindungen:** Sie sind auf eine schnelle Kommunikation mit dem Kryptowährungsnetzwerk bei minimalen Ausfallzeiten angewiesen, weil Sie im Wettbewerb zu anderen Minern stehen.

Aber keine Angst! Angesichts der vielen verschiedenen Kopien und Nachahmungen von Bitcoin, die immer weiter um sich greifen, ist Bitcoin nicht mehr die einzige Spielart und Sie können viele alternative Mining-Gelegenheiten finden, bei denen auch die geforderte Rechenleistung unterschiedlich ist. Einige der profitabelsten Kryptowährungen, die ich heute kenne, sind weniger bekannt und können mit handelsüblicher Computerhardware geschürft werden, da bei geringerer Beliebtheit und Verbreitung auch die Schwierigkeit weitaus niedriger liegt.

Derzeit erfolgt ein großer Teil des weltweiten Krypto-Minings in China, mit einem rund dreifachen Vorsprung gegenüber dem Verfolger USA. Die Kombination aus billigem Strom und leichtem Zugang zu preisgünstigen Computerkomponenten für die Fertigung von Mining-Rigs verschafft China einen Vorteil, den chinesische Miner ausgenutzt und bisher beibehalten haben, auch angesichts der augenscheinlich ablehnenden Haltung ihrer Regierung gegenüber Kryptowährungen. Dies ist ein Beleg dafür, wie widerstandsfähig und wie schwer dezentrale Kryptowährungssysteme wie Bitcoin aufzuhalten sind.

Die Krypto-Welt am Laufen halten

Eine Kryptowährung besitzt einen Wert, weil eine große Anzahl von Menschen daran glauben, dass dies so ist. Aber warum messen sie einer Kryptowährung einen Wert bei? Die Antwort heißt Vertrauen. (Für weitere Informationen lesen Sie den Abschnitt »Vertrauen in Kryptowährung schaffen« weiter oben in diesem Kapitel.) Bitcoin-Besitzer können darauf vertrauen, dass ihre Bitcoins auch morgen oder in 10 Jahren noch in ihren Wallets sein werden. Wenn sie herausfinden wollen, wie das System funktioniert, können sie die Codebasis überprüfen, um es auf einer tieferen Ebene zu verstehen und zu erkennen, wie das Vertrauen gewahrt wird. Wenn sie jedoch nicht über die nötigen Fähigkeiten oder Programmierkenntnisse zur Codeanalyse verfügen, können sie anderen vertrauen, die mehr Kenntnisse haben als sie, dass diese das System verstehen und überwachen; sie können der gesamten Blockchain-Community vertrauen, die die jeweilige Kryptowährung betreut.

Ohne die Mining-Funktionalität zur Untermauerung des verteilten Peer-to-Peer-Kryptowährungssystems gäbe es dieses (auf dem Nachweis der gemeinsamen Arbeit an der Blockchain basierende) kollektive Vertrauen nicht. (Natürlich gibt es auch Kryptowährungen mit Premine oder anderen, schwächeren Konsensmechanismen. Aber dies ist eine andere Geschichte, auf die wir in diesem Buch nicht weiter eingehen; wir konzentrieren uns hier dem Buchtitel gemäß selbstverständlich auf Kryptowährungen, die durch Mining gewonnen werden.)

Das Mining stellt sicher, dass sich Ihre Salden nicht ohne Ihre Zustimmung verändern. Es setzt für alle Teilnehmer den Anreiz, sich korrekt zu verhalten und bestraft diejenigen, die das nicht tun. Es ermöglicht eine digitale Form der Wertübertragung, der jeder einzelne Teilnehmer als gleichwertiger Partner im Netzwerk vertrauen kann. Denn alle Teile des Systems sind auf einen Zweck ausgerichtet: eine sichere Möglichkeit zu bieten, Eigentum an digital knappen kryptographischen Einheiten zu schaffen, zu überprüfen und zu übertragen.

IN DIESEM KAPITEL

Das Kryptowährungsnetzwerk

Unterschiedliche Arten von Netzwerk-Nodes definieren

Transaktionsgebühren und Change-Adressen

Eine Anfrage zum Hinzufügen Ihrer Transaktion an die Blockchain stellen

Transaktionen und Transaktionsblöcke validieren

Kapitel 3
Die Reise der Transaktion zur Blockchain

Auf der einen Seite stehen Sie mit Ihrer Wallet und Ihrer Node-Software. Auf der anderen Seite steht die Blockchain. Dazwischen befinden sich das Netzwerk aus nach dem Peer-to-Peer-Modell verbundenen Nodes und die Miner, die neue Blöcke erzeugen und sie an die Chain anhängen. Wie findet eine Transaktion, die Sie in Ihrer Wallet-Software vorbereiten, ihren Weg in die Blockchain?

In diesem Kapitel sehen wir uns an, wie eine Transaktion Ihre Wallet verlässt und letztlich in der Blockchain landet, und die Rolle der Miner bei diesem Vorgang. Als Beispiel verwenden wir Bitcoin, die erste Blockchain-basierte Kryptowährung. Bei anderen Kryptowährungen ist der Ablauf häufig vergleichbar. Jede hat ihre eigenen Besonderheiten, aber wenn Sie die Funktionsweise von Bitcoin verstehen, haben Sie eine sehr gute Grundlage.

Das Kryptowährungsnetzwerk

Jede Kryptowährung hat ihr eigenes Netzwerk aus Nodes, die über das Internet miteinander verbunden sind, und dieses Netzwerk weist sowohl Peer-to-Peer- als auch Client-Server-Aspekte auf, je nachdem, wie Sie mit ihm interagieren möchten und welche Software Sie verwenden. (Sie können zum Beispiel die Begriffe *Blockchain-Netzwerk* oder *Bitcoin-Netzwerk* hören.)

Kryptowährungsnetzwerke werden häufig als Peer-to-Peer-Netzwerke beschrieben, und das sind es auch. Allerdings kann das Peer-to-Peer-Netzwerk auch als Client-Server-Netzwerk fungieren. Wo liegt der Unterschied?

✔ **Peer-to-Peer-Netzwerke** sind Netzwerke, in denen gleichberechtigte Computer miteinander kommunizieren.

✔ **Client-Server-Netzwerke** sind Netzwerke, in denen Server Dienste für Client-Computer anbieten.

Denken Sie darüber nach, wie Sie E-Mails nutzen. Das E-Mail-System des Internets hat ebenfalls zwei Aspekte. Zunächst einmal hat es einen Peer-to-Peer-Aspekt, indem Hunderttausende von E-Mail-Servern auf der ganzen Welt zusammenarbeiten und E-Mails untereinander austauschen.

Das E-Mail-System hat aber auch einen Client-Server-Aspekt, mit Millionen von E-Mail-Clients. Sagen wir, Sie nutzen auf Ihrem Computer Outlook, oder Sie melden sich bei Google Mail an und verwenden das Webinterface in Ihrem Browser. So oder so, das Programm, mit dem Sie E-Mails schreiben, senden, empfangen und lesen, wird als *Client* bezeichnet. Dieses Client-Programm sendet ausgehende E-Mails an einen E-Mail-Server und empfängt eingehende E-Mails von einem Server.

Kryptowährungsnetzwerke funktionieren ganz ähnlich. Einmal gibt es ein Peer-to-Peer-Netzwerk aus *Full Nodes*, das sind Computer, die Transaktionen und Blöcke empfangen und validieren, um sicherzustellen, dass sie sich an die Regeln des Netzwerks halten und alle gültig sind; dies ist das Netzwerk, das die ganze Arbeit zum Erhalt der Blockchain leistet. Diese Nodes sind Peers, weil sie alle gleichberechtigt sind und miteinander kommunizieren. (Und einige dieser Full Nodes, wenn auch nicht alle, sind zugleich auch Miner.) Die Nodes kommunizieren miteinander über das Internet und verwenden dazu ein bestimmtes Protokoll (eine Computersprache, im Falle von Bitcoin ist dies das *Bitcoin-Peer-to-Peer-Protokoll*), genau wie E-Mail-Server unter Verwendung eines für diesen Zweck entwickelten Protokolls über das Internet kommunizieren.

Dann gibt es noch Client-Programme – Software-Wallets, mit denen Nutzer Transaktionen, die an die Blockchain angefügt werden sollen, an die Full Nodes senden. Wenn Sie eine Wallet-Software auf Ihrem Computer oder Smartphone installieren oder wenn Sie eine von Dritten verwaltete Custodial Wallet einrichten, zum Beispiel indem Sie ein Benutzerkonto bei einer Exchange anlegen, dann verwenden Sie ein Client-Programm, das in Ihrem Namen mit dem Peer-to-Peer-Netzwerk aus Full Nodes kommunizieren kann. (Diese Full Nodes fungieren für Ihren Wallet-Client als Server.)

Von Dritten verwaltete *Custodial* Wallets sind bequem und unheimlich leicht einzurichten; jemand anderes verwaltet Ihre Schlüssel und die Wallet-Software für Sie. Aber sie sind auch gefährlich. Sie müssen darauf vertrauen, dass der Dienstanbieter Ihre Schlüssel sicher verwahrt und in Ihrem besten Interesse handelt.

Um bei ihrer Interaktion mit dem Blockchain-Netzwerk Dritte außen vor zu lassen, entscheiden sich Anwender und Miner häufig dafür, einen eigenen Node zu betreiben, statt

Light-Wallets, die alle ihre Daten von fremden Full Nodes im Netzwerk beziehen, oder gar Custodial Wallets zu nutzen. Diese Nodes empfangen und verifizieren ihre eigenen Transaktionen und wirken aktiv im Peer-to-Peer-Netzwerk mit. Ein normaler PC kann mit der passenden Software als Netzwerkknoten fungieren, aber es gibt auch spezielle Geräte, die für den reinen Betrieb als Bitcoin-Node ausgelegt sind. Diese dedizierten Hardware-Nodes verbrauchen oft weniger Energie als ein typischer PC und sind zudem meist auch viel kleiner. Hier ist eine kurze Liste von Anbietern, die sich auf spezielle Hardware für Bitcoin-Nodes spezialisiert haben:

✔ **Nodl:** www.nodl.it

✔ **Casa Node:** https://keys.casa/lightning-bitcoin-node

✔ **Samourai Dojo:** https://samouraiwallet.com/dojo

Es gibt verschiedene Arten von Nodes. Tatsächlich haben die Nodes im Bitcoin-Netzwerk rund 150 verschiedene Konfigurationsparameter, sodass es in Wirklichkeit eine fast unendliche Anzahl unterschiedlicher Nodes gibt. Wir müssen davon zumindest ein paar Grundlagen erklären. Die nachfolgende Aufzählung ist daher etwas vereinfachend; beachten Sie, dass es zwischen den aufgeführten Node-Typen sehr viele Überschneidungen gibt.

Jeder Computer im Netzwerk ist ein Node, aber verschiedene Nodes funktionieren unterschiedlich:

✔ **Full Nodes** – korrekter auch als *fully validating nodes* bezeichnet – sind Systeme, die vollständig an der Verifizierung von Blöcken und Transaktionen mitwirken. Full Nodes überprüfen, ob die Blöcke und Transaktionen, die im Netzwerk ausgetauscht werden, den Regeln des Netzwerks entsprechen. Die Nodes leiten die Blöcke und Transaktionen dann über das Netzwerk an andere Full Nodes weiter, die die Blöcke und Transaktionen ebenfalls validieren. Ein Full Node kann eine Kopie der gesamten Blockchain enthalten, aber dies ist nicht bei allen der Fall; Nodes können sich dafür entscheiden, redundante Daten zu entfernen (durch sogenanntes *Pruning*), um Platz zu sparen. Die meisten Full Nodes akzeptieren auch eingehende Transaktionsnachrichten von Wallets. Full Nodes können *Listening Nodes* sein, die oft auch als *Super Nodes* bezeichnet werden, oder *Nonlistening Nodes*. Bei einigen Full Nodes handelt es sich um Mining-Rigs.

✔ Ein **Listening Node** oder *Super Node* ist ein öffentlich erreichbarer Full Node, der eine große Anzahl von Verbindungen mit anderen Nodes zulässt. Der Node »lauscht« auf bestimmten Ports nach eingehenden Verbindungen von anderen Nodes, läuft in der Regel rund um die Uhr und befindet sich hinter keiner Firewall. Im Bitcoin-Netzwerk gibt es rund 9000 bis 10.000 dieser Super Nodes.

✔ Bei einem **Nonlistening Full Node** wurde der *listen*-Konfigurationsparameter ausgeschaltet. Ein Listening Full Node benötigt mitunter viel Bandbreite, sodass die meisten Nodes das Listening deaktiviert haben, um die Kommunikation mit anderen Nodes zu verringern. Sie teilen dem Netzwerk ihre Präsenz nicht mit, sind also nicht öffentlich erreichbar, sondern besitzen nur eine überschaubare Anzahl von ausgehenden Verbindungen. Nonlistening Nodes werden oft von Menschen eingesetzt, die mit ihren Wallets ebenfalls Transaktionen und Blöcke validieren möchten, ohne dabei aber die gigantischen Ressourcen eines Listening Nodes aufzuwenden. Manchen Zählungen zufolge gibt es im Bitcoin-Netzwerk etwa 80.000 bis 100.000 Nonlistening Nodes, während der Hochphase von Bitcoin im Dezember 2018 dürften es aber wahrscheinlich eher 200.000 gewesen sein.

- ✔ **Lightweight Nodes** empfangen und überprüfen nicht jede einzelne Transaktion. Die meisten Light Nodes sind Wallets; bereits die einfache Wallet-Software auf Ihrem Laptop oder Smartphone ist eine Art von Light Node. Light Nodes stehen mit Full Nodes in Verbindung, um Transaktionen zu übermitteln und Informationen über die Transaktionsvalidierung zu erhalten. Sie sind den Full Nodes komplett ausgeliefert, weil sie keine eigene Transaktions- oder Blockvalidierung betreiben. Die meisten Lightweight Nodes arbeiten nach dem Client-Server-Modell: die Wallet (Client) fragt von einem Server Informationen über Transaktionen ab, die in der Blockchain aufgezeichnet wurden.

- ✔ **SPV (Simple Payment Verification) Nodes** sind eine Form der Light Wallet Nodes, die nur die für sie interessanten Transaktionen verifizieren. Dazu kommunizieren sie mit anderen Nodes und empfangen eine Kopie der Block-Header.

Full Nodes stehen also miteinander in Verbindung und tauschen Transaktionen und Blöcke untereinander aus ... aber sie vertrauen sich nicht gegenseitig. Wenn ein Teilnehmer eine Transaktion von einer Wallet erhält, die seiner Ansicht nach ungültig ist, wird er sie nicht an einen anderen Node weiterleiten. Das bedeutet jedoch nicht, dass ein Node automatisch davon ausgeht, dass eine Transaktion gültig sein muss, wenn sie ihm von einem anderen Node übergeben wurde; vielmehr validiert er diese Transaktion auch nochmals selbst.

Wenn ein Node nun eine Transaktion erhält, die sich als unzulässig erweist – etwa weil in der Transaktion mehr Geld ausgegeben wird, als auf der Absenderadresse verfügbar ist –, verwirft er die Transaktion und blockiert zugleich den Netzwerkknoten, der ihm die falsche Transaktion zugesendet hat. Auf diese Art »kontrolliert« sich das Netzwerk selbst; gültige Transaktionen und Blöcke werden von Tausenden von verschiedenen Knoten verifiziert, fehlerhafte Daten werden schnell entsorgt und böswillige Akteure aus dem Netzwerk ausgeschlossen.

Gerade dieser Mangel an Vertrauen schafft letztlich Vertrauen. Schädliche Nodes werden von anderen Nodes blockiert – je nach Regelverstoß können Nodes für einige Stunden oder bei offensichtlich vorsätzlichem Fehlverhalten auch dauerhaft gesperrt werden – damit ist das System selbstregulierend. Weil sich die Nodes gegenseitig nicht vertrauen, kann man dem Gesamtsystem Vertrauen schenken.

Wenn Sie sich einen Überblick über den Umfang der Full Nodes im Bitcoin-Netzwerks verschaffen möchten, werfen Sie einen Blick auf https://bitnodes.earn.com/ (siehe auch Abbildung 3.1). Dieses Diagramm zeigt nur die Listening Full Nodes, es gibt wahrscheinlich die acht- bis zehnfache Anzahl an Nonlistening Full Nodes.

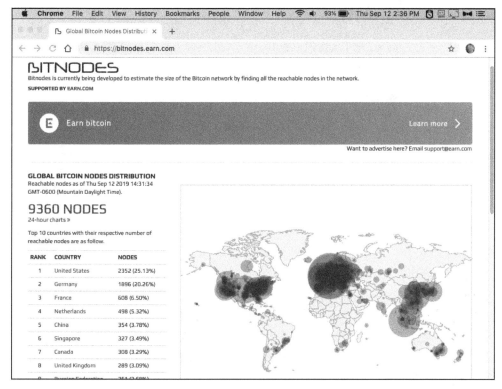

Abbildung 3.1: Eine Live-Ansicht der im Bitcoin-Netzwerk verfügbaren Listening Full Nodes und ihrer weltweiten Verteilung (Quelle: https://bitnodes.earn.com/)

Transaktionen verschicken

Sagen wir, dass Sie jemandem etwas Geld schicken wollen, einen Teil Ihrer Bitcoins. (Wir schreiben hier wie gesagt aus der Perspektive von Bitcoin; andere Kryptowährungen funktionieren teilweise etwas anders, aber die Grundprinzipien bleiben dieselben.)

Und sagen wir weiterhin, dass Sie einen einzelnen Bitcoin besitzen, der mit einer Adresse in der Bitcoin-Blockchain verknüpft ist. Nun wollen Sie ein Zehntel dieses Geldes (0,1 BTC) an Joe schicken. (Es spielt keine Rolle, warum – vielleicht bezahlen Sie damit für einen Kauf oder für eine bestimmte Arbeit, die Joe für Sie verrichtet hat, es könnte sich aber auch um eine gemeinnützige Spende, ein Bestechungsgeld oder was auch immer handeln. Uns interessiert hier nur, dass Sie Joe 0,1 BTC schicken.)

Sie geben also die Adresse von Joe in Ihre Wallet-Software ein, die Bitcoin-Adresse, die er Ihnen für diese Transaktion gegeben hat. Sie geben an, wie viel Bitcoin Sie ihm schicken werden (0,1 BTC). Außerdem geben Sie auch an, welche Transaktionsgebühr Sie zu zahlen bereit sind.

Transaktionsgebühren im Detail betrachtet

Die Gebühren werden oft in Satoshi/Byte angegeben und können zwischen 1 und über 2000 Satoshi/Byte liegen (die Einheit deutet bereits darauf hin, dass die Gebühr von der Größe der von Ihrer Wallet an die Blockchain gesendeten Transaktionsmitteilung abhängt, und nicht von der Transaktionshöhe). Je stärker das Netzwerk ausgelastet ist, desto höher die benötigte Gebühr, um Miner zu motivieren, Ihre Transaktion ausreichend schnell in einem Block unterzubringen.

Ein Satoshi ist die kleinste Bitcoin-Einheit – ein Hundertmillionstel eines Bitcoins. Wenn Ihr Wallet-Guthaben 1,000.000.000.001 BTC beträgt, dann steht die letzte Ziffer für einen Satoshi. Ihre Wallet-Software schlägt wahrscheinlich eine Gebühr vor, die auf Basis der aktuell von anderen Teilnehmern gezahlten Tarife und der Netzwerkauslastung geschätzt wird; einige Wallets legen die Gebühr für Sie fest, während Sie diese in anderen Programmen auch selbst festlegen können – was natürlich genauer ist und die Gefahr überhöhter Gebührenzahlungen reduziert. Zahlen Sie zu wenig, kann es vorkommen, dass die Transaktion nicht durchgeführt wird oder sehr lange dauern kann; zahlen Sie zu viel, naja, dann haben Sie eben zu viel bezahlt. Transaktionen mit höheren Gebühren werden von der Mining-Software natürlich schneller verarbeitet als solche mit niedrigeren Gebühren – je mehr Transaktionen mit hohen Gebühren in einem Block sind, desto mehr verdient der siegreiche Miner.

Nehmen wir für unser Beispiel an, dass Sie einer Gebührenzahlung von 0,0004 BTC zustimmen. Und dies sei Ihre Adresse:

```
1x6YnuBVeeE65dQRZztRWgUPwyBjHCA5g
```

Denken Sie daran, das Guthaben darauf beträgt 1 BTC. Dies wird auch als *Input* der Transaktion bezeichnet.

Und hier ist die Adresse von Joe:

```
38DcfF4zWPi7bSPkoNxxk3hx3mCSEvDhLp
```

Sie gehört mit zu den *Outputs* der Transaktion. Bisher sieht die Transaktion folgendermaßen aus:

```
Input
1x6YnuBVeeE65dQRZztRWgUPwyBjHCA5g - 1BTC
Output
38DcfF4zWPi7bSPkoNxxk3hx3mCSEvDhLp - 0,1BTC
```

Aber Moment, wir brauchen noch einen weiteren Output. Wir geben 1 BTC in die Transaktion hinein, davon bekommt Joe 0,1 BTC, also müssen wir entscheiden, was mit den übrigen 0,9 BTC passiert. Genauer gesagt den übrigen 0,8996 BTC, denn 0,0004 BTC werden ja als Gebühr an den Miner gezahlt. Wohin gehen also die 0.8996 BTC? Natürlich gehen sie zurück an Sie, als Ihr »Wechselgeld« (Change). Die Transaktion könnte dann folgendermaßen aussehen:

```
Input
1x6YnuBVeeE65dQRZztRWgUPwyBjHCA5g  - 1BTC
Outputs
38DcfF4zWPi7bSPkoNxxk3hx3mCSEvDhLp  - 0,1BTC
1x6YnuBVeeE65dQRZztRWgUPwyBjHCA5g  - 0,8996BTC
```

Wir sehen also, dass 0,8996 BTC an die ursprüngliche Adresse zurückgehen. – Stellen Sie sich vor, Sie gehen mit einem Zehn-Euro-Schein in einen Laden und bezahlen dort für etwas 1 €. Was geschieht dann? Sie nehmen 10 € aus Ihrer Tasche, geben sie dem Verkäufer, der Verkäufer gibt Ihnen 9 € zurück, und Sie stecken die 9 € wieder in Ihre Tasche (um die Steuern kümmert sich freundlicherweise der Verkäufer).

Change-Adresse

Wir haben dargestellt, dass das Wechselgeld an die gleiche Adresse zurückgeht, die für den Input verwendet wird, und das funktioniert sicherlich auch. Die meisten Wallet-Programme verwenden jedoch für den zweiten dieser Outputs eine andere Adresse oder *Change-Adresse*. In jedem Fall erhalten Sie das Wechselgeld aber an eine Adresse zurück, die Sie mit Ihrem Private-Key kontrollieren und die von Ihrer Wallet-Software verwaltet wird.

Beachten Sie, dass in den Outputs nichts über die Gebühr vermerkt ist. Das liegt daran, dass die von Ihrer Wallet gesendete Transaktion die Gebühr nicht explizit angibt. Vielmehr lautet die Anweisung darin: »0,1 BTC an die erste Adresse senden, 0,8996 BTC an die zweite Adresse senden und den Rest behalten«. Und genau das wird der Miner tun, der das Recht erhält, diese Transaktion an die Blockchain anzuhängen: Sein Mining-Rig wird das Restgeld als Transaktionsgebühr einbehalten.

Diese Transaktionsinformationen werden in ein *Skript* gepackt, eine Textnachricht, die über das Kryptonetzwerk versendet wird. Ihre Wallet-Software signiert die Transaktion mit Ihrem privaten Schlüssel, das heißt, sie verschlüsselt die Transaktionsinformationen unter Verwendung des privaten Schlüssels. Anschließend fügt sie den zugehörigen öffentlichen Schlüssel an die Nachricht an und versendet die Transaktion an das Bitcoin-Netzwerk. In Sekundenschnelle empfängt ein Node die Transaktion; genau wie eine E-Mail in Sekundenschnelle zwischen zwei Mailservern verschickt wird. (Tatsächlich können Sie sich Ihre Wallet-Software als ein spezielles Messenger-Programm vorstellen.)

> **Public-Key-Verschlüsselung**
>
> Das Krypto in Kryptowährung steht für Kryptografie; sie setzt auf die sogenannte *Public-Key-Verschlüsselung*. Mit dieser beweisen Sie, dass Sie das mit einer Adresse verknüpfte Geld besitzen. Die Person, die die Kryptowährung ausgibt, nutzt einen privaten Schlüssel, um die Nachricht zu verschlüsseln, und fügt dann den passenden öffentlichen Schlüssel an die Nachricht mit an. Der Miner kann überprüfen, ob die Adresse, von der die Kryptowährung kommt, dem öffentlichen Schlüssel zugeordnet ist, und wenn dieser öffentliche Schlüssel die Nachricht entschlüsseln kann, dann muss sie demnach von der Person erstellt worden sein, die sich im Besitz des zugehörigen privaten Schlüssels befindet. (Alle drei – privater Schlüssel, öffentlicher Schlüssel und Adresse – sind mathematisch und eindeutig miteinander verknüpft). In Kapitel 2 finden Sie hierzu weitere Details.

Die Transaktion verifizieren

Nach Erhalt der Transaktion verwendet der Node zunächst den Public Key, um die Nachricht zu entschlüsseln und auslesen zu können. Dann muss er die Transaktion *verifizieren*. Dieser Vorgang stellt sicher, dass die Transaktion aufgrund einer Reihe unterschiedlicher Kriterien gültig ist. Wir werden nicht zu sehr ins Detail gehen, aber im Wesentlichen stellt sich der Node folgende Fragen (und beantwortet sie sich auch selbst):

- ✔ Ist die Nachricht ordnungsgemäß strukturiert und überschreitet nicht die maximale Nachrichtengröße?

- ✔ Enthält die Nachricht gültige Informationen – zum Beispiel gültige Input- und Output-Adressen und gültige Beträge im Rahmen der den Adressen zugeordneten Guthaben?

- ✔ Gibt es die Input-Adresse in der Blockchain und verfügt sie über einen gültigen Saldo?

- ✔ Ist die Transaktion mit einer ausreichenden Transaktionsgebühr versehen?

- ✔ Ist die Absender-Wallet zum Senden der Transaktion berechtigt – das heißt, ist der an die Nachricht angefügte öffentliche Schlüssel auch der Adresse zugeordnet, von der aus die Kryptowährung gesendet werden soll?

Was passiert, wenn die Nachricht in irgendeiner Weise ungültig ist? Der Node verwirft sie, weil es sinnlos ist, sie an den nächsten Node weiterzuleiten. Wenn sie jedoch gültig ist, fügt der Node sie einem Pool aus gültigen Transaktionen (*Memory Pool* oder *Mempool* genannt) hinzu und sendet sie an andere Nodes im Netzwerk. Diese anderen Nodes tun dasselbe: Sie entschlüsseln und verifizieren die Transaktion und fügen Sie sie zu ihrem Mempool hinzu, wenn sie sie für gültig halten. (Dies gehört mit zum Konsensprozess, der sicherstellt, dass alle zustimmen.) So *verbreitet* sich die Nachricht in wenigen Sekunden durch das gesamte Kryptonetzwerk und wird nach und nach von jedem Node aufgenommen.

 Der Mempool ist also eine Ansammlung von Transaktionen, die darauf warten, bestätigt und auf ewig in einen Block gegossen zu werden. Die Größe des Mempools hängt davon ab, wie viele Transaktionsanfragen aktuell an das Netzwerk gestellt werden. Bei steigender Netzwerkauslastung steigen natürlich auch die Transaktionsgebühren. (Eine sehr nützliche Website zur Betrachtung der momentan im Memory Pool aufgelaufenen Transaktionen und der aktuellen Transaktionsgebühren finden Sie unter https://jochen-hoenicke.de/queue/#0,all.)

Einige Nodes betreiben zugleich auch Mining. Diese Notes konkurrieren darum, Bitcoins zu verdienen und Blöcke an die Blockchain anzuhängen. Diese Nodes erstellen ebenfalls Memory Pools mit Transaktionen, die an die Blockchain angehängt werden müssen.

Das 10-Minuten-Rennen um Bitcoin

Und so funktioniert der Mining-Wettbewerb. Wir beginnen an dem Punkt, an dem gerade ein Miner das Recht gewonnen hat, einen Block an die Blockchain anzuhängen. Der Gewinner verschickt seinen neuen Block dann über das Netzwerk, und dieser wird von den anderen Nodes empfangen und an ihre Version der Blockchain angehängt. Und dann geht der Wettkampf in die nächste Runde.

 Jede Runde dieses Spiels ist auf eine Dauer von etwa zehn Minuten ausgelegt; denken Sie daran, dass ein Zweck des Minings darin besteht, mit einer bestimmten Emissionsrate neue Bitcoins in die Blockchain einzubringen; derzeit sind dies 12,5 BTC alle zehn Minuten. Im Durchschnitt findet alle zehn Minuten ein Miner einen neuen Block, wird mit Kryptowährung belohnt und das Spiel beginnt von vorne.

Ein Miner, der den neuesten Block empfängt, vergleicht diesen zunächst mit seinem eigenen Mempool, um daraus die bereits im Block enthaltenen Transaktionen zu streichen. So bleiben nur Transaktionen übrig, die noch nicht in die Blockchain geschrieben wurden.

Der Miner fasst dann Transaktionen aus dem Mempool zu einem neuen Block zusammen, der als *Blockkandidat* bezeichnet wird. Dieser Block kann an die Blockchain angehängt werden, falls der Miner den Wettbewerb für sich entscheiden kann.

Der Miner erstellt für diesen Block einen Header mit Zeitstempel, einer Software-Versionsnummer, dem Hash des vorherigen Blocks und dem eigenen Hash. Der Block-Header enthält noch ein paar andere Dinge, die mit dem Spiel zusammenhängen, das der Miner spielen muss, um gegen die anderen Miner anzutreten.

> **Hashing?**
>
> Ein Hash ist eine lange Zahl, die für einen Datensatz eine Art Fingerabdruck darstellt. Wenn diese Daten durch den gleichen Hashing-Algorithmus geleitet werden, erzeugen sie immer wieder den gleichen Hash, und dieser Hash kann für keinen anderen Datensatz berechnet werden. Der Hash identifiziert die Daten somit eindeutig. Weitere Informationen zum Hashing finden Sie in Kapitel 2.

Nun haben also Tausende von Mining-Computern rund um die Welt *Blockkandidaten* mit Daten (Aufzeichnungen von Transaktionen) erzeugt und sind begierig darauf, ihre eigenen Blöcke an die Blockchain anzuhängen. Das System muss also eine Wahl treffen: Welcher Block von welchem Miner wird an die Blockchain angefügt? Das Bitcoin-Netzwerk nutzt hierfür eine so genannte *Proof-of-Work*-Rechenaufgabe. Alle Miner bekommen dieselbe Aufgabe, und der erste, der sie lösen kann, gewinnt und darf seinen Block an die Blockchain anhängen und die Blockprämie kassieren, die sich aus den Transaktionsgebühren und der festgelegten Blocksubvention zusammensetzt.

Eine Proof-of-Work-Aufgabe kann fast alles sein, solange die Aufgabe komplex genug ist, einen mehr oder weniger vorhersehbaren Arbeitsaufwand erfordert und sich die korrekte Lösung schnell und einfach nachprüfen lässt.

Primecoin verwendet zum Beispiel einen Proof-of-Work-Nachweis, bei dem es darum geht, Primzahlreihen zu finden, die dann in der Blockchain gespeichert werden und für Mathematiker verfügbar sind (für alles, was sie damit eben anstellen mögen). Im Fall von Bitcoin hat die Proof-of-Work-Berechnung keinen praktischen Nutzen, außer der Absicherung von Transaktionen in der Blockchain. Und so funktioniert es:

Der Miner sucht nach einer Zahl, die einem bestimmten Kriterium entspricht; dabei muss die Zahl auch unter einem bestimmten Zielwert liegen (dieser Zielwert wird auch mit im Block-Header gespeichert).

Die Zahl entsteht durch Hashen des Block-Headers, wodurch im Prinzip ein digitaler Fingerabdruck entsteht. (Weitere Informationen zum Hashing finden Sie in Kapitel 2.)

Der Hash ist eine 256-stellige Binärzahl, die als 64-stellige Hexadezimalzahl ausgedrückt wird. Hier ist ein Beispiel:

```
000000000000000015ecd7feb009048fb636a18b9c08197b7c7e194ce81361e9
```

Jeder Block hat einen Zielwert. Der Hash des Block-Headers muss kleiner oder gleich dem Zielwert sein. Betrachten Sie den vorhergehenden Hash. Er beginnt mit 16 Nullen und hat tatsächlich vor einiger Zeit einen Block gewonnen. Je mehr Nullen am Anfang der Zahl stehen, desto kleiner ist die Zahl und desto schwieriger ist sie zu finden. In der Regel steigt die Schwierigkeit mit der Zeit immer weiter an. Jetzt ist der Zielwert noch kleiner (dieses Beispiel mit 16 Nullen am Anfang ist schon etwas älter). Beim Schreiben dieses Buches begann die Folge schon mit 19 Nullen.

Je kleiner der Zielwert, desto schwieriger ist die Aufgabe, oder? Denn unterhalb einer kleinen Zahl gibt es weniger Zahlenwerte als unterhalb einer größeren Zahl, und wir brauchen einen Hash, der kleiner als der Zielwert ist.

Der Miner hasht also den Block-Header. Aber jedes Mal, wenn Sie einen bestimmten Datensatz hashen, erhalten Sie doch das gleiche Ergebnis, oder? Wenn der Miner also den Blockkopf hasht und feststellt, dass das Ergebnis nicht kleiner als die Zielvorgabe ist, muss er den Block-Header verändern. Hier kommt die *Nonce* ins Spiel, ein Datenelement im Block-Header. Es handelt sich dabei einfach nur um eine Zahl. Der Miner verändert die Nonce und hasht erneut. Dabei wird er einen anderen Hash-Wert herausbekommen. Die Chancen stehen gut, dass dieser immer noch über dem Zielwert liegt, also verändert der Miner die Nonce wieder, hasht erneut, prüft das Ergebnis gegen den Zielwert und so weiter.

Die Besonderheit des Hashing-Algorithmus besteht darin, dass Sie nicht vorhersagen können, welche Nonce Ihnen das gewünschte Ergebnis liefert. Der einzige Weg zum Ziel ist, es immer wieder zu versuchen – Tausende von Malen – bis Sie einen Hash erhalten, der unter dem Zielwert liegt. Und wenn Ihnen das vor allen anderen gelingt, dann haben Sie gewonnen!

Diese Aufgabe ist extrem schwierig. Hier sehen Sie die Anzahl der Variationsmöglichkeiten einer 64-stelligen hexadezimalen Zahl (wie auch immer diese Zahl genannt wird!): 39.400. 000.000.000.000.000.000.000.000.000.000.000.000.000.000.000.000.000.000.00 0.000.000.000.000.000.000.000.000.000.000.000.000.000. Der weitaus überwiegende Teil aller Hashes wird also aus einer reinen Wahrscheinlichkeitsbetrachtung heraus über dem Zielwert liegen.

Sagen wir, dass Sie der glückliche Miner sind, der zuerst eine passende Nonce findet, mit der zusammen Ihr Block-Header einen Hash liefert, der unterhalb des Zielwerts liegt – dann haben Sie gewonnen!

Die Bitcoins einstreichen

Sie melden dem Netzwerk, dass Sie gewonnen haben. Sie erstellen für diesen Block einen Header mit Zeitstempel, einer Software-Versionsnummer, dem Hash des vorherigen Blocks und der Wurzel des Hash-Baums der Transaktionen in Ihrem Block (seien Sie beruhigt: um erfolgreich zu minen, müssen Sie nichts über Hash-Bäume zu wissen). Dann verschicken Sie Ihren *Blockkandidaten* mitsamt Header und dem Hash des Headers an das Netzwerk, damit die anderen Nodes ihn überprüfen können. Und das tun diese dann auch.

Ein Block wird erst dann an die Blockchain angehängt, wenn er verifiziert wurde. Um sicherzustellen, dass Sie gewonnen haben, hashen die Nodes den Block-Header und vergleichen das Ergebnis mit dem vorliegenden Hash des Block-Headers. Denken Sie daran, dass die Proof-of-Work-Aufgabe sehr schwierig zu lösen, aber einfach zu überprüfen ist, sodass es schnell ersichtlich wird, dass Sie den Wettbewerb gewonnen haben. Die Nodes hängen Ihren Block an die Blockchain an, und der Wettkampf beginnt wieder von vorne. Oh, und Ihnen wird im neuen Block der Block-Reward – die Transaktionsgebühren und der Block-Reward – an Ihre Adresse zugewiesen.

Das ist Mining!

Wer also gewinnt typischerweise diese Wettbewerbe? Es ist eine Mischung aus Zufall und Rechenleistung. Jedes Mal, wenn Sie eine Nonce hinzufügen und den Blockkopf hashen, haben Sie eine mathematisch definierte Gewinnchance. Sie ist niedrig, aber im Bereich des Möglichen. Hey, Sie könnten sogar schon beim ersten Versuch gewinnen! (Allerdings ist das eben wirklich äußerst unwahrscheinlich.)

Und wie erhöhen Sie dann Ihre Chancen? Sie müssen immer wieder eine Nonce hinzufügen und wieder und wieder einen Hash berechnen, Millionen Male. Jede neue Berechnung ist wie ein Lottoschein. Je mehr Lottoscheine Sie also kaufen, desto besser sind Ihre Chancen. Das bedeutet, je leistungsstärker Ihre Mining-Hardware ist – je mehr Berechnungen sie durchführen können –, desto besser sind Ihre Chancen.

Bitcoin-Vorgaben

Alle diese Regeln und Systemrichtlinien sind fest in der Software verankert, die die Bitcoin-Blockchain bereitstellt. Ein Block enthält maximal rund 2000 Transaktionen (je nachdem, wie viele Informationen in jeder Transaktion enthalten sind, variiert die Anzahl leicht). Ungefähr alle zehn Minuten wird ein Block hinzugefügt. Um diese Blockrate aufrechtzuerhalten, muss die Software ab und zu die Schwierigkeit anpassen – dies geschieht alle 2016 Transaktionen. Wenn neue Blöcke im Mittel in unter zehn Minuten gefunden wurden, weil mehr Miner und Mining-Rigs in Betrieb gingen und die Rechenleistung im Netzwerk dadurch angestiegen ist, dann wird der Zielwert anteilig abgesenkt, um die Schwierigkeit zu erhöhen. Dauerte es im letzten Betrachtungszeitraum dagegen mehr als zehn Minuten (wenn der Bitcoin-Preis sinkt, steigen einige Miner aus) dann wird der Zielwert erhöht, was die Schwierigkeit verringert. Außerdem wird alle 210.000 Blöcke – etwa alle vier Jahre – der Block-Reward halbiert. Zum gegenwärtigen Zeitpunkt beträgt die Vergütung 12,5 BTC, sie wird aber irgendwann im Jahr 2020 auf 6,25 BTC absinken.

Dieser Vorgang klingt jetzt vielleicht sehr kompliziert, aber die schwere Arbeit übernehmen Ihr Mining-Rig und Ihre Node-Software. Sie brauchen sich nicht alle zehn Minuten mit Papier und Bleistift hinzusetzen und den Block-Header zu hashen! Sie richten nur die entsprechende Hard- und Software ein und lassen sie laufen.

IN DIESEM KAPITEL

Konsensalgorithmen

Erfahren, warum Proof-of-Work am meisten Vertrauen schafft

Proof-of-Work-basierte Kryptowährungen betrachten

Proof-of-Stake und Proof-of-Work zusammen einsetzen

Kapitel 4
Die verschiedenen Arten des Minings entdecken

In diesem Kapitel lernen Sie verschiedenen Konsensalgorithmen von Kryptowährungen kennen. Die Blockchain-Technologie verteilt Daten auf Hunderte oder sogar Tausende von Computern. Die Herausforderung besteht darin, sicherzustellen, dass jede Kopie dieser Daten auf den unterschiedlichen Computern korrekt ist. Unterschiedliche mathematische Algorithmen sind geeignet, einen Konsens zu schaffen, also sicherzustellen, dass sich alle Nutzer einer bestimmten Kryptowährung darüber einig sind, welche Daten in die Blockchain aufgenommen werden sollen und welche Version der Blockchain die Richtige ist.

Wir erklären verschiedene Aspekte unterschiedlicher Konsenssysteme: Proof-of-Work, Proof-of-Stake, ein hybrider Ansatz aus Proof-of-Stake und Proof-of-Work und Weitere.

Proof-of-Work-Algorithmen

Konsens ist der Vorgang, bei dem sichergestellt wird, dass alle im Umlauf befindlichen Kopien der Transaktionsdaten miteinander übereinstimmen – dass jede Kopie der Blockchain die gleichen Daten enthält. Es können unterschiedliche Konsensmethoden eingesetzt werden, aber zum Zeitpunkt des Schreibens dieses Buches ist *Proof-of-Work* (PoW) die wichtigste. Es gibt dazu aber auch noch weniger sichere und vertrauenswürdige Alternativen, wir gehen in diesem Kapitel auf einige dieser Methoden ein. Da der Kryptowährungs- und Blockchain-Bereich stetig wächst, ist es durchaus möglich, dass sich am Ende ein anderes System durchsetzen wird.

Proof-of-Work ist das sicherste, vertrauenswürdigste und zugleich energieintensivste aller Konsenssysteme, das zweifellos die beste Erfolgsbilanz vorweisen kann. PoW gibt es schon seit der Geburtsstunde von Bitcoin und hat seit Januar 2009 für eine ununterbrochene Aufzeichnung von Transaktionen in der Blockchain gesorgt!

Proof-of-Work ist allerdings schon älter als die Kryptowährungs-Blockchains. Ursprünglich wurde das Verfahren zur Bekämpfung von Spam-Mails entwickelt.

Das wesentliche Konzept von Proof-of-Work besteht darin, dass man, um einen bestimmten Dienst zu nutzen – beispielsweise um eine E-Mail zu versenden oder Transaktionen in eine Blockchain aufzunehmen – nachweisen muss, dass eine bestimmte Form von Arbeit verrichtet wurde. Ziel ist es, einem regulären, gelegentlichen Benutzer des Dienstes geringe Kosten (in Bezug auf die Rechenleistung, die für die Ausführung des Proof-of-Work-Algorithmus erforderlich ist) aufzuerlegen, es aber zugleich sehr teuer für jemanden zu machen, der den Dienst tausend- oder millionenfach zu nutzen versucht. Mittels Proof-of-Work geschützte Systeme anzugreifen oder zu stören wird damit vollkommen unwirtschaftlich.

Das Konzept vom PoW als Gegenmaßnahme reicht bis etwa 1993 zurück, und seither sind viel verschiedene Ideen für den Einsatz von PoW entstanden. Im Bereich der Kryptowährungen verhindert Proof-of-Work, dass böswillige Miner das Netzwerk überlasten, indem sie neue Blöcke einreichen, die nie überprüft werden können. Wäre keine Arbeit erforderlich, um einen neuen Block einzureichen, konnte jeder ohne Unterlass gefälschte Transaktionen in neuen Blöcken spammen und das Kryptowährungsnetzwerk damit möglicherweise zum Stillstand bringen.

Proof-of-Work hat übrigens auch eine Entsprechung bei den realen Währungen. Damit etwas als Geld funktioniert, muss seine Verfügbarkeit begrenzt sein. Es handelt sich also entweder um etwas, von dem es einfach nicht viel gibt – wie zum Beispiel Gold – oder es muss durch einen Vorgang geschaffen werden, der einen erheblichen Aufwand erfordert.

Was ist dann mit Muschelschalen? Muscheln wurden von verschiedenen Kulturen als Geld eingesetzt. Denken Sie an Wampum, das Muschelgeld, das die Indianer im Osten Nordamerikas bis weit in das 18. Jahrhundert hinein verwendeten. »Muscheln?« fragen Sie, »Wie groß ist denn der Aufwand, um am Strand Muscheln zu sammeln?« Nun, Wampum wurde aus sehr speziellen Muscheln (der Stacheligen Feige und der Quahogmuschel) hergestellt, die in einem ganz bestimmten Gebiet entlang des Long Island Sound und der Narragansett Bay vorkommen. Außerdem konnte man sich nicht einfach eine Muschel schnappen und damit Abendessen kaufen. Die Muscheln mussten bearbeitet werden. Die Schalen wurden abgetragen; zum Beispiel wurde die innere Spirale verwendet. Dann bohrten die Handwerkerinnen (es waren meist Frauen, die Wampum herstellten) mit Holzbohrern Löcher durch die Schalen, und anschließend wurden die Schalen auf einem Schleifstein poliert, bis sie glatt waren. Sie wurden schließlich auf Hirschleder oder verschiedenen andere Materialien aufgefädelt. Diese Arbeit stellte sicher, dass Zeit und Aufwand in die »Währung« investiert werden mussten, damit sie Wert erlangen konnte.

Eine andere Betrachtungsweise dieses Konzepts ist, dass das Geld keinen Wert »erlangt«, sondern dass es nicht ohne einen erheblichen Arbeitsaufwand geschaffen werden kann, sodass der Markt nicht mit neuen, kostengünstigen Versionen des Geldes überschwemmt und die Währung damit abgewertet werden kann.

Selbst die frühen europäischen Kolonisten benutzten Wampum. Erst als sie begannen, fortschrittlichere Techniken zur Fertigung von Wampum einzusetzen und dadurch die Kosten für die Herstellung dieser Währung zu senken und ihre Knappheit zu beseitigen, brach der Wert zusammen und Wampum eignete sich nicht mehr als Wertspeicher und als Währung.

Als ich (Peter) mich zum ersten Mal mit Kryptowährungen beschäftigte, hatte ich Probleme, den Grundgedanken und die Bedeutung von Proof-of-Work vollständig zu verstehen. Falls jemand aus der Leserschaft noch immer versucht, den Zweck von PoW zu begreifen, probiere ich, es einmal anders auszudrücken. Der ganze Sinn hinter der Arbeit der Miner (die miteinander konkurrieren, den Proof-of-Work-Wettbewerb zu gewinnen) besteht darin, sicherzustellen, dass es nicht zu einfach ist, einen Block an die Blockchain anzuhängen. Wenn das zu einfach ist, ist die Blockchain gefährdet. Böswillige Akteure könnten die Blockchain angreifen, indem sie das System permanent mit ungültigen Blöcken überfluten. Der Grundgedanke von Proof-of-Work ist es, das Anfügen eines Blocks zu erschweren, so wie der ganze Hintergrund der mühsamen Bearbeitung von Muscheln bei Wampum darin bestand, sicherzustellen, dass die Wampum-basierte Wirtschaft nicht mit billigem Wampum geflutet werden konnte.

Anwendungen von Proof-of-Work

Ein Proof-of-Work-Algorithmus zwingt den Miner, etwas zu leisten – oder Rechenleistung einzusetzen – bevor er einen Block an die Blockchain sendet. Der Algorithmus sichert eine Kryptowährung ab, indem er unerwünschte Aktionen verteuert und sicherstellt, dass stets das gewünschte Ergebnis eintritt – nämlich dass nur echte, gültige Transaktionen in die Blockchain aufgenommen werden.

Welche Arbeit muss also verrichtet werden? Im Wesentlichen wird vom Miner gefordert, ein irgendwie geartetes mathematisches Rätsel zu lösen. Die Rechenaufgabe muss kompliziert genug sein, um eine gewisse Rechenleistung zu benötigen, aber nicht so kompliziert, dass die Lösung zu lange dauern würde, weil dies auch die Erfassung von Transaktionen verlangsamen würde.

Wie in Kapitel 3 erläutert, besteht die Arbeit beim Proof-of-Work von Bitcoin nur darin, den neuen Blockkandidaten zusammen mit dem Header des vorhergehenden Transaktionsblocks und einer Zufallszahl, der *Nonce*, zu hashen, in der Hoffnung, dabei einen neuen Hash zu finden, der den geforderten Schwierigkeitsgrad erfüllt.

Die Lösung des Rätsels muss schwer zu finden sein, aber nachfolgend muss sich die geleistete Arbeit einfach überprüfen und verifizieren lassen. Sobald die Rechenaufgabe also gelöst ist, müssen andere Miner problemlos überprüfen können, ob die eingereichte Lösung auch tatsächlich stimmt. Sobald ein Miner das Rätsel im Fall von Bitcoin gelöst hat, wird der neue Hash zum Header hinzugefügt und der Block zur Bestätigung an andere Miner und Nodes gesendet. Es ist zwar zunächst schwierig, eine passende Nonce zu finden, die ein gutes Ergebnis liefert – einen Hash-Wert unterhalb des Zielwerts – sobald die Nonce aber gefunden wurde, können die anderen Miner sehr schnell und einfach die gleiche Hash-Berechnung durchführen, um zu bestätigen, dass die Aufgabe tatsächlich gelöst wurde. Sobald die Arbeit getan ist, kann jeder den Block des siegreichen Miners schnell überprüfen und abzeichnen.

Beachten Sie übrigens, dass Sie für Kryptowährungen mit Proof-of-Work in der Regel effizientere und spezialisierte Mining-Hardware benötigen. In Fall von Proof-of-Stake, auf das wir später in diesem Kapitel eingehen, kann fast jeder Computer neue Blöcke zusammenstellen, verifizieren und an die Blockchain anhängen, solange er über einen nennenswerten Betrag der zugrunde liegenden Währung verfügt.

Beispiele für Proof-of-Work

Proof-of-Work ist im Kryptowährungsbereich weit verbreitet. Bitcoin, als die größte und erfolgreichste Kryptowährung von allen, setzt auf Proof-of-Work, genau wie eine Vielzahl anderer beliebter Kryptowährungen. Sie benötigen unter Umständen unterschiedliches Mining-Equipment für diese Kryptowährungen, da jede einen etwas anderen Hash-Algorithmus verwendet, obwohl sie alle Proof-of-Work einsetzen. Hier sind einige Beispiele für die gebräuchlichsten PoW-Kryptowährungen:

- ✔ **Bitcoin** ist gegenwärtig der König der Kryptowährungen hinsichtlich seiner Netzwerk-Hashrate (also der Anzahl der Hashes, die pro Sekunde durchgeführt werden), Marktliquidität und allgemeinen Verbreitung. Bitcoin war bisher noch immer die führende Kryptowährung. Er ist der Pionier des Proof-of-Work und bewährt sich seit über zehn Jahren auf der Grundlage dieses Konsenssystems. Viele andere Kryptowährungen basieren auf einer Kopie des Bitcoin-Codes, den sie für ihre Zwecke leicht abgeändert haben. Die meisten von ihnen behielten die Proof-of-Work-Komponente bei, obwohl sie teilweise einen Hashing-Algorithmus nutzen, der andere Hardwarekonfigurationen erfordert als Bitcoin. Das meiste Kapital im Krypto-Mining wird im Bitcoin-Netzwerk investiert, und die hier eingesetzten Mining-Rigs sind auf den SHA-256-Algorithmus optimiert, der für den Bitcoin-Konsens verantwortlich zeichnet. Bitcoin-spezifische ASICs (Application Specific Integrated Circuits) stellen heute einen Großteil der benutzten Systeme und viele Miner haben ihren Sitz in China. Die USA und Europa liegen dicht beisammen auf Platz zwei. (Weitere Informationen zu ASICS finden Sie in Kapitel 5.)

- ✔ **Ether** (im **Ethereum**-Netzwerk) steht meist auf Platz 2 der beliebtesten Kryptowährungen, an manchen Tagen auch auf Platz 3. Ethereum nutzt einen eigenen Hashing-Algorithmus namens *Ethash* für sein Proof-of-Work. Kümmern Sie sich nicht zu sehr darum, was Ethash ist, denn das Ethereum-Entwicklungsteam hat die umstrittene Absicht, Proof-of-Work abzuschaffen und in der Zukunft auf Proof-of-Stake zu setzen. Tatsächlich haben sie eine »Schwierigkeits-Bombe« im Ethereum-Code verankert. Mit der Zeit wird es immer schwieriger, Ethereum über Proof-of-Work zu schürfen, was bedeutet, dass die Miner immer weniger verdienen. (Trotz dieser Bombe war das Ether-Mining zu Zeiten der Rekordhochs von ETH immer noch sehr lukrativ.)

- ✔ **Litecoin** gilt allgemein als das Silber im Vergleich zum »digitale Gold« Bitcoin. Litecoin konzentriert sich auf schnelle Zahlungen (also kürzere Blockzeiten) und niedrige Transaktionsgebühren. Es verwendet mit *Scrypt* einen anderen Hashing-Algorithmus als Bitcoin, sodass kein *Crossover-Mining* (mit ein und demselben Mining-Rig für mehrere Kryptowährungen) zwischen den beiden möglich ist. Ansonsten ist die Funktionsweise von Litecoin jedoch sehr vergleichbar mit der von Bitcoin, da es sich im Wesentlichen um eine Kopie des Quellcodes handelt. Genau wie für Bitcoin wurden auch für Litecoin ASICs für den gezielten Abbau der Währung entwickelt, die hier die besten Gewinnmöglichkeiten bieten.

✔ **Monero** gehört zu den anonymeren Kryptowährungen und wurde für CPU- oder GPU-Mining konzipiert. Sie benötigen hier also keine Spezialhardware; die Monero-Community ist äußerst bestrebt, ASICs außen vor zu lassen, indem sie den Mining-Algorithmus alle paar Monate geringfügig verändert, sodass Hardwareproduzenten keine ASICs fertigen können. Es ist immer möglich, ein ASIC zur effizienteren Ausführung eines bestimmten Algorithmus zu bauen, aber ein neues ASIC zu entwickeln, zu produzieren und zu verkaufen braucht auch Zeit. Durch den regelmäßigen Umstieg auf einen anderen PoW-Algorithmus ist Monero den Chipherstellern im Prinzip immer einen Schritt voraus. Auf diese Weise lassen sich CPUs und GPUs auf dieser Blockchain weiterhin sehr effektiv einsetzen. Monero verwendet mit seinen *Ringsignaturen* einen sehr komplexen kryptographischen Mechanismus, um die mit Adressen verknüpften Transaktionsbeträge zu verstecken, was die Analyse von Transaktionen sehr erschwert. Dies ist ein großer Unterschied zu den anderen Kryptowährungen in dieser Liste, deren Transaktionsaufzeichnungen in der Blockchain öffentlich zugänglich und leicht zu durchsuchen sind.

✔ **Zcash** geht ebenfalls stärker in Richtung der anonymeren Kryptowährungen. Sie wurde mit einer sogenannten Trusted Setup Ceremony erstellt, bei der öffentliche kryptographische Parameter auf verschiedene vertrauenswürdige Parteien verteilt wurden. (Das ist ziemlich komplex, aber wenn Sie mehr darüber erfahren möchten, besuchen Sie die Zcash-Website unter https://z.cash/technology/paramgen/). Die Zcash-Blockchain ermöglicht den Einsatz von abgeschirmten kryptographischen Transaktionen (zk-SNARKs genannt), die sich kaum nachverfolgen lassen. Diese geschützten Transaktionen sind allerdings rechenintensiv, und viele der heute verfügbaren Zcash-Wallets unterstützen diese Funktion nicht vollständig und verwenden stattdessen öffentlich einsehbare Transaktionen, die denen von Bitcoin sehr ähnlich sind. Der Proof-of-Work-Mechanismus von Zcash wird als *Equihash* bezeichnet. Im Gegensatz zu Bitcoin, bei dem die gesamte Blockprämie an den Gewinner geht, teilt Zcash die Block-Rewards auf; es gibt eine Belohnung für den Miner, aber auch eine Prämie für die Gründer und eine Prämie für die Entwickler, um das Team zu entschädigen, das die Zcash-Codebasis und die Blockchain erstellt hat und verwaltet.

Vorteile

Der größte Vorteil von Proof-of-Work ist, dass es funktioniert! Kein anderes System zur Findung und zum Erhalt eines Konsenses hat eine so lange und untadelige Erfolgsbilanz wie Proof-of-Work. Die Spieltheorie hinter Proof-of-Work stellt sicher, dass wenn alle Beteiligten rational und in ihrem eigenen wirtschaftlichen Interesse handeln, das System wie vorgesehen funktioniert, und bisher hat das auch funktioniert.

Proof-of-Work verhindert auch Netzwerk-Spam durch böswillige Miner. Die zum Leisten der Arbeit benötigte Energie und Ausrüstung sorgen dafür, dass Angriffe unwirtschaftlich und nicht nachhaltig durchführbar sind.

Ein weiterer großer Vorteil von Proof-of-Work ist die Machtverteilung. Die Entscheidungsgewalt ist auf eine Vielzahl von Minern verteilt, im Falle von Bitcoin sind es Tausende. Dabei ist es egal, wie viel Kryptowährung ein bestimmter Miner besitzt; allein die Rechenleistung zählt. Bei Proof-of-Stake-Systemen setzen Miner dagegen ihre Kryptowährung ein – je mehr sie besitzen, desto mehr Einfluss haben sie, sodass sich die Kontrolle über das System in den Händen immer weniger Staker konzentrieren kann. Das gilt insbesondere für die erstmalige Verteilung sogenannter *Premined-Coins*.

Dies ist ein weiterer Vorteil, den die meisten auf Proof-of-Work-basierenden Kryptowährungen haben: eine faire Verteilung. Um einen Block zu finden und anschließend die Blockprämie zu erhalten, muss ein Miner eine angemessene Arbeit geleistet und das Netzwerk gemäß dem Regelwerk unterstützt haben. Dies ist nach der Spieltheorie der Kryptowährungen ein wichtiger Anreiz. Proof-of-Work-Mechanismen stellen dieser Theorie zufolge sicher, dass es wirtschaftlich viel sinnvoller ist, auf einen Konsens hinzuarbeiten als gegen ihn.

Die *Spieltheorie* ist ein Forschungszweig, der mathematische Modelle behandelt, die wahrscheinliche Entscheidungen rationaler Entscheidungsträger in einer gegenseitigen Beziehung abbilden. Von diesen Entscheidungsträgern oder Akteuren getroffene Entscheidungen beeinflussen die Beschlüsse und Handlungen anderer. Bei Kryptowährungen besteht das Ziel demzufolge darin, alle Akteure zu Entscheidungen anzuregen, die zu einem stabilen, vertrauenswürdigen Netzwerk führen.

Nachteile

Ein großer Nachteil von Proof-of-Work ist der hohe Ressourcenbedarf. Denken Sie an den in Kapitel 3 beschriebenen Ablauf; es handelt sich nicht nur um einen einzelnen Miner, der mit dem Proof-of-Work-Algorithmus versucht, das Hash-Rätsel zu lösen. Vielmehr konkurrieren alle Miner der Welt darum, die Lösung als erste zu finden! Es ist also nicht nur ein Computer, der Strom verbraucht (und CO_2 in die Atmosphäre einträgt), sondern es sind Tausende von Computern gleichzeitig, obwohl nur ein Miner das Recht bekommt, einen Block hinzuzufügen!

Das Bitcoin-Netz weist die größte Anzahl von Minern auf und verbraucht mindestens so viel Strom wie Slowenien. Gröbere Schätzungen gehen sogar vom doppelten Wert aus, vergleichbar mit dem Verbrauch von Irland.

Ein weiterer Nachteil ist, dass mit der Zeit auch die Zentralisierung beim Proof-of-Work-Mining zunehmen kann. Die Investitionskosten für einen Mining-Betrieb sind nicht unerheblich. Wer bereits über ein Rechenzentrum und einen laufenden Mining-Betrieb verfügt, kann deutlich günstiger neue Geräte hinzufügen. Mit den geringeren Kosten pro Mining-Rig können diejenigen, die zuerst angefangen haben, spätere Mitbewerber ausstechen, und es kann auch hier zu einer Zentralisierung kommen.

Mit dieser Zentralisierung ist auch die Gefahr von *51-Prozent-Attacken* verknüpft, über die sich jeder Miner von Proof-of-Work-Kryptowährungen Gedanken macht. Eine 51-Prozent-Attacke wird dann möglich, wenn ein einzelner Akteur die Kontrolle über mindestens 51 % der gesamten aktiven Hash-Leistung erlangt. In diesem Szenario kann der Akteur die

Aufzeichnungen in der Blockchain einer Kryptowährung verändern und damit das für ihre Existenz so wesentliche Vertrauen zerstören. Deshalb wird im Kryptowährungsbereich ein möglichst dezentrales Mining angestrebt und gefördert.

Als letzter Nachteil von Proof-of-Work sind all die verschwendeten Berechnungen des Proof-of-Work zu nennen. Natürlich ist die Gefahr von Denial-of-Service-Angriffen, um eine Kryptowährung unbrauchbar zu machen, sehr real, und der Proof-of-Work-Mechanismus schützt die Blockchain davor. Abgesehen davon bietet die Suche nach einer Nonce allerdings keinerlei wirtschaftliche, soziale oder wissenschaftliche Vorteile für Menschen abseits der Reichweite der Kryptowährung. Mit anderen Worten, nachdem Tausende von Minern ihr Spielchen gespielt haben und das Rätsel gelöst und ein Block an die Chain angehängt wurde, besitzt die Rechenleistung keinen bleibenden Wert mehr. Man könnte den Standpunkt vertreten, dass die Leistung für ein sinnloses Spiel verschwendet wurde.

Langer Rede kurzer Sinn: Proof-of-Work ist der am besten erprobte Ansatz, ein Peer-to-Peer-Kryptowährungssystem am Laufen zu halten. Natürlich gibt es Potenzial zur Effizienzsteigerung, aber keine andere Lösung kann die gleichen Sicherheitsvorteile bieten, ohne dabei verschiedene Kompromisse hinsichtlich Wirtschaftlichkeit, Konsens und Computertechnik einzugehen, und deshalb wird Proof-of-Work auch in Zukunft noch weithin eingesetzt werden.

Proof-of-Stake-Algorithmen

In der Anfangszeit der Kryptowährungen gab es nur PoW, neue Kryptowährungen kopierten meist Bitcoin als Vorbild und Ausgangspunkt für ihre leicht abweichenden Konzepte und Implementierungen.

Mit der Zeit erkannten jedoch einige Leute die Nachteile von PoW und suchten nach einer besseren Methode zur Absicherung einer Kryptowährung. Sie kamen schon bald auf PoS – *Proof-of-Stake*.

Die Idee ist, Miner ihr Kryptoguthaben als »Lottoschein« zum Anhängen von Blöcken an die Blockchain und die Aussicht auf den Verdienst von Blocksubventionen und Transaktionsgebühren einsetzen zu lassen. Die Strafe für das Anhängen ungültiger Transaktionen an das Blockchain-Kontobuch wäre der Verlust der eingesetzten Coins. Das Konzept wurde erstmals 2011 von einem Nutzer des Forums Bitcointalk.org vorgeschlagen. 2012 wurde das *Peercoin*-Whitepaper veröffentlicht, das den Gedanken konkretisierte und ein neues System zur Absicherung und Erzielung eines Blockchain-Konsenses beschreibt, das weit weniger ressourcenintensiv war als reines Proof-of-Work. (Peercoin nutzt technisch gesehen einen hybriden Ansatz aus Proof-of-Stake und Proof-of-Work, aber trotzdem war dies die erste reale Implementierung mit Proof-of-Stake.)

Heute sichert Proof-of-Stake sowohl allein als auch in Kombination mit Proof-of-Work einige relativ erfolgreiche Kryptowährungen ab und sorgt für deren Fortbestand und das Vertrauen der Nutzer. Auch wenn es als Konsenssystem immer noch nicht so ausgiebig erprobt ist, bietet Proof-of-Stake gegenüber Proof-of-Work doch einige Vorteile. Wenn Sie als Krypto-Miner etwas auf sich halten, sollten Sie auf jeden Fall auch etwas von Proof-of-Stake verstehen. (Und Sie können möglicherweise auch davon profitieren!)

Wie funktioniert Proof-of-Stake?

Proof-of-Stake hat Ähnlichkeiten zu Proof-of-Work – es dient dazu, den Konsens aufrechtzuerhalten und das Kontobuch der Kryptowährung abzusichern – aber mit einem großen Unterschied: Es gibt viel weniger *Arbeit* zu verrichten! Statt ein spezielles Mining-Rig zur Berechnung eines Hash-Werts zu verwenden, setzt ein Miner, der einen neuen Block erstellen möchte, einen Betrag der zu schürfenden Kryptowährung ein. Das Staking kann als eine rückvergütbare Sicherheitsleistung angesehen werden, und der Sinn besteht darin, zu beweisen, dass Sie ein persönliches Interesse am Erhalt der Kryptowährung haben, die Sie gerade minen. Mit anderen Worten müssen Sie also, bevor Sie die Kryptowährung abbauen können, beweisen, etwas davon zu besitzen, und Sie müssen diesen Anteil während des Schürfens »einsetzen«, das heißt, Sie können nicht einfach nur zeigen, dass Sie die Währung besitzen und sie dann verkaufen und trotzdem weiterschürfen. Der eingesetzte Betrag wird während des Abbauvorgangs gesperrt.

Genau wie bei Bitcoin (siehe Kapitel 3) muss ein Miner ausgewählt werden, um Transaktionen an die Blockchain anhängen zu können; ein Miner gewinnt den Wettbewerb. Verschiedene Kryptowährungen verwenden unterschiedliche Auswahlverfahren, aber am Ende wird immer ein glücklicher Miner gewählt, der einen neuen Block mit Transaktionen erstellen und an die Blockchain anhängen darf und dabei alle in diesem Block enthaltenen Transaktionsgebühren bekommt. Das Schöne ist, dass die Berechnung dieses zu verkettenden Blocks zumeist weniger rechenintensiv sein wird und somit jeder Computer dazu in der Lage ist, der die Node-Software im Netzwerk ausführt und eine ausreichende Menge an Kryptowährung einsetzt. Somit können die meisten Computer als Proof-of-Stake-Miners fungieren. Der Haken ist, dass neue Blöcke proportional zur Anzahl der eingesetzten Coins gefunden werden, was im Vergleich zu den auf Proof-of-Work basierenden Systemen zu einer ungleichmäßigeren Verteilung der Coins unter den Minern beiträgt.

Es ist wichtig zu beachten, dass die Block-Rewards bei Proof-of-Stake-basierten Kryptowährungen geringer sind, weil die überwiegende Mehrheit der ausgegebenen Coins in der Regel bereits vorab im Genesis-Block erzeugt wurden.

Da für die Gewinnung einer Proof-of-Stake-Kryptowährung keine Arbeit verrichtet werden muss und neben den Transaktionsgebühren nur geringe Mining-Belohnungen ausgezahlt werden, haben sich statt des Begriffs Mining die Begriffe *Minting* oder *Forging* (Prägen oder Schmieden) zur Beschreibung dieses Prozesses herausgebildet. Am Ende verfolgen Proof-of-Work und Proof-of-Stake aber dasselbe Ziel: Sicherzustellen, dass alle Netzwerkteilnehmer damit einverstanden sind, dass die neuen Transaktionen im jüngsten Block gültig sind, und sie korrekt an die Blockchain-Datenbank einer Kryptowährung anzufügen.

Auswahlverfahren bei Proof-of-Stake

Beim Proof-of-Stake müssen Sie beweisen, dass Sie einen bestimmten Betrag der Währung besitzen, die Sie gewinnen möchten; Sie müssen einen Einsatz leisten, um mitzuspielen. Verschiedene Währungen haben natürlich unterschiedliche PoS-Mechanismen, aber dies sind die grundlegenden Konzepte.

Miner und Validator

Der Einfachheit halber benutzen wir hauptsächlich die Begriffe *Miner* und *Mining*, obwohl Sie auch die Begriffe *Validator* und *Validierung* hören werden. Was ist der Unterschied? Nehmen wir die Bitcoin-Blockchain als Beispiel für die Unterschiede in einem Proof-of-Work-System (jede Blockchain ist anders und es gibt viele Spielarten). *Validierung* heißt, Blöcke und Transaktionen zu überprüfen, um sicherzustellen, dass sie gültig sind (dass sie alle Regeln des Netzwerks befolgen). Per Definition validieren alle Full Nodes – ein Full Node ist einer, der Transaktionen und Blöcke vollständig validiert. (In Kapitel 3 erfahren Sie mehr über Nodes.) Aber nur einige Full Nodes sind Miner oder Mining Nodes. Miner validieren Transaktionen, leisten aber noch zusätzliche Arbeit, indem sie Transaktionen in Blöcke zusammenfassen und am Proof-of-Work-Wettbewerb teilnehmen, bei dem sie miteinander um das Recht konkurrieren, den Block an die Blockchain anzufügen. Aber die Arbeit des siegreichen Miners muss noch von allen anderen nicht schürfenden Full Nodes validiert werden. Mining-Nodes bilden eine kleine Teilmenge der rund 80.000 bis 100.000 Full Nodes, sodass die Mehrheit der Full Nodes die in der Minderheit befindlichen Miner (neben den anderen Full Nodes) im Auge behält und die Arbeit der Miner überprüft.

Der Kryptowährungsguru Andreas Antonopoulos drückte es einmal so aus: »Nodes haben die wichtigste Aufgabe ... jeder ist autorisiert, jede einzelne Transaktion und jeden einzelnen Block zu verifizieren ... Die Nodes entscheiden über die Regeln, nicht die Miner. Miner bekommen die Transaktionen, die die Nodes für gültig befunden haben, und sie geben ihre Blöcke an die Nodes zurück, die entscheiden, ob sie gültig und damit der Weiterverbreitung würdig sind. Die Einhaltung der Konsensregeln wird nicht von Minern überprüft; diese fassen Transaktionen zu einem Block zusammen. Die Einhaltung der Konsensregeln wird von Nodes bestimmt, da sie keine ungültigen Blöcke weiterleiten.« Obwohl Mining Nodes sowohl validieren als auch schürfen, sind Mining und Validierung zwei voneinander unabhängige Prozesse.

Bevor Sie am Spiel teilnehmen können und die Chance erhalten, einen Block an die Blockchain anzuhängen, müssen Sie einen Einsatz leisten. Sie müssen ein Kryptowährungsguthaben in Ihrer Wallet haben und bei einigen Währungen muss es schon eine gewisse Zeit dort liegen. Peercoin zum Beispiel verlangt, dass der zu setzende Betrag seit mindestens 30 Tagen in der Wallet liegt. Andere Währungen machen diese Einschränkung nicht. Beachten Sie jedoch, dass Sie bei einigen Systemen während des Stakings keinen Zugriff auf Ihre Zahlungsmittel haben; sie sind in Ihrer Wallet gebunden und können für eine bestimmte Mindestzeit eingefroren sein – wenn Sie das System in irgendeiner Weise angreifen, können Sie Ihren Einsatz auch verlieren. In anderen Systemen ist dies nicht der Fall, und als Einsatz genügt bereits ein Guthaben in der Wallet.

Einige PoS-Systeme haben das Konzept des *Coin-Age*. Dabei multiplizieren Sie die Anzahl der Coins in Ihrer Wallet mit der Haltedauer. Ein Miner, der 10 Coins mit einem Alter von 60 Tagen besitzt (10 · 60 ergibt ein Coin-Age von 600), hat eine bessere Chance, ausgewählt zu werden, als einer, der 5 Coins mit einem Alter von 90 Tagen besitzt (5 · 90 ergibt ein Coin-Age von 450). Es können minimale und maximale Haltedauern für die Coins definiert werden; bei Peercoin müssen die Coins seit mindestens 30 Tagen in der Wallet liegen, Coins, die seit über 90 Tagen dort liegen, werden dann wieder nicht mitgezählt. (Damit soll sichergestellt werden, dass die Blockchain nicht von sehr alten oder großen Coin-Guthaben dominiert wird.) Außerdem wird der Zähler für den siegreichen Miner zurückgesetzt; seine Coins können in den nächsten 30 Tagen zunächst nicht mehr am Staking teilnehmen. Blackcoin verfügt über ein einfacheres Konzept; Sie legen dabei einfach fest, welchen Betrag aus Ihrer Wallet Sie staken möchten.

Aber der Staking-Einsatz allein reicht nicht aus. Wenn die Auswahl der Miner ausschließlich auf dem Coin-Age des Einsatzes basieren würde, würde der Reichste immer gewinnen und jedes Mal den Block an die Blockchain anhängen.

PoS-Systeme müssen also eine gewisse Zufallskomponente aufweisen. Die eingesetzten Coins oder das Coin-Alter Ihres Einsatzes bestimmen, wie viele Lotterielose Sie kaufen, aber das Gewinnerlos muss trotzdem noch durch eine Art Verlosung ausgewählt werden. Verschiedene PoS-Kryptowährungen verwenden hierzu unterschiedliche Methoden. Wenn Sie mehr Lose besitzen (also mehr Coins oder Coins mit höherem Alter gestaked haben) dann sind Ihre Gewinnchancen größer. Durch Zufall kann aber auch jemand mit einem viel geringeren Einsatz gewinnen. Bei Blackcoin (Blackcoin.org) heißt es dazu, »Staking ist eine Art Lotterie. An manchen Tagen kriegen Sie mehr als üblich, an anderen Tagen weniger.« Blackcoin verwendet zur Randomisierung eine Kombination aus einem Hash-Wert-Wettbewerb und dem eingesetzten Kryptobetrag; Miner verrechnen die Höhe ihres Einsatzes mit der Adresse der Staking-Wallet, und der Miner mit den meisten Nullen vor seinen Hash-Wert gewinnt.

Die wohlhabendsten und bereits am längsten im Besitz der Kryptowährung befindlichen Miner haben meist einen Vorteil, wenn es darum geht, das Recht zum Prägen neuer Coins und zum Anhängen von Blöcken an eine POS-Blockchain zu erhalten. Blackcoin erklärt dazu: »Wenn Sie mehr Coins staken, gewinnen Sie mehr Blöcke und erhalten häufiger eine Belohnung. Jemand, der 24 Stunden am Tag und 365 Tage im Jahr staked, bekommt mehr (rund 24-mal) als jemand, der die gleiche Menge an Coins nur eine Stunde pro Tag staked.« Im Laufe der Zeit verdienen die Staker im Verhältnis zur Menge an eingesetztem Geld und zur Dauer ihres Einsatzes. Das gilt allgemein auch für alle anderen einfachen PoS-Systeme.

Beispiele für PoS-Kryptowährungen

Es gibt nicht viele erfolgreiche Beispiele für Kryptowährungen, die reines Proof-of-Stake verwenden; die meisten setzen auf einen Hybridansatz, der später in diesem Kapitel behandelt wird. Allerdings nutzen einige erwähnenswerte Blockchains diese Technologie als Konsensverfahren:

- **NXT** entstand 2013 und verwendet eine reine Proof-of-Stake-Implementierung. Heute ist die Währung nicht mehr allzu verbreitet, aber sie existiert immer noch.

- **Blackcoin** ist eine Kryptowährung, die Anfang 2014 vorgestellt wurde und ebenfalls auf einem reinen Proof-of-Stake-Konsensmechanismus basiert. Auch hier handelt es sich der Marktkapitalisierung nach um eine relativ kleine Kryptowährung, die nicht sehr weit verbreitet ist.

Vorteile

Der offensichtlichste Vorteil von Proof-of-Stake ist der geringere Energieverbrauch im Vergleich zu Proof-of-Work. Anstatt den Strombedarf eines kleinen Landes zu haben, kommt eine Blockchain mit Proof-of-Stake mit deutlich weniger Energie aus.

Auch mit der Skalierbarkeit sieht es bei Proof-of-Stake deutlich besser aus. Während Bitcoin und vergleichbare Proof-of-Work-Kryptowährungen teilweise kaum zweistellige Transaktionsanzahlen pro Sekunde in der Haupt-Blockchain erreichen (Bitcoin liegt etwa bei 8 TPS), kann der Transaktionsdurchsatz durch Proof-of-Stake je nach Anzahl der verwendeten Validator-Nodes in die Tausende oder sogar Hunderttausende pro Sekunde gehen (je weniger Nodes, desto schneller im Allgemeinen das Netzwerk).

Mit der Kostensenkung für alle, die an der Validierung einer Proof-of-Stake-Kryptowährung mitwirken möchten, fallen auch die Transaktionsgebühren entsprechend niedriger aus. Miner benötigen keine teuren Mining-Rigs, sodass sich Blöcke mit günstigeren Energie- und Gerätekosten erstellen lassen.

Dies wirkt sich zwar einerseits auf die Gesamteinnahmen von Proof-of-Stake-Minern aus, aber die relativ geringen Einstiegshürden und niedrigen Zusatzkosten machen den Abbau von Proof-of-Stake-Kryptos immer noch zu einer interessanten Option für alle, die experimentieren wollen. Und natürlich können mehr Transaktionen pro Sekunde auch mehr Gebühren pro Sekunde bedeuten!

Nachteile

Wenn es darum geht, eine Kryptowährung zu sichern und den Konsens aufrechtzuerhalten, steht viel auf dem Spiel und die Anforderungen sind dementsprechend hoch. In reinen Proof-of-Stake-Systemen geben zwei Hauptthemen Anlass zur Sorge.

Zunächst ist das das Problem der anfänglichen Verteilung einer neuen PoS-Kryptowährung. Bei einigen Kryptowährungen werden neben den vorab geprägten Coins dann später im laufenden Netzwerk auch noch neue Coins geschürft. Der größte Teil der im Umlauf befindlichen Kryptowährung vieler PoS-Systeme entsteht aber durch Premining, was eine große Eintrittsbarriere für später dazustoßende Miner darstellt. Wenn Sie minen wollen, haben Sie einen großen Vorteil, wenn Sie bereits von Anfang an große Mengen der Kryptowährung besitzen und einsetzen können.

Und je zentralisierter die Eigentumsverhältnisse, desto geringer ist die verteilte Vertrauenswürdigkeit des Netzwerks. Großbesitzer können mit ihren Coins egoistische Entscheidungen treffen und so eine Blockchain-Aufzeichnung durchsetzen, die hauptsächlich den Besitzern großer Coin-Guthaben zugutekommt. Dies könnte eine Manipulation des Blockchain-Kontobuchs zum Vorteil der großen Coin-Inhaber zur Folge haben, mit Problemen wie zum Beispiel Doppelausgaben, inflationär neugeprägten Coins und Aktualisierungen, die im Widerspruch zu den Interessen anderer Benutzer stehen.

Das zweite Problem mit reinem Proof-of-Stake heißt »Nothing at Stake« (oder »nichts zu verlieren«). Dieser Theorie nach sind Validierer (Miner) in PoS-Systemen nicht an einem Konsens interessiert, da es in ihrem finanziellen Interesse liegen könnte, ungültige Blöcke an die Blockchain anzufügen, was zu Forks der Blockchain und zu mehreren konkurrierenden Strängen führt. Das heißt, wenn ein Validierer einen ungültigen Block hinzufügt, können andere Miner ihn akzeptieren und darauf aufbauen, weil sie in jedem Fall Transaktionsgebühren erhalten, egal welche Kette gewinnt. (Und weil es sich um ein PoS-System handelt, braucht es dafür nicht viel Rechenleistung.) Dies lässt die Möglichkeit offen, dass die Blockchain von denjenigen manipuliert wird, die den größten Anteil an diesem System haben, was das Gegenteil von dem eigentlichen Zweck der Kryptowährung ist, nämlich das Konzept des traditionellen Bankensystems und seines zentralisierten und manipulierbaren Buchhaltungssystems zu beseitigen.

Unter Proof-of-Work würde dieses Problem schnell gelöst werden, da die Miner bestrebt sind, möglichst schnell zu entscheiden, welcher Fork der Blockchain sie folgen sollen, damit keine wertvollen Ressourcen des Mining-Rigs vergeudet werden. Der ungültige Block *verwaist*, das heißt, es werden keine neuen Blöcke mehr daran angehängt, und der Betrieb wird wie gewohnt mit nur einer einzigen Blockchain fortgesetzt. Unter Proof-of-Stake ist es jedoch sehr einfach, weiterhin neue Blöcke an jede Kette anzuhängen und in der Theorie könnte es damit leicht zu Forks der Blockchain kommen. Die Kosten zur Validierung mehrerer Chains sind vernachlässigbar gering, und wenn dies geschieht, ist der dezentrale Konsensmechanismus gescheitert. Bei Proof-of-Work ergeben sich auf natürliche Weise Kettenreorganisationen, wenn die Transaktionen verwaister Blöcke (die auch *Uncles* genannt werden) zurück in den Mempool gegeben werden und die Transaktionen und die Blockchain ihre Gültigkeit bewahren, egal welches *Chain Tip* letztlich bestätigt wird.

> **Chain Tip**
>
> Der Begriff *Chain Tip* wird häufig für den Block mit der höchsten Blocknummer einer bestimmten Blockchain verwendet. Das *Chain Tip* entspricht also dem Block, der das meiste Proof-of-Work in der Blockchain unter sich vereint.

Hybrides Proof-of-Stake/Proof-of-Work

Angesichts der Nachteile von PoW beim Energieverbrauch und des »Nothing at Stake«-Problems bei PoS überlegten clevere Krypto-Unternehmer eine andere Lösung: Hybrides Proof-of-Stake/Proof-of-Work. Auf diese Weise werden Verteilungsfragen und das »Nothing at Stake«-Problem gleichermaßen entschärft und außerdem die Kosten für die Validierung von Transaktionen durch Proof-of-Work etwas reduziert.

Wie erkennt man also, ob eine Kryptowährung ein Hybrid ist? Leider wird sie mitunter sowohl nur als Proof-of-Stake, als hybrides Proof-of-Stake oder als hybrides Proof-of-Work tituliert, was alles sehr verwirrend ist. Um herauszufinden, worauf eine Kryptowährung tatsächlich zurückgreift, hilft eine schnelle Suchmaschinenabfrage. »*Konsensalgorithmus Bitcoin*« liefert etwa eine Erklärung für Bitcoins Proof-of-Work-Konsenssystem, und eine Suche nach »*Konsensalgorithmus Dash*« zeigt Ihnen auf, dass DASH Proof-of-Work und Proof-of-Stake einsetzt.

Da eine wachsende Zahl von Kryptowährungsprojekten sowohl Proof-of-Stake als auch Proof-of-Work nutzt, müssen Sie unbedingt verstehen, was dies für das Mining bedeutet.

Hybride Kryptowährungen

Weiter vorne in diesem Kapitel erfahren Sie, wie Proof-of-Work und Proof-of-Stake funktionieren; jetzt stellt sich die Frage, wie diese beiden Ansätze in einem hybriden System zusammenwirken. Aber Vorsicht: Die Unterschiede zwischen den verschiedenen hybriden Konsenssystemen sind enorm. Wenn Sie also planen, eine hybride Kryptowährung zu minen oder zu staken, sollten Sie sich die Mühe machen, den genauen Konsensmechanismus dieser Blockchain zu ergründen.

In einem Hybridsystem werden sowohl PoS als auch PoW eingesetzt. Ein einzelner Node kann sowohl PoS- und PoW-Abläufe oder aber nur PoS oder PoW ausführen.

Hier ist ein beispielhafter Ablauf für ein hybrides Konsenssystem. Der Miner beginnt damit, *auf seinem eigenen Node* einen Kryptobetrag zu staken – dies ist der Proof-of-Stake – und dann kombiniert er die Daten aus dieser Transaktion mit der aktuellen Zeit (dargestellt als die Anzahl von Sekunden ab einem festgesetzten Datum).

Aus diesen zusammengeführten Informationen (Transaktionsinhalt und Sekundenzahl) errechnet der Miner dann einen Hash (das ist der Proof-of-Work). In diesem Szenario gibt es keine Nonce (siehe Kapitel 3), aber der Integer-Wert für die aktuelle Zeit verändert ebenfalls das Hash-Ergebnis jeder neuen Berechnung.

Da sich dieser Nonce-Ersatz nur einmal pro Sekunde verändert, kann auch nur jede Sekunde ein neuer Hash berechnet werden. Somit sind die für das Mining benötigten Ressourcen um Größenordnungen geringer als bei einem echten PoW-System, wo moderne ASIC-Miner teilweise Billionen von Hashes pro Sekunde berechnen. Statt unzählige Hashes zu berechnen, führt jeder Knoten nur *eine* Hash-Berechnung pro Sekunde durch. Das heißt, dass die meisten handelsüblichen Computer als Mining-Rigs fungieren können. Sie benötigen lediglich einen Computer mit einer Wallet, die den von der Blockchain vorgegebenen Mindestbetrag zum Staking der hybriden Kryptowährung enthält.

Wenn der Hybrid-Miner diesen Hash ermittelt hat, wird er gegen eine Zielschwierigkeit geprüft, genau wie beim in Kapitel 3 beschriebenen reinen Proof-of-Work-Verfahren. Es gibt allerdings einen großen Unterschied: Diese Zielschwierigkeit ist für jeden einzelnen Miner unterschiedlich! Dies liegt daran, dass die Schwierigkeit ja nach Coin-Age der in der Transaktion eingesetzten Kryptowährung, die zu Beginn dieses Prozesses gestaked wurde, verringert (leichter zu erreichen) oder erhöht (schwieriger zu erreichen) wird. Die verschafft längerfristigen Coin-Besitzern einen Vorteil und erschwert den Einstieg für neue Miner. (Das *Coin-Age* ist einfach die Summe der Haltedauern der einzelnen Coins in der Wallet des Miners.)

Angenommen, ich besitze drei Einheiten Hybridcoin, und alle sind seit fünf Tagen in meiner Wallet, dann wäre das Coin-Age meiner Staking-Transaktion 15 (5 + 5 + 5 = 15). Wäre einer der drei Hybridcoins allerdings erst seit vier Tagen in meiner Wallet, dann wäre das Coin-Age für diese Transaktion 14 (5 + 5 + 4 = 14).

Je höher das Coin-Age der Transaktion, desto einfacher ist es, einen Hash zu finden, der der Zielschwierigkeit entspricht. Miner mit einem höheren Coin-Age haben also bessere Gewinnchancen als Miner mit niedrigerem Coin-Age. Trotzdem gibt es immer noch ein Zufallselement; ein höheres Coin-Age erhöht die Chancen eines Validators zwar deutlich, garantiert aber deshalb noch keinen Gewinn.

Wie bei dem in Kapitel 3 beschriebenen System gewinnt der erste Miner, der das Rätsel löst und einen Hash findet, der der Zielsetzung entspricht. Dieser Miner kann nun den letzten Transaktionsblock anfügen und erhält dafür die Blockprämie (feststehender Block-Reward plus Transaktionsgebühren).

Mit diesem System können Miner jede Sekunde aufs Neue ihr Glück probieren. Da sie die Kryptowährung dabei an sich selbst senden, kann sie nicht an andere geschickt werden und ist faktisch »eingesetzt« oder in Ihrem Account eingefroren. In den meisten Hybridsystemen wird außerdem das Coin-Age zurückgesetzt, wenn der Miner diese Lotterie schließlich gewinnt. Dies verringert die Wahrscheinlichkeit, dass er im nächsten Anlauf erneut gewinnt.

Rewards bei hybriden PoS-/PoW-Systemen

Und wie sieht es mit den Rewards aus, wenn eine Kryptowährung Proof-of-Stake und Proof-of-Work verwendet? Für die meisten hybriden Kryptowährungen werden die Vergütungen als eine einzige Summe zusammengefasst und dann anhand eines vorgegebenen Prozentsatzes zwischen den Proof-of-Stake-Validatoren und den Proof-of-Work-Minern aufgeteilt. Sagen wir etwa, dass die Blocksubvention 10 Hybridcoin und die Transaktionsgebühren im neuen Block 2 Hybridcoin betragen, und es gäbe einen vorgegebenen Verteilungsschlüssel von 60 Prozent für die PoW-Miner und 40 Prozent für die PoS-Miner. In diesem Szenario verdient der PoW-Miner, der den letzten Block erstellt und anhängt, 7,2 Hybridcoin, und der POS-Miner, der die letzten Blöcke überprüft, bekommt die restlichen 4,8 Hybridcoin. (Ein Node, der sowohl Staking als auch PoW-Mining betreibt, erhielte dann natürlich den vollen Betrag.) Denken Sie daran, dass die prozentuale Aufteilung zwischen den verschiedenen Miner-Typen je nach Kryptowährung unterschiedlich sein kann, also recherchieren Sie immer gründlich!

Beispiele für Hybrid-Währungen

DASH ist der erfolgreichste Hybrid aus PoS und PoW. Die Codebasis von Dash bildet die Grundlage für viele andere hybride Kryptowährungen. Ursprünglich spaltete sich die Währung 2014 unter einem anderen Namen von Bitcoin ab und wurde später dahingehend modifiziert, dass sie hybride PoS/PoW-Masternodes ermöglicht. Die Renditen liegen bei etwa 6 bis 8 Prozent pro Jahr. Dash kann relativ viele Transaktionen pro Sekunde verarbeiten, aber das Masternode-Modell ist ziemlich zentralisiert und Sie müssen vorab einiges investieren, um mit der Validierung zu beginnen. Dies schafft eine grundsätzliche Nachfrage nach dieser Kryptowährung und beeinflusst den Kaufpreis zugunsten der bestehenden Coin-Inhaber.

PIVX ist eine Fork der Kryptowährung DASH. Obwohl PIVX ursprünglich nur Proof-of-Work verwendete, setzt es nun auf ein Hybridmodell aus Proof-of-Stake und Proof-of-Work. Sie können einen beliebigen PIVX-Betrag staken und erhalten dann jährlich etwa 8 bis 12 Prozent Rendite direkt in Ihre Staking-Wallet gutgeschrieben.

Aktuell verwendet **Ethereum** immer noch ein PoW-Konsenssystem (ethash), aber das Netzwerk wird sehr wahrscheinlich irgendwann auf ein Hybridsystem umgestellt werden. (In der Ethereum-Community wird der Wechsel schon seit geraumer Zeit diskutiert.) Es ist nicht klar, wie das genaue System aussehen wird, aber die Speerspitze für die anlaufende Umstellung (sie wird sich wahrscheinlich im Laufe der Zeit weiterentwickeln) ist derzeit als Casper FFG bekannt, bei dem gleichzeitig neben dem ethash-PoW-Protokoll ein PoS-Protokoll mit einem Netzwerk aus Validatoren läuft, die alle 50 Blöcke einen PoS-Checkpoint einrichten.

Peercoin, oder PPC, war die erste funktionierende PoS-Kryptowährung (2012, in der grauen Vorzeit der Kryptogeschichte). Es ist jedoch keine reine PoS-Währung, sondern ebenfalls ein Hybrid aus PoS und PoW. Peercoin wurde seither immer wieder als Blaupause und Arbeitsgrundlage genutzt. Auch heute noch können Sie diese hybride Implementierung aus Proof-of-Work und Proof-of-Stake mit etwa 1 Prozent Rendite pro Jahr minen (vorausgesetzt, der Coin-Preis bleibt konstant).

Masternodes

Ein *Masternode* ist ein validierender Staking-Node, der eine Mindestmenge an Coins hält, oftmals viele Hunderte oder gar Tausende. Dieses Guthaben berechtigt den Node, über Code-Vorschläge abzustimmen und Blöcke im Netzwerk zu validieren und weiterzuverbreiten. DASH ist die bekannteste Blockchain, die das Masternode-Konzept verwendet.

Vorteile

Hybridsysteme vereinen die Vorteile von Proof-of-Work und Proof-of-Stake. Die PoW-Komponente bietet Sicherheit, während die größere Effizienz der PoS-Komponente einen höheren Transaktionsdurchsatz und damit niedrigere Transaktionsgebühren ermöglicht. Das Ergebnis ist eine sichere und schnelle, wenngleich auch stärker zentralisierte Kryptowährung.

Nachteile

Governance ist bei hybriden Kryptowährungen ein schwieriges Thema. Da theoretisch auch über die Vergütungsaufteilung abgestimmt und diese geändert werden kann, besteht eine ständige Zwietracht zwischen Anwendern, die höhere Belohnungen für Proof-of-Stake wünschen, und jenen, die sich einen höheren Prozentsatz für Proof-of-Work wünschen. Während der hybride Ansatz einige Vorteile beider Konsenssysteme vereint, beinhaltet er auch viele der Nachteile von Proof-of-Stake und Proof-of-Work.

Delegated Proof-of-Stake (dPoS)

Delegated Proof-of-Stake funktioniert ähnlich wie Proof-of-Stake, allerdings sind die *Block Producer* oder *Witnesses* im dPoS-Ökosystem stärker zentralisiert. Blockproduzenten werden gewählt und dürfen dann reihum Blöcke an die Blockchain anhängen. Im Regelfall können Besitzer der Kryptowährung mit Gewichtung im Verhältnis zu ihrem Guthaben über die Validatoren abstimmen. Und es gibt nicht besonders viele Blockproduzenten, meistens liegt die Zahl im Bereich von 20 bis 100 (bei EOS sind es 21, bei BitShares 100).

In dPoS-Systemen gibt es auch *Validatoren*, die überprüfen, ob die Blöcke der Blockproduzenten auch tatsächlich gültig sind; jeder kann ein Validator sein. (Dies zeigt, wie verwirrend die Welt der Kryptowährung ist, wenn verschiedene Leute Wörter auf unterschiedliche Weise verwenden. In einigen PoS-Systemen fügen Validierer auch Blöcke an die Blockchain an.)

Beim dPoS gibt es auch einen Abstimmungsmechanismus, bei dem Witnesses (Blockvalidatoren) für oder gegen andere Witnesses stimmen können, falls diese zu böswilligen Akteuren werden, die die Blockchain mit ungültigen Transaktionen oder anderem schädlichen Verhalten manipulieren.

Die Vor- und Nachteile dieses Systems sind dem klassischen Proof-of-Stake sehr ähnlich. Allerdings gibt es tatsächlich eine Reihe von Blockchains, die erfolgreich auf diese Technologie aufbauen, allen voran EOS und STEEM.

Delegated Byzantine Fault Tolerance (dBFT)

Delegated Byzantine Fault Tolerance (dBFT) ist dPoS sehr ähnlich. Die Name lehnt sich an das Problem der byzantinischen Generäle an (siehe Kapitel 2), das Bitcoin und andere Kryptowährungen zu lösen versuchen: Wie findet man in einem dezentralen Computernetz einen Konsens zum Wohle des Netzwerks, obwohl einige Parteien entweder wegen technischer Fehler oder gar aus böser Absicht unzuverlässig sein können?

Bei dBFT werden Blöcke von Speaker Nodes vorgeschlagen, über die dann wiederum Delegate Nodes abstimmen. Ein Konsens ist dann erreicht, wenn sich die Delegate Nodes mindestens mit Zweidrittelmehrheit auf einen vorgeschlagenen Block einigen. Jeder Nutzer kann einen Speaker Node betreiben, aber Delegate Nodes können nur von großen Token-Inhabern gewählt werden. Dabei besteht die Gefahr, dass dies in Zukunft zu einer Zentralisierung der Macht und zu manipulierten Abstimmungen führen könnte, aber bisher konnten auch dBFT-Blockchains ihre Gültigkeit bewahren.

Eine dBFT-Transaktion ist unwiderruflich, sobald sie bestätigt und der Block in die Chain aufgenommen wurde. Somit ist eine Fork zwischen den Delegate-Nodes beinahe ausgeschlossen.

NEO ist eine der wenigen dBFT-Kryptowährungen. Im Genesis-Block (dem ersten Block der NEO-Blockchain) wurden 100 Millionen NEO erzeugt (premined), von denen 50 Millionen an die Öffentlichkeit verkauft und 50 Millionen eingefroren wurden. Letztere werden mit einer Rate von 15 Millionen pro Jahr an das NEO-Entwicklerteam ausgeschüttet. Die Vergütung für den Betrieb eines Speaker Nodes wird nicht in NEO ausgezahlt, sondern vielmehr in GAS, einem separaten Token, der als »Brennstoff« für Smart Contracts im NEO-Netzwerk verwendet wird. Bei NEO gibt es nur sieben stimmberechtigte Delegate Nodes. Es könnten noch weitere hinzugefügt werden, immer in Dreiergruppen, um die erforderliche Zweidrittelmehrheit zu ermöglichen. (Die Gesamtzahl der Delegierten weniger einen ist durch drei teilbar, sodass ein Block angenommen wird, wenn mindestens zwei Drittel der Delegierten plus eine Stimme dafür stimmen.)

Proof-of-Burn (PoB)

Proof-of-Burn ist ein Konsensmechanismus, der beweist, dass adäquate Mittel für die Erstellung eines bestimmten Coins oder Tokens aufgewendet werden. Diese Methode kann zwar recht teuer sein, ist aber mitunter auch effektiv, um eine neue Kryptowährung mit dem bisher aufgelaufenen Proof-of-Work einer sicheren Kette zu initiieren. Eine PoB-Kryptowährung setzt meist auf einer anderen, PoW-basierten Blockchain auf.

Im Wesentlichen wird ein Coin, der in der Proof-of-Work-Blockchain erstellt wurde, an eine nachweislich nicht mehr verwendbare Adresse (manchmal auch *Eater-* oder *Burn-Adresse* genannt) gesendet – also an eine Blockchain-Adresse, die die Community als unbrauchbar anerkannt hat. Eine solche Adresse kann zufällig erstellt worden sein, anstatt wie üblich ein Schlüsselpaar aus privatem und öffentlichem Schlüssel zu generieren und dann den öffentlichen Schlüssel zu hashen. Wenn die Adresse zufällig erstellt wurde, kann der private Schlüssel nicht bekannt sein, und das Guthaben auf der Adresse ist damit unerreichbar. Daher kann jegliche an diese Adresse gesendete Kryptowährung niemals wieder verwendet werden. (Es gibt keinen Private Key, mit dem man die Kryptowährung an eine andere Adresse senden kann.) Die Kryptowährung wurde tatsächlich verbrannt!

Die Einführung einer PoB-Kryptowährung beginnt daher mit dem Kauf von PoW-Münzen und deren Versand an die Burn-Adresse. Im Gegenzug erhält der Käufer das Recht zu minen. So geschah es beispielsweise bereits im Januar 2014 bei der Kryptowährung Counterparty (XCP), als die Miner Bitcoin an eine Burn-Adresse schickten und im Gegenzug Counterparty-Coins bekamen, die ihnen das Recht verliehen, am Counterparty-Mining teilzunehmen.

Zu den Vorteilen dieser Methode gehört die Möglichkeit, das PoW der verbrannten Coins als Absicherung für die PoB-Kette zu nutzen, nachteilig ist aber unter anderem die Tatsache, dass das PoB-Netzwerk nicht unabhängig vom PoW-Coin existieren kann und es auf dem Vertrauen in die zugrundeliegende, verbrannte Kryptowährung und auf deren Nutzung basiert.

Und MEHR ...

Natürlich war das noch nicht alles. Es gibt noch *Proof-of-Capacity* (PoC), bei dem Miner eine Datenbank mit Rätsellösungen auf dem Massenspeicher des Nodes ablegen. Beim Wettlauf um einen Block greift der Node dann auf die Rätsellösungen zu und versucht, die richtige herauszupicken. Dann wäre da noch *Proof-of-Elapsed Time* (PoET), wobei den Nodes eine zufällige Wartezeit zugewiesen wird und dann Blöcke basierend auf der Reihenfolge der Wartezeiten angehängt werden (die niedrigste Wartezeit beginnt). Es gibt auch noch *Proof-of-Activity* (PoA), eine spezielle Form des hybriden PoW/PoS, *Limited Confidence Proof-of-Activity*(LCPoA) und mehr. Und immer wieder taucht etwas Neues auf.

Es gibt kein perfektes Konsensverfahren, also geht die Entwicklung weiter, denn es entstehen immer wieder neue Ideen und neue Modelle werden getestet.

Teil II
Die Evolution des Krypto-Minings

IN DIESEM TEIL ...

✔ Konsensalgorithmen verstehen

✔ Proof-of-Work mit Proof-of-Stake vergleichen

✔ dPoS, dBFT, PoB und weitere

✔ Wie sich das Mining entwickelt hat

✔ CPU-, GPU- und ASIC-Mining

✔ An die Zeiten des Solo-Minings zurückdenken

✔ Mining-Pools nutzen

✔ Cloud-Mining

> **IN DIESEM KAPITEL**
>
> Mehr über die Entwicklung des Bitcoin-Minings
>
> Rückblick auf das Zeitalter des Solo-Minings
>
> Mining-Pools
>
> Cloud-Mining-Anbieter nutzen

Kapitel 5
Die Evolution des Minings

In den ersten Jahren von Bitcoin war das Netzwerk nicht allzu bekannt, und es gab nur sehr wenige Nodes und Miner. Auch die zum Mining verwendete Hardware war sehr einfach: es handelte sich um ganz normale Computer, die nicht speziell zu diesem Zweck entwickelt worden waren. Aus diesem Grund war die zur Gewinnung von Blöcken und zur Sicherung des Netzwerks aufgewendete Rechenleistung im Vergleich zu heute äußerst gering. Die meisten Mitglieder des Ökosystems betrachteten Bitcoin damals als Experiment und nicht als etwas, wofür es sich lohnte, beträchtliche Ressourcen einzusetzen. Aus den genannten Gründen war der Schwierigkeitsgrad zum Auffinden von Blöcken für die frühen Bitcoin-Miner sehr niedrig.

In diesem Kapitel betrachten wir die Geschichte des Bitcoin-Minings, die Weiterentwicklung der Computerhardware, die Fortschritte bei der Mining-Software, unterschiedliche Mining-Techniken und das Zusammenspiel der einzelnen Komponenten. Um eine Vorstellung von den besten Ansätzen für das zukünftige Mining zu bekommen, lohnt es sich oft, den früheren und den gegenwärtigen Stand der Branche und der Technik zu kennen.

Die Evolution des Proof-of-Work-Minings

Die Bitcoin-Mining-Saga begann auf einem von Satoshi Nakamoto (wer auch immer das war, siehe Kapitel 1) betriebenen Computer mit dem so genannten *Genesis-Block* – dies waren die ersten Bitcoins, die ins Leben gerufen wurden. In jener Anfangszeit des Bitcoin-Minings war die Block-Difficulty ziemlich gering – das heißt, man brauchte nicht viel Rechenleistung, um den Wettbewerb zu gewinnen und hin und wieder einen Block anzuhängen. So konnte praktisch jeder Nutzer, der einen Bitcoin-Full-Node betrieb, Blöcke minen und die entsprechende Vergütung erhalten. Der zweite überlieferte Knotenbetreiber und Bitcoin-Miner war ein Typ namens Hal Finney. In diesen frühen Tagen bestand das Netzwerk zeitweise nur aus zwei Nodes, aber seither ist es auf über 100.000 Full Nodes angewachsen. Es waren auch schon einmal über 200.000!

In den ersten zehn Jahren des Bitcoin-Minings nahm der Wettbewerb bei der Suche nach Blöcken mit zunehmender Popularität und Bekanntheit des Netzwerks stetig zu. Der Erfindergeist der Miner in Kombination mit steigenden wirtschaftlichen Anreizen führte zur Entwicklung effizienterer Mining-Ausrüstung. In den zehn Jahren zwischen 2009 und 2019 gab es ein Wettrüsten um Rechenleistung, das zur Entwicklung, zum Vertrieb und zum Einsatz der leistungsstärksten und effizientesten Mining-Hardware führte.

CPU-Mining

Personal Computer bestehen aus einigen Grundkomponenten, darunter der Hauptprozessor, auch CPU genannt. CPUs sind sehr flexible Computerchips, die eine Vielzahl von Aufgaben von E-Mail über Webbrowsing bis hin zur Textverarbeitung bewältigen können. Sie sind in der Lage, all diese Aufgaben zu erfüllen, sind dabei aber nicht besonders effizient oder auf eine von ihnen spezialisiert.

Eine handelsübliche CPU könnte mit einem Proof-of-Work-Mining-Algorithmus heute rund 20 bis 200 Hashes pro Sekunde (H/s) ausführen. Allerdings wäre der Einsatz einer CPU im heutigen Bitcoin-Netzwerk vollkommen sinnlos. Es wäre so, als würden Sie nur mit Pfeilen und Speeren ausgestattet gegen eine moderne Armee in den Kampf ziehen. Eine CPU kann mit heutigen Spezialgeräten einfach nicht mehr mithalten. Es gibt aber immer noch Kryptowährungs-Blockchains mit niedrigeren Netzwerk-Hashrates und spezielle Mining-Algorithmen, die effektiv mit einer CPU geschürft werden können.

Einsatz von GPUs

Ab etwa 2011 wurden Grafikchips (GPUs) zur bevorzugten Mining-Hardware im Bitcoin-Netzwerk (wobei sie 2013 fast schon wieder veraltet waren). GPUs sind Hardwarekomponenten, die zur Berechnung von Computergrafiken entwickelt wurden. Gamer und Grafikdesigner rüsten ihre Desktop-Computer häufig mit Grafikkarten auf, um die Systemleistung zu verbessern. Grafiken in Computerspielen werden so schneller gerendert und die riesigen Grafikdateien der Grafikdesigner lassen sich flüssiger und einfacher handhaben. GPU-Karten sind außerdem auch für Dauerbetrieb über längere Zeit hinweg ausgelegt. Dabei wird die entstehende Wärme durch große Kühlkörper und mithilfe von Lüftern abgeführt.

Aus Sicht der Krypto-Miner hatten diese Karten außerdem den Vorteil, dass sie mehr Hashes pro Sekunde berechnen konnten, wobei der Energiebedarf pro Hash niedriger als bei einer CPU war. So konnten die Miner ihre Hash-Leistung erhöhen und zugleich den Stromverbrauch relativ gering halten.

Die Miner stehen im ständigen Wettbewerb miteinander. Je schneller ein Miner hashen kann, desto wahrscheinlicher wird er den Hashing-Wettstreit gewinnen. Hashrate ist alles, was zählt!

Die Hashrate des gesamten Bitcoin-Netzwerks sowie die Blockschwierigkeit nahmen während dieser Jahre erheblich zu und sorgten dafür, dass das CPU-Mining für die Bitcoin-Blockchain nun weitgehend Geschichte ist.

Aufkommen von FPGAs

Eine andere Mining-Hardware zur Erhöhung der Hashrate war das *Field Programmable Gate Array*, kurz FPGA. Diese Komponenten lassen sich rasch umkonfigurieren (programmieren), um effizient verschiedene Algorithmen zu verarbeiten, ohne dass dafür extra neue Chipsets entworfen und hergestellt werden müssten, die für einen ganz bestimmten Algorithmus optimiert wurden. Diese Arten von Mining-Rigs sind nach wie vor beliebt und werden zum Abbau von Kryptowährungen eingesetzt, die ihren Proof-of-Work-Algorithmus häufig verändern, um zu verhindern, dass optimierte Mining-Hardware die Vorherrschaft gewinnt.

Vorherrschaft und Effizienz von ASICs

Mit zunehmender Beliebtheit und Profitabilität des Krypto-Minings begannen die Hersteller, spezielle Hardware zum Schürfen von Kryptowährungen zu entwickeln.

 CPUs sind darauf ausgelegt, ein breites Spektrum von Aufgaben einigermaßen gut zu erledigen. Im Umkehrschluss können sie nichts so richtig gut. Diese neue Hardware wurde so konzipiert, dass sie nur eine Sache wirklich gut kann: Die Mining-Algorithmen einer bestimmten Kryptowährung verarbeiten.

So mussten die eben noch umjubelten FPGAs schon nach kurzer Zeit der Entwicklung und Herstellung anwendungsspezifischer integrierter Schaltungen, kurz ASICs, weichen. Diese Chips dienten nur einem einzigen Zweck, nämlich dem Mining von Proof-of-Work-Kryptowährungen wie beispielsweise Bitcoin. Diese ASICs würden bei Textverarbeitung, E-Mail oder Webbrowsing sehr schlecht abschneiden, waren aber im Bereich des Krypto-Mining um Größenordnungen leistungsstärker und effizienter. Abbildung 5.1 zeigt die Steigerung der Chipeffizienz für beliebte Chips aus der Zeit von 2014 bis 2017. Wie Sie sehen können, sank der Stromverbrauch für die Verarbeitung eines Terahashes (einer Billion Hashes) dramatisch, da ASICs speziell für die Verarbeitung dieser Algorithmen entwickelt wurden. Die hochmodernen ASICs von heute sind noch leistungsfähiger.

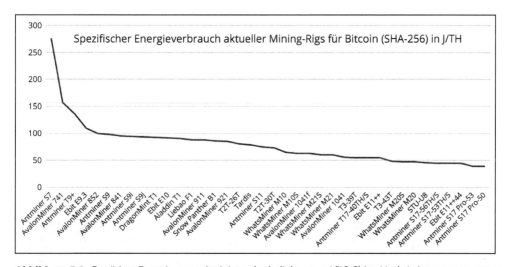

Abbildung 5.1: Benötigte Energie, um mit einigen der beliebtesten ASIC-Chips Hash-Leistung zu erzeugen

Der Aufstieg der ASICs führte zu einer enormen Steigerung der Netzwerk-*Hashrate*. Die Netzwerk-Hashrate ist die Anzahl der Hashes, die alle Miner zusammen im Netzwerk erreichen. Die Grafik in Abbildung 5.2 zeigt, dass die Netzwerk-Hashrate von Bitcoin Mitte 2018 bei rund 60 Millionen TH/s einen Höhepunkt erreichte – also 60 Millionen Terahashes pro Sekunde. Ein Tera ist eine Billion, also entspricht ein Terahash einer Billion Hashes; 60 Millionen TH/s bedeutet also, dass alle Miner im Netzwerk zusammengenommen in der Spitze 60.000.000.000.000.000.000 Hashoperationen in einer einzigen Sekunde ausführen können. Das ist wirklich eine gewaltige Rechenleistung!

Wie schnell die Rechenleistung im Bitcoin-Netzwerk gestiegen ist, zeigt die Grafik in Abbildung 5.2. (Den aktuellen Stand finden Sie unter `www.blockchain.com/en/charts/hash-rate?timespan=all`.)

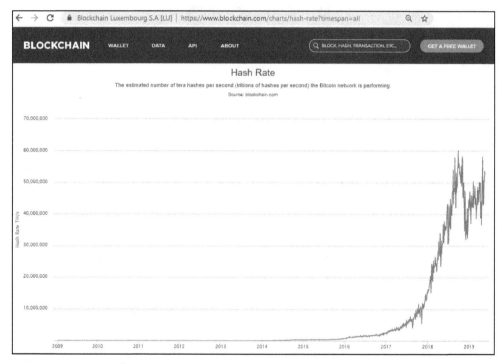

Abbildung 5.2: Ein Diagramm von `Blockchain.com`, das die gewaltige Hashrate im Bitcoin-Netzwerk zeigt – und ihr dramatisches Wachstum

Warum keine Exahashes?

60.000.000.000.000.000.000 Hash-Operationen sind 60 Trillionen Hashes. Warum sagen wir also nicht 60 EH/s für 60 *Exa*-Hashes pro Sekunde? Denn *Exa* wird verwendet, um Trillionen zu bezeichnen, so wie Tera Billionen bezeichnet. Tera-Hashes sind allerdings am gebräuchlichsten, wenn es darum geht, über diese großen Anzahlen von

Berechnungen pro Sekunde zu sprechen. Terahashes sind auch die Einheit, die die meisten Hersteller verwenden, um die Leistungsdaten der neuesten und besten ASIC-Miner für Bitcoin zu beschreiben. Ob Terahashes, Tausende von Terahashes oder Millionen von Terahashes, wir messen diese Rechenleistung meist in Form von Terahashes oder TH/s. Aber hin und wieder begegnet man auch der Einheit Exahashes.

Die Zeit des Solo-Minings

In der Anfangszeit von Bitcoin war die Netzwerk-Hashrate sehr niedrig. Damit hatte praktisch jeder Miner, der die Bitcoin-Core-Client-Software auf seinem Laptop oder PC installiert hatte von 2009 bis 2011 sehr gute Chancen, von Zeit zu Zeit einen neuen Bitcoin-Block zu schürfen und die entsprechenden Block-Rewards einzustreichen. Dazu genügte es, das Mining in der Client-Software zu aktivieren, nachdem sie sich mit der Bitcoin-Blockchain synchronisiert hatte.

Einige große Miner setzen immer noch auf Solo-Mining und ihre minimalen Chancen, einen Block zu finden, für den sie dann die gesamten Coin-Rewards behalten dürfen. Heutzutage ist Solo-Mining nicht mehr so beliebt, aber mit einem nennenswerten Anteil an der Gesamt-Hashrate des Netzwerks und ausreichend Zeit können auch einzelne Miner tatsächlich noch einen Block finden. (Sie verbessern ihre geringen Chancen, indem sie viel Geld in ihre Mining-Ausrüstung stecken.) Für Einsteiger ist diese Methode heute nicht mehr zu empfehlen. Die meisten Hobby-Miner bevorzugen daher Mining-Pools.

Mit der Weiterentwicklung der Mining-Hardware im ASIC-Bereich wurde es für Laien immer schwieriger, Bitcoins zu schürfen. Die Ausrüstung wurde teurer, und um konkurrenzfähig zu bleiben, brauchten die Miner immer mehr Equipment, mehr Platz und eine bessere Kühlung für die Geräte, die zudem auch Lärm erzeugten, komplexe Hard- und Softwarekonfigurationen erforderten und so weiter. Das Mining wurde teuer und aufwendig. Pool- und Cloud-Mining entwickelten sich als Möglichkeit, mit der kleine Leute sorgenfrei mit dem Mining beginnen konnten. (Natürlich wollten die Pool- und Cloud-Mining-Anbieter damit auch Geld verdienen.)

Pool-Mining

Das Bitcoin-Mining ist von Natur aus hart umkämpft und erfolgt in einem feindseligen Umfeld. Dies macht die Mining-Pools so interessant, die einen Mikrokosmos der Zusammenarbeit in diesem hart umkämpften Bereich darstellen. Jeder einzelne Miner, der einem Pool angehört, arbeitet für den gemeinschaftlichen Nutzen und teilt die Belohnung im Verhältnis zu seinem Beitrag mit all jenen, die ebenfalls zur Auffindung neuer Blöcke beigetragen haben.

Was ist ein Mining-Pool?

Die Nutzer eines Mining-Pools bündeln ihre Rechenleistung und arbeiten im Team daran, Blöcke zu finden. Wenn ein Mining-Pool-Teilnehmer einen Block findet, zu diesem Zeitpunkt aber nur zu rund 5 Prozent der gesamten Pool-Hash-Rate beiträgt, erhält dieser Benutzer auch nur etwa 5 Prozent der gesamten Blockvergütung. Allerdings bekommt er dieselbe Vergütung auch, wenn ein anderer Nutzer in seinem Pool den Block findet. Dadurch werden die Kosten und Gewinne sehr fair auf den Pool verteilt, und zwar auf Basis der jeweiligen Beiträge der einzelnen Miner.

Übrigens, auch wenn sich die unzähligen Pool-Teilnehmer alle als Miner verstehen – und in diesem Buch werden auch wir sie als Miner bezeichnen – aus Sicht des Systems sind sie es nicht. Ein Miner ist tatsächlich ein Mining-*Node*, und aus der Perspektive des Kryptowährungsnetzwerks stellt der Pool selbst einen Mining-Node dar, die einzelnen Mitglieder des Pools hinter dem Node sind für das Netzwerk dagegen unsichtbar. Das heißt, Sie richten keinen eigenen Netzwerkknoten ein; Pool-Mining ist viel einfacher als Solo-Mining! Sie übernehmen nicht alle Aufgaben, die ein echter Miner erfüllen muss. Die einzelnen Poolmitglieder stellen die Rechenleistung ihrer Computer für das Mining zur Verfügung, aber aus technischer Sicht gibt es eigentlich nur einen einzigen Miner, den Poolbetreiber, der den gesamten Prozess verwalten und den Node betreiben muss. Der Pool stellt Ihnen die für Ihre Mitwirkung erforderlichen Werkzeuge zur Verfügung. Abbildung 5.3 zeigt zum Beispiel die Statistikseite von AntPool.

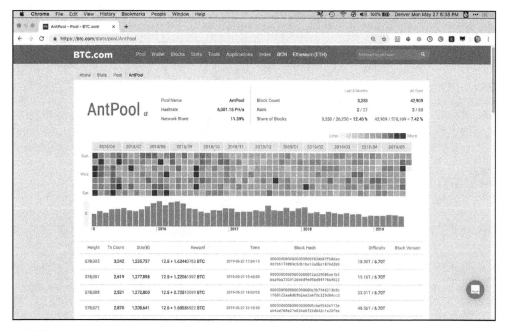

Abbildung 5.3: Die Statistikseite von AntPool, einem der größten Mining-Pools für Bitcoin

Einen Pool wählen

In der Bitcoin- und Krypto-Mining-Branche gibt es heutzutage viele verschiedene Pools. Einige von ihnen sind sehr uneigennützig, andere könnten als bösartige Akteure angesehen werden.

Es ist wichtig, einen Mining-Pool auszuwählen, der Ihre Werte widerspiegelt. Wenn nicht, könnte der Pool Ihre Hash-Leistung auf eine Art und Weise nutzen, die nicht mit Ihren Vorstellungen übereinstimmt. (Noch mehr über die Poolauswahl erfahren Sie in Kapitel 7.) Es gibt viele Tools, die Ihnen bei der richtigen Entscheidung helfen. Abbildung 5.4 zeigt zum Beispiel ein Diagramm auf der Website Coin.Dance, das die in den letzten 24 Stunden gefundenen und an die Bitcoin-Blockchain angehängten Blöcke darstellt, aufgeschlüsselt nach Mining-Pool.

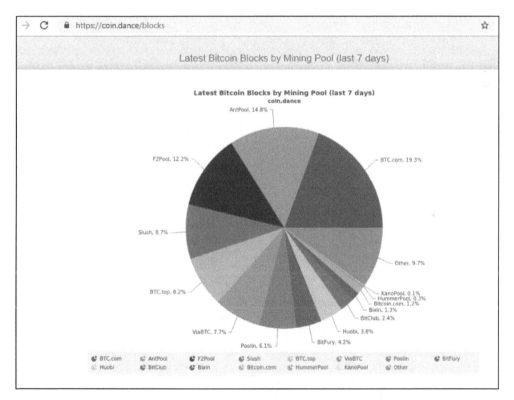

Abbildung 5.4: Ein Tortendiagramm von der Webseite https://coin.dance/blocks zeigt an, wie viel Prozent der Blöcke die einzelnen Mining-Pools am Vortag gefunden haben.

Vor- und Nachteile des Pool-Minings

Beim Pool-Mining können Miner regelmäßige Vergütungen für ihre im Netzwerk verrichtete Arbeit sammeln, obwohl ein durchschnittlicher Pool-Miner so eine niedrige Hashrate hat, dass er auf sich allein gestellt wahrscheinlich niemals einen Block-Reward erhalten würde. Selbst wenn Sie nie wirklich den Hash finden, der zur Belohnung führt, werden Sie trotzdem an den Gewinnen beteiligt, solange Sie Ihre Rechenleistung beisteuern.

Wenn Sie der Glückspilz sind, der den Gewinner-Hash findet, erhalten Sie im Gegenzug aber natürlich auch nicht die gesamte Blockprämie; Sie müssen sie mit allen anderen Minern teilen, entsprechend dem Anteil der jeweils eingebrachten Hash-Leistung.

Der Pool verlangt auch eine kleine Gebühr für seine Dienstleistung. Das heißt, die verdienten Block-Rewards und Transaktionsgebühren werden nicht gleichmäßig auf alle Miner verteilt; die Poolbetreiber nehmen sich natürlich auch ihren Anteil (das ist schließlich ihr Geschäftsmodell).

Eine Kritik am Pool-Mining ist, dass es zur Machtkonzentration bei wenigen Akteuren (den verschiedenen Poolbetreibern) führt. Wenn Nodes beispielsweise über die Regeln eines Blockchain-Netzwerks abstimmen, dann stimmen nur wenige Poolbetreiber für Zehntausende von einzelnen Poolmitgliedern.

Dies wurde bei Kontroversen über Code-Updates deutlich, bei denen Mining-Pools für Vorschläge stimmten, mit denen einzelne Nutzer dieser Pools womöglich nicht einverstanden waren. Der Missbrauch der Hashrate war auch augenscheinlich, als manche Pools Blöcke schürften, die keine nennenswerte Anzahl von Transaktionen enthielten – so versuchten sie, den Mempool zu verstopfen, das Netzwerk zu überlasten und in der Folge daraus die Transaktionsgebühren zu erhöhen. Wenn leere Blöcke geschürft werden, wird der Mempool nicht so schnell geleert und wertvoller Platz in der Blockchain wird verschwendet. Dies führt zu einem Transaktionsstau und zu einer Verzögerung der endgültigen Bestätigung und Abrechnung. Diese Taktik sollte Bitcoin-Alternativen mit größeren Blöcken propagieren und wird auch eingesetzt, um die Transaktionsgebühren nach oben zu treiben und damit die Vergütung der Miner zu erhöhen. Miner wählen aus dem Memory Pool Transaktionen aus, die sie in einen Block aufnehmen möchten. Die meisten packen die Blöcke dabei bis zur Oberkante mit den Transaktionen voll, die die höchsten Gebühren aufweisen (um ihren Gewinn zu maximieren), aber manche Miner oder Poolbetreiber verfolgen teilweise auch eine andere Agenda.

 Diese Nachteile können von den Nutzern jedoch leicht überwunden werden, indem sie ihre Mining-Hardware einfach auf einen anderen Pool ausrichten, der besser mit ihren Zielen und Wertvorstellungen übereinstimmt. Da der Mining-Pool eine Dienstleistung anbietet, kann der Benutzer, wenn ihm die Arbeitsweise des Pools nicht gefällt, seine Hashrate jederzeit zurückziehen und diese an anderer Stelle beisteuern. Dieser freie Markt fungiert normalerweise als Kontrollinstrument gegenüber den Poolbetreibern und schafft Anreize für ein Verhalten der Pools, das der Kryptowährung zugutekommt, anstatt sie zu schädigen.

Cloud-Mining

Cloud-Mining-Anbieter sind *Mining-Farmen* – Rechenzentren, die sich dem Mining widmen und ihre Hash-Leistung weiterverkaufen oder -vermieten. Die Dienstleistung besteht im Grunde darin, dass jemand die Mining-Ausrüstung hostet und Zugang zu den von der

Ausrüstung generierten Vergütungen bietet. Diese Methode hat viele Vor- und Nachteile. Zum einen muss der Anwender dem Cloudbetreiber in einem von Betrug und Schwindel geprägten Umfeld ziemlich bedingungslos vertrauen. Der Benutzer hat keinerlei Kontrolle über die Hardware oder deren Verwendung.

Die Vorteile sind natürlich, dass Sie Ihr Zuhause nicht mit Computerausrüstung vollstopfen müssen, dass Sie sich nicht mit dem Krach, der Hitze, dem Stromverbrauch und der Wartung des Mining-Equipments auseinandersetzen müssen und so weiter. Im Grunde genommen lagern Sie die Arbeit aus.

Vergleich von Pool-Mining und Cloud-Mining

Worin besteht also der Unterschied zwischen Pool-Mining und Cloud-Mining? In beiden Fällen arbeiten Sie mit einem Drittanbieter zusammen:

- ✔ Beim **Pool-Mining** benötigen Sie ein eigenes Mining-Rig, sie tragen dann mithilfe der Pool-Software dessen Rechenleistung zum Mining-Betrieb bei. Sie müssen sich selbst um den Kauf, die Verwaltung, den Betrieb und die Kühlung der Geräte kümmern, eine stabile Internetverbindung aufrechterhalten und so weiter.

- ✔ Beim **Cloud-Mining** investieren Sie im Wesentlichen in einen Mining-Betrieb; alles, was Sie zur Verfügung stellen, ist Geld. Cloud-Mining-Anbieter beteiligen Tausende von Einzelpersonen, die verschiedene Summen in den Betrieb investieren und im Gegenzug einen Teil der Einnahmen erhalten. Alles, was Sie tun müssen, ist, eine seriöse Cloud-Mining-Firma zu finden (Vorsicht!), ihr Geld dorthin zu schicken und weiter Ihrem normalen Tagesgeschäft nachzugehen – alles andere wird fortan für Sie geregelt.

Vor- und Nachteile des Cloud-Minings

Genau wie beim Pool-Mining gibt es natürlich auch beim Cloud-Mining ähnliche Vor- und Nachteile. Sie dürfen Ihre selbst geschürften Blöcke nicht für sich behalten (sondern müssen die Vergütungen mit anderen teilen); Sie müssen dem Cloud-Mining-Anbieter eine Gebühr zahlen, um mitspielen zu dürfen (aber denken Sie an all den Ärger, den Sie vermeiden!), und wie beim Pool-Mining besteht auch hier die Gefahr, dass die Macht in den Händen weniger Leute konzentriert wird.

Möglicherweise ist hier der Wechsel auch schwieriger, da etliche Cloud-Verträge eine längerfristige Bindung voraussetzen; Sie können also vielleicht gar nicht kurzfristig abspringen. Wenn der Abbau der jeweiligen Kryptowährung unrentabel wird (was ja durchaus hin und wieder vorkommt), kann der Betreiber den Vertrag teilweise auch kündigen. Erledigen Sie sorgfältig Ihre Hausaufgaben und Ihre Recherchen über Cloud-Mining-Dienste, bevor Sie einen nennenswerten Geldbetrag in diesem Bereich investieren.

> **IN DIESEM KAPITEL**
>
> Die Rechenleistung steigt und steigt und ...
>
> Die Mining-Todesspirale
>
> Zukünftige Rolle von Unternehmen und Nationalstaaten

Kapitel 6
Die Zukunft des Krypto-Minings

Wie sieht die Zukunft für die im Entstehen begriffene Mining-Branche aus? In letzter Zeit hat sie sich gut entwickelt, und die Zukunft erscheint ebenso vielversprechend wie die letzten zehn Jahre.

Kontinuierliche Effizienzsteigerung bei der Rechenleistung

Mit dem Fortschritt des Krypto-Minings ist die Leistungsfähigkeit der Rechenchips in die Höhe geschnellt. Die Effizienz steigt mit einer Geschwindigkeit, die dem Mooreschen Gesetz entspricht. Der IBM-Manager Gordon Moore beobachtete (beziehungsweise verlangte), dass sich die Anzahl der Transistoren in Computerschaltkreisen etwa alle zwei Jahre verdoppelte. Mit jeder Verdoppelung steigt die Leistungsfähigkeit der Computerchips, und zwar bei gleichbleibendem Energieverbrauch. Das steigert die Effizienz normaler Computerchips, und das Phänomen gilt natürlich auch für ASIC-Miner, die zur Gewinnung von Kryptowährungen eingesetzt werden.

Es wird immer wieder diskutiert, ob sich dieser Trend auch in Zukunft fortsetzen kann. Bislang hat er es noch immer getan.

Mit weniger mehr erreichen

Die ersten Bitcoin-ASICs kamen um 2013 auf den Markt. Jede nachfolgende Generation von Mining-Ausrüstung hat mehr Hash-Leistung ins Netz eingebracht und den Energiebedarf pro Hash gesenkt. Dies hat den Minern, die sich zum Upgrade entschieden haben, einen Vorteil gegenüber jenen verschafft, die länger an ihrer alten Hardware festhielten.

So könnte beispielsweise *ein* handelsüblicher ASIC-Miner für Bitcoin heute eine Hashrate aufweisen, die die gesamte Netzwerk-Hashrate von Anfang 2013 übersteigt. Da der Energieverbrauch zu den größten Kostentreibern einer Kryptowährungs-Mine zählt, konnten die Miner, die immer die effizienteste und leistungsfähigste Ausrüstung anstreben, ihren Betrieb aufrechterhalten und wurden nicht durch die ansteigende Block-Difficulty (siehe Abschnitt »Block-Difficulty« weiter hinten in diesem Kapitel) oder den Energieaufwand, den sie für die Gewinnung eines Blocks benötigen, aus dem Rennen geworfen.

An die physikalischen Grenzen gehen

Da sich Computerchips und die Mining-Rigs, in denen sie verbaut werden, immer weiterentwickelt haben, sind die Chiphersteller mit der Zeit an grundsätzliche physikalische Grenzen gestoßen. Dies ist einer der Hauptgründe, warum viele Experten glauben, dass das Mooresche Gesetz nicht mehr viel länger Bestand haben kann. Der aktuelle Stand in der Fertigung von ASIC-Chips für Bitcoin-Miner sind Schaltungen, deren Elemente etwa 11 bis 17 Nanometern voneinander entfernt liegen.

Um dies zu veranschaulichen: ein Blatt Papier ist rund 100.000 Nanometer dick. Damit haben die elektrischen Schaltungen einen unglaublich kleinen Abstand zueinander, und sie nähern sich sehr schnell den Grenzen der Quantenphysik an. Frühe ASIC-Chips hatten Abstände von fast 130 Nanometern zwischen den Schichten der gedruckten Schaltung. Vor kurzem haben einige Hersteller Chips mit einem Schichtabstand von 7 Nanometern angekündigt, das entspricht einer Trennschicht von etwa 15 Siliciumatomen zwischen elektronischen Bauteilen (Silicium dient als Isolator zwischen den leitenden Komponenten dieser Schaltungen).

In letzter Konsequenz werden diese inkrementellen Verbesserungen der Chipleistung physikalisch nicht mehr möglich sein, weil es nicht mehr genug Siliciummaterie zwischen den Schaltkreisen geben wird, um die Komponenten ausreichend voneinander zu isolieren. Sobald wir an diese physikalische Grenze stoßen, wird die Leistung der Chips nur noch langsamer und mit größerem Aufwand steigen.

Beteiligung von Nationalstaaten und Unternehmen

In der Geschichte von Bitcoin und anderen Kryptowährungen gab es in den letzten Jahren zahlreiche Beispiele für Beteiligungen von Nationalstaaten und Unternehmen, die den Technologien eine Legitimation verleihen.

Nationalstaaten

Einige Länder mischen sich bei Bitcoin und Kryptowährungen überhaupt nicht ein, während andere entweder die Nutzung einschränken oder ihren Bürgern die Nutzung dieser Systeme gar komplett untersagen. In Algerien, Ägypten, Marokko, Ecuador, Nepal und vielen anderen Ländern sind Kryptowährungen schlichtweg illegal. China hatte Bitcoin früher bereits verboten, ändert seine Haltung aber immer wieder. Das hat jedoch viele chinesische Mining-Betriebe nicht davon abgehalten, ihre Tätigkeit aufzunehmen (einige haben den Betrieb eingestellt, aber es werden dort nach wie vor Bitcoin und andere Kryptowährungen geschürft).

Länder wie Vietnam und Brunei erlauben den Bürgern den Besitz von Bitcoin, untersagen allerdings die Nutzung als Zahlungsmittel. Und dann gibt es die offeneren Staaten, wie etwa die meisten Ländern Europas und Nordamerikas, in denen ein viel flexiblerer Umgang mit Kryptowährungen erlaubt ist – obwohl diese Länder versuchen, sich mit Fragen wie etwa der Besteuerung von Gewinnen aus Kryptowährungen zu befassen.

Einige Staaten können sogar als ausgesprochen kryptofreundlich eingestuft werden, da sie Gesetze erlassen, die den Einsatz und die Weiterentwicklung von Kryptowährungen fördern. Die Schweiz, Singapur, Slowenien und Weißrussland haben eine sehr wohlwollende Steuergesetzgebung hinsichtlich Bitcoin und Kryptowährungen.

(Möchten Sie den rechtlichen Status von Bitcoin auf der ganzen Welt in Erfahrung bringen? Dann sehen Sie unter https://en.wikipedia.org/wiki/Legality_of_bitcoin_by_country _or_territory nach. Diese Liste gilt speziell für Bitcoin, lässt sich im Allgemeinen aber auch auf andere Kryptowährungen übertragen.)

Dann gibt es auch noch die Staaten, die aktiv im Kryptobereich mitmischen. Eines der frühesten Beispiele für die Mitwirkung eines Nationalstaates geht auf das Jahr 2014 zurück und betrifft das Justizministerium der Vereinigten Staaten, das über den U.S. Marshals Service Bitcoin und Kryptowährungen im Wert von fast einer Milliarde Dollar öffentlich versteigerte, die im Laufe der Jahre von mutmaßlichen Kriminellen beschlagnahmt wurden.

Ein weiteres Beispiel ist die – wenn auch etwas überhastete – Einführung einer eigenen Kryptowährung in Venezuela, dem *Petro*, die den rasanten Verfall der eigentlichen nationalen Währung Bolivar abfangen und Dollar-basierte Sanktionen umgehen sollte (siehe Abbildung 6.1). Einige Nationalstaaten wie der Iran und Estland haben vergünstigte Stromtarife angekündigt, um Bitcoin- und Krypto-Miner in ihr Land zu locken. Diese Tarife sind allerdings an strikte Verträge und Auflagen gebunden. Andere Länder, wie Nordkorea und wieder der Iran, sollen Gerüchten zufolge selbst Kryptowährungen schürfen. Der Iran hat Berichten zufolge mit PayMon eine eigene, goldgestützte Kryptowährung geschaffen. Peer-to-Peer-Kryptowährungen lassen sich nur schwer kontrollieren und ermöglichen es dem Eigentümer, traditionelle Finanzinstitute zu umgehen. Sie können ein Instrument im Kampf gegen Sanktionen und Wirtschaftsblockaden sein, denen diese Länder ausgesetzt sind.

Sie haben vielleicht schon gehört, dass Kryptowährungen von Japan und Australien als gesetzliches Zahlungsmittel behandelt werden. Dies ist ein Mythos (den wir den niedrigen Standards des sogenannten Journalismus im Internet und speziell im Kryptobereich zu verdanken haben!). Dieses Missverständnis entstand aus der Ankündigung beider Länder, der Verwendung von Kryptowährungen als *legale Zahlungsmethode* nicht im Wege stehen zu wollen. (De Begriff *gesetzliches Zahlungsmittel* ist eine enger gefasste Klassifizierung, die bedeutet, dass eine bestimmte Form von Geld von einem Gläubiger akzeptiert werden *muss*, wenn ein Schuldner damit bezahlen möchte; niemand in Japan oder Australien wird aber gezwungen sein, Kryptowährungen zu akzeptieren!)

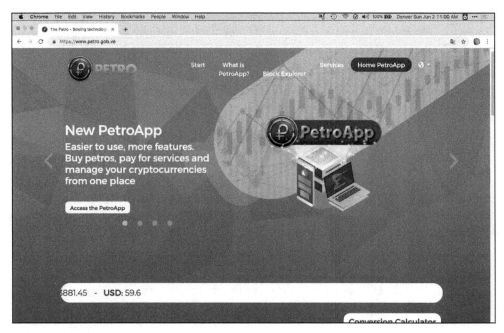

Abbildung 6.1: Die offizielle Website der venezolanischen Kryptowährung Petro

Unternehmen

Viele große Unternehmen haben vom Boom der Kryptowährungen profitiert. Zu den eindeutigen frühen Gewinnern gehörten Anbieter und Hersteller von GPUs wie Nvidia und AMD. Andere Hardwareproduzenten haben ebenfalls eine erhöhte Nachfrage nach ihren Komponenten beobachtet. Dies ist eine Auswirkung des Hardware-Wettrüstens zwischen den Krypto-Minern. Einige andere namhafte Unternehmen wie Samsung, Taiwan Semiconductor Manufacturing und GMO Internet haben angefangen, Chips und Platinen speziell für Bitcoin-ASIC-Miner herzustellen. Auch andere große Unternehmen wie Square, Fidelity und das Chicago Board of Exchange (CBOE) bieten Bitcoin-Produkte an. Diese Firmen und ihr Vorgehen haben die Glaubwürdigkeit der Kryptowährungstechnologie weiter gefestigt.

Tatsächlich haben viele große Unternehmen den Sprung in das Blockchain-Feld gewagt, und einige befassen sich auch mit Kryptowährungen. IBM hat zum Beispiel eine große, milliardenschwere Wette auf Blockchain getätigt, zu der auch die Entwicklung von *World Wire* gehört, einem Kryptowährungs-Token, der kostengünstige und schnelle internationale Geldtransfers ermöglichen soll.

Ein Blick in die Zukunft

In Zukunft könnten weitere Länder beginnen, Maßnahmen gegen Bitcoin und andere Kryptowährungen zu ergreifen, da sie sie möglicherweise als Bedrohung für die durch ihre Regierungen und Zentralbanken herausgegebenen Fiatwährungen ansehen. Andere Länder könnten ihre Beschränkungen dagegen auch lockern und kryptofreundliche Gesetze und Steuermodelle entwerfen.

Dass Bitcoin und andere Kryptowährungen grenzüberschreitend und leicht zu transportieren sind, macht sie in Ländern mit erheblichen finanziellen Problemen besonders attraktiv: Länder mit sehr großer Inflation wie Venezuela, Türkei und Simbabwe sowie Länder wie Griechenland mit moderat hoher Inflation, aber Besorgnis um die Stabilität des Bankensystems. Menschen in diesen Gebieten suchen in Kryptowährungen finanzielle Stabilität und flüchten sich aus ihrer zusammenbrechenden Währung. Einige konnten so bereits Teile ihres Vermögens zurückgewinnen. Wenn Länder versuchen, die Nutzung dieser Technologien innerhalb ihrer Grenzen zu verbieten, werden unternehmerisch denkende Menschen einfach weggehen und ihr Talent und ihr Kapital woanders einbringen. Kryptowährungen sind für eine Regierung von Natur aus sehr schwer zu verbieten. Wie hindert eine Regierung in Lateinamerika beispielsweise einen internetaffinen Bürger daran, Bitcoins zu kaufen und in ein anderes Land zu transferieren?

Auf Seite der Unternehmen haben bereits viele von ihnen markenspezifische Tokens auf anderen Krypto-Blockchains veröffentlicht oder ganze Systeme selbst lanciert. Zu diesen Firmen gehören etwa Kik Messenger, Circle, Coinbase, Gemini, Wells Fargo und JPMorgan Chase. Sogar Facebook hat angekündigt, mit Libra möglicherweise bald eine eigene Kryptowährung herauszubringen.

Zu den potenziellen Vorteilen dieser Systeme gehören Wertstabilität und Rücktauschbarkeit im Verhältnis 1:1 mit einer nationalen Währung, wie beispielsweise dem Dollar. Eine bekannte Marke des Mutterkonzerns kann außerdem das Vertrauen stärken.

Die Nachteile sind in manchen Fällen aber sehr groß. Diese Systeme sind möglicherweise stärker zentralisiert als eine gewöhnliche Kryptowährung, sodass sie leichter zensiert oder beschränkt werden können. Sie können auch mit Sicherheits- und Datenschutzmängeln behaftet sein, die nicht gerade für ihre Nutzung sprechen. Ein weiterer Nachteil dieser von Unternehmen ausgegebenen Vermögenswerte besteht darin, dass sie nicht geschürft werden können, da eine einzige Institution über ihre Ausgabe wacht.

Die sagenumwobene Todesspirale beim Mining

In den letzten Jahren wurde immer wieder über die Möglichkeit einer *Todesspirale* beim Bitcoin-Mining spekuliert, besonders zu Zeiten fallender Kryptowährungskurse. Der Theorie nach sind die Miner bei fallenden Kursen gezwungen, ihre Mining-Rewards zu Preisen gegen lokale Währungen einzutauschen, die es ihnen möglicherweise nicht mehr erlauben, ihre laufenden Kosten zu decken (etwa für Miete, Strom, Geräteunterhalt; siehe Teil IV).

Durch die Verkäufe der Miner sinkt der Marktpreis der Kryptowährung weiter, was den Abbau noch unrentabler macht und immer mehr Miner aus dem Geschäft drängt. Wenn genügend Miner ihren Betrieb einstellen und ihre Kryptowährungsbestände liquidieren, soll dies zu einer *Todesspirale* führen, in der die Preise für Bitcoin und andere Kryptowährungen immer weiter sinken, weshalb mehr und mehr Miner ihren Betrieb einstellen.

Wenn genug Miner aussteigen, werden laut dieser Theorie dann überhaupt keine Blöcke mehr gefunden und bestätigt und das Kryptowährungssystem kommt zum Stillstand.

Block-Difficulty

Bei auf Proof-of-Work basierenden Konsensalgorithmen wird der Rechenaufwand zum Auffinden die richtigen Nonce, die einen passenden Hash für den aktuellen Block erzeugt, allgemein als Block-Difficulty bezeichnet (siehe Kapitel 2). Bei der Erstellung des Genesis-Blocks von Bitcoin, des allerersten Blocks also, betrug die Block-Difficulty 1. Bei einer Difficulty von 100 ist es 100-mal schwieriger, den richtigen Hash zur Erstellung eines Blocks zu finden, als dies beim Schwierigkeitsgrad von 1 der Fall ist.

Der Difficulty-Wert ist dimensionslos und liegt beim Schreiben dieses Buches für Bitcoin bei 6.704.632.680.587. Es ist im Vergleich zum Genesis-Block nun also 6,7 Billionen Mal schwieriger, einen Block zu finden.

Stellen Sie sich nun eine Situation vor, in der viele Miner ihre Computersysteme herunterfahren. Die Blockschwierigkeit wäre so hoch, dass es praktisch unmöglich wäre, einen Block zu erstellen. Es gäbe im Netzwerk einfach nicht mehr genug Rechenleistung dafür.

Algorithmus zur Anpassung der Blockschwierigkeit

Keine Angst! Das Bitcoin-Netzwerk mildert diese Hürde ab, indem es den Schwellenwert für die Block-Difficulty alle 2016 Blöcke oder etwa alle zwei Wochen anpasst. Dieser Zeitraum wird beim Bitcoin-Mining als *Difficulty-Epoche* bezeichnet. Die Schwierigkeit wird am Ende der 2016 Blöcke umfassenden Periode angepasst und neu festgelegt, je nachdem, wie schnell oder langsam in der vorangegangenen Epoche Blöcke gefunden wurden. Ziel dabei ist es, eine Blockzeit von etwa 10 Minuten pro Block beizubehalten.

Wenn die vorherigen 2016 Blöcke in einem durchschnittlichen zeitlichen Abstand von etwa 10 Minuten erzeugt wurden, bleibt die Blockschwierigkeit ungefähr gleich. Wenn die vorherigen 2016 Blöcke im Durchschnitt langsamer als alle 10 Minuten entstanden sind (es dauerte länger als zwei Wochen, um die 2016 Blöcke zu erzeugen), sinkt die Schwierigkeit. Wurden die 2016 Blöcke im Durchschnitt in unter 10 Minuten gefunden (2016 Blöcke in unter zwei Wochen), wird die Difficulty zum Ausgleich nach oben korrigiert.

Möglicherweise finden Sie Diagramme, die den aktuellen Schwierigkeitsgrad und die Schwankungen im Laufe der Zeit zeigen. Beispiele sind etwa `https://bitinfocharts.com/comparison/difficulty-hashrate-btc.html` und `https://www.blockchain.com/en/charts/difficulty`. Ein Zweijahres-Diagramm der Block-Difficulty sehen Sie in Abbildung 6.2.

Wenn die Netzwerk-Hashrate innerhalb von zwei Wochen ansteigt, steigt im Allgemeinen auch die Schwierigkeit, und umgekehrt. Aus mathematischer Sicht würde bei einer Todesspirale, bei der die Hälfte der Miner im Netzwerk zu Beginn einer neuen Difficulty-Epoche plötzlich aussteigen, das Mining der kommenden 2016 Blöcke etwa doppelt so lange dauern (rund vier statt zwei Wochen), und am Ende der Periode würde die Schwierigkeit dann wieder angepasst und die Blockzeiten würden sich bei zehn Minuten stabilisieren.

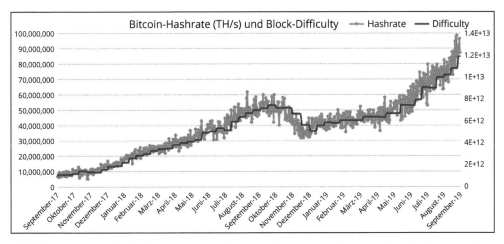

Abbildung 6.2: Die Blockschwierigkeit von Bitcoin steigt meist an, aber manchmal geht sie auch wieder zurück.

Stellen Sie sich vor, 90 Prozent der Miner würden ihr Equipment stilllegen und aufhören, nach Blöcken zu suchen; was würde passieren? Die restlichen 10 Prozent des Netzwerks würden zehnmal so lange brauchen, um die nächsten 2016 Blöcke zu finden und zur nächsten Anpassungsperiode zu gelangen (etwa 20 Wochen oder 4 Monate). Welche Auswirkungen hätte dies auf das Netzwerk? Transaktionen würden sich anstauen, die Gebühren würden für die Dauer des Zeitraums steigen, aber am Ende würde die Schwierigkeit schließlich angepasst werden!

Wenn der Abbau weniger profitabel wird, springen Miner ab, die Blockschwierigkeit sinkt und die verbleibenden Miner können somit wieder billiger und profitabler schürfen. Es ist ein selbstregulierendes System.

Werfen Sie einen Blick auf Abbildung 6.3; Sie sehen, wie sich die Blockschwierigkeit für Bitcoin im Laufe der Zeit verändert hat. Beachten Sie den großen Einbruch im Jahr 2018. Das ist ein perfektes Beispiel für die Selbstregulierung der Difficulty im Bitcoin-Netzwerk.

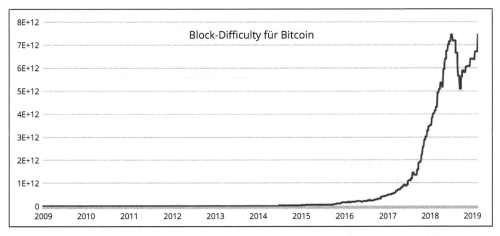

Abbildung 6.3: Enormer Anstieg der Blockschwierigkeit im Bitcoin-Netzwerk innerhalb des ersten Jahrzehnts sowie der große Einbruch Anfang/Mitte 2018

Sie erinnern sich bestimmt, dass es Anfang 2018 einen starken Einbruch der Bitcoin-Preise gab. Was war passiert?

1. Der Bitcoin-Preis sank.
2. Dies machte das Mining von Kryptowährungen weniger profitabel.
3. Einige Miner hörten auf zu minen.
4. Deshalb floss weniger Hash-Leistung in den Proof-of-Work ein.
5. Daher dauerte es länger als die angestrebten zehn Minuten pro Block, um einen Block anzuhängen.
6. Also wurde die Block-Difficulty reduziert, was das Mining und die Einhaltung des Zehn-Minuten-Ziels erleichterte.
7. Als sich der Preis für Bitcoin stabilisierte und später wieder nach oben ging, stiegen wieder mehr Miner in das Geschäft ein.
8. Das bedeutete mehr Hash-Leistung ... und neue Blöcke wurden in unter zehn Minuten gefunden.
9. Also stieg die Block-Difficulty wieder an und es wurde schwieriger, Blöcke hinzuzufügen. Wiederum kehrte das Netzwerk zur Zielvorgabe von zehn Minuten pro Block zurück.

Miner der letzten Instanz

Es gibt noch einen weiteren Grund, warum es wahrscheinlich niemals zur sagenumwobenen Todesspirale im Bitcoin-Mining kommen wird. Es gibt im Bitcoin-Ökosystem und auch bei anderen Kryptowährungen Akteure, die aus Prinzip und aus ideologischen Gründen minen, und nicht nur aus reinem Profitdenken. Sie minen, um ihre Netzwerke zu stärken und die Dezentralisierung der Systeme voranzutreiben. Und ja, auch sie haben eigene, egoistische Interessen und streben nach Vergütungen und Gewinn. Allerdings messen sie ihren Gewinn vielleicht in Bitcoin oder anderen Kryptowährungen anstelle ihn am aktuellen Wechselkurs in lokale Fiatwährungen festzumachen. Sie glauben an die Kryptowährung und ihren zukünftigen Wert und betrachten ihre realwirtschaftlichen Mining-Verluste daher als Investition in zukünftige Gewinne.

Diese Nutzer könnten als *Miner der letzten Instanz* bezeichnet werden. Ihre Hash-Leistung wird möglicherweise nicht abgeschaltet, auch wenn der Wechselpreis in ihrer Landeswährung ins Bodenlose fällt. Vielleicht erhöhen sie ihre Hashrate sogar, sobald die Schwierigkeit absinkt und Blöcke leichter zu finden sind und außerdem aufgrund mangelnder Nachfrage auch die Hardwarepreise sinken. Einige dieser Miner der letzten Instanz unterstützten das Netzwerk bereits mit ihrem Mining, als es noch gar keine echte Nachfrage für Bitcoin und andere Kryptowährungen gab, ja noch nicht einmal einen gültigen Wechselkurs. Für diese Miner der letzten Instanz war die beste Zeit, mit dem Minen zu beginnen, vor zehn Jahren – und die zweitbeste Zeit dafür heute.

Kryptoanarchisten!

Es zieht sich ein eindeutiger kryptoanarchistischer oder kryptolibertärer Faden durch die Geschichte der Kryptowährungen. Ein Krypto-Anarchist ist eine Person, die in der Kryptografie einen Weg sieht, uns Big Brother vom Leib zu halten! Kryptoanarchisten sehen die Kryptografie als Möglichkeit, mit anderen so zu kommunizieren, dass der Staat nicht zuhören kann, private Informationen privat zu halten und, im Falle von Kryptowährungen, den Staat sogar daran zu hindern, von unseren Besitzverhältnissen Kenntnis zu erlangen oder zu wissen, was wir mit unserem Kapital und Geld tun. Viele Krypto-Enthusiasten der ersten Stunde waren also wegen politischer Ideale dabei, nicht wegen finanzieller Gewinne (die Gewinne, die sie erzielen, sind natürlich das i-Tüpfelchen). Allerdings – genau wie dem frühen Internet eine Anti-Establishment-Stimmung zugrunde lag und es dennoch von Großkonzernen beherrscht wurde, ist es ebenso wahrscheinlich, dass der Kryptowährungsbereich letztlich von Großunternehmen und dem Bankensystem beherrscht werden wird. (Die Kryptoanarchisten könnten jetzt allerdings behaupten, dass im globalen Finanzsystem eine Zeitbombe platziert wurde; Großkonzerne können Kryptowährungen zwar auf ihre eigene Weise verwenden, aber das hält den Fortschritt und die Entwicklung von dezentralen und anonymen Peer-to-Peer-Währungen nicht auf.)

Teil III
Ein Krypto-Miner werden

IN DIESEM TEIL ...

✔ Den passenden Mining-Pool auswählen

✔ Vergütungen und Auszahlungsmethoden von Mining-Pools vergleichen

✔ Was Ihr Anteil an der Pool-Hashrate bedeutet

✔ Für das Mining geeignete Kryptowährungen recherchieren

✔ Hashrate-Einheiten und -Anteile berechnen

✔ Die richtige Hardware

✔ Einen Ort für das Mining finden

✔ Das Mining-Rig installieren und konfigurieren

> **IN DIESEM KAPITEL**
>
> Mining-Pools für Kryptowährungen verstehen
>
> Den passenden Mining-Pool auswählen
>
> Einen Pool-Account einrichten
>
> Gängige Vergütungsmodelle von Mining-Pools
>
> Hashrate-Marktplätze für Kryptowährungen testen

Kapitel 7
Mining leicht gemacht: Einen Pool finden und ein Benutzerkonto einrichten

Für die meisten kleinen Miner, die in der heute so umkämpften Mining-Branche nach beständigen und berechenbaren Vergütungen streben, bieten Pool-Mining-Dienste die beste Möglichkeit, um die Hashrate Ihres Mining-Equipments in stetige Einkünfte umzumünzen. Solange Sie keine immense Hash-Leistung aufbieten können – einen nennenswerten Anteil der geschätzten Netzwerk-Hashrate (in diesem Fall wäre bereits alles in der Nähe von einem Prozent beträchtlich) – dann ist Solo-Mining ein sehr riskantes Unterfangen und sollte von Einsteigern wohl eher vermieden werden.

Wir betrachten Mining-Pools als tolle Möglichkeit für den Einstieg ins Krypto-Mining, und für viele Miner ist es zugleich auch die letzte Stufe. Selbst wenn Sie vorhaben, zum Solo-Mining überzugehen, ist das Pool-Mining ein guter Einstieg, um zu lernen. Beim Pool-Mining lernen Sie auch die Hashrate Ihrer Ausrüstung kennen, was zum Verständnis der Themen in den Kapiteln 8 und 9 wichtig ist. Sie erfahren mehr über die ganzen Abläufe und zusammen mit den Informationen aus anderen Buchkapiteln kann Ihnen das Gelernte helfen, zu entscheiden, ob Solo-Mining für Sie vielleicht doch sinnvoll sein könnte, und wenn ja, was Sie dazu benötigen würden und was dies kosten würde. Machen Sie also einen Schritt nach dem anderen: zuerst Pool-Mining und dann (vielleicht) Solo-Mining.

In diesem Kapitel befassen wir uns auch mit einem verwandten Thema, dem Cloud-Mining. Beim Cloud-Mining investieren Sie im Grunde in einen Mining-Betrieb und erhalten dafür einen Teil seiner Einnahmen. Hier brauchen Sie nicht selbst Hand anzulegen; Sie stellen Geld zur Verfügung, die Computertechnik kaufen und verwalten dann andere für Sie.

Mining-Pools für Kryptowährungen verstehen

Wie in Kapitel 5 erläutert, ist ein *Mining-Pool* ein Zusammenschluss von Minern, die gemeinsam nach Blöcken suchen. Die Blockvergütungen werden proportional auf alle Miner aufgeteilt, die zur Proof-of-Work-Hashrate des Pools beigetragen haben, das heißt, je mehr Hash-Leistung Sie in einem bestimmten Zeitraum (der *Abbauperiode* oder *Mining-Runde*) zur Verfügung gestellt haben, desto höher ist auch Ihr Anteil an den Blockvergütungen, die der Pool in diesem Zeitraum erwirtschaftet hat. (Genauer gesagt, gibt es verschiedene Möglichkeiten, diese Anteile zu berechnen. Mehr dazu erfahren Sie später in diesem Kapitel, aber im Allgemeinen werden Sie nach der beigesteuerten Hash-Leistung bezahlt.)

Typischerweise ist die Abbauperiode oder Mining-Runde die Zeitspanne zwischen den vom Pool gefundenen Blöcken. Das heißt, eine Runde beginnt unmittelbar, nachdem der Pool das Recht gewonnen hat, einen Block an die Blockchain anzuhängen, und endet, wenn er den nächsten Block an die Blockchain anhängt. Die Runde kann je nach Poolgröße und Glück beim Schürfen von wenigen Minuten bis zu vielen Stunden dauern.

Und dies ist der grundsätzliche Ablauf:

1. **Sie melden sich bei einem Mining-Pool an.**

2. **Sie laden die Software des Mining-Pools herunter und installieren sie auf Ihrem Computer.**

3. **Die Software auf Ihrem Computer kommuniziert mit den Servern des Mining-Pools. Ihr Computer ist jetzt de facto zu einer Erweiterung des Kryptowährungs-Nodes des Mining-Pools geworden.**

4. **Ihr Computer hilft beim Mining und trägt mit seiner zusätzlichen Rechenleistung zum PoW-Hashing des Pools bei.**

5. **Wenn der Pool das Recht erlangt, einen Block an die Blockchain anzufügen, und eine Blockprämie erhält – die Summe aus Blocksubvention und Transaktionsgebühren –, werden Sie entsprechend Ihrem individuellen Beitrag an diesen Einnahmen beteiligt.**

6. **Der Pool sendet in regelmäßigen Abständen Kryptowährung an Ihre Wallet-Adresse.**

Sie werden entweder in der Kryptowährung bezahlt, bei deren Mining Sie mitgeholfen haben, oder diese Kryptowährung wird konvertiert (typischerweise in Bitcoin) und Sie erhalten den umgerechneten Betrag.

Egal, welche Hardware Sie einsetzen oder welche Kryptowährung Sie minen möchten, es gibt immer einen passenden Mining-Pool für Sie. Ob Sie über spezielle ASIC-Miner für eine bestimmte Kryptowährung, ein mit Grafikkarten bestücktes GPU-Mining-Rig oder einfach nur einen typischen Desktop-Computer mit CPU und Grafikkarte verfügen, Pool-Mining ist für kleine Betreiber die beste Methode, um regelmäßige Miningvergütungen zu erhalten.

Mining-Pools geben kleinen Betreibern die Möglichkeit, ins Spiel zu kommen, wenn ihre Rechenleistung so gering ist, dass Solo-Mining einfach nicht praktikabel wäre. In Kapitel 8 erfahren Sie mehr über *Profitabilitätsrechner* für das Mining. Auf diesen Webseiten können Sie Ihre Hash-Leistung eingeben und erhalten im Gegenzug eine Kalkulation, wie profitabel das Mining einer bestimmten Kryptowährung wäre und wie lange es dauern würde, Ihren ersten Block zu schürfen. Diese Rechner nutzen eine einfache statistische Berechnung, die auf verschiedenen Werten basiert: der *gesamten Netzwerk-Hashrate* (also der kombinierten Hash-Leistung aller Computer, die diese Kryptowährung abbauen), Ihrer eigenen Hashrate, in welchen Zeitabständen ein neuer Block abgebaut wird, der Blockvergütung und so weiter. Die Rechner verarbeiten all diese Zahlen und ermitteln ihre Antworten rein auf Grundlage der statistischen Wahrscheinlichkeit. Sie sagen Ihnen, was Sie wahrscheinlich in einem bestimmten Zeitraum verdienen werden, aber Ihre Ergebnisse können davon abweichen. Sie könnten Ihren ersten Block sofort minen, oder vielleicht brauchen Sie dafür die doppelte vorhergesagte Zeit.

Für die meisten kleinen Miner können diese Rechner ein Schock sein. So könnten Sie zum Beispiel feststellen, dass der Abbau von Bitcoin mit Ihrem armseligen Prozessor statistisch gesehen dazu führt, dass Sie Ihren ersten Block vielleicht in zehn Jahren finden könnten. Mit anderen Worten, Solo-Mining ist für Sie dann einfach nicht praktikabel. Wenn Sie in einem solchen Fall wirklich Bitcoin abbauen wollen, müssen Sie sich einem Pool anschließen.

Mining-Pools sind auch sehr benutzerfreundlich und ersparen Ihnen viele technische Details und Schwierigkeiten des Minings. Mining-Pools bieten einzelnen Minern eine Dienstleistung und die Miner stellen den Pools ihre Hashrate zur Verfügung.

Einen Pool wählen

Dieses Kapitel enthält Links zu einer Vielzahl von Mining-Pools. Welche Sie am Ende verwenden, hängt von verschiedensten Kriterien ab. Dies sind die drei wichtigsten Aspekte:

✔ **Ihre Ausrüstung:** Einige Mining-Pools setzen voraus, dass Sie über ein ASIC-Mining-System verfügen. Slush Pool schürft beispielsweise nur Bitcoin und Z-Cash. Für die Zusammenarbeit mit Slush Pool brauchen Sie also die entsprechenden ASICs für diese Währungen. Bei anderen Pools können sie auch Hash-Leistung Ihrer CPU oder GPU beisteuern.

✔ **Die abzubauende Kryptowährung:** Für den Anfang sollten Sie wahrscheinlich einfach einen benutzerfreundlichen Pool wählen, nur um mal reinzuschnuppern. Ab einem gewissen Punkt sollten Sie aber konkrete Kryptowährungen ins Visier nehmen.

✔ **Auszahlungen:** Verschiedene Pools haben unterschiedliche Auszahlungsmodalitäten und Gebührenmodelle. Bei einigen wird zum Beispiel die Blocksubvention aufgeteilt, nicht aber die Transaktionsgebühren. Bei anderen wird beides aufgeteilt. Einige Pools erheben eine höhere Gebühr als andere – behalten also einen größeren Teil der geschürften Kryptowährung ein – und so weiter.

Viele Pools bieten die Möglichkeit, unterschiedliche Kryptowährungen zu minen, während andere nur eine geringe Anzahl bestimmter Coins auflisten. Zum Beispiel bietet NiceHash (`NiceHash.com`) Dutzende verschiedener Mining-Algorithmen für rund 80 verschiedene Kryptowährungen, während Slush Pool (`SlushPool.com`) nur Mining-Pools für Bitcoin und Zcash bereitstellt.

Slush Pool war der erste Kryptowährungs-Mining-Pool und wurde bereits 2010 gegründet und weist somit eine langjährige Erfolgsgeschichte auf. Inzwischen sind viele andere Pools entstanden und das Pool-Mining ist heute die dominierende Form des Krypto-Minings.

Einige Pools sind auch für CPU- oder GPU-Mining mit geringerer Hashrate konzipiert, bei anderen ist die Software eher auf spezielle ASIC-Hardware abgestimmt. Auf der aktuellen Entwicklungsstufe des Krypto-Minings erfordern die meisten Proof-of-Work-Blockchains den Einsatz spezieller ASIC-Miner; diese Geräte sind so effizient, dass Sie mit einer CPU oder GPU einfach nicht mehr mithalten können. Es gibt jedoch immer noch Möglichkeiten, mit handelsüblichen Desktop-Computern oder speziell entwickelten GPU-Mining-Rigs zu schürfen. Dazu gehören spezielle Arten von Pools, die eine Vielzahl obskurer Kryptowährungen abbauen, die Mining-Vergütungen dann aber in einer gängigeren Kryptowährung wie Bitcoin auszahlen.

Pools, die gute Einstiegsmöglichkeiten bieten

Hier sind ein paar beliebte und einfach zu nutzende Pools. Dies sind wirklich gute Ausgangspunkte und eine gute Möglichkeit, das Mining mit normaler Computerhardware zu testen:

✔ **NiceHash** (`www.NiceHash.com`) ermöglicht es Benutzern, Hashrate für eine Vielzahl verschiedener Kryptowährungen zu kaufen und zu verkaufen.

✔ **Honeyminer** (`https://honeyminer.com`) gibt Ihnen die Möglichkeit, mit Ihrem Desktop-Computer immer die Kryptowährung zu minen, die gerade am profitabelsten ist. Die Vergütungen erhalten Sie aber in Satoshi, der kleinsten Stückelung von Bitcoin.

Pools dieser Art fungieren als Hashrate-Marktplätze, sodass Sie die Rendite auf Ihrem nicht als Mining-Hardware optimiertem Computer maximieren können. Diese Hashrate-Marktplätze und Mining-Dienste ermöglichen Anfängern einen einfachen und schnellen Zugang zum Mining und machen jeden Desktop- oder sogar Laptop-Computer zum Mining-Rig. Es gibt noch viel mehr solcher Anbieter, aber einige sind auch risikobehaftet, wenig seriös und können zu finanziellen Verlusten führen.

KAPITEL 7 Einen Pool finden und ein Benutzerkonto einrichten

 Wenn Ihr Herz bereits für eine bestimmte Kryptowährung schlägt, wird Ihnen diese Wahl bei der Entscheidung für die am besten geeigneten Pools helfen. Im Idealfall sollten Sie einen relativ beliebten Pool wählen, der häufig Blöcke findet, aber den allergrößten Pool sollten Sie vielleicht besser meiden, um Probleme mit der Zentralisierung zu entschärfen und einer theoretisch denkbaren 51-Prozent-Attacke vorzubeugen. (Bei einer *51-Prozent-Attacke* gelingt es einer böswilligen Gruppe, 51 Prozent oder mehr an der Hashrate einer Blockchain zu übernehmen, wodurch sie die Blockchain sabotieren kann.)

Einige der größten Pools

Die folgenden Abschnitte listen für einige der beliebtesten Proof-of-Work-Kryptowährungen jeweils in alphabetischer Folge ein paar der größten Mining-Pools auf.

 Neben der Beliebtheit und dem prozentualen Anteil an der Netzwerk-Hashrate sollten auch andere Faktoren mit in die Auswahl Ihres Mining-Pools einfließen. Dazu gehören etwa Anreize für die Miner und Vergütungsmodelle sowie die Ideologie, die Reputation und die Gebühren des Pools.

Bitcoin (BTC)

Nachfolgend sind einige der größten Mining-Pools für Bitcoin in alphabetischer Reihenfolge aufgeführt:

- **BitFury:** https://bitfury.com
- **BTC.com:** https://pool.btc.com
- **BTC.top:** www.btc.top
- **Huobi:** www.huobipool.com
- **Poolin:** www.poolin.com
- **Slush Pool:** https://slushpool.com

Litecoin (LTC)

Hier sehen Sie zwei der größten Mining-Pools für Litecoin:

- **Huobi:** www.huobipool.com
- **Poolin:** www.poolin.com

Ethereum (ETH)

Einige der größten Mining-Pools für Ethereum in alphabetischer Reihenfolge sind

- **Minerall Pool:** https://minerall.io
- **Mining Express:** https://miningexpress.com

✔ **Nanopool:** https://eth.nanopool.org

✔ **PandaMiner:** https://eth.pandaminer.com

✔ **Spark Pool:** https://eth.sparkpool.com

Zcash (ZEC)

Dies sind zwei der größten Mining-Pools für Zcash:

✔ **FlyPool:** https://zcash.flypool.org

✔ **Slush Pool:** https://slushpool.com

Monero (XMR)

Und schließlich noch zwei große Mining-Pools für Monero:

✔ Poolin.com: www.poolin.com

✔ **Support XMR:** www.supportxmr.com

Anreize und Vergütungen

Verschiedene Pools setzen unterschiedliche Methoden zur Berechnung von Auszahlungen ein. Die Websites der einzelnen Mining-Pools geben Auskunft darüber, welche Auszahlungsmethode sie verwenden und wie sie diese konkret umsetzen.

Die folgende Liste zeigt einige der beliebtesten Methoden zur Berechnung der Auszahlung. Das Prinzip ist immer dasselbe: Die Miner erhalten einen Teil der vom Pool über einen längeren Zeitraum erwirtschafteten Einnahmen. Dieser Zeitraum wird als *Abbauperiode* oder *Mining-Runde* bezeichnet. So zeigt beispielsweise https://SlushPool.com/stats/?c=btc die Mining-Resultate von Slush Pool. In Abbildung 7.1 sehen Sie rechts, wie lange die aktuelle Runde bereits läuft und wie lange eine durchschnittliche Abbauperiode dauert (1 Stunde und 39 Minuten).

Links sehen Sie die durchschnittliche Hashrate; 5345 Eh/s, also 5345 Exahashes pro Sekunde oder 5345 Trillionen Hashes pro Sekunde (5.345.000.000.000.000.000.000 Hashes pro Sekunde). 14.662 verschiedene Miner-Accounts tragen mit ihrer Hashrate zum Pool bei (auf der linken Seite sehen Sie die Anzahl »Workers« – das sind einzelne Computer, die diese 14.662 Miner betreiben). Bei Slush Pool stellt also jeder Miner im Durchschnitt etwa 0,0068 Prozent der Pool-Hashrate zur Verfügung.

Sagen wir, dass auch Sie diesen Anteil an Hash-Leistung während einer Mining-Runde bereitstellen; Sie erhalten dann 0,0068 Prozent der Auszahlung aus dieser Mining-Runde (abzüglich der Poolgebühren). Ihre Hash-Leistung war vielleicht nicht daran beteiligt, den eigentlichen Siegerblock zu ermitteln (vielleicht war Ihr Computer zum Beispiel gar nicht online, als der Pool das Recht bekam, einen Block hinzuzufügen), aber da Sie während der Mining-Runde trotzdem Hash-Leistung bereitgestellt haben, erhalten Sie Ihre anteilige Auszahlung.

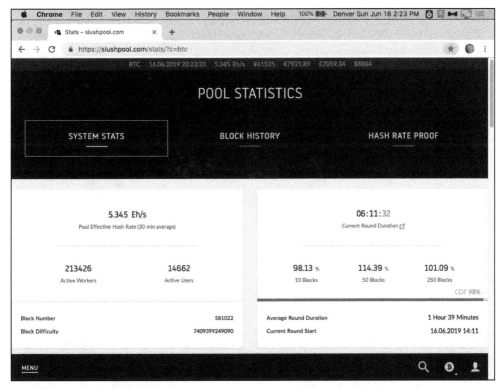

Abbildung 7.1: Die Statistikseite von Slush Pool zeigt Informationen über die aktuelle Mining-Runde und die Mining-Dauer.

Die Berechnung von Auszahlungen ist (wie alles beim Krypto-Mining!) oft etwas komplizierter als ein einfacher Dreisatz. Die nachfolgende Liste beschreibt einige gängige Methoden zur Berechnung von Mining-Rewards. Der Begriff *Share* bezieht sich auf den Anteil an der gesamten Hash-Leistung, den Ihr Mining-Rig während der Abbauperiode zum Pool beiträgt.

- **Pay-Per-Share(PPS):** Mit PPS erzielen Miner einen garantierten Ertrag, der auf der *Wahrscheinlichkeit* basiert, dass der Pool einen Block abbauen kann, nicht auf der tatsächlichen Leistung des Pools. Manchmal schneidet der Pool besser ab als die statistische Wahrscheinlichkeit und manchmal schlechter, aber der Miner wird auf Grundlage seines Beitrags zur durchschnittlichen Hashrate bezahlt, die zum Auffinden eines Blocks erforderlich ist.

- **Full Pay-Per-Share (FPPS):** FPPS ist PPS sehr ähnlich. Bei FPPS berechnen die Pools allerdings auch Transaktionsgebühren sowie die Blocksubvention in die Auszahlung mit ein. Daraus ergeben sich für Poolteilnehmer in der Regel höhere Prämien im Vergleich zum normalen PPS.

- **Pay-Per-Last N Shares (PPLNS):** Das PPLNS-Modell zahlt die Vergütung proportional zur letzten Anzahl (*N*) der beigetragenen Shares aus. Dabei werden nicht *alle* Shares während der gesamten Abbauperiode berücksichtigt, sondern nur die jüngsten Shares, die zum Zeitpunkt der Blockfindung eingegangen sind. (Wie viele der jüngsten Shares? Das definiert der Wert *N*.)

✔ **Shared Maximum Pay-Per-Share (SMPPS):** SMPPS ist ein ähnliches Vergütungsmodell wie PPS, belohnt Miner jedoch auf Grundlage der tatsächlich vom Pool erwirtschafteten Prämien und zahlt daher nie mehr aus, als der Pool verdient.

✔ **Recent Shared Maximum Pay-Per-Share (RSMPPS):** Dieses Vergütungsschema zahlt Miner in ähnlicher Weise wie SMPPS aus. Die Rewards werden proportional zur Gesamtzahl der während der Mining-Runde eingebrachten Shares ausgezahlt, jedoch mit einer höheren Gewichtung der *aktuelleren* Hashrate-Shares. Das heißt, Shares, die zu Beginn der Runde eingebracht wurden, gelten etwas weniger als Shares, die näher an der Entdeckung eines Blocks beigesteuert wurden.

✔ **Score Based System (SCORE):** Dieses Ausschüttungssystem bezahlt Sie entsprechend Ihrem bereitgestellten Anteil an der Pool-Hashrate, gewichtet aber jüngere Hashrate-Shares höher als weiter zu Beginn der Abbauperiode eingebrachte Shares. Das heißt, wenn Sie eher zu Anfang der Mining-Runde gehasht haben und ein Block erst später in der Abbauperiode gefunden wurde, entspricht Ihre Hash-Leistung einem geringeren Anteil, als wenn sie Sie näher am Zeitpunkt der Entdeckung des Blocks bereitgestellt hätten. Dies ist also ähnlich wie RSMPPS, aber die Scoring-Hashrate ist grob gesagt ein gleitender Mittelwert Ihrer Mining-Hashrate. Wenn Ihr Mining-Anteil stetig und konstant ist, bleibt auch Ihre Scoring-Hashrate in etwa konstant. Aber wenn Ihre Mining-Rig offline war, als vom Pool ein Block gefunden wurde, bekommen Sie nicht die Belohnung, die der gesamten Hashing-Arbeit entspricht, die Sie über die Mining-Runde hinweg beigetragen haben, sondern einen geringeren Anteil.

✔ **Double Geometric Method (DGM):** Dieses Vergütungsschema ist eine Kombination aus PPLNS und einer geometrischen Berechnungsmethode, die die Prämienauszahlungen je nach Dauer der Mining-Runde angleicht. Dabei ergeben sich für kürzere Mining-Runden niedrigere Vergütungen und für längere Abbauperioden steigen die Auszahlungen.

Diese Auszahlungsmethoden wurden allesamt konzipiert, um die Fairness zwischen den Poolbetreibern und bei der Verteilung der Rewards an die einzelnen Miner zu gewährleisten. Einigen gelingt dies besser als anderen. Insgesamt weisen sie jedoch alle Aspekte der Unparteilichkeit auf, die die Wettbewerbsbedingungen für alle am System beteiligten Miner ausgewogen gestalten.

Eine detaillierte Abhandlung über die Auszahlungsmethoden von Pools finden Sie unter https://en.wikipedia.org/wiki/Mining_pool und https://en.bitcoin.it/wiki/Comparison_of_mining_pools.

Ideologie des Pools

Ein Aspekt, der bei der Auswahl eines Pools, zu dem Sie mit Ihrer Hashrate bzw. Mining-Power beitragen, oft übersehen wird, ist die Ideologie des Pools. Sie ist oft nur schwer greifbar, besonders im Geschäftsleben. Und genau darum geht es hier: Mining-Pool-Betreiber sind profitorientierte Unternehmen. Einige davon sind wohlwollende Akteure, andere haben Hintergedanken, die über die unmittelbaren Mining-Rewards und die daraus erzielten

Gewinne hinausgehen. Einige Pools haben in der Vergangenheit bereits versucht, die von ihnen unterstützten Kryptowährungen zu unterwandern. Dies äußerte sich in Mining-Pools, die leere Blöcke schürften, um Transaktionsgebühren zu manipulieren, den Transaktionsdurchsatz zu verlangsamen und alternative Systeme zu fördern.

Andere Mining-Pools haben ihre Hashrate und ihren Einfluss ausgenutzt, um Systemupdates zu blockieren oder Forks der von ihnen geschürften Blockchain anzustiften und zu propagieren. Es gibt kein einfaches Patentrezept zur Bewertung der Ideologie von Mining-Pools. Allerdings sind die Stimmung in der Nutzergemeinschaft und frühere Handlungen häufig ein guter Maßstab, um zu ermitteln, ob ein Mining-Pool im Interesse des gesamten Ökosystems handelt. Am besten halten Sie sich zu Neuigkeiten aus dem Kryptobereich auf dem Laufenden und besuchen Online-Foren wie `BitcoinTalk.org` oder Social-Media-Websites wie Twitter oder Reddit. Insgesamt ist die Ideologie bei der Betrachtung von Mining-Pools nicht ganz so wichtig wie die Mining-Rewards und die Poolgebühren. Schließlich basiert das System der Kryptowährungen auf Anreizen, und Egoismus ist der Motor für die Konsensmechanismen und die Sicherheit der einzelnen Blockchains.

Reputation des Pools

Ein weiterer wichtiger Faktor bei der Poolauswahl ist dessen Reputation. Einige Mining-Pools fördern Betrügereien und unterschlagen Hashrate oder Vergütungen von Nutzern. Diese Art von Pools hält sich nicht lange, da sich Nachrichten im Krypto-Space sehr schnell verbreiten und die Kosten für einen Poolwechsel für die Miner sehr gering sind. Sie können also schnell betrügerischen Pools den Rücken kehren. Trotzdem gibt es viele Beispiele für Betrügereien mit Mining-Pools und Cloud-Mining-Diensten. Zu den bekanntesten Beispielen aus der Vergangenheit gehören Bitconnect, Power Mining Pool und MiningMax. Am besten erkennen Sie einen Betrug nach dem althergebrachten Mantra: »Wenn etwas zu gut klingt, um wahr zu sein, dann ist es das wohl auch nicht!«. (Genau genommen war Bitconnect kein Mining-Pool, sondern ein Anbieter, der Renditen für eine Kryptowährungsinvestition versprach. Ein Bitcoin-Investor konnte Bitcoin an Bitconnect ausleihen und im Gegenzug zwischen 0,1 Prozent und 0,25 Prozent *pro Tag* verdienen ... richtig, bis hin zur Verdoppelung der Einlage jeden Monat. Natürlich haben viele Investoren ihr Geld nie wieder aus diesem Schneeball- beziehungsweise Pyramidensystem herausbekommen).

Weitere klare Hinweise auf unseriöse Mining-Pools oder Cloud-Mining-Dienste sind unter anderem folgende Punkte:

- ✔ **Garantierte Profite:** Pools oder Cloud-Anbieter, die Profite garantieren, werben mit mehr, als sie liefern können. Sie kennen ja das alte Sprichwort – wenn es zu schön klingt, um wahr zu sein ...

- ✔ **Anonyme Täter:** Pools oder Mining-Anbieter, die von anonymen Unternehmen oder Einzelpersonen betrieben werden, können manchmal fragwürdig sein – seien Sie als Kunde auf der Hut.

- ✔ **Multi-Level-Marketing-Systeme:** Einige Mining-Pools oder Cloud-Mining-Dienste bieten höhere Vergütungen für diejenigen, die andere für das Programm anwerben. Dies muss nicht immer heißen, dass es sich bei dem Geschäftsmodell um einen Betrug handelt, aber seien Sie vorsichtig, sobald MLM zum Pyramidensystem wird. (Viele Online-Unternehmen zahlen Anwerbeprämien, aber MLM bringt das Ganze auf eine andere Ebene. MiningMax war zum Beispiel so ein Schneeballsystem: Miner mussten dafür bezahlen, in den Pool aufgenommen zu werden, und erhielten ihrerseits Vergütungen für Neukundenwerbungen. Berichten zufolge verschwanden dabei 250 Millionen Dollar.

✔ **Keine öffentlich nachprüfbare Infrastruktur:** *Intransparente* Pools oder Cloud-Mining-Dienste, die keine Videos ihrer Mining-Zentren oder beispielsweise Hashrate-Daten veröffentlichen, können Schwindel sein.

✔ **Kein Beleg für die Hashrate:** Einige Pools veröffentlichen nachvollziehbare Hashraten-Daten, die sich nicht fälschen lassen und die jeder zukünftige Miner selbst überprüfen kann. Andere Pools veröffentlichen ihre Hashraten-Daten dagegen ohne jegliche Überprüfungsmöglichkeit und hoffen, dass Sie ihren Behauptungen einfach vertrauen. (Ein Beispiel dafür, wie sich Hashraten-Daten unabhängig verifizieren lassen, finden Sie in der Erklärung von Slush Pool unter `https://slushpool.com/help/hashrate-proof/?c=btc`).

✔ **Unbegrenzte Einkaufsmöglichkeit von Hash-Leistung:** Wenn ein Cloud-Mining-Anbieter sehr große, unrealistische Hashrate-Mengen zum Kauf anbietet, dann will er sich vielleicht eher nur Ihre Kryptowährung sichern, statt langfristige Services anzubieten. Seien Sie vorsichtig bei Diensten, die große Pakete anbieten; so viel können sie realistischerweise gar nicht liefern.

Es ist schwer, sich in der Kryptowährungsbranche einen guten Ruf zu erarbeiten, aber verspielt ist dieser dafür umso schneller. Aus diesem Grund sind viele der heute tätigen Poolbetreiber, die große Anteile der Hashrate in den jeweiligen Kryptowährungsnetzwerken erworben haben, nicht betrügerisch. Würde es sich tatsächlich um betrügerische oder unzuverlässige Akteure handeln, hätten geschäftstüchtige Miner längst zu einem besseren Pool gewechselt. Für Cloud-Mining-Anbieter gilt das nicht immer (wir gehen später in diesem Kapitel noch näher auf diese Dienste ein), da die Wechselkosten für Cloud-Mining-Vertragspartner viel höher sind. Wachsamkeit und sorgfältige Recherche sind daher ein Muss und werden in diesem Bereich dringend empfohlen!

Wie überprüfen Sie das Renommee eines Pools? Sehen Sie sich in Mining-Foren um und suchen Sie dort nach dem Namen des Pools, um zu sehen, was die Leute darüber sagen.

Poolgebühren

Pools erheben in unterschiedlicher Weise Gebühren, die von den Minern an den Poolbetreiber gezahlt werden. Meist liegen die Poolgebühren im Bereich von 1–4 % des gesamten Poolertrags. Diese Gebühren werden genutzt, um die Pool-Infrastruktur, Host-Server für Web-Interfaces, Mining Full Nodes und andere Geräte zu unterhalten, die für den Betrieb des Pools erforderlich sind – und natürlich, um einen Gewinn an den Poolbetreiber auszuschütten.

Lassen Sie sich nicht von Pools blenden, die behaupten, keine Gebühren zu erheben. (Keine Gebühren? Wie bleiben sie dann im Geschäft? Es sind ja schließlich keine Wohltätigkeitsorganisationen, oder?) Natürlich müssen die Pools Geld verdienen, also werden Sie auch irgendwie dafür bezahlen.

Pools erhalten aus zwei Quellen Geld, wenn sie einen Block minen:

✔ aus der Blocksubvention,

✔ aus den Transaktionsgebühren der im Block enthaltenen Einzeltransaktionen.

Ein Pool könnte also einen Prozentsatz des Gesamtbetrags – Blocksubvention und Transaktionsgebühren – für sich behalten und den Rest unter den Minern aufteilen. Oder ein Pool teilt die gesamte Blocksubvention unter den Minern auf, behält aber die Transaktionsgebühren für sich (dies sind dann sehr wahrscheinlich die Pools, die von sich behaupten, »keine Gebühren« zu nehmen). Oder vielleicht behalten sie die Transaktionsgebühren und einen Teil der Blocksubvention. In jedem Fall bezahlen Sie aber eine Gebühr!

Prozentualer Anteil des Pools am gesamten Netzwerk

Wie wirkt sich der Prozentsatz, den ein Pool an der gesamten Netzwerk-Hashrate hält, auf Sie aus? Immerhin wird ein großer Pool einen größeren Teil der Mining-Rewards einnehmen als ein kleinerer Pool.

Das ist richtig, aber das sollte, über die Zeit hinweg betrachtet, Ihren Verdienst nicht beeinflussen. Warum nicht? Denken Sie daran, dass die Netzwerk-Hashrate der Anzahl der Hashes entspricht, die von allen Minern und allen Pools zum Schürfen eines Blocks beigetragen werden. Abhängig von der Kryptowährung kann es mehrere Trillionen Hashes pro Sekunde über einen Zeitraum von durchschnittlich zehn Minuten hinweg erfordern, bis ein Block gefunden wird (dies wäre zum Beispiel eine recht genaue Beschreibung des Bitcoin-Minings).

Da sind also all diese Computer, Tausende und Abertausende, die alle hashen. Wer kann am Ende einen Block an die Blockchain anhängen? Das entscheidet die beigesteuerte Hash-Leistung in Kombination mit Glück ... oder Zufall. Das heißt, dass der Miner oder der Pool, der den nächsten Block schürfen wird, sehr schwer zu bestimmen ist. Es kann der Pool sein, der mehr Hashing-Power beiträgt als jeder andere Pool oder Miner; aber es besteht auch die Möglichkeit, dass es der Miner mit dem geringsten Beitrag im gesamten Netzwerk ist. Er wird es wahrscheinlich nicht sein, aber es *könnte* passieren. So funktioniert der Zufall – Wahrscheinlichkeitsrechnung.

 Betrachten Sie es als eine Art Lotterie. Je mehr Lose Sie haben, desto wahrscheinlicher wird es, zu gewinnen ... aber Sie könnten auch mit einem einzigen Los gewinnen. Wahrscheinlich ist das nicht ... aber es könnte passieren.

Kurzfristig ist es also unmöglich vorherzusagen, wer den Hashing-Wettbewerb gewinnen wird, oder sogar, über einige (oder einige Hundert) Mining-Runden hinweg, welchen Anteil ein Pool wohl gewinnen wird.

Auf lange Sicht nähert sich der Anteil an der Gesamtvergütung aber dem Prozentsatz der Hashrate an. Wenn Ihr Pool 25 Prozent der gesamten Hash-Leistung beiträgt, dann wird der Pool im Laufe der Zeit 25 Prozent der Blöcke schürfen.

Hier ist noch eine weitere Analogie: Es ist, als würden Sie eine Münze werfen. Auf wie viel Prozent der Münzwürfe kommt Kopf und auf wie viel Prozent kommt Zahl? Auf kurze Sicht ist das schwer zu sagen. Bei zwei Münzwürfen ist es durchaus möglich, dass Sie zu 100 Prozent das eine oder das andere Ergebnis erhalten. Auch bei zehn Würfen kommen Sie wahrscheinlich noch nicht auf eine Quote von 50:50. Aber wenn Sie die Münze tausendmal werfen, kommen Sie sehr nahe an dieses 50:50-Verhältnis heran (vorausgesetzt, die Münze ist ausgewogen und wird sauber geworfen).

Im Laufe der Zeit sollte also ein Pool, der 25 Prozent der Netzwerk-Hashrate beisteuert, 25 Prozent der Blöcke im Netzwerk finden, und ein Pool, der 10 Prozent der Netzwerk-Hashrate stellt, sollte etwa 10 Prozent der Blöcke schürfen.

In Ordnung, zurück zur Ausgangsfrage: Sollten Sie einen großen oder einen kleinen Pool wählen? Ein großer Pool findet im Laufe der Zeit mehr Blöcke als ein kleiner Pool. Aber natürlich werden Sie dort auch nur einen kleineren Anteil der Gewinne bekommen als in einem kleineren Pool.

Über die Zeit gesehen gibt es also keinen wirklichen Unterschied. Unabhängig von der Größe des Pools, dem Sie beitreten, stellt *Ihre* Hash-Leistung den gleichen Prozentsatz am Gesamtnetzwerk dar, und daher sollten Sie mit der Zeit auch den gleichen Prozentsatz der gesamten Rewards verdienen.

Einen Unterschied gibt es aber. Je größer der Pool, desto häufiger verdienen Sie einen Anteil. Das bedeutet häufigere Einnahmen als aus einem kleineren Pool. Diese Einnahmen werden jedoch entsprechend geringer sein; Sie können die Mathematik nicht austricksen. Sie bekommen nicht mehr als Ihren Prozentsatz des Gewinns, der durch Ihren Anteil an der Hashrate berechnet wird. (Jedenfalls auf lange Sicht, kurzfristig könnten Sie erheblich mehr weniger verdienen, egal welche Wahl Sie treffen.)

Vielleicht wollen Sie sich also einem größeren Pool anschließen, damit Sie Ihre Zahlungen regelmäßiger erhalten. Erwarten Sie aber bitte nicht, durch Auswahl einen großen Pools Ihre Einnahmen langfristig zu steigern.

Wie findet man die relative Größe von Pools heraus? Viele Websites stellen diese Informationen zur Verfügung, häufig in Form von Tortendiagrammen. (Wir gehen weiter hinten im Kapitel, im Abschnitt Mining-Pool-Recherche, auf die Frage ein, wie Sie solche Informationen finden können.) Eine grafische Ansicht der historischen prozentualen Aufteilung der Hashrate nach Pools im Bitcoin-Netzwerk finden Sie in Abbildung 7.2.

KAPITEL 7 Einen Pool finden und ein Benutzerkonto einrichten

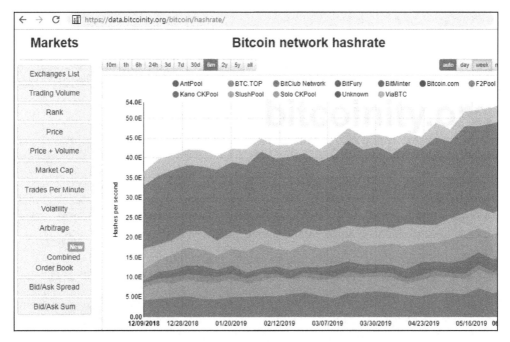

Abbildung 7.2: Hashrate-Anteile der einzelnen Pools am Bitcoin-Netzwerk während der letzten sechs Monate (Quelle: https://data.bitcoinity.org/bitcoin/hashrate/)

Einen Pool-Account einrichten

Nachdem Sie sich entschieden haben, welche Kryptowährung die richtige für Sie ist (siehe auch Kapitel 8) und Sie einen geeigneten Pool gefunden haben, ist die Erstellung und Einrichtung eines Pool-Mitgliedschaft ziemlich einfach. Der Vorgang lässt sich mit der Erstellung eines E-Mail-Kontos oder der Anmeldung bei einem anderen Web-Dienst, wie etwa einem Social-Media-Netzwerk vergleichen. Zur Einrichtung einer Pool-Mitgliedschaft benötigen Sie eine E-Mail-Adresse und die Adresse einer Kryptowährungs-Wallet. Es sind jedoch einige Besonderheiten und Faktoren zu berücksichtigen, wie etwa die Auswahl des richtigen Pool-Servers, der Auszahlungsschwelle und der Auszahlungsadressen für die Vergütungen.

Alle Mining-Pools bieten auf ihrer Website, unabhängig von der Kryptowährung, die sie abbauen, eine einfache Schritt-für-Schritt-Anleitung, um Ihre passende Mining-Ausrüstung (ASIC, GPU oder andere) mir der Pool-Schnittstelle zu verbinden. Sie müssen ein Konto einrichten, einen Server auswählen, Ihre Mining-Hardware konfigurieren und eine Auszahlungsadresse registrieren. Die meisten Mining-Pools haben auch einfache Bedienungsanleitungen, die Ihnen helfen, den Einrichtungsprozess zu durchlaufen, hilfreiche FAQs, wenn Sie auf Probleme stoßen, und viele bieten zudem auch eine detailliertere technische Dokumentation für fortgeschrittene Benutzer.

Serverauswahl

Die meisten Mining-Pools bieten viele verschiedene Server, um Ihre Mining-Hardware an die Pool-Infrastruktur anzukoppeln. Der wichtigste Unterschied zwischen Servern ist vor allem ihr geographischer Standort. Die beliebtesten Mining-Pools verfügen über Server auf der ganzen Welt, insbesondere in Asien, Europa und Amerika.

Am vorteilhaftesten ist es, sich mit Servern in unmittelbarer Nähe der Mining-Hardware zu verbinden, um die Latenzzeiten zu verringern und Verbindungsausfällen vorzubeugen.

Die meisten ASIC-Rigs erlauben Ihnen, in ihrer Benutzeroberfläche drei separate Server oder Mining-Pools einzurichten. Einige Miner bedienen mit ihrem Equipment mehrere Pools, um Stillstände im Falle eines Poolausfalls zu vermeiden, während andere ihre Hardware einfach auf verschiedene Server desselben Pools verweisen.

Poolspezifische Einstellungen am Mining-Equipment

Spezielle Hardware für das Krypto-Mining (siehe Kapitel 9) verfügt in der Regel über eine einfach zu bedienende grafische Benutzeroberfläche (GUI). Die Benutzeroberfläche des Mining-Rigs ist über jeden Computer erreichbar, der am selben Lokalen Netzwerk (LAN) wie der Miner hängt. Öffnen Sie einfach ein Browserfenster und geben Sie die IP-Adresse des Mining-Rigs ein, um zur Benutzeroberfläche zu gelangen.

Wenn Sie sich nicht sicher sind, welche IP-Adresse Ihr Mining-Rig verwendet, können Sie sich auf Ihrem Netzwerkrouter einloggen und von dort aus nach angeschlossenen Geräten in Ihrem Netzwerk scannen. Wenn Sie nicht sicher sind, wie Sie auf Ihr Modem oder Ihren Router zugreifen können, können Sie den IP-Scan auch mithilfe von Programmen wie AngryIP.org durchführen, um die lokale Adresse Ihres Geräts zu ermitteln. Das Benutzerhandbuch oder die Bedienungsanleitung Ihrer Mining-Hardware sollte ebenfalls Informationen zur Einrichtung und Anmeldung erhalten.

Nachfolgend finden Sie ein Beispiel für die Einstellungen, um einen in Europa aufgestellten ASIC-Miner für Bitcoin für den Betrieb mit Slush Pool zu konfigurieren:

```
URL: stratum+tcp://eu.stratum.slushpool.com:3333
userID: userName.workerName
password: anything
```

Der von Ihnen gewählte Mining-Pool informiert Sie auf seiner Website auch über die Verbindungseinstellungen. In manchen Fällen genügt es zum Beispiel, statt eines Benutzernamens einfach nur die Auszahlungsadresse für die von Ihnen verwendete Kryptowährung einzugeben. Lesen Sie wie gesagt immer die Dokumentation Ihres Pools, um weitere Informationen zu erhalten.

Mit welcher URL Sie sich verbinden, hängt davon ab, welcher Serverstandort am nächsten bei Ihnen liegt. Ihr Benutzername ist derselbe wie bei Ihrem Mining-Pool-Konto, und bei den Bezeichnungen Ihrer Worker oder Mining-Rigs können Sie kreativ werden.

Verwenden Sie aber keine doppelten Worker-Namen, wenn Sie mehrere Mining-Geräte anschließen. (Wie Sie in Abbildung 7.1 sehen, können Sie mehrere »Worker« in einem einzigen Mining-Account arbeiten lassen, wobei jeder Worker für ein bestimmtes Mining-Rig steht.) Weitere Informationen zur Einrichtung Ihrer Mining-Hardware finden Sie in Kapitel 10.

Auszahlungsadresse

Sie können aus jeder Kryptowährungs-Wallet heraus eine Kryptowährungsadresse generieren, auf die Sie Ihre Pool-Auszahlungen vornehmen können. (In den Kapiteln 1 und 9 finden Sie weitere Informationen über Kryptowährungs-Wallets). Im Kryptobereich ist es sehr zu empfehlen, Transaktionsadressen nicht mehrfach zu verwenden. Diese einmalige Nutzung von Adressen ist eine bewährte Vorgehensweise, um mehr Datenschutz und Anonymität bei Transaktionen zu erhalten.

Die Einrichtung eines Pool-Kontos kann oft sogar noch viel einfacher sein, wenn Sie keine ASIC-Hardware verwenden. Weiter hinten in diesem Kapitel zeigen wir ein Beispiel für die Einrichtung eines Accounts, das vom Aufrufen der Website bis zum Beginn des Minings nur etwa fünf Minuten benötigt.

Auszahlungsschwellen

Eine der feiner abgestimmten Einstellungen von Mining-Pools ist die Auszahlungsschwelle. Dies ist der Betrag, den Sie beim Mining im Pool verdienen müssen, bevor der Pool Ihnen eine Vergütung an Ihre Kryptowährungsadresse in der Blockchain sendet. Bei den meisten Pools können Sie festlegen, wie oft Sie Ihre Einnahmen erhalten möchten. Während Sie in einigen Pools eine manuelle Auszahlung der Rewards auslösen können, müssen Sie in den meisten Fällen einen Schwellenwert für die Auszahlung festlegen, der indirekt die Häufigkeit der Zahlungen in Abhängigkeit von der Leistung Ihrer Hardware und damit Ihrem Beitrag zum Pool bestimmt. Wenn Sie die Auszahlungsschwelle zu niedrig ansetzen, vergeuden Sie einen großen Teil Ihrer Prämie auf Transaktionsgebühren und es kann dazu kommen, dass sich in Ihrer Krypto-Wallet sogenannter »Dust« ansammelt.

Kryptowährungs-Staub

Der Begriff *Dust* steht im Kryptobereich meist für kleine oder kleinste Transaktionsbeträge, die später vielleicht gar nicht mehr ausgegeben werden können, weil der Gesamtbetrag, der in der Adresse enthalten ist, geringer ist als die für den Transfer anfallenden Transaktionsgebühren. Solche Mikrotransaktionen sollten Sie nach Möglichkeit vermeiden.

Wählen Sie die Auszahlungsschwelle jedoch zu hoch, belassen Sie Ihre Kryptowährungsprämien unnötig lange in den Händen des Mining-Pools, wo sie anfällig für Diebstahl durch Hacking oder Betrug sind.

Es gibt ein Optimum – mit anderen Worten, einen Betrag, auf den Sie Ihre Auszahlungsschwelle festlegen sollten, um diese beiden Probleme zu lindern. Meist ist es eine gute Regel, die Auszahlungsschwelle für Ihr Poolkonto auf die innerhalb eines Zeitraums von einigen Wochen bis hin zu einem Monat zu erwartenden Erträge festzulegen, ähnlich einem normalen Gehaltsscheck. Natürlich wünschen Sie sich stetige Belohnungen für Ihre geleistete Arbeit (beim Mining ebenso wie im Job), aber stündliche Auszahlungen für Ihren Alltagsberuf oder Ihre Kryptowährungs-Mine ergeben mit den Transaktionsgebühren und dem damit verbundenen Aufwand keinen logischen Sinn. So können Sie genug Kryptowährung verdienen, um die Transaktion lohnenswert zu gestalten, und Ihr Geld dann trotzdem nicht zu lange in der Kontrolle von Dritten zu lassen.

Mining-Pool-Recherche

Eine Reihe von Websites bieten gute Informationen über Mining-Pools, insbesondere für das Bitcoin-Netzwerk. Informationen zum Vergleich von Altcoin-Pools sind oft weniger vertrauenswürdig und schwieriger zu finden. Es gibt kein echtes Patentrezept zur Recherche von Mining-Pools. Probieren Sie es mit einer Suche nach dem Namen der Kryptowährung kombiniert mit dem Begriff *Mining Pool* (*Dash Mining Pool*, *Litecoin Mining Pool* und so weiter) und besuchen Sie öffentliche Foren-Websites wie Reddit, Stack Exchange und Bitcoin Talk, um weitere Informationen zu finden.

Hier sind einige Ressourcen zu Bitcoin:

- https://Coin.Dance/blocks/thisweek
- https://en.Bitcoin.it/wiki/Comparison_of_mining_pools
- https://99Bitcoins.com/bitcoin-mining/pools/
- https://en.BitcoinWiki.org/wiki/Comparison_of_mining_pools
- www.Blockchain.com/pools

Und hier noch einige zu Ethereum und Litecoin:

- www.Etherchain.org/charts/topMiners
- https://Investoon.com/mining_pools/eth
- https://Litecoin.info/index.php/Mining_pool_comparison

Cloud-Mining

Eine weitere Möglichkeit für angehende Krypto-Miner ist die Zusammenarbeit mit Cloud-Mining-Diensten. Im Wesentlichen finanzieren Sie dabei einen Teil eines Mining-Betriebs und die Cloud-Miner erledigen den Rest. Diese Unternehmen bieten Hashrate-Verträge an. Sie kaufen für einen bestimmten Zeitraum eine bestimmte Hashrate (siehe Abbildung 7.3) und profitieren dann proportional zum Prozentsatz Ihres Investments in den gesamten Cloud-Mining-Betrieb.

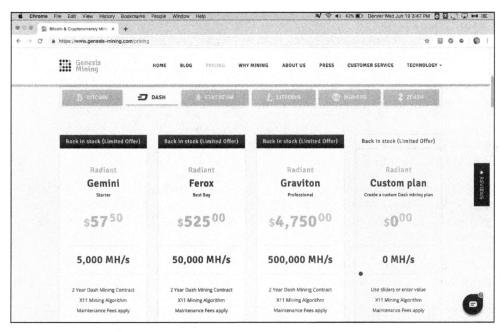

Abbildung 7.3: Genesis Mining verkauft Hashrate-Pakete. Dash startet mit 5000 MH/s. Sie können auch Bitcoin, Ethereum, Litecoin, Monero oder Zcash minen.

Ein großer Vorteil dieser Dienstleistungen ist, dass sie dabei überhaupt nicht Hand anzulegen brauchen – sie müssen keine Geräte kaufen oder verwalten, keinen Platz für die Geräte finden und haben nicht mit Lärm oder Abwärme zu kämpfen. Cloud-Mining-Anbieter kümmern sich für Sie um diese Probleme.

Aber das Cloud-Mining birgt auch gewisse Risiken. Viele Verträge sind nicht über die gesamte Laufzeit hinweg profitabel und bei einigen können Sie als Käufer dieser Dienstleistungen langfristig sogar Geld verlieren. Möglicherweise wären die Benutzer besser beraten gewesen, die Kryptowährung, die ihr Mining-Vertrag abgebaut hat, einfach zu kaufen. (Das gilt natürlich auch für das Pool- und Solo-Mining – mehr zu den wirtschaftlichen Aspekten des Minings erfahren Sie in Kapitel 11.)

Weitere Gefahren sind echte Betrügereien. Ein gängiges Mantra in Kryptowährungskreisen lautet: »Nicht deine Keys, nicht deine Coins.« Übertragen auf Cloud-Mining-Verträge könnte man sagen: »Nicht deine Mining-Hardware, nicht deine Rewards.«

Wir glauben, dass die folgenden Dienstleister zu den führenden Anbietern von vertrauenswürdigem Cloud-Mining gehören. Aber auch diese Aussage ist ohne Gewähr, lassen Sie als Kunde immer Vorsicht walten. (Für *alle* Dienstleistungsangebote, die wir in diesem Buch ansprechen, müssen Sie selbst Ihre Sorgfaltspflicht erfüllen, herausfinden, was die Community darüber sagt, und sicherstellen, dass sie vertrauenswürdig und zuverlässig sind beziehungsweise dass sie es noch immer sind):

- **Genesis Mining:** www.genesis-mining.com/
- **Bit Deer:** www.bitdeer.com/en/
- **Hash Flare:** https://hashflare.io/

Die Liste ist kurz, da wir uns nur mit wenigen Cloud-Mining-Anbietern für Kryptowährungen wohl fühlen. Viele andere sind nicht vertrauenswürdig und bieten nicht die beworbenen Leistungen an.

Das heißt aber nicht, dass die oben stehenden Dienste immer *gewinnbringende* Mining-Verträge anbieten. Es bedeutet nur, dass sie tatsächlich die von ihnen angepriesenen Dienste erbringen – unserer Kenntnis nach liefern sie die für den versprochenen Zeitraum beworbenen Hashrates. Aber das ist nicht immer mit Profitabilität gleichzusetzen.

Die Rentabilität von Cloud-Mining-Verträgen variiert zwischen den einzelnen Diensten stark. Weitere Informationen zur Kosten-Nutzen-Analyse von Cloud-Mining-Diensten, über Pool-Mining-Anwendungen oder die mit einer bestimmte Hardware zu erwartenden Vergütungen finden Sie in Kapitel 11.

Beachten Sie auch, dass es Überschneidungen zwischen Pool- und Cloud-Mining gibt. Einige Pools nutzen nicht nur Ihre Hash-Leistung, sondern verkaufen Ihnen auch ihrerseits Hash-Leistung. Nachdem Sie zum Beispiel Ihr Konto bei Honeyminer eingerichtet haben (siehe nächster Abschnitt), wird der Pool versuchen, Ihnen mehr Hashrate zu verkaufen. Tatsächlich verbinden Sie Ihre Prozessoren mit dem Node des Pools, aber Sie können dem Pool auch Geld zum Ankauf von zusätzlicher Rechenleistung zur Verfügung stellen, die dann für Sie verwaltet wird.

Honeyminer

In diesem Kapitel nennen wir Ihnen eine Reihe von Mining-Pools und Ressourcen, mit denen Sie noch mehr darüber erfahren können. Sie funktionieren natürlich alle unterschiedlich, sodass wir Ihnen unmöglich zeigen können, wie Sie jeden einzelnen davon verwenden; es wird für Sie eine Entdeckungsreise werden. Verbringen Sie einige Zeit damit, den von Ihnen gewählten Pool kennenzulernen.

In diesem Abschnitt werfen wir einen kurzen Blick auf einen beliebten und anerkannten Pool, Honeyminer (www.Honeyminer.com). Abbildung 7.4 zeigt einen Teil der Homepage von Honeyminer, wo Sie sehen, wie der Prozess funktioniert (dies ist übrigens auf die meisten Mining-Pools übertragbar). Wie wir zu Beginn dieses Kapitels erklären, läuft die Pool-Mining-Software auf Ihrem Computer und bringt zusätzliche Rechenleistung zum

Hashing in den Honeyminer-Pool. Sie können sich am Abbau zahlreicher Kryptowährungen beteiligen, aber Honeyminer wird die Gewinne immer umrechnen und Ihnen Ihren Anteil in Bitcoin auszahlen.

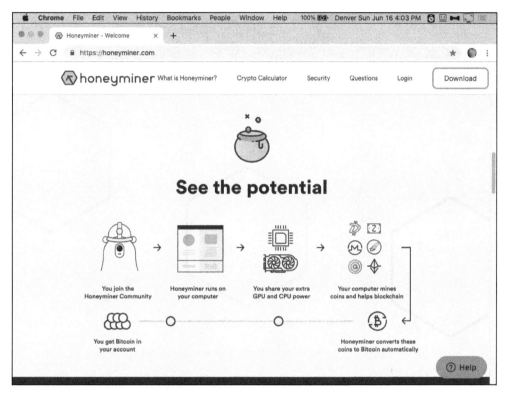

Abbildung 7.4: Honeyminer ist ein einfach zu verwendender Mining-Pool.

So gelingt der Einstieg mit Honeyminer:

1. **Laden Sie die Honeyminer-Software herunter und installieren Sie sie.**

    Aktuell befindet sich oben rechts auf der Seite ein großer, grün umrandeter Download-Button.

2. **Führen Sie die Software aus.**

3. **Erstellen Sie ein Benutzerkonto, indem Sie Ihre E-Mail-Adresse und ein Passwort eingeben (siehe Abbildung 7.5).**

4. **Klicken Sie auf die Schaltfläche GET STARTED.**

    Honeyminer richtet ein Konto für Sie ein.

    Das Programm öffnet Ihren Mining-Bildschirm (siehe Abbildung 7.6) und gewährt Ihnen (jedenfalls zum Zeitpunkt, an dem dieses Buch geschrieben wird) einen Anmeldebonus von 1000 Satoshi! Hui! Denken Sie daran, dass ein Satoshi ein Hundertmillionstel eines Bitcoin ist, also sind 1000 Satoshi (zum Zeitpunkt des Schreibens) etwa 9 Cent. Also, äh, machen Sie keine zu großen Freudensprünge.

132 TEIL III Ein Krypto-Miner werden

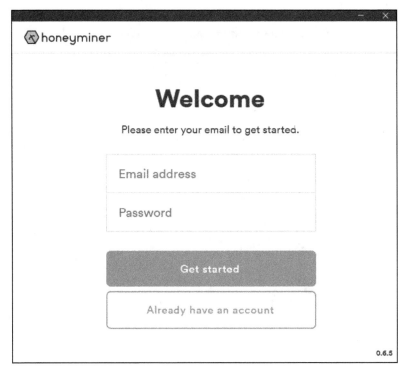

Abbildung 7.5: Ein Honeyminer-Benutzerkonto erstellen

Abbildung 7.6: Honeyminers gewaltiger Anmeldebonus

5. **Klicken Sie auf die Schaltfläche THANKS.**

   Honeyminer benutzt jetzt Ihren Prozessor, um nach Kryptowährung zu schürfen (siehe Abbildung 7.7).

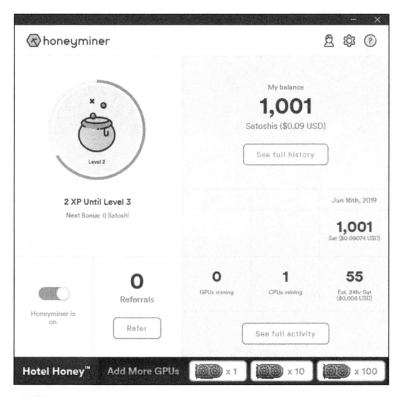

Abbildung 7.7: Die Mining-Seite von Honeyminer

Sie sollten Ihren Rechner zunächst eine Weile laufen lassen, aber irgendwann wollen Sie bestimmt sehen, was passiert.

6. **Klicken Sie auf die Schaltfläche SEE FULL ACTIVITY.**

   Der Bildschirm aus Abbildung 7.8 erscheint.

   Dieses Fenster enthält einige wichtige Informationen. Sie sehen die Anzahl der verwendeten GPUs und CPUs. (In diesem Beispiel verwenden wir einen billigen Laptop, sodass nur eine CPU im Einsatz ist.) Es zeigt auch an, wie viele Sat (Satoshi) Sie wahrscheinlich in 24 Stunden und im Laufe eines Monats verdienen werden. 1890 Satoshi entsprechen (im Moment) rund 17 Cent, also wird Sie dieser Computer nicht reich machen, aber er hilft Ihnen beim Einstieg ins Pool-Mining und gibt Ihnen einen Eindruck von dem Ablauf. Sie sehen auch, welche Kryptowährung gerade abgebaut wird: Honeyminer nutzt meine Rechenleistung, um Monero zu schürfen (obwohl ich mit dem Gegenwert in Bitcoin bezahlt werde). Sie sehen den Prozessortyp in Ihrem Computer und, vielleicht am wichtigsten für Ihre Zwecke, welche Hashrate der Prozessor erzielt. In diesem Fall komme ich auf 8,36 H/s (Hashes pro Sekunde). Wie in den

Kapiteln 8 und 9 erläutert, bietet Ihnen Pool-Mining eine Möglichkeit, die Hashrate Ihrer Prozessoren zu ermitteln, um Sie später in die Profitabilitätsrechner eingeben zu können.

Abbildung 7.8: Das Fenster »Full Activity« von Honeyminer

7. **Um zum Mining-Bildschirm zurückzukehren, schließen Sie einfach dieses Fenster.**

8. **Klicken Sie auf die Schaltfläche SEE FULL HISTORY.**

Ein Browserfenster öffnet sich und lädt die Verlaufsseite in Ihrem Honeyminer-Konto. (Möglicherweise müssen Sie sich anmelden, um den Bildschirm aus Abbildung 7.9 zu sehen.) Hier können Sie eine Historie all Ihrer Auszahlungen finden, achten Sie auf das Menü auf der linken Seite. Sehen Sie sich um, um zu erfahren, wie Honeyminer funktioniert.

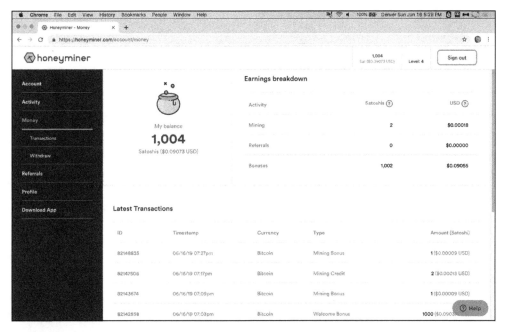

Abbildung 7.9: Die vollständige Verlaufsseite von Honeyminer

Also nein, mit einem einfachen (und alten) Laptopprozessor werden Sie im Mining-Pool nicht reich. Beim Krypto-Mining können Sie nicht einfach ihre ganze alte Hardware zusammenraffen, sie auf einen Mining-Pool ausrichten und sich dann einen zusätzlichen Jahresurlaub gönnen. Sie müssen zuerst investieren, damit es funktioniert (siehe Kapitel 8 bis 10).

Honeyminer bietet Ihnen sogar auch Hashrate zum Kauf an, sodass Sie sich bequem vom Sofa aus ein leistungsfähigeres Mining-Rig einrichten können. Honeyminer erledigt das für Sie. (Hier überschneiden sich Pool-Mining und Cloud-Mining.)

Suchen Sie nach den Links HOTEL HONEY oder ON-DEMAND GPU. Dort können Sie Hashrate erwerben; 25 MH/s kosten Sie 20 $ pro Monat, während 2500 MH/s über ein Jahr hinweg mit 21.600 $ zu Buche schlagen.

> **IN DIESEM KAPITEL**
>
> Ihre Ziele abstecken
>
> Die Eigenschaften einer guten Kryptowährung
>
> Sich die richtigen Fragen stellen
>
> Die richtige Kryptowährung auswählen

Kapitel 8
Eine Kryptowährung auswählen

Kapitel 7 beschreibt einen einfachen Weg zum Einstieg in das Mining: die Nutzung eines Pools. In diesem Kapitel besprechen wir, wie Sie sich eine zum Abbau geeignete Kryptowährung auswählen.

Allerdings ist es viel komplizierter, auch wirklich loszulegen, als sich nur ein Ziel auszuwählen. Daher sollten Sie möglichst auch erst dann mit dem Mining anfangen, wenn Sie das komplette Buch (und nicht nur dieses Kapitel) fertiggelesen haben. Dieses Kapitel beschreibt die Faktoren, anhand derer Sie eine gute Kryptowährung finden können, deren Mining sich für Sie lohnt – um Ihren Erfolg zu gewährleisten, sollte sie beispielsweise stabil genug sein. Aber wir glauben, dass Sie noch mehr Hintergrundwissen haben sollten, bevor Sie anfangen. Dieses Kapitel hilft Ihnen bei der Auswahl Ihrer ersten Zielkryptowährung, aber dieses Ziel kann sich ändern, zum Beispiel wenn Sie mehr über die Art der benötigten Ausrüstung (siehe Kapitel 9) oder über die wirtschaftlichen Aspekte des Minings (siehe Kapitel 10) erfahren. Der Entscheidungsprozess dreht sich sogar ein wenig im Kreis: Die Kryptowährung, die Sie abbauen, bestimmt, welche Hardware Sie benötigen, und der Hardwaretyp, den Sie besitzen (oder bekommen können), bestimmt, welche Kryptowährung Sie ohne neue Investitionen sinnvoll abbauen können.

Also steigen Sie nicht voll ein, ehe Sie die Zusammenhänge nicht komplett verstanden haben. In diesem Kapitel können Sie zumindest einmal damit beginnen herauszufinden, welche Kryptowährung für den Anfang ein gutes Ziel darstellt.

Ihre Ziele abstecken

Ob Sie nun ein Hobby-Miner oder ein ernsthafter gewerblicher Miner oder irgendetwas dazwischen sein wollen – bevor Sie Ihren Betrieb erfolgreich aufnehmen, müssen Sie sich eine wichtige Frage stellen: Was ist Ihr Ziel beim Abbau von Kryptowährungen und wie wollen Sie es erreichen?

Wir brechen diese Frage noch ein wenig herunter und vertiefen uns in ihre einzelnen Aspekte. Nehmen Sie sich etwas Zeit, um über folgende Fragen nachzudenken:

- ✔ **Was wollen Sie mit dem Krypto-Mining erreichen?** Vielleicht möchten Sie mehr über diese ganze Kryptowährungstechnologie lernen und bessere Einblicke erhalten. Oder sie streben vor allem nach maximalem Gewinn. Möchten Sie das Ökosystem Ihrer Kryptowährungen unterstützen, oder ist es Ihnen eher daran gelegen, dass es Sie unterstützt?

- ✔ **Wie viel Kapital wollen Sie einsetzen? Planen Sie, Haus und Hof zu verwetten oder möchten Sie nur kurz reinschnuppern?** Es ist immer eine gute Idee, klein anzufangen und sich mit dem Umfeld vertraut zu machen. Je nach Ihrer finanziellen Situation kann »klein anfangen« für Sie allerdings etwas ganz anderes bedeuten als für einen anderen Investor.

- ✔ **Wie ernst ist es Ihnen mit dem Krypto-Mining und welches Risiko sind Sie bereit einzugehen?** Kurse steigen und fallen, und der Kryptowährungsmarkt ist im Vergleich zu traditionellen Finanzanlagen viel volatiler. Es sind Ihre Ersparnisse, die auf dem Spiel stehen, also sollten Sie die Risiken kennen. Überlegen Sie, welche Verantwortung und welchen Stress Sie sich aufbürden, und gehen Sie sicher, dass Sie sich nicht überfordern, solange Sie noch nicht genügend Erfahrung und kein richtiges Gefühl für die komplexen Systeme haben. Es ist in Ordnung, wenn Sie das Mining von Kryptowährungen nur als spannendes Hobby betreiben wollen!

- ✔ **Welche minimale Anlagenrendite (Return on Investment, ROI) müssen Sie erreichen und in welchem Zeitrahmen?** Mit anderen Worten, was ist Ihnen Ihr Engagement wert? Möchten Sie schnell reich werden, oder probieren Sie, einen Teil Ihres Vermögens langfristig abzusichern? Sie sollten Alternativen in Petto haben, wenn diese Rendite nicht erreicht wird, vielleicht sogar den Umfang Ihres Betriebs reduzieren. Es ist keine Schande, sich zu verkleinern oder eine nicht rentable Sache aufzugeben. Je nach Marktbedingungen ist der bloße Erwerb einer bestimmten Kryptowährung manchmal günstiger als das Mining!

- ✔ **Planen Sie, Ihre Renditen in Ihrer lokalen Fiatwährung zu messen, oder messen Sie Ihre Gewinne in der zu schürfenden Kryptowährung?** Letzteres ist natürlich nur sinnvoll, wenn Sie Vertrauen in die Werthaltigkeit der Kryptowährung haben. Zum Beispiel setzen viele Miner auch während der Abschwungphasen von Bitcoin ihren Betrieb fort, weil sie fest davon ausgehen, dass der Preis wieder anziehen wird. Wenn der Wert der Kryptowährung sinkt und einige Miner aus dem Geschäft aussteigen, steigen die Einkünfte der anderen Miner – gemessen in Kryptowährung – weil die Block-Rewards unter weniger Akteuren aufgeteilt werden. Zu solchen Zeiten vergrößern die verbleibenden Miner ihr Kryptowährungsguthaben. Obwohl sie, gemessen an der Fiatwährung, vielleicht Geld verlieren, sind sie damit zufrieden, weil sie die Kryptowährung als Zukunftsinvestition betrachten. (Mehr zu diesem Thema erfahren Sie in Kapitel 14.)

Um Ihnen die Beantwortung dieser Fragen zu erleichtern, betrachten wir einige hypothetische Geschichten über das Krypto-Mining.

Zunächst ist da Kenny, wie wir ihn nennen wollen. Er ist ein kluger Kerl mit einem IT-Hintergrund. Er weiß, wie man sich in einem Rechenzentrum zurechtfindet, und für ihn ist Krypto-Mining ziemlich ähnlich wie der Betrieb eines vollgepackten Serverraums. (Kenny ist hier etwas zu selbstbewusst, weil der Betrieb der Mining-Ausrüstung nur ein Aspekt des Kampfes ist, wenn es darum geht, die Schlacht um das Krypto-Mining zu gewinnen.)

Kenny will vom Krypto-Mining profitieren und sieht es als Herausforderung. Von den Ersparnissen aus seinem Tech-Job hat er rund 10.000 Dollar für sein Mining-Projekt vorgesehen, was nur einen Bruchteil seiner gesamten Ersparnisse darstellt. (Wir haben ja gesagt, dass er klug ist!) Er meint es sehr ernst mit dem Krypto-Mining und betrachtet das Projekt als Herausforderung. Der Mindestrendite liegt für ihn für jeden Cent, den er in den Krypto-Bergbau investiert, bei 20 Prozent pro Jahr und er möchte seine Mining-Strategie täglich anpassen, wenn er nicht auf Kurs ist, dieses Ziel zu erreichen. Sollte er sein angestrebtes ROI-Ziel nicht ganz erreichen, wird er nach einem Jahr eine vollständige Neubewertung vornehmen, um zu entscheiden, ob er den Abbau fortsetzt.

Unser zweites Beispiel ist Cathy, eine geschickte Investorin, die ihr Altersvorsorge-Portfolio sehr erfolgreich verwaltet. Für sie ist das Mining eine Möglichkeit, die neue Kryptowährungstechnologie zu erleben und kennenzulernen; sollte sie sich durchsetzen, möchte sie den Zug nicht verpassen. Sie möchte profitieren, weiß aber, dass sie nicht ganz versteht, wie Kryptowährungen funktionieren, dafür lernt sie leidenschaftlich gerne. Sie möchte auf jeden Fall richtig minen und hat zunächst 500 Dollar für den Abbau von Kryptowährungen vorgesehen. Für sie ist es kein Beinbruch, wenn es am Ende doch nicht funktioniert. Sie wünscht sich eine jährliche Rendite von 10 Prozent, und nach sechs Monaten wird sie entscheiden, ob sie das Mining fortsetzen will. Sie plant, ihre Strategie alle zwei Monate neu zu bewerten.

Die bemerkenswertesten Unterschiede sind hier die investierten Beträge und die Erwartungen, die Kenny und Cathy an sich selbst gestellt haben. Cathy verfolgt einen risikoscheuen Ansatz, hat sich aber selbst viel Druck genommen, falls nicht alles wie geplant läuft. (Sie fängt klein an, mit einem Betrag, den sie zu verlieren bereit ist.) Außerdem bewertet sie ihre Strategie alle zwei Monate neu. Auch dies ist eine Möglichkeit, Risiken zu minimieren und sicherzustellen, dass ein Fehlschlag nicht zu viel Stress für sie bedeutet.

Kenny hat einen aggressiveren Ansatz gewählt, aber wenn er es schafft, wird er viel stärker profitieren als Cathy. Es ist wichtig zu beachten, dass Kenny einige Vorerfahrungen mit dem Betrieb vernetzter Computer hat. Das verschafft ihm einen Vorsprung und minimiert bereits einige seiner Risiken. Außerdem ist er durch seine tägliche Analyse auch viel stärker involviert, weil er mehr aufs Spiel setzt. Das ist eine gute Strategie. Aber auch Cathy hat sich gegen einen Misserfolg abgesichert, indem sie eine geringere Anfangsinvestition getätigt hat.

Beide Miner haben am Ende ihrer vorgegebenen Zeitpläne ihre Ziele erreicht und sind froh, dass sie in das Krypto-Mining eingestiegen sind. Die Moral dieser beiden Geschichten ist, dass keine Ihrer Antworten auf die wichtigste Frage von Natur aus falsch ist. Aber es ist entscheidend für Ihren Erfolg, diese Fragen zu stellen. Die Fragen und Antworten spielen eine große Rolle bei der Entscheidung, welche Kryptowährungen Sie schürfen wollen und wie Sie Ihre Mining-Rigs einrichten müssen.

Schürfbar? PoW? PoS?

Viele Faktoren entscheiden darüber, ob eine Kryptowährung für angehende Miner eine gute Wahl ist. Die erste Frage lautet natürlich, ob sich die Kryptowährung überhaupt schürfen lässt. Wie wir in Kapitel 1 erklären, lassen sich einige Kryptowährungen nicht minen. Einige der neuesten Tokens und Kryptowährungen können nämlich nicht abgebaut werden. Das gilt besonders für zentralisierte Coin-Offerings und firmeneigene Tokens, die typischerweise bereits vor der Veröffentlichung ausgegeben werden und auf Systemen basieren, die eher einer zugangsbeschränkten Datenbank als einer dezentralen Kryptowährung ähneln.

Darüber hinaus werden wir hier nicht auf Kryptowährungen eingehen, die Proof-of-Stake verwenden (siehe Kapitel 4). Zwar können Sie auch PoS-Kryptowährungen abbauen, aber das PoS-Mining ist mit einigen inhärenten Problemen behaftet, die es für die meisten Miner eher unattraktiv machen. Erstens müssen Sie einen Einsatz leisten, Sie müssen also nicht nur in Ihr Mining-Rig investieren, sondern auch noch in die Kryptowährung, die Sie abbauen wollen. (Allerdings ist die zum Abbau von PoS-Kryptowährungen benötigte Ausrüstung grundsätzlich viel günstiger als für PoW-Kryptowährungen. Meist genügt dafür schon ein normaler Computer, der ruhig auch schon etwas älter sein darf.) Sie müssen vorab etwas von dieser Kryptowährung erwerben und in Ihre Wallet transferieren. Je nachdem, für welche PoS-Kryptowährung Sie sich entscheiden, könnte das eine beträchtliche Investition sein; je mehr Sie staken, desto häufiger können Sie einen Block an die Blockchain anhängen und dadurch Transaktionsgebühren und vielleicht auch Blocksubventionen verdienen.

Zweitens sind Sie hier von Anfang an im Nachteil. In PoS-Systemen muss die Währung vorab erzeugt werden; schließlich kann das System, das einen Einsatz erfordert, gar nicht funktionieren, wenn es noch keine Währung gibt, die gestaked werden kann. Die Gründer der Währung sprechen sich häufig von Anfang an große Mengen an Kryptowährung zu, sodass sie einen Vorsprung haben und den Prozess dominieren. (Nochmal: Je mehr Sie einsetzen, desto öfter erhalten Sie das Recht, einen neuen Block an die Blockchain anzuhängen.)

Damit gibt es beim PoS-Mining folgendes Problem für Neueinsteiger: Sie müssen in Ausrüstung investieren, aber der ROI wird für Sie niedriger sein als für die Gründer der Kryptowährung, da diese einen viel größeren Anteil besitzen und somit mehr Blöcke finden. Systeme mit hybridem Proof-of-Work/Proof-of-Stake haben oft ähnliche Probleme, aber sie binden auch noch das Mining mit ein und vereinen daher viele der Nachteile von PoW- und PoS-Systemen.

Der Großteil des Minings konzentriert sich also auf Proof-of-Work-Kryptowährungen und auch wir wollen uns hier auf diese konzentrieren. Hinsichtlich dieser schürfbaren PoW-Kryptowährungen wollen wir einige Faktoren durchgehen, die manche Kryptowährungen im Vergleich zu anderen besser dastehen lassen.

Kryptowährungen recherchieren

Wenn Sie tief in die Materie einsteigen und wirklich etwas über eine Kryptowährung lernen wollen, dann brauchen Sie gute Informationsquellen. In diesem Abschnitt betrachten wir eine Reihe von Ressourcen, mit denen Sie alles über eine bestimmte Kryptowährung erfahren können.

Websites zum Vergleichen der Mining-Profitabilität

Dies ist die erste Art von Informationsquelle, die auch sofort die Frage nach der Schürfbarkeit beantwortet. Sehen Sie sich *Profitabilitätsrechner* für das Krypto-Mining an. Gleich mehrere Websites sammeln eine Fülle von Daten über schürfbare Kryptowährungen. Hier sind einige davon, und im Laufe der Zeit werden wahrscheinlich noch weitere dazukommen. Wenn also einer der Links nicht mehr funktioniert, bemühen Sie einfach Ihre Suchmaschine:

- ✔ www.CoinWarz.com
- ✔ www.WhatToMine.com
- ✔ www.2CryptoCalc.com
- ✔ www.Crypt0.Zone/calculator
- ✔ https://CryptoMining.tools
- ✔ www.Crypto-Coinz.net/crypto-calculator

Zunächst einmal stellen Ihnen diese Websites eine Liste von schürfbaren Kryptowährungen zur Verfügung. Einige dieser Websites listen mehr Kryptowährungen auf als andere, aber im Gesamtbild geben sie Ihnen eine gute Vorstellung davon, was aktuell sinnvoll geschürft werden kann. (Und was ist mit dem brandneuen Coin, der morgen herauskommt? Der wird natürlich nicht auf diesen Listen stehen, aber für einen Anfänger spielt das wahrscheinlich auch keine Rolle. Berücksichtigen Sie auf jeden Fall den Lindy-Effekt, den wir später in diesem Kapitel im Abschnitt »Lebensdauer einer Kryptowährung« erklären.)

Werfen Sie einen Blick auf den Screenshot von WhatToMine.com in Abbildung 8.1. Dort werden eine Vielzahl von Kryptowährungen aufgelistet und mit dem Abbau von Ether in der Ethereum-Blockchain verglichen. Da finden sich Metaverse, Callisto, Expanse, Dubaicoin und so weiter. Während wir dies schreiben, führt WhatToMine 62 Kryptowährungen auf, die mit GPUs (Grafikprozessoren) abgebaut werden können, und 59, die für ein wirtschaftliches Mining nach ASIC-Chips verlangen. (Klicken Sie oben auf der Seite auf die Registerkarten GPU und ASIC.) Insgesamt listen diese Seiten rund 150 verschiedene schürfbare Kryptowährungen auf.

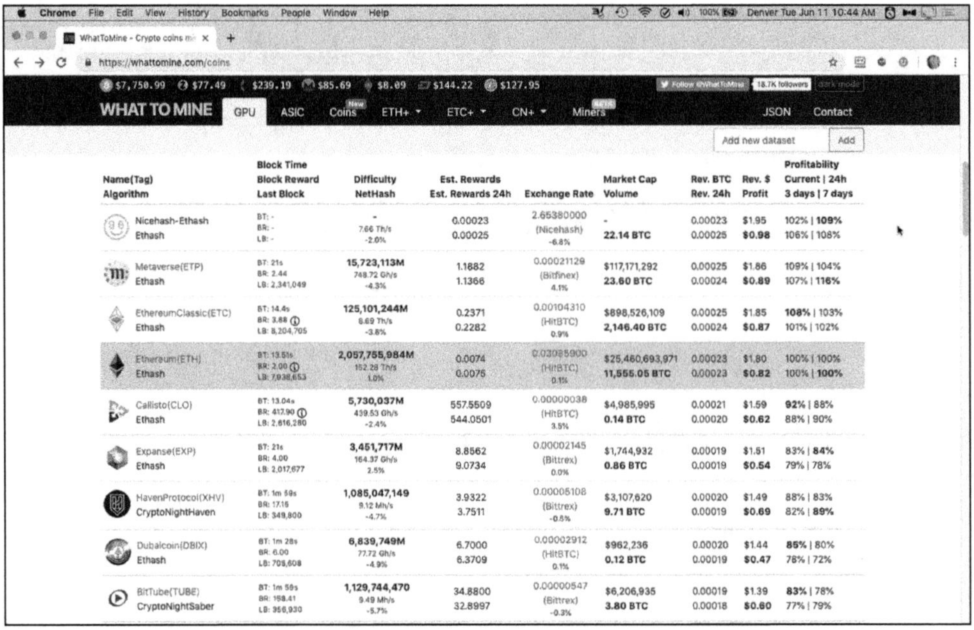

Abbildung 8.1: Die Website WhatToMine.com zur Berechnung der Mining-Profitabilität

Abbildung 8.2 zeigt CoinWarz.com, eine weitere sehr beliebte Website; CoinWarz vergleicht die unterschiedlichen Kryptowährungen mit dem Mining von Bitcoin anstelle von Ethereum. CoinWarz bietet eine viel übersichtlichere Tabelle, auf der Sie einige wichtige Kennzahlen leicht ablesen können:

- ✔ grundlegende Informationen zur Kryptowährung, einschließlich Name, Logo, Tickersymbol (LTC, BTC und so weiter), gesamte Netzwerk-Hashrate (die Anzahl der Terahashes pro Sekunde; siehe Kapitel 5), Block-Reward (obwohl CoinWarz genau genommen die Blocksubvention anzeigt; der Block-Reward setzt sich aus Blocksubvention plus den Transaktionsgebühren zusammen), die Anzahl der Blöcke und die durchschnittlich zum Auffinden eines neuen Blocks benötigte Zeit,

- ✔ ein Diagramm der Block-Difficulty und ihrer Veränderung im zeitlichen Verlauf,

- ✔ eine Schätzung, wie viele Coins Sie basierend auf der Hashrate Ihres Mining-Rigs und der aktuellen Block-Difficulty abbauen könnten (bezogen auf die aktuelle Situation und auf die letzten 24 Stunden),

- ✔ den Wechselkurs der einzelnen Kryptowährungen zu Bitcoin und seinen Verlauf in den letzten zwei Wochen (die Zahlen basieren auf dem besten Kurs für diese Kryptowährung, die entsprechende Kryptowährungsbörse wird auch genannt, sodass Sie beim Verkauf der geschürften Coins den besten Kurs erhalten),

- ✔ das Handelsvolumen des Coins in den letzten 24 Stunden auf den Exchanges,

✓ den täglichen Bruttoumsatz in US-Dollar, den Sie wahrscheinlich erzielen würden (wiederum basierend auf Ihrer Hashrate), Ihre Stromkosten und Ihren täglichen Gewinn (oder Verlust!) und

✓ ihren geschätzten täglichen Gewinn in Bitcoin.

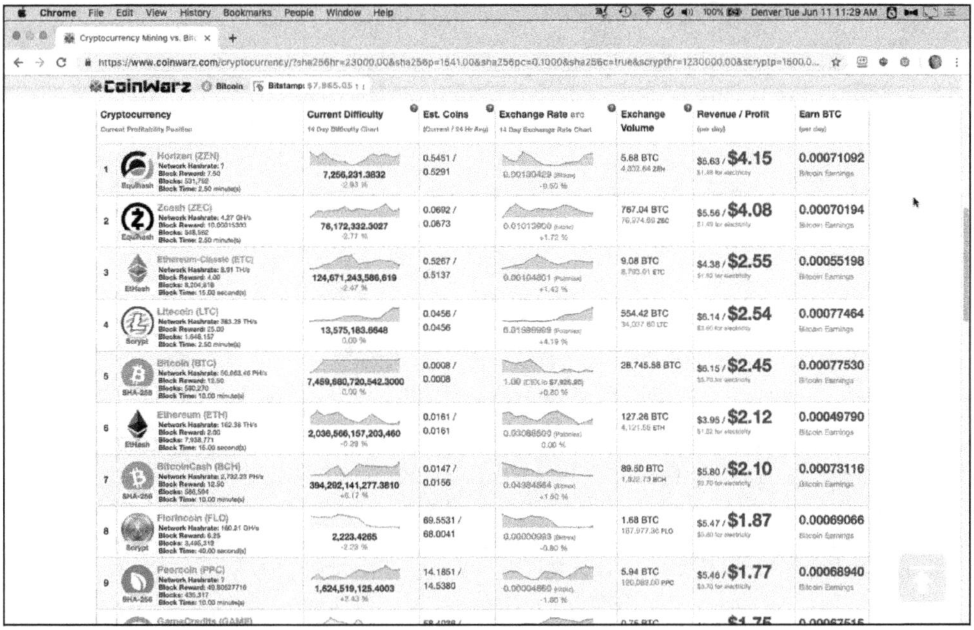

Abbildung 8.2: `CoinWarz.com` ist ein weiterer beliebter Profitabilitätsrechner.

Okay, sprechen wir über Ihre Hashrate. Wie bereits erwähnt, basieren einige dieser Berechnungen auf der *Hashrate* Ihrer Computerausrüstung, also der Anzahl der PoW-Hashes, die sie pro Sekunde durchführen kann (siehe Kapitel 5). Diese grundlegende Information muss die Website kennen, um für Sie zu berechnen, wie oft Sie das Spiel wahrscheinlich gewinnen und einen Block an die Blockchain anhängen werden. Ihre Hashrate spiegelt im Wesentlichen die Rechenleistung Ihres Computers wider.

Die Websites nutzen hier zunächst Standardwerte. Der Vorteil ist, dass Sie sich zumindest ein Bild von der relativen Rentabilität der verschiedenen Kryptowährungen machen können, auch wenn Sie die Leistung Ihrer Geräte nicht kennen. (Während wir dies schreiben, listet `WhatToMine.com` sieben Kryptowährungen auf, die profitabler zu minen sind als Bitcoin.)

Wenn Sie die Leistung Ihrer Ausrüstung kennen, können Sie diese Informationen natürlich auch eingeben. In CoinWarz tragen Sie diese Informationen oben auf der Seite ein, wie in Abbildung 8.3 gezeigt. Was sind das für Felder? Für jeden Mining-Algorithmus (SHA-256, Scrypt, X11 und so weiter) sehen Sie drei Textfelder. Im obersten Feld geben Sie die Hashrate Ihres Prozessors ein, je nach Algorithmus in H/s (Hashes pro Sekunde), MH/s (Megahashes pro Sekunde) oder in GH/s (Gigahashes pro Sekunde).

Abbildung 8.3: Im oberen Bereich der Webseite CoinWarz.com geben Sie Ihre Hashrate ein.

Das zweite Feld ist die *Wattleistung,* also die Menge an elektrischer Energie, die Ihr Prozessor verbraucht; und im letzten Feld tragen Sie Ihre Stromkosten in $/kWh ein, also US-Dollar pro Kilowattstunde. Dies ist ein kompliziertes Thema, auf das wir in Kapitel 10 eingehen. Tatsächlich enthalten einige dieser Vergleichsseiten bereits Daten für gängige Prozessoren. Abbildung 8.4 zeigt beispielsweise den Rechner von Crypto-Coinz.net.

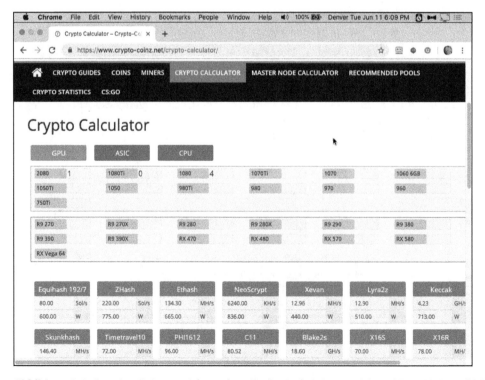

Abbildung 8.4: Crypto-Coinz.net kennt bereits die Hash-Leistung einiger GPUs, CPUs und ASICs.

Wie Sie sehen, wurde die Registerkarte GPU ausgewählt, sodass dieser Bereich häufig im Krypto-Mining eingesetzte Grafikkarten anzeigt. Diese sind mit leistungsstarken GPUs bestückt und so ausgelegt, dass die durch die permanenten Berechnungen entstehende Wärme gut abgeführt werden kann. Im oberen Feld sind eine Reihe von NVIDIA-Modellbezeichnungen aufgeführt, unten stehen die entsprechenden Produkte von AMD. Suchen Sie sich die zu Ihrer Hardware passenden Modellbezeichnungen heraus und geben Sie die verwendete Anzahl in die Textfelder ein. Die Seite berechnet daraus dann automatisch die entsprechende Rechenleistung und fügt sie in die unteren Felder ein.

Diese Websites funktionieren alle unterschiedlich. Wir empfehlen Ihnen dringend, einige auszuprobieren und dann eine oder zwei davon auszuwählen, die Ihnen wirklich zusagen. Dort sollten Sie dann ein bis zwei Stunden herumspielen und herausfinden, wie sie funktionieren. Sie bieten eine Fülle an Informationen in vielen unterschiedlichen Formen, also probieren Sie es aus und lernen Sie, sie wirklich zu benutzen.

Hashrate-Einheiten

Im Bitcoin-Bereich werden Hashrates meist in Terahashes gemessen. Aber in einigen Fällen werden Sie auch auf andere Einheiten stoßen. Hier ist eine kurze Übersicht:

- ✔ **H/s:** Hashes pro Sekunde
- ✔ **MH/s:** Megahashes pro Sekunde (Millionen von Hashes : 1.000.000)
- ✔ **GH/s:** Gigahashes pro Sekunde (Milliarden von Hashes : 1.000.000.000)
- ✔ **TH/s:** Terahashes pro Sekunde (Billionen von Hashes : 1.000.000.000.000)
- ✔ **PH/s:** Petahashes pro Sekunde (Billiarden von Hashes – 1.000.000.000.000.000)
- ✔ **EH/s:** Exahashes pro Sekunde (Trillionen von Hashes – 1.000.000.000.000.000.000)

Algorithmen und Kryptowährungen

Wenn Sie diese Websites zum ersten Mal nutzen, verstehen Sie vielleicht nur Bahnhof. (Deshalb empfehlen wir Ihnen, viel Zeit dort zu verbringen und sich einzufuchsen, den Fachjargon zu lernen und vollständig zu begreifen, um was es geht.) Es braucht Zeit, sich an ein neues Feld zu gewöhnen, in dem jedes zweite Wort neu für Sie ist.

Nehmen Sie beispielsweise Abbildung 8.3, dort steht etwas von SHA-256, Scrypt, X11 und so weiter. Was soll das alles bedeuten? Das sind die jeweiligen PoW-Mining-Algorithmen. Jeder Algorithmus wird von einer oder mehreren (in der Regel von mehreren) individuellen Kryptowährung(en) eingesetzt. Die folgenden Abschnitte enthalten eine unvollständige Liste der schürfbaren Kryptowährungen und der von ihnen verwendeten Algorithmen.

Die Listen im nachfolgenden Abschnitt sind nicht komplett; es gibt noch weitere Algorithmen und schürfbare Kryptowährungen, aber Sie können davon ausgehen, dass sie, wenn sie nicht auf mindestens einer der Vergleichsseiten erwähnt werden, Ihre Aufmerksamkeit nicht wert sind. Zum Beispiel gab es zum Zeitpunkt des Schreibens dieses Kapitels etliche Algorithmen (X25, Keccak, Skunkhash, Blake2s, Blake256, X17, CNHeavy und EnergiHash), die von keiner Kryptowährung verwendet wurden, die diese Websites als abbauwürdig ansahen.

Einen weiteren Aspekt sollten Sie vielleicht bei der Auswahl einer Kryptowährung berücksichtigen, die einen per ASIC geschürften Algorithmus verwendet: Wir haben fünf ASIC-Algorithmen aufgelistet, und darunter befinden sich 7, 13, 8, 7 beziehungsweise 5 Kryptowährungen, die jeweils ein und denselben Algorithmus verwenden. Das heißt, dass Sie mit dem gleichen ASIC-Miner – derselben Hardware – jede dieser Kryptowährungen mit dem Algorithmus, für den der ASIC entwickelt wurde, abbauen können.

So könnten Sie zum Beispiel Cannabis Coin minen, in diesem Fall benötigen Sie einen X11-ASIC. Sollte sich Cannabis Coin in Rauch auflösen (entschuldigen Sie bitte das Wortspiel), können Sie zu Dash, Idapay, Petro oder StartCoin wechseln. Wenn Sie aber einen ASIC-Miner für den Scrypt-Algorithmus gekauft und begonnen haben, eine dieser Währungen zu minen, dann haben Sie nicht nur vier, sondern insgesamt *zwölf* alternative Möglichkeiten zur Auswahl.

Algorithmen, die spezielle ASIC-Hardware erfordern

Im Folgenden finden Sie eine ziemlich lange, aber trotzdem unvollständige Liste der schürfbaren Kryptowährungen und ihrer Algorithmen. Der erste, SHA-256, ist der beliebteste Algorithmus – er wird von Bitcoin und seinen Ablegern genutzt.

SHA-256:

- ✔ Bitcoin (BTC)
- ✔ Bitcoin Cash (BCH)
- ✔ eMark (DEM)
- ✔ Litecoin Cash (LCC)
- ✔ Namecoin (NMC)
- ✔ Peercoin (PPC)
- ✔ Unobtanium (UNO)

Scrypt:

- ✔ Auroracoin (AUR)
- ✔ Digibyte (DGB)
- ✔ Dogecoin (DOGE)

- ✔ Einsteinium (EMC2)
- ✔ Florincoin (FLO)
- ✔ Game Credits (GAME)
- ✔ Gulden (NLG)
- ✔ Held Coin (HDLC)
- ✔ Litecoin (LTC)
- ✔ Novacoin (NVC)
- ✔ Oid Life (OID)
- ✔ Verge (XVG)
- ✔ Viacoin (VIA)

Equihash:
- ✔ Aion (AION)
- ✔ Beam (BEAM)
- ✔ Bitcoin Private (BTCP)
- ✔ Commercium (CMM)
- ✔ Horizen (ZEN)
- ✔ Komodo (KMD)
- ✔ Vote Coin (VOT)
- ✔ Zcash (ZEC)

Lyra2v2:
- ✔ Absolute Coin (ABS)
- ✔ Galactrum (ORE)
- ✔ Hanacoin (HANA)
- ✔ Methuselah (SAP)
- ✔ Mona Coin (MONA)
- ✔ Straks (STAK)
- ✔ Vertcoin (VTC)

X11:

- Cannabis Coin (CANN)
- Dash (DASH)
- Idapay (IDA)
- Petro (PTR)
- StartCoin (START)

Algorithmen, die ohne ASICs gemined werden können

Die folgenden Algorithmen können ohne ASICs gemined werden.

NeoScrypt:

- Cerberus (CBS)
- Coin2fly (CTF)
- Desire (DSR)
- Dinero (DIN)
- Feathercoin (FTC)
- GoByte (GBX)
- Guncoin (GUN)
- Innova (INN)
- IQCASH (IQ)
- LuckyBit (LUCKY)
- Mogwai (MOG)
- Phoenixcoin (PXC)
- Qbic (QBIC)
- Rapture (RAP)
- SecureTag (TAG)
- Simplebank (SPLB)
- Suncoin (SUN)
- Traid (TRAID)
- Trezar (TZC)

- UFO (UFO)
- Vivo (VIVO)
- Zixx (XZX)

Ethash:

- Akroma (AKA)
- Atheios (ATH)
- Callisto (CLO)
- Dubaicoin (DBIX)
- Ellaism (ELLA)
- ETHER-1 (ETHO)
- Ethereum (ETH)
- Ethereum Classic (ETC)
- Expanse (EXP)
- Metaverse (ETP)
- Musicoin (MUSIC)
- Nilu (NILU)
- Pirl (PIRL)
- Ubiq (UBQ)
- Victorium (VIC)
- Whale Coin (WHL)

X16R:

- BitCash (BITC)
- Crowd Coin (CRC)
- Gincoin (GIN)
- Gpunion (GUT)
- Gravium (GRV)
- HelpTheHomeless (HTH)
- Hilux (HLX)

- ✔ Motion (XMN)
- ✔ Ravencoin (RVN)
- ✔ Stone Coin (STONE)
- ✔ XChange (XCG)

Lyra2z:

- ✔ CriptoReal (CRS)
- ✔ Gentarium (GTM)
- ✔ Glyno (GLYNO)
- ✔ Infinex (IFX)
- ✔ Mano (MANO)
- ✔ Pyro (PYRO)
- ✔ Stim (STM)
- ✔ TALER (TLR)
- ✔ ZCore (ZCR)

X16S:

- ✔ Pigeon (PGN)
- ✔ Rabbit (RABBIT)
- ✔ Reden (REDN)
- ✔ RESQ Chain (RESQ)

Zhash:

- ✔ BitcoinZ (BTCZ)
- ✔ BitcoinGold (BTG)
- ✔ SnowGem (XSG)
- ✔ ZelCash (ZEL)

CryptoNightR:

- ✔ Monero (XMR)
- ✔ Lethean (LTHN)
- ✔ Sumokoin (SUMO)

Xevan:

- BitSend (BST)
- Elliotcoin (ELLI)
- Urals Coin (URALS)

PHI2:

- Argoneium (AGM)
- Luxcoin (LUX)
- Spider (SPDR)

Equihash 192/7:

- Safe Coin (SAFE)
- Zero (ZER)

Tribus:

- BZL Coin (BZL)
- Scriv (SCRIV)
- **Timetravel10:** Bitcore (BTX)
- **PHI1612:** Folm (FLM)
- **C11:** Bithold (BHD)
- **HEX:** XDNA (XDNA)
- **ProgPoW:** Bitcoin Interest (BCI)
- **LBK3:** VERTICAL COIN (VTL)
- **VerusHash:** Verus (VRSC)
- **UbqHash:** Ubiq (UBQ)
- **MTP:** ZCoin (XZC)
- **Groestl:** Groestlcoin (GRS)
- **CrypoNightSaber:** BitTube (TUBE)
- **CryptoNightHaven:** HavenProtocol (XHV)
- **CNReverseWaltz:** Graft (GRFT)
- **CryptoNightConceal:** Conceal (CCX)

✔ **CryptoNightFastV2:** Masari (MSR)

✔ **CryptoNightFast:** Electronero (ETNX)

✔ **Cuckatoo31:** Grin-CT31 (GRIN)

✔ **Cuckatoo29:** Grin-CR29 (GRI)

✔ **Cuckatoo29s:** Swap (XWP)

✔ **CuckooCycle:** Aeternity (AE)

✔ **BCD:** BitcoinDiamond (BCD)

✔ **YescryptR16:** Yenten (YTN)

✔ **YesCrypt:** Koto (KOTO)

Vergleich von CPU, GPU, APU UND ASIC

Verwenden Sie eine CPU (Central Processing Unit), eine GPU (Graphics Processing Unit), eine APU (Accelerated Processing Unit) oder einen ASIC (Application Specific Integrated Circuit)? Zunächst einmal setzen einige Kryptowährungen inzwischen einen ASIC quasi voraus (siehe vorherige Liste). Sie *könnten* sie auch mit einem anderen Prozessor minen, aber das ist nicht besonders sinnvoll, da Ihre Rechenleistung dann im Vergleich zu den extra für diese Aufgabe entwickelten ASICs so gering ist, dass Sie vielleicht tausend Jahre warten müssen, bis Sie endlich einen Block an die Blockchain anhängen dürfen. (Nein, das ist kein Witz, die Unterschiede liegen wirklich in dieser Größenordnung.)

Wie die voranstehende Liste zeigt, erfordern andere Kryptowährungen keine ASICs; sie können mit einer CPU (dem Hauptprozessor Ihres Computers), einer GPU (einem speziell Grafikprozessor, der in der Regel leistungsfähiger ist) oder einer APU (einem Prozessor, der CPU und GPU auf einem Chip kombiniert) abgebaut werden.

Im Allgemeinen sind CPUs keine besonders guten Mining-Prozessoren, aber es funktioniert. Die Vergleichsseiten und Profitabilitätsrechner geben Ihnen Auskunft darüber, ob und wo Sie Ihre spezielle CPU, GPU oder APU einsetzen können. Die Leistungsbandbreite unter den Prozessoren ist enorm; einige sind nutzlos, andere durchaus brauchbar. Wie Sie die Leistung Ihres Prozessors ermitteln können, erfahren Sie in Kapitel 9.

Die Detailseiten der Kryptowährungen

Ein weiterer guter Ort, um Informationen über eine bestimmte Kryptowährung zu finden, ist die jeweilige Detailseite auf den Vergleichs-Websites. Auf den meisten der bisher besprochenen Profitabilitätsrechner finden Sie einen entsprechenden Link. Wenn Sie den Namen einer Kryptowährung anklicken, gelangen Sie auf eine Detailseite, die eine Vielzahl von

Informationen über diese Kryptowährung enthält. Wenn Sie beispielsweise auf **Callisto** (CLO) klicken, gelangen Sie auf die in Abbildung 8.5 dargestellte Seite.

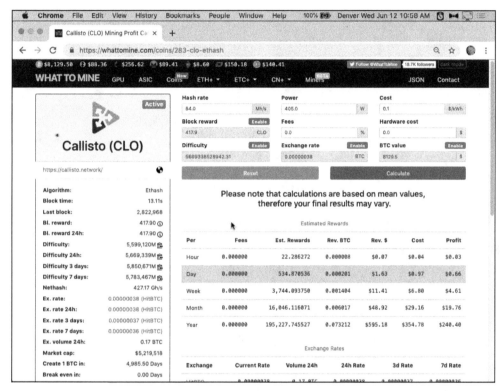

Abbildung 8.5: Eine Detailseite einer Kryptowährung auf WhatToMine.com

Hier finden Sie zum Beispiel Statistiken wie die Blockzeit (wie oft ein Block hinzugefügt wird), die Blockvergütung, die Schwierigkeit und so weiter. Außerdem werden Mining-Pools aufgeführt, die mit dieser Währung arbeiten (siehe Kapitel 7).

Profitabilitätsrechner

Wenn Sie wissen wollen, welches Gewinnpotenzial eine bestimmte Kryptowährung bietet, müssen Sie einen Mining-Profitabilitätsrechner bemühen. Die Mining-Vergleichsseiten enthalten in der Regel solche Tools, aber es gibt auch andere Websites mit Berechnungsfunktionen, die auf eine umfassende Vergleichsfunktion verzichten. (www.cryptocompare.com/mining/calculator/ bietet beispielsweise Rechner für Bitcoin, Ethereum, Monero, Zcash, Dash und Litecoin.)

Betrachten Sie Abbildung 8.5. Oben auf der Seite können Sie die Hashrate, den Stromverbrauch und die Kosten Ihrer Hardware sowie den Strompreis eingeben. Der Rechner ermittelt dann, wie viel Sie pro Stunde, Tag, Woche, Monat oder Jahr verdienen (oder einbüßen) können.

Hashrate-Neid? Dann setzen Sie lieber auf Pool-Mining

Oft wird Ihnen nicht gefallen, was Sie in diesen Berechnungen sehen. Wenn Ihre Hash-Leistung einfach nicht ausreicht, werden Ihnen die Tools entweder implizit – oder in einigen Fällen explizit – sagen, dass Sie nicht einmal daran denken sollten, das Mining allein, das heißt »solo« durchzuführen, und Sie stattdessen auf das Pool-Mining verweisen. Nehmen wir Abbildung 8.6 als Beispiel. Hier erfahren wir, dass Sie mit der links auf der Seite angegebenen Hashrate pro Jahr 0,4921 Bitcoin schürfen werden. Nun liegt die Blocksubvention im Moment aber bei 12,5 BTC, und Sie können keine halben Blöcke schürfen. Sie bekommen also entweder alles oder nichts. 12,5 Bitcoin geteilt durch 0,4921 macht 25,4 – das heißt, wenn sich die Rahmenbedingungen nicht verändern (was sie allerdings tun werden), würden Sie mit Ihrer Hardware im Mittel erst nach 25,4 *Jahren* einen Block finden. Und das ist nur der Durchschnittswert ... Je nachdem, ob Sie Glück oder Pech haben, kann es auch schneller gehen, oder aber Sie brauchen 30 Jahre und mehr, ehe Sie eine Blockprämie gewinnen! (Was wird sich ändern? Die Blocksubvention wird im Laufe der Zeit gesenkt, die Netzwerk-Hashrate steigt sehr wahrscheinlich weiter an und so weiter.) Mit anderen Worten, mit nur 40 TH/s können Sie praktisch gar nicht allein nach Bitcoins schürfen ... Also schließen Sie sich dazu entweder einem Pool an (siehe Kapitel 7) oder rüsten Sie Ihre Hardware ganz massiv auf! (Siehe Kapitel 9.)

Einige Profitabilitätsrechner werden auch deutlicher. Der Bitcoin-Mining-Rechner von CoinWarz (unter www.coinwarz.com/calculators/bitcoin-mining-calculator) stellt Ihnen diese Informationen zur Verfügung:

Bitcoin Mining Calculator Summary

✔ **Days to generate one block mining solo:** 9271.5 Day(s) (can vary greatly depending on your luck)

✔ **Days to generate one BTC:** 741.72 Day(s) (can vary greatly depending on the current exchange rates)

✔ **Days to break even:** N/A (can vary greatly depending on the current exchange rates)

Abbildung 8.6 zeigt einen einfacheren Rechner von www.cryptocompare.com/mining/calculator/btc, der potenzielle Einnahmen und Gewinne aus dem Bitcoin-Mining anzeigt. Bei diesem Rechner können Sie sogar eine Poolgebühr eingeben, um auch diese Zusatzkosten zu berücksichtigen (siehe Kapitel 7). Dieses Beispiel weist zwar einen Gewinn aus, ist aber unter Umständen trotzdem ein Verlustgeschäft. Warum? Lesen Sie dazu den Kasten »Hashrate-Neid? Dann setzen Sie lieber auf Pool-Mining«.

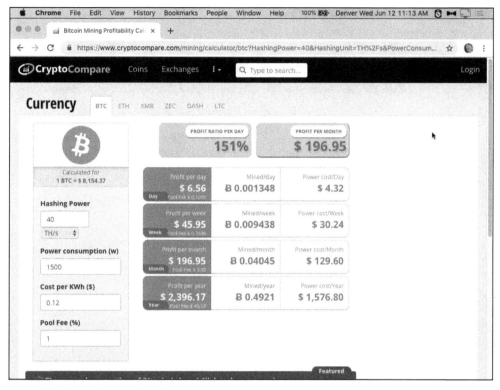

Abbildung 8.6: Der Bitcoin-Rechner von CryptoCompare.com

Die Homepage der Kryptowährung

Diese Websites sind leicht zu finden. Meist finden Sie auf den Detailseiten der Vergleichs-Websites einen entsprechenden Link (siehe Abbildung 8.5). Sie können dazu auch allgemeiner gefasste Websites besuchen, wie etwa coinmarketcap.com.

Viele Kryptowährungssysteme verfolgen das Ziel der Dezentralisierung. Das bedeutet, dass die meisten nicht von einer einzigen Partei gesteuert werden, sodass es auch mehrere Websites geben kann, die behaupten, die Homepage einer bestimmten Peer-to-Peer-Kryptowährung zu sein. Bei einigen ist dieser Anspruch natürlich berechtigter als bei anderen. Betreiben Sie stets gründliche Recherche und seien Sie vorsichtig.

GitHub

Die meisten schürfbaren Kryptowährungen haben eine GitHub-Seite. GitHub ist eine Software-Entwicklungsplattform und ein Software-Repository, das viele Open-Source-Softwareprojekte verwenden. Obwohl Kryptowährungen nicht per se Open-Source-Software sind, trifft das doch auf die Mehrheit von ihnen zu (und eben ganz besonders auf schürfbare Kryptowährungen). In Abbildung 8.7 sehen Sie als Beispiel die GitHub-Seite von Bitcoin.

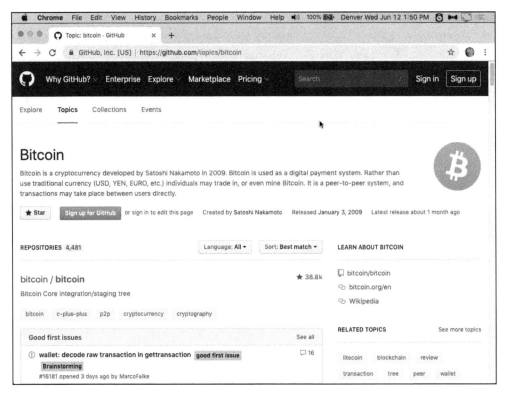

Abbildung 8.7: Die GitHub-Seite von Bitcoin

Wie finden Sie die GitHub-Seite? Auch hier kann die Detailseite auf einer der Kryptowährungsseiten einen Link zur GitHub-Seite enthalten, aber das ist nicht immer der Fall (WhatToMine.com enthält den Link, CoinWarz.com beispielsweise nicht). Möglicherweise finden Sie einen Link dazu auf der Homepage der Währung oder Sie suchen einfach selbst auf GitHub.com.

Auf GitHub können Sie den aktuellen Quellcode der Kryptowährung betrachten, um zu sehen, wie er funktioniert, falls Sie dazu in der Lage sind. Darüber hinaus können Sie sich aber auch ein Bild davon machen, wie aktiv die Community ist, wie viele Personen am Projekt beteiligt sind, wie oft Änderungen am Code vorgenommen werden und so weiter.

Die Wikipedia-Seite der Kryptowährung

Viele, vielleicht die meisten Kryptowährungen haben Wikipedia-Seiten. Dies können nützliche Anlaufstellen sein, um allgemeine Hintergrundinformationen über eine Kryptowährung zu finden, oft schneller als über andere Quellen. Diese Seiten enthalten häufig eine kleine Geschichte der Währung, Informationen über die Gründer und die Technik, Kontroversen im Zusammenhang mit der Währung und so weiter. Für viele kleinere, obskure Kryptowährungen werden Sie sie jedoch keine Seite vorfinden und der Detailgrad der vorhandenen Seiten reicht von äußerst spärlich bis mehr als erschöpfend.

In Abbildung 8.8 sehen Sie beispielhaft die Wikipedia-Seite von Dogecoin. Beachten Sie den Infokasten auf der rechten Seite mit den wichtigsten Informationen im Überblick.

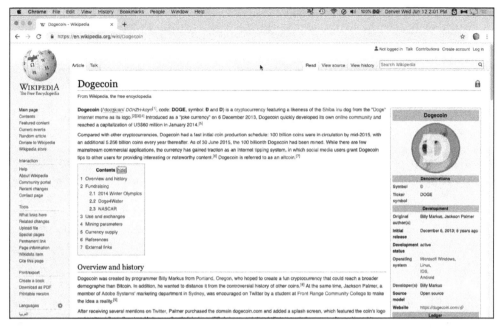

Abbildung 8.8: Die Wikipedia-Seite von Dogecoin

Mining-Foren

Vergessen Sie nicht die Foren zum Thema Krypto-Mining, von denen insbesondere die Foren auf `BitcoinTalk.org` zu nennen sind. Hier finden Sie Foren zu zahlreichen Themen, die sich mit vielen verschiedenen Bitcoin- und Kryptowährungsfragen befassen. Aber insbesondere gibt es auch einen Bereich zum Bitcoin-Mining sowie einen Bereich zu alternativen Kryptowährungen, in dem Sie wiederum einen Mining-Bereich finden. Der Bereich zum Altcoin-Mining hat über 113.000 Beiträge in über 3000 Themen. Das ist eine ganze Menge an Informationen, die es zu verdauen gilt.

In die Tiefe gehen

Nachdem Sie wissen, wie Sie die Informationen über verschiedene Kryptowährungssysteme finden – falls sie denn verfügbar sind, denn die Informationen sind oft schwer auffindbar – sollten Sie vielleicht auch noch einige andere Faktoren berücksichtigen.

Lebensdauer einer Kryptowährung

Um eine für Sie geeignete Kryptowährung zu wählen, müssen Sie vor allem darauf vertrauen können, dass sie für die Zeit, in der Sie sie schürfen, weiterbesteht und funktioniert – und natürlich auch für die Zeit, in der Sie Ihre Mining-Rewards in dieser Kryptowährung aufbewahren möchten.

Kryptowährungssysteme, die den Test der Zeit bestanden haben, werden dies wahrscheinlich auch weiterhin tun. Es gibt den sogenannten *Lindy-Effekt*, dessen Theorie besagt, dass die Lebenserwartung bestimmter Dinge, wie zum Beispiel einer Technologie, mit zunehmendem Alter steigt. (Für Lebewesen gilt natürlich das Gegenteil; je älter sie werden, desto geringer ist die Lebenserwartung.)

Die Theorie ist übrigens nach einem Feinkostladen in New York benannt, in dem sich jeden Abend Komiker treffen, um über ihre Arbeit zu sprechen. Jedenfalls legt diese Theorie nahe, dass die Lebenserwartung von Ideen oder Technologien (von nicht-biologischen Systemen) mit ihrem aktuellen Alter zusammenhängt und dass jeder weitere Fortbestand es noch wahrscheinlicher macht, dass die Idee oder Technologie weiterhin überleben wird. Open-Source-Systeme wie Bitcoin oder anderen ähnlichen Kryptowährungen werden von Programmierern und Software-Enthusiasten permanent weiterentwickelt und verbessert. Jeder *Bug* im Code oder Fehler im System, der gefunden und schnell *gepatched* wird (ein Software-Begriff für die Fehlerbehebung), macht das System robuster und widerstandsfähiger gegen zukünftige Fehler. Softwaresysteme wie Bitcoin oder vergleichbare Open-Source-Kryptowährungen könnten als *antifragil* angesehen werden, da jeder Fehler, der entdeckt und anschließend behoben wird, zu einer stärkeren, robusteren Technologie führt.

Es ist wichtig, für das Mining eine Kryptowährung auszuwählen, die über eine ausreichende Langlebigkeit, Haltbarkeit und Beständigkeit zu verfügen scheint, um Ihrem persönlichen Risikoprofil zu entsprechen.

Fassen wir das Ganze in einer Frage zusammen: Welche Kryptowährung wird wahrscheinlich länger überleben? Bitcoin, der auf den Januar 2009 zurückgeht, oder JustAnotherCoin, eine (hypothetische) neue Kryptowährung, die gestern Nachmittag das Licht der Welt erblickte? Bitcoin wird hier wohl die bessere Wahl sein. Es gibt einige tausend Kryptowährungen, und die meisten davon sind einfach nur Müll und können nicht langfristig überleben. Eine neue Währung ist wahrscheinlich nur ein weiterer JunkCoin auf dem Abfallhaufen.

Andererseits gehen manchmal auch scheinbar stabile, langlebige Systeme zugrunde. Wer erinnert sich zum Beispiel noch an DEC, Word Perfect oder VisiCalc? (Wir wetten, dass viele Leser keine Ahnung haben, was diese Worte überhaupt bedeuten!) Und manchmal erscheinen neue Systeme im Handumdrehen und schlagen etablierte Wettbewerber. (Wie war das damals mit Google oder mit Facebook?)

Aber, um beim Beispiel der Technologieunternehmen zu bleiben, die meisten Newcomer scheitern; die meisten Internet-Startups aus der Dotcom-Blase der 1990er Jahren wurden zum Beispiel vom Markt gefegt. Ebenso werden die meisten obskuren Kryptowährungen scheitern. *Im Allgemeinen* ist also eine seit längerer Zeit etablierte Kryptowährung wie Bitcoin, Litecoin oder Ether die bessere Wahl als der aktuellste Neuzugang auf dem Kryptowährungsmarkt.

Wie finden Sie heraus, wie lange es die Kryptowährung schon gibt? Das sollte nicht allzu schwer sein. Sehen Sie auf der Website der Währung nach oder auf der Wikipedia-Seite, falls es eine gibt. Die Github-History zeichnet außerdem Software-Commits und -Releases auf.

Zusammenhang zwischen Hashrate und Sicherheit

Ein weiterer wichtiger Faktor bei der Wahl der zu schürfenden Kryptowährung ist die Sicherheit ihrer Blockchain. Sie wollen Ihre Eier (Mining-Ressourcen) schließlich nicht in einen Korb (Blockchain) legen, der Löcher hat, und der das Gewicht Ihrer wertvollen Fracht (Geldwert) nicht tragen kann.

Eine Kryptowährung, die im Vergleich zu anderen Kryptowährungen, die auf einem ähnlichen Konsensmechanismus basieren, weniger Hash-basiertes Proof-of-Work aufweist, ist weniger sicher oder leichter zu hacken oder zu manipulieren. Dies schmälert die Überlebenschancen der Kryptowährung und gefährdet und auch Ihr in dieser Blockchain steckendes Geld.

Wo sehen Sie, wie viel Hash-Leistung in dem Netzwerk steckt? Ein toller Ort, um nach solchen Informationen zu suchen, ist BitInfoCharts.com. Hier können Sie Kryptowährungen auswählen und miteinander vergleichen. Diese Website bietet eine große Auswahl verschiedener Kryptowährungskennzahlen für eine große Bandbreite an Coins, von Kursdiagrammen über Marktkapitalisierungen bis hin zu Listen der reichsten Blockchain-Adressen.

In Abbildung 8.9 sehen Sie, dass Sie zum Beispiel mehrere Kryptowährungen auswählen und ein Diagramm mit ihren Hashrates erstellen können. Sie finden die Funktion unter https://bitinfocharts.com/comparison/bitcoin-hashrate.html. Auch die weiter vorne in diesem Kapitel besprochenen Vergleichsseiten geben die Hashrates einzelner Kryptowährungen an.

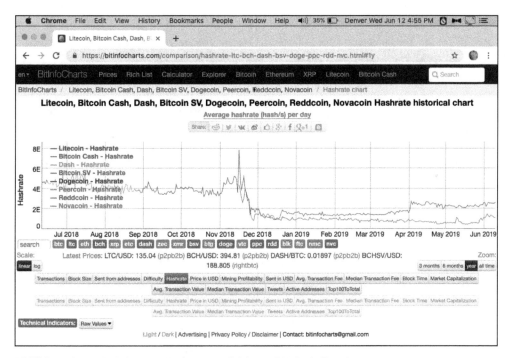

Abbildung 8.9: Die Seite zum Hashratevergleich von BitInfoCharts.com

Die Hashrate können Sie sogar auf verschiedenen Websites finden. Die Hashrates für Bitcoin, Ethereum und Bitcoin Cash finden Sie etwa unter www.blockchain.com/explorer. Auch Pool-Mining-Dienste stellen Hashrate-Statistiken für die von ihnen geschürften Kryptowährungen zur Verfügung, und Statistik-Websites wie CoinDance bieten ebenfalls einige solcher Informationen an (siehe https://coin.dance/blocks/hashrate).

Unterstützung durch die Community

Ein weiterer Faktor, den Sie bei der Auswahl der geeigneten Kryptowährung berücksichtigen und abwägen müssen, ist der Community-Support. Netzwerkeffekte von Kryptowährungssystemen sind wichtig. Und eine breite Akzeptanz und Nutzerbasis sind entscheidende Kennzahlen, die es bei der Auswahl der für das Mining geeigneten Blockchain zu berücksichtigen gilt. Sind viele Leute an der Betreuung und Entwicklung der Kryptowährung beteiligt? (Eine Kryptowährung mit sehr wenigen beteiligten Personen ist wahrscheinlich instabil.) Und hat die Kryptowährung viele Nutzer – wird sie also ausgiebig gehandelt – oder nutzen die Leute sie, um damit einzukaufen?

Das *Metcalfesche Gesetz* erklärt Netzwerkeffekte. Robert Metcalfe, einer der Erfinder des Ethernet, schlug vor, dass ein Kommunikationssystem einen Wert schafft, der proportional zum Quadrat der Anzahl der Benutzer dieses bestimmten Systems ist. Im Wesentlichen gilt: Je mehr Benutzer ein System hat, desto nützlicher – oder wertvoller – wird das Netzwerk.

> ### Das Metcalfesche Gesetz
>
> Konzeptionell lässt sich das Metcalfesche Gesetz auf jedes Netzwerk anwenden, wie etwa auf E-Mail-Netzwerke oder Telefonanlagen, aber auch auf Kryptowährungsnetzwerke wie Bitcoin. Wenn sich nur zwei Benutzer in einem Telefon- oder E-Mail-System befinden, Sie und ein anderer, ist dieses Netzwerk nicht besonders wertvoll. Wenn es vier Benutzer gibt, wäre sein Wert (und die Anzahl möglicher Netzwerkverbindungen) aber schon größer. Wenn das System zwölf Benutzer hat, gibt es noch exponentiell mehr mögliche Verbindungen und damit auch einen viel größeren Wert (siehe Abbildung).
>
>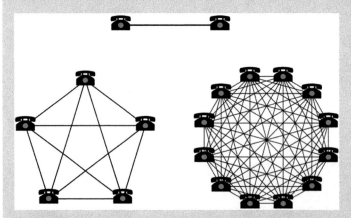
>
> Mit freundlicher Genehmigung von Woody 993 (englischsprachige Wikipedia)
>
> Die gleiche Logik gilt für Kryptowährungsnetzwerke; jeder weitere Benutzer fügt eine überproportionale, exponentiell ansteigende Anzahl potenzieller Verbindungen hinzu. Wenn das von Ihnen gewählte Kryptowährungssystem keine große Nutzerbasis hat, gibt es möglicherweise nicht genügend Verbindungsmöglichkeiten, um diesem Netzwerk einen angemessenen Wert für langfristiges Mining zu verleihen.

Die Unterstützung der Gemeinschaft ist auch in anderer Hinsicht wichtig. Sie lässt sich anhand der Open-Source-Entwickler messen, die aktiv zum Code-Repository der Kryptowährung beitragen. Bei einer gesunden und robusten Kryptowährung werden eine Vielzahl von Einzelpersonen und Unternehmen den Code überprüfen und auditieren.

Der Entwicklersupport ist entscheidend für die Langlebigkeit und Robustheit eines Kryptowährungssystems. Beachten Sie, dass viele Kryptowährungssysteme, die von Unternehmen oder Konsortien erstellt und herausgegeben werden, nicht auf Open-Source-Software basieren, sie können nicht gemined werden und haben keine außerhalb des Unternehmens breit aufgestellten Code-Kontrolleure, um ihre abgeschlossenen Systeme zu überprüfen und zu überarbeiten.

Wie lässt sich die Unterstützung der Community messen? Die GitHub-Seite der Kryptowährung ist ein guter Anfang; Sie erkennen dort genau, wie aktiv der Entwicklungsprozess abläuft und wie viele Personen beteiligt sind. Die Webseite der Währung kann Ihnen auch eine Vorstellung von der Aktivität vermitteln, insbesondere wenn die Seite Diskussionsgruppen enthält. Ein weiteres hilfreiches Tool zum Vergleich des Engagements über verschiedene Netzwerke hinweg finden Sie unter www.coindesk.com/data, wo wichtige Kryptowährungen anhand sozialer, wirtschaftlicher und entwicklungsbezogener Benchmarks miteinander verglichen werden.

Dezentralisierung ist gut

Im Allgemeinen sind dezentralere Kryptowährungen stabiler und überlebensfähiger (lange genug, um als Miner davon zu profitieren) als zentralisiertere und weniger verteilte Kryptowährungen.

Im Kryptowährungsbereich wird der Begriff *Dezentralisierung* mit einer gewissen Absolutheit verwendet: Das System ist entweder dezentral oder nicht. Dies ist jedoch nicht unbedingt der Fall. Die Dezentralisierung kann tatsächlich als eine Art Spektrum betrachtet werden (siehe Abbildung 8.10) und unterschiedliche Aspekte eines Kryptowährungssystems fallen in verschiedene Bereiche des Dezentralisierungsspektrums.

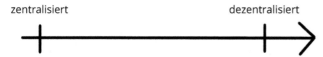

Abbildung 8.10: Das Dezentralisierungsspektrum

Ein wichtiger Aspekt dezentraler, Blockchain-basierter Peer-to-Peer-Systeme ist die Tatsache, dass jeder Benutzer einen Node betreiben und sich gleichberechtigt am Netzwerk beteiligen kann. Hier sind einige weitere Faktoren, die ebenfalls dazu genutzt werden können, um Kryptowährungen im Dezentralisierungsspektrum einzuordnen:

✔ **Ausgabe und Verteilung der ersten Coins:** Für eine Proof-of-Work-Kryptowährung mit vorgegebenem Emissionsplan kann die Verteilung der Coins als fairer eingestuft werden als für ein System, in dem ein hoher Prozentsatz der Coins vorab geschürft und an einige wenige Insider verteilt wurde. Dies rückt Kryptowährungen mit »Premine« weiter in Richtung des zentralisierten Spektrums als andere, fairere und dezentralere Verteilungsmodelle für Coins. Eine detaillierte Aufschlüsselung der Coin-Emission im Bitcoin-Netzwerk sehen Sie in Abbildung 8.11. Viele andere Proof-of-Work-basierte Emissionsmodelle leiten sich daraus ab.

Die Grafik in Abbildung 8.11 kann dynamisch unter https://bashco.github.io/Bitcoin_Monetary_Inflation/ abgerufen werden. (Gehen Sie auf die Website und fahren Sie mit dem Mauszeiger die Linien entlang, um immer die genauen Zahlen zu bekommen.) Die Stufenlinie zeigt die Blocksubvention, die sich alle 210.000 Blöcke oder etwa alle vier Jahre halbiert. Die ansteigende Kurve zeigt die Menge der jeweils gerade zirkulierenden Bitcoins. Zur Recherche anderer Kryptowährungen können Sie auf die vorab genannten Vergleichsseiten zurückgreifen.

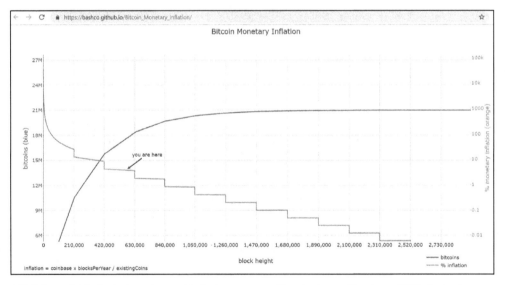

Abbildung 8.11: Emissionsplan und Inflationsrate von Bitcoin (https://bashco.Github.io/Bitcoin_Monetary_Inflation/)

✔ **Anzahl der Nodes:** Die Nodes wachen in Blockchain-Systemen über gültige Transaktionsdaten und Blockinformationen. Je mehr aktive Nodes im System laufen, desto dezentraler ist die Kryptowährung. Leider ist es für die meisten Kryptowährungen nicht ganz einfach, diese genaue Information zu finden.

✔ **Netzwerk-Hashrate:** Der Grad der Hashrate-Verteilung unter den Peers ist ebenfalls ein wichtiger Maßstab für die Dezentralisierung von PoW-Kryptowährungen. Wenn nur wenige Unternehmen, Einzelpersonen oder Organisationen (wie etwa Mining-Pools) eine Blockchain hashen, um Blöcke zu erzeugen, ist die Kryptowährung relativ stark zentralisiert. Vergleichen Sie dazu den Abschnitt »Zusammenhang zwischen Hashrate und Sicherheit einer Kryptowährung« weiter oben.

✔ **Node-Client-Implementierungen:** Für viele der großen Kryptowährungen gibt es mehrere Versionen von Client- oder Node-Software. Bitcoin hat zum Beispiel bitcoin core, bitcore, bcoin, bitcoin knots, btcd, libbitcoin und viele weitere Implementierungen. Bei Ethereum haben wir geth, parity, pyethapp, ewasm, exthereum und viele andere. Kryptowährungen mit einer geringeren Anzahl von Client-Versionen können als stärker zentralisiert betrachtet werden als solche mit mehreren. Sie finden diese Informationen auf der GitHub-Seite der Kryptowährung und höchstwahrscheinlich auch auf ihrer Website. Für einen interessanten Überblick über die Client-Versionen für Nodes im Bitcoin-Netzwerk besuchen Sie bitte die folgende Seite: https://luke.dashjr.org/programs/bitcoin/files/charts/branches.html.

✔ **Gesellschaftlicher Konsens:** Soziale Netzwerke von Nutzern und den an diesen Kryptowährungen mitwirkenden Menschen sind auch im Hinblick auf das Dezentralisierungsspektrum der Kryptowährung sehr wichtig. Je größer die Nutzerbasis und je vielfältiger die technischen Meinungen über das System, desto widerstandsfähiger sind die Software und die physikalische Hardware gegenüber Änderungen, die von großen Akteuren im System vorangetrieben werden. Wenn der gesellschaftliche Konsens einer Kryptowährung einer kleinen Gruppe von Superusern oder einer Stiftung sehr nahe kommt, ist die Kryptowährung in Wahrheit stärker zentralisiert. Mehr Kontrolle liegt in den Händen von weniger Leuten, und es ist wahrscheinlicher, dass sich die Regeln des Systems drastisch verändern können. Eine Analogie zeigt sich bei sportlichen Wettkämpfen; die Regeln (Konsensmechanismen) werden von den Schiedsrichtern (Nutzern und Nodes) nicht mitten im Wettkampf geändert. Die Anzahl der aktiven Adressen in der Blockchain der Kryptowährung liefert eine gute Messgröße für den sozialen Konsens und den Netzwerkeffekt. Hier wird die Anzahl der verschiedenen Blockchain-Adressen mit den zugehörigen Salden angezeigt. Diese Metrik ist nicht perfekt, da einzelne Benutzer mehrere Adressen haben können, und manchmal gehören die Coins, die einer einzigen Adresse zugeordnet sind, auch vielen Nutzern (etwa wenn es sich um eine Exchange-Adresse oder von Dritten verwaltete Wallets handelt, die alle Coins ihrer Kunden in einer Adresse speichert). Die aktiven Adressen sind aber dennoch ein hilfreicher Maßstab für den Vergleich von Kryptowährungen – mehr Adressen bedeuten im Allgemeinen mehr Aktivität und mehr beteiligte Personen. Ein nützliches Werkzeug zur Recherche der aktiven Adressanzahl von Kryptowährungen finden Sie unter https://coinmetrics.io/charts/; wählen Sie im Dropdown-Menü auf der linken Seite ACTIVE ADDRESSES, und nutzen Sie die Optionsschaltflächen am unteren Rand des Diagramms, um die zu vergleichenden Kryptowährungen auszuwählen (siehe Abbildung 8.12). Für kleinere Kryptowährungen sind diese Informationen vielleicht schwer zu finden, aber die Daten sind in jedem Fall über die öffentlich einsehbare Blockchain der Kryptowährung abrufbar.

✔ **Räumliche Verteilung der Nodes:** Bei Kryptowährungen ist die Anzahl der Nodes von Bedeutung, aber es ist auch wichtig, dass sich diese Netzwerkknoten nicht alle im gleichen geografischen Gebiet oder auf denselben gehosteten Servern befinden. Einige Kryptowährungen hosten die meisten ihrer Nodes auf Cloud-Rechnern von Drittanbietern, die Blockchain-Infrastrukturen bereitstellen, wie Amazon Web Services, Infura (die ihrerseits Amazon Web Services nutzt), Digital Ocean, Microsoft Azure oder Alibaba Cloud. Systeme mit derart zentralisierten Nodes könnten Gefahr laufen, von diesen Drittparteien angegriffen zu werden, denen sie ihr Vertrauen entgegenbringen.

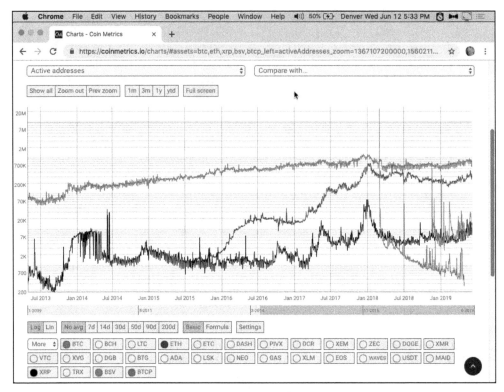

Abbildung 8.12: Coinmetrics.io vergleicht die Anzahl aktiver Adressen verschiedener Kryptowährungen (und liefert noch zahlreiche andere Statistiken).

Solche Systeme sind stärker zentralisiert als reinrassige Peer-to-Peer-Netzwerke mit einer größeren Anzahl von Nodes, die geographisch weit verstreut sind. Eine Ansicht der geographischen Verteilung der Bitcoin-Netzwerkknoten finden Sie auf folgender Website: https://bitnodes.earn.com/. Für die kleineren Kryptowährungen sind diese Informationen meist schwieriger zu finden.

✔ **Mitwirkende am Software-Code:** Eine große Zahl von Entwicklern, die an den Implementierungen der Client-Software beteiligt sind – sowie Code-Reviewer – ist für die Dezentralisierung einer Kryptowährung wichtig; je größer die Anzahl der Programmierer, desto eher kann die Kryptowährung als dezentralisiert betrachtet werden. Bei weniger Mitwirkenden und Prüfern können häufiger Fehler im Code auftreten und absichtliche Manipulationen werden wahrscheinlicher. Mit einer größeren Anzahl von Reviewern und Entwicklern werden Fehler und Fehlverhalten leichter entdeckt. Die Anzahl und die Aktivität der Entwickler in den Code-Repositorys verschiedener Kryptowährungen erkennen Sie durch einen Blick auf die Git Hub-Seite. Mit diesem Link können Sie mehr Details über das Core-Repository von Bitcoin herausfinden: https://github.com/bitcoin/bitcoin/graphs/contributors. Ethereum verzeichnet beispielsweise durchschnittlich knapp 100 aktive Repository-Entwickler pro Monat, während Bitcoin hier nur auf etwa 50 kommt. Für die meisten anderen Kryptowährungen ist diese Zahl viel geringer. Im Durchschnitt arbeiten zum aktuellen Zeitpunkt (während wir dies schreiben) monatlich etwa 4000 Entwickler an rund 3000 verschiedenen Kryptowährungsprojekten.

Nähern Sie sich Stück für Stück an

Die Wahl einer zu schürfenden Kryptowährung ist ein iterativer Prozess, der eine Kombination aus allen Faktoren, die wir in diesem Kapitel behandeln, berücksichtigen sollte, dazu natürlich auch die Hardware, die Sie beschaffen können (siehe Kapitel 9), und die Wirtschaftlichkeit des Minings (Kapitel 10). Die Wirtschaftlichkeit wird Einfluss darauf haben, welche Mining-Geräte Sie sich leisten können. Und was Sie sich leisten können, wird sich auf die von Ihnen gewählte Kryptowährung auswirken. Falls Sie es noch nicht getan haben, empfehlen wir Ihnen dringend, als Nächstes die Kapitel 9 und 10 zu lesen, um herauszufinden, wie das alles zusammenpasst, und Ihre endgültige Entscheidung dann erst nach dieser Lektüre zu treffen.

IN DIESEM KAPITEL

Die richtige Mining-Hardware

Einen geeigneten Standort finden

Eine Wallet zur Verwahrung Ihrer Kryptowährung auswählen

Weitere erforderliche Ressourcen

Kapitel 9
Die Ausrüstung zusammenstellen

Das Mining von Kryptowährungen ist einfach: die Mining-Hardware übernimmt den größten Teil der harten Arbeit und Sie können sich zurücklehnen und zusehen, wie sich Ihre Coins ansammeln. Die Wahl der richtigen Mining-Hardware und der Kauf und die Einrichtung der benötigten Ausrüstung ist der schwierige Teil. Für Ihren Profit und Ihren kurz- oder langfristigen Erfolg sind außerdem die Auswahl der richtigen Kryptowährung, die für diese spezielle Blockchain passende Hardware und ein geeigneter Standort für den Betrieb der Mining-Geräte entscheidend.

In Kapitel 8 befassen wir uns mit der Auswahl einer Kryptowährung. In diesem Kapitel gehen wir auf die Punkte ein, die Sie bei der Auswahl der Mining-Hardware berücksichtigen müssen. (In Kapitel 10 finden Sie noch weitere Informationen über Mining-Hardware.)

Die richtige Mining-Hardware auswählen

Sie können Kryptowährungen mit jeglicher Computerausrüstung (CPUs, GPUs oder ASICs) abbauen, aber wenn es ASICs für den Algorithmus einer bestimmten Kryptowährung gibt, haben Sie beim Einsatz von CPUs oder GPUs in den meisten Fällen einen gewaltigen Nachteil – vielleicht sogar so einen großen Nachteil, dass es eigentlich sinnlos ist, ohne einen aktuellen ASIC-Miner überhaupt einzusteigen.

Die für die verschiedenen Blockchains mit ihren jeweiligen Hashing-Algorithmen benötigte Hardware ist also unterschiedlich. Im Fall von Bitcoin verarbeitet die benötigte ASIC-Hardware beispielsweise der SHA-256-Algorithmus, und es ist ziemlich sinnlos, hier mit einer CPU oder GPU mitmischen zu wollen; der Nachteil ist einfach zu groß. Ethereum verwendet den Ethash-Algorithmus, und obwohl es Ethash-ASICs gibt, schürfen ihn einige Miner immer noch mit GPUs. Es gibt auch Scrypt-ASIC-Miner für Litecoin oder Dogecoin, ASICs für die Kryptowährungen Dash und Petro berechnen den X11-Mining-Algorithmus. (In Kapitel 8 finden Sie eine Liste mit zahlreichen weiteren Kryptowährungen und deren Algorithmen.)

Für Kryptowährungen wie Monero genügt jedoch ein handelsüblicher Computer mit einer funktionierenden CPU und GPU, um effektiv zu minen.

Vergessen Sie aber nicht die Pool-Mining-Anbieter. Dienste wie NiceHash oder Honeyminer ermöglichen es Ihnen, die Rechenleistung Ihres normalen PCs in einen Pool einzubringen. Der Pool entscheidet, welche Kryptowährung damit geschürft werden soll, aber Sie erhalten die Vergütungen für Ihren Beitrag in einer stabileren Kryptowährung wie beispielsweise Bitcoin. Diese Dienste sind möglicherweise der einfachste Weg, um das Mining zu testen. Sie können dazu Ihre vorhandene Computerhardware nutzen, die womöglich die meiste Zeit im Leerlaufbetrieb auf Ihrem Schreibtisch steht. Wenn Sie erstmal in das Feld hineinschnuppern wollen, bevor Sie teurere Geräte kaufen, empfehlen wir Ihnen dringend einen Pool-Mining-Service. Siehe dazu Kapitel 7.

Wenn Sie in Ihre Mining-Aktivitäten noch weiter vorantreiben und vielleicht sogar spezielle Mining-Ausrüstung kaufen wollen – die übrigens sowohl im Pool- als auch im Solo-Mining-Bereich eingesetzt werden kann – sollten Sie einige Bewertungskriterien berücksichtigen.

Angegebene Hashrate

Der erste und wichtigste Faktor bei der Auswahl spezieller Mining-Hardware ist die Hashrate, die das Gerät nach Angaben des Herstellers liefern soll. Normalerweise garantieren die Hersteller von ASIC-Minern eine bestimmte durchschnittliche Hashrate. Im Betrieb wird sie mal etwas höher und mal etwas niedriger liegen, aber über einen längeren Zeitraum gemittelt sollte die Hardware die garantierte Hashrate liefern.

Für die fortschrittlichste und effizienteste SHA-256-Mining-Hardware für Bitcoin wird diese Hashrate typischerweise in Terahashes pro Sekunde oder TH/s angegeben. Abbildung 9.1 zeigt die Hashrate-Angaben für einige der leistungsfähigsten ASIC-Miner für den Bitcoin-SHA-256-Algorithmus zum Zeitpunkt, an dem wir dieses Buch schreiben. Wie Sie sehen, ist die Leistungsspanne sehr groß, von etwa 5 TH/s bis hin zu rund 80 TH/s.

In den letzten Jahren sind viele verschiedene Hersteller in die Produktion von Mining-Hardware für Bitcoin eingestiegen. Das hat den Wettbewerb belebt und zu einem regelrechten Wettrüsten im ASIC-Bereich geführt. Das Wachstum war in den letzten Jahren enorm, wenn wir die Vielfalt der Lieferanten und die gestiegene Hashrate betrachten.

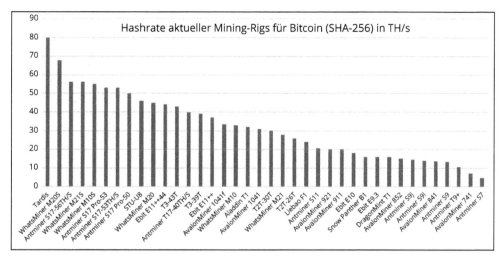

Abbildung 9.1: Diese Grafik zeigt eine Liste der stärksten SHA-256-Miner, die seit 2017 im Bitcoin-Netzwerk eingesetzt wurden.

 Um beim Mining von Bitcoin oder anderen Kryptowährungen wettbewerbsfähig zu bleiben, müssen Sie die neueste und beste Hardware verwenden. Inzwischen wurden ASIC-Miner für die Konsensalgorithmen der meisten Proof-of-Work-Blockchains entwickelt. Dies ist für diese Blockchains wahrscheinlich eine gute Sache (auch wenn es immer noch viele Einwände dagegen gibt), indem es die Sicherheit der Blockchain erhöht und die Wahrscheinlichkeit eines Angriffs verringert, weil es den Aufwand für einen solchen Angriff immer weiter erhöht. Vergessen Sie nicht, dass dies der Sinn von Proof-of-Work ist, es möglichst schwer zu gestalten, einen Block zu finden, damit die Blockchain möglichst schwer anzugreifen ist.

Das Problem bei ASIC-Mining-Hardware besteht aber darin, dass sie sehr schnell wieder veraltet. Sie wird durch neue, effizientere Geräte abgelöst. Sie denken vielleicht, dass Sie, um der Masse voraus zu sein, die allerneueste Ausrüstung kaufen sollten, ja vielleicht sogar Ausrüstung vorbestellen sollten, noch ehe sie ausgeliefert werden kann. Diese Strategie birgt aber ihre eigenen Risiken. Einige fragwürdige Hersteller haben bereits Mining-Hardware mit langen Lieferzeiten verkauft und dabei Ertragsmöglichkeiten suggeriert, die nicht mit den tatsächlichen Erträgen der Geräte übereinstimmen, wenn diese dann endlich einmal geliefert wurden. Während Ihrer Wartezeit steigt die Block-Difficulty und Hashrate der Blockkette vielleicht dramatisch an (weil andere Wettbewerber, oder der Hersteller selbst, die neuen ASICs bereits einsetzen). Je länger Sie warten müssen, desto weniger wettbewerbsfähig wird das ASIC sein, wenn Sie es endlich in Betrieb nehmen.

Unlautere ASIC-Verkäufe sind inzwischen kein so großes Problem mehr wie in der Vergangenheit, zumindest nicht für die meisten etablierten Proof-of-Work-Blockchains, da es inzwischen mehr Hersteller gibt und die Technologie inzwischen reifer ist und bei den ASICs keine ganz so sprunghaften Effizienzsteigerungen mehr möglich sind. Bei neuen Algorithmen, für die bisher noch keine spezielle ASIC-Hardware entwickelt wurde, kann es aber für Hardwarekäufer der ersten Stunde weiterhin zu erheblichen Risiken kommen.

Angegebene Leistungsaufnahme

ASICs sind viel leistungsfähiger als normale CPUs oder GPUs – sie können viel schneller hashen. Darum geht es ja schließlich. Allerdings gibt es auch hier nichts umsonst. ASICs können sehr viel Strom verbrauchen. Jeder ASIC-Miner hat eine Nennleistungsaufnahme – Sie sollten als bereits vor dem Kauf in der Lage sein, in den technischen Daten des Geräts nachzuschauen und herauszufinden, wie viel Strom es im Mining-Betrieb verbrauchen wird.

Die physikalische beziehungsweise elektrische Leistung wird in der SI-Einheit *Watt* und der Energieverbrauch in *Wattstunden* gemessen. Altmodische Glühlampen verbrauchten typischerweise zwischen 25 und 100 Watt, während die heutigen LED-Lampen bei einem Verbrauch von nur 4 bis 15 Watt die gleiche Lichtmenge abgeben können. Angenommen, Sie haben eine Lampe mit 15 Watt und betreiben sie eine Stunde lang; dann haben Sie soeben 15 Wattstunden (15 Wh) verbraucht. Was kostet Sie das? Das hängt davon ab, wo Sie sind. In Denver, wo wir leben, kostet eine Wattstunde etwa 10 Cent, sodass der Betrieb einer 15W-Lampe für eine Stunde – also ein Stromverbrauch von 15Wh – etwa 0,15 Cent kostet; der Betrieb für 100 Stunden kostet uns dementsprechend etwa 15 Cent.

Ein typischer Desktop-Computer mit CPU und GPU kann unter Last zwischen 200 und 600 Watt verbrauchen, vielleicht sogar etwas mehr. (Der neueste Mac Pro hat eine maximale Leistungsaufnahme von 1280 Watt.) Laptops verbrauchen meist viel weniger Strom; Peters Macbook Pro hat zum Beispiel ein 85W-Netzteil.

Moderne ASICs, wie sie jetzt im Bitcoin-Netzwerk eingesetzt werden, verbrauchen dagegen zwischen 1000 und 6000 Watt (1,0 und 6,0 kW – also Kilowatt; ein kW entspricht 1000 W) – das ist vermutlich mehr als der Backofen in ihrer Küche aus dem Stromnetz zieht. Einen Vergleich einiger aktueller SHA-256-Miner für Bitcoin finden Sie in Abbildung 9.2.

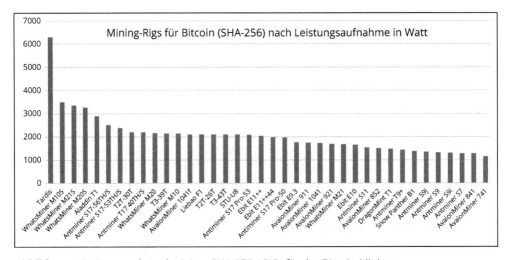

Abbildung 9.2: Stromverbrauch einiger SHA-256-ASICs für das Bitcoin-Mining

Wie finden Sie Ihre eigenen Stromkosten heraus? Sehen Sie sich Ihre Stromrechnung an (suchen Sie Ihre letzte Papierrechnung heraus oder loggen Sie sich auf der Website Ihres Energieversorgers ein). Entweder müssen Sie wirklich in die Rechnung schauen, oder Sie finden eine Preisübersicht.

Die Leistungsaufnahme und die erreichte Hashrate sind wichtige Faktoren, wenn es darum geht, die richtige Mining-Ausrüstung für Sie zu finden. Beide Messgrößen sind aber noch aussagekräftiger, wenn Sie zueinander ins Verhältnis gesetzt werden. Schließlich geht es uns darum, wie viele Hashes wir pro Euro bekommen können. Was nützt ein ASIC, das fast keine Energie verbraucht, aber dafür auch kaum Hash-Leistung bringt? Oder ein ASIC, das eine gewaltige Hashrate liefert, aber doppelt so hohe Energiekosten pro Hash wie andere Geräte verursacht? Was zählt, ist, wie viel wir für eine bestimmte Hashrate bezahlen müssen. Uns geht es um *Effizienz*. (Im Moment sprechen wir natürlich nur über die Stromkosten, nicht über die Kosten der Ausrüstung selbst.)

Effizienz ist typischerweise definiert als nützliche Arbeit geteilt durch den Energieaufwand für diese Arbeit. Wenn es jedoch um ASIC-Miner geht, führen die Hersteller oft den Kehrwert dieser Kennzahl an und geben den Energieverbrauch (in Joule) dividiert durch erarbeiteten Terahashes an.

Die Energieeinheit Joule entspricht einer Wattsekunde oder 1/3600stel Wattstunde. Eine Wattstunde (oder Wh) entspricht also 3600 Joule und 1 kWh wären dann 3,6 Megajoule – 3.600.000 Joule).

Daher weisen ASIC-Hersteller oft einen spezifischen Energieverbrauch pro Ausgabewert auf, der den Anwendern den Effizienzvergleich mit anderen Geräten erleichtert. ASIC-Leistungsdaten werden häufig in *Joule/Hash* beziffert. Lesen Sie zum Beispiel diese Zeilen aus dem Testbericht zu einem Mining-Rig:

> *Der DragonMint 16T ist dank seiner neuen ASIC-Chips der DM8575-Generation der energieeffizienteste Miner auf dem Markt.* **Mit einem Verbrauch von nur 0,075 J/GH oder einer Leistungsaufnahme von 1480 W ist der 16T um 30 % energieeffizienter als** *der Antminer S9. [...] Im Vergleich zu seinem nächsten Konkurrenten, dem Antminer S9, geht der DragonMint 16T als klarer Sieger hervor. Er hasht mit 16 TH/s während der S9 nur 14 TH/s erreicht. Außerdem benötigt der* **16T nur 0,075 J/GH, während der S9 0,098 J/GH verbraucht.**

Die Rezension stellt fest, dass dieser spezielle Miner (der DragonMint 16T) eine Leistungsaufnahme von 1480 W hat. In einer Stunde würde er also 1,48 kWh an elektrischer Energie verbrauchen. (In Kapitel 11 erfahren Sie, wie sich das auf die Betriebskosten der Anlage auswirkt.) Aber wir erfahren auch, dass sein spezifischer Energiebedarf bei 0,075 J/GH liegt. (Das bedeutet 0,075 Joule pro Gigahash, oder 0,075 Joule an Energieverbrauch für jede Million Hashes, die das Gerät berechnet.) Wie Sie sehen können, lässt sich Mining-Equipment anhand dieser Daten direkt miteinander vergleichen; der S9 verbraucht 0,098 J/GH. Das heißt, der S9 benötigt für dieselbe Anzahl von Hashes rund 31 % mehr Energie.

Eine Rangliste der neuesten SHA-256-Hardware zum Abbau von Blöcken im Bitcoin-Netzwerk finden Sie in Abbildung 9.3. Links stehen die weniger effizienten Geräte. Der Antminer S7 benötigt etwa 275 Joule, um einen Terahash pro Sekunde auszugeben, während auf der anderen Seite Geräte stehen, die einen Terahash pro Sekunde ausgeben und dabei etwa 40 Joule verbrauchen.

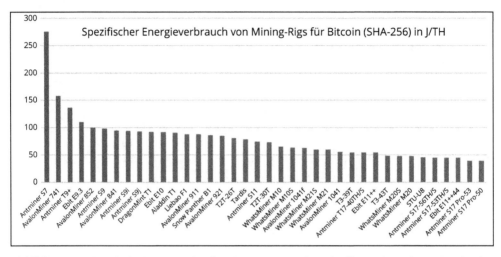

Abbildung 9.3: SHA-256-ASIC-Miner für das Bitcoin-Netzwerk nach Effizienz in Joule pro Terahashes

Wir haben ähnliche Diagramme für einige andere gängige Mining-Algorithmen erstellt. Abbildung 9.4 zeigt X11-ASIC-Miner, die Sie im DASH-Netzwerk einsetzen können, in Abbildung 9.5 sehen Sie Scrypt-ASIC-Miner für das Hashing im Litecoin-Netzwerk, Abbildung 9.6 enthält eine Aufstellung von ASIC-Minern für Equihash (Zcash) und schließlich führt Abbildung 9.7 ASIC-Miner für EtHash nach ihrer Effizienz auf. Die Geräte auf der rechten Seite dieser Diagramme mit einem niedrigeren Energiebedarf (Joule) pro Rechenleistung (Hash) sind profitabler zu betreiben, da die Stromkosten pro Arbeitszyklus geringer ausfallen. Weitere Informationen zur betriebswirtschaftlichen Betrachtung des Minings finden Sie in Teil IV.

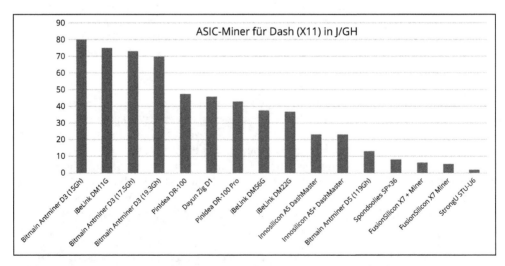

Abbildung 9.4: X11-ASIC-Miner für DASH, nach Effizienz in Joule pro Gigahashes

KAPITEL 9 Die Ausrüstung zusammenstellen

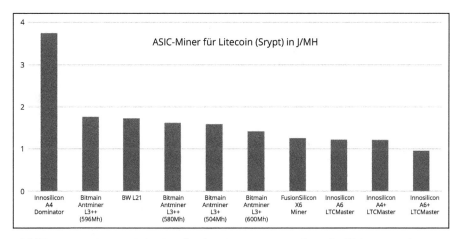

Abbildung 9.5: Scrypt-ASIC-Miner für das Litecoin-Netzwerk, nach Effizienz in Joule pro Megahashes

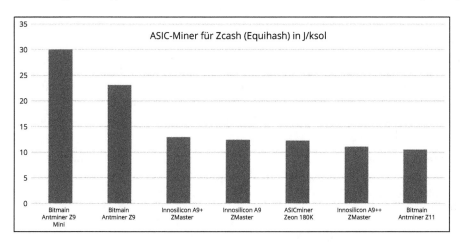

Abbildung 9.6: Equihash-ASIC-Miner für Zcash, nach Joule pro Kilosolutions

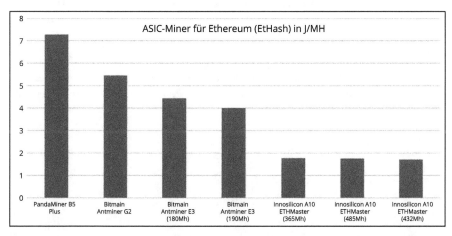

Abbildung 9.7: EtHash-ASIC-Miner für das Ethereum-Netzwerk, nach Effizienz in Joule pro Megahashes

Die Effizienz der Mining-Hardware ist ein extrem wichtiger Faktor bei der Auswahl der richtigen Geräte. Je niedriger der spezifische Energieverbrauch, desto weniger Strom brauchen Sie, desto niedriger sind Ihre Stromrechnungen und desto wirtschaftlicher können Sie die Mining-Hardware betreiben.

Die Kosteneffizienz ist entscheidend für ein langfristiges Bestehen in der Mining-Branche, egal ob Sie eine groß angelegte kommerzielle Mine einrichten oder das Mining im kleineren Stil von zu Hause aus betreiben. Die laufenden Kosten werden mit der Zeit den größten Teil der Aufwendungen ausmachen, wobei der größte Teil auf die Stromkosten entfällt. Mehr zu den wirtschaftlichen Aspekten des Minings finden Sie in Kapitel 11.

Hardwarekosten und andere Überlegungen

Die Preise für Mining-Hardware schwanken stark, ähnlich wie die Marktkapitalisierung von Kryptowährungen. Manchmal bewegen sich die Anschaffungskosten für Mining-Equipment über längere Zeiträume überraschend parallel zum Markt. Wenn die Währung steigt, werden sowohl neue als auch gebrauchte Mining-Rigs teurer verkauft. Wenn der Preis fällt, gibt es auch auf die Hardware einen deutlichen Rabatt, da große Miner und Hersteller ihre Lagerbestände räumen.

Die neuesten, effizientesten Geräte sind aber in jeder Marktlage am teuersten. Diese hocheffizienten Mining-Rigs sind zu jeder Zeit besonders gefragt. Beim Schreiben dieses Kapitels kosteten die hochmodernen ASIC-Miner für SHA-256 von einigen hundert bis hin zu einigen tausend Dollar.

 Die besten Preise für neue Hardware bekommen Sie direkt beim Hersteller. So umgehen Sie Zwischenhändler, die Hardware über den Listenpreisen der Hersteller verkaufen.

Andererseits verkaufen einige Hersteller natürlich auch keine Mindermengen und andere akzeptieren keine Bezahlung in lokalen Fiatwährungen, sondern nur in Bitcoin oder der Kryptowährung, auf deren Mining ihre Hardware spezialisiert ist. Auch die Lieferzeit sollten Sie vorab genau prüfen. Wenn Sie mehr für die neueste und leistungsfähigste Hardware bezahlen, kann eine lange Lieferverzögerung Ihren einkalkulierten Vorteil zunichtemachen.

Möglicherweise können Sie auch gebrauchte Hardware kaufen. Durchsuchen Sie Marktplätze wie eBay, Amazon, eBay Kleinanzeigen oder Alibaba. Sehen Sie sich auf den meisten Gebrauchtmärkten aber die Verkäufer genauestens an. Denken Sie daran, dass einige Plattformen zuverlässiger sind als andere. (Bei Amazon können Sie das Gerät zum Beispiel zurückgeben, wenn es sich als fehlerhaft erweist oder anderweitig nicht der Beschreibung entspricht.) Recherchieren Sie vor dem Kauf immer die technischen Daten wie Hashrate, Stromverbrauch und Effizienz.

Nutzungsdauer der Hardware

Außerdem sollten Sie sich Gedanken darüber machen, wie lange die von Ihnen gekauften ASIC-Miner wohl Schritt halten und profitabel arbeiten werden. Die Block-Difficulty und damit die Anforderung an die Hashrate steigt immer weiter – wie lange wird es also dauern, bis Ihre Hardware hoffnungslos hinterherhinkt?

Eine Reihe von Faktoren bestimmen die Rentabilität eines ASIC-Miners für Kryptowährungen. Dazu gehören etwa die Netzwerk-Hashrate und damit die Block-Difficulty, der Marktpreis der geschürften Kryptowährung, die Effizienz des Mining-Rigs und Ihre Zeitpräferenz.

In den meisten Fällen folgt die Netzwerk-Hashrate dem Kursverlauf einer Kryptowährung mit einem gewissen Abstand. Denken Sie daran, dass die Hashrate im Netzwerk steigt, wenn mehr Miner dem Netzwerk beitreten oder wenn sich bestehende Miner neues Equipment kaufen. Umgekehrt sinkt die Netzwerk-Hashrate, wenn Miner das Netzwerk verlassen. Wenn also der Kryptowährungskurs über einen Monat hinweg in die Höhe klettert, wird sich die Hashrate in den Folgemonaten sehr wahrscheinlich ebenfalls erhöhen, da mehr Miner einsteigen. Und umgekehrt: wenn der Wechselkurs fällt, könnte auch die Hashrate in den Folgemonaten fallen, weil Miner ihre unrentablen Geräte stilllegen.

Allerdings werden Sie in Zeiten steigender Kryptopreise wahrscheinlich auch weniger Kryptowährung verdienen können. Wenn andere Miner mehr Ausrüstung online bringen, sinkt Ihr prozentualer Anteil an der Netzwerk-Hashrate, wodurch Sie immer seltener eine Belohnung erhalten – Sie verdienen vielleicht immer noch mehr Geld in Form von Euros (oder einer anderen von Ihnen genutzten Fiatwährung). Sie schürfen weniger Coins, aber diese Coins sind mehr wert.

Das Gegenteil davon ist natürlich ebenso der Fall. In Zeiten, in denen der Kurs Ihrer geschürften Kryptowährung fällt und anschließend auch die Hashrate einbricht, werden Ihre Mining-Rigs höhere Vergütungen erzielen (gemessen im geschürften Vermögenswert), aber diese größeren Kryptowährungsbeträge könnten – in Ihre lokale Fiatwährung umgerechnet – insgesamt weniger wert sein.

Hier kommt nun als weiterer Faktor auch noch Ihre Zeitpräferenz ins Spiel, in Kombination mit Ihrer Einschätzung des zukünftigen Wertes der abgebauten Kryptowährung. Die *Zeitpräferenz* ist die Präferenz, eine Sache lieber jetzt sofort als später zu bekommen. Ein Mensch mit hoher Zeitpräferenz ist mehr an seinem *aktuellen* Wohlergehen interessiert als ein Mensch mit niedriger Zeitpräferenz, der die Belohnung gerne auf einen späteren Zeitpunkt verschieben kann, um seine Zufriedenheit *dann* zu erhöhen.

Wenn Sie also an die von Ihnen geschürfte Kryptowährung glauben und wenn Sie denken, dass der Preis langfristig steigen wird, dann sollten Sie das Mining gerade auch während Marktabschwüngen fortsetzen – denn dann nimmt die Konkurrenz und damit die Netzwerk-Hashrate ab und Ihr Anteil an der Netzwerk-Hashrate steigt in gleichem Maße. Somit kostet es Sie weniger, die gleiche Menge an Kryptowährung zu schürfen.

Hier ist ein Beispiel. Im Dezember 2018 fiel der Bitcoin-Preis unter 3300 $. Für viele Miner, vielleicht sogar für die meisten, wurde das Mining unrentabel. Es wurde aber trotzdem noch weitergeschürft. Warum? Weil die verbleibenden Miner glaubten, dass sich der Preis erholen würde. Sie behielten Recht. Einige Monate später war ein Coin fast das Vierfache wert. Wenn Sie also bereit sind, den gegenwärtigen Gewinn für den zukünftigen Gewinn aufzuschieben und wenn Sie davon überzeugt sind, dass es einen zukünftigen Gewinn geben wird, dann sollten Sie das Mining auch in schlechten Zeiten fortsetzen (die, wenn Sie Recht behalten sollten, im Rückblick die guten alten Zeiten gewesen sein werden!).

Krypto-Miner mit geringer Zeitpräferenz und dem Glauben an die Kryptowährung können auch nahezu »unrentable« Mining-Hardware unter scheinbar unrentablen Mining-Bedingungen einsetzen, weil sie zukünftige Gewinne erwarten.

Wenn die Netzwerk-Hashrate ansteigt und die Geräte der Konkurrenz immer effizienter werden – weil die neueste Hardwaregeneration mehr Hashes pro kWh Energieaufnahme liefert – wird die Profitabilität Ihrer Mining-Rigs immer weiter sinken. Sie schürfen weniger Coins als zuvor, und jeder Coin wird Sie somit mehr Geld kosten. Irgendwann ist es betriebswirtschaftlich sinnvoll, die alte Hardware durch effizientere Geräte zu ersetzen.

Ein typisches, brandaktuelles Mining-Rig für Bitcoin oder eine andere Kryptowährung kann heute eine sinnvolle Nutzungsdauer von vier Jahren oder mehr haben. In Zukunft könnte sich die Betriebsdauer eines ASICs aber noch erhöhen, da weitere Effizienzverbesserungen bei ASIC-Hardware immer langsamer und schwieriger zu erreichen sind.

So kam zum Beispiel der Antminer S7 von Bitmain Ende 2015 als damals effizientester und leistungsfähigster Miner auf den Markt. In einigen Fällen, wenn Miner eine geringe Zeitpräferenz und Zugang zu billigem Strom im Überfluss haben, ist der Antminer S7 immer noch ein profitables Gerät und wird auch heute nach über viereinhalb Jahren noch betrieben. Der S7 steht aber kurz vor seiner Nutzbarkeitsgrenze und ist in Abbildung 9.4 der ineffizienteste ASIC-Miner für Bitcoin. Vergleichen Sie den S7 (mit seinen 275 J/Th) mit dem Antminer S17 Pro-15, der nur etwa 40 J/Th verbraucht. Das heißt, der erstere verbraucht fast siebenmal so viel Strom, um die gleiche Arbeit zu leisten.

Es gibt niemals eine Garantie für die Nutzungsdauer von Computerhardware und ganz besonders nicht in der schnelllebigen Krypto-Branche. Durch sorgfältige Recherche und eigenes Wissen können Sie diese Risiken jedoch vermindern. Führen Sie vor dem Kauf immer eine Produktrecherche durch und nutzen Sie Prognoseinstrumente für die Rentabilität, um die Wirtschaftlichkeit über den gesamten Lebenszyklus sicherzustellen. Weitere Informationen zur Berechnung der Mining-Rentabilität finden Sie in Kapitel 11.

Hersteller von Mining-Equipment

Heute produzieren viele verschiedene Hersteller Computerhardware (sowohl ASIC- als auch GPU-basiert), die speziell auf das Hashing verschiedener Kryptowährungen zugeschnitten ist.

Hersteller von ASIC-Rigs

Hier ist eine Liste einiger der führenden ASIC-Hersteller im Kryptobereich. Sie produzieren die leistungsfähigste und effizienteste Hardware speziell zum Minen von Bitcoin und andere Kryptowährungen, die den SHA256-Hashing-Algorithmus verwenden. Eine Liste der Kryptowährungen, die diesen Algorithmus verwenden, finden Sie in Kapitel 8.

✔ **Whatsminer:** Der Hersteller Whatsminer produziert mit seiner M-Serie Mining-Hardware für SHA-256 (Bitcoin). https://whatsminer.net/shop

✔ **Bitfury:** Bitfury ist der Produzent der Tardis-Mining-Hardware für Bitcoin/SHA-256. https://bitfury.com/crypto-infrastructure/tardis

✔ **Bitmain:** Bitmain hat die Antminer-Serie im Programm und verkauft ASIC-Equipment für SHA-256, Equihash und weitere beliebte Mining-Algorithmen. https://shop.bitmain.com

✔ **Innosilicon:** Innosilicon stellt spezielle Mining-Ausrüstung für Equihash, SHA-256, Scrypt, X11 und weitere populäre Mining-Algorithmen her. https://innosilicon.com/html/miner/index.html

✔ **Halong Mining:** Halong Mining verkauft die DragonMint-Reihe von SHA-256-ASIC-Minern. https://halongmining.com

✔ **Canaan:** Die Firma Canaan hat die Avalon-Reihe von SHA-256-Bitcoin-Minern herausgebracht. https://canaan.io

✔ **EBang:** Ebang produziert die EBIT-Reihe von ASIC-Rigs für den Bitcoin-Algorithmus SHA-256. http://miner.ebang.com.cn

Hüten Sie sich vor neuen Herstellern, die ASICs mit sensationellen Spezifikationen verkaufen, die alle bisherigen Geräte hinsichtlich Effizienz und Hashrate in den Schatten stellen wollen. Es gab bereits mehrere Fälle (und wir werden wohl auch in Zukunft noch weitere sehen), in denen neu gegründete Hardwarehersteller Vorbestellungen für neue ASIC-Hardware mit erstaunlichen Spezifikationen entgegennahmen. Häufig akzeptieren die Betrüger als Zahlungsweise nur Bitcoin oder andere Kryptowährungen. Natürlich wird die Hardware niemals produziert oder ausgeliefert, und vom »Hersteller« sieht und hört man nichts mehr. (Ein solches Gebaren wird im Kryptobereich auch als »Exit Scam« bezeichnet.)

Hersteller von GPU-Rigs

Die nachfolgende Liste führt Anbieter vorkonfigurierter GPU-Mining-Rigs auf. Mit dieser Ausrüstung können Sie ab Werk eine Vielzahl von Kryptowährungen und Algorithmen schürfen. In Kapitel 10 werden die erforderlichen Schritte und Hilfsmittel behandelt, um selbst ähnliche GPU-Miner aufzubauen.

✔ **Miningstore** bietet eine Vielzahl verschiedener Dienstleistungen an, darunter auch Mining-Hosting, Mining-Container sowie fertige GPU- und ASIC-Mining-Rigs. https://miningstore.com/shop

✔ **Shark Mining** bietet mit der Shark-Serie GPU-Mining-Hardware für den Abbau von Ethereum, Zcash und Monero. https://sharkmining.com

✔ **Coin Mine** ist ein GPU-Mining-Rig mit einfach zu bedienender Benutzeroberfläche. Es eignet sich zum Schürfen zahlreicher Kryptowährungen wie Ethereum, Grin, Monero und Zcash. https://coinmine.com

✔ Die Hardwarereihe **Panda Miner B Pro** besteht aus vorgefertigten GPU-Mining-Rigs zum Abbau von Ethereum, Grin, Monero und Zcash. www.pandaminer.com/product

✔ **MiningSky** bietet mit der Modellreihe V GPU-Miner mit bis zu acht GPUs für eine höhere Mining-Leistung. https://miningsky.com/gpu

✔ Der **Mine Shop** hat viele Produkte im Angebot, darunter ASIC-Miner, große Krypto-Mining-Anlagen in 20-Fuß-Containern und GPU-Rigs für das Mining von Ethereum. https://mineshop.eu

✔ Bei **MiningStore AU** erhalten Sie fertige GPU-Mining-Rigs mit 6, 8, oder 12 verbauten Grafikkarten zum Abbau verschiedener Kryptowährungen mit maximalem Ertrag. https://miningstore.com.au

Eine Wallet zur sicheren Aufbewahrung Ihrer privaten Schlüssel

Neben der Mining-Ausrüstung selbst benötigen Sie auch eine Blockchain-Adresse, an die Ihre Mining-Erlöse geschickt werden, und eine Wallet zur Aufbewahrung Ihrer Schlüssel. (Weitere Informationen zu Wallets finden Sie in Kapitel 1.) Aber beachten Sie, dass Sie wirklich ein tieferes Verständnis von Wallets und Wallet-Sicherheit benötigen, als es die nachfolgende kurze Erinnerung bieten kann. Die Sicherheit Ihrer Wallet ist absolut entscheidend. Wenn Sie Ihre privaten Schlüssel verlieren oder sie Ihnen gestohlen werden, ist Ihr Kryptoguthaben für immer weg. Nachfolgend bieten wir also nichts weiter als eine Erinnerung, die Ihnen vielleicht einige Denkanstöße liefert, aber stellen Sie bitte sicher, dass Sie das Thema Wallet-Sicherheit genau verstanden haben! Erwägen Sie zum Beispiel, an Peters Videotraining zu Kryptowährungen, *Crypto Clear: Blockchain and Cryptocurrency Made Simple*, teilzunehmen, das Sie auf CryptoOfCourse.com finden können.

Verschiedene Arten von Wallets

Ihre Kryptowährung wird in der Blockchain gespeichert, an einer Adresse, die Ihnen persönlich gehört. Diese Adresse wird von Ihren privaten und öffentlichen Schlüsseln verwaltet; die Wallet dient wiederum zur Aufbewahrung dieser Schlüssel.

Es gibt viele Arten von Bitcoin- oder Kryptowährungs-Wallets. Unterschieden werden zwei Grundtypen:

✔ **Hot Wallets** sind mit dem Internet verbunden.

✔ **Cold Wallets** sind nicht mit dem Internet verbunden. Sie gehen damit nur sporadisch online, wenn Sie eine Transaktion an die Blockchain senden möchten.

Bei den Hot Wallets gibt es einerseits die *Custodial Wallets* – also Wallets, die von Dritten verwaltet werden. Wenn Sie zum Beispiel eine Wallet bei Coinbase oder einer anderen Krypto-Exchange haben, dann handelt es sich dabei um eine solche Custodial Wallet.

Dann gibt es natürlich noch von Ihnen selbst verwaltete Wallets. Dies kann eine Hot Wallet oder eine Cold Wallet sein, die auf einem Laptop- oder Desktop-Computer, einem mobilen Gerät wie einem Smartphone, einer speziellen Hardware-Wallet oder sogar einem Stück Papier oder, theoretisch, in Ihrem Gedächtnis liegt (Brain-Wallets sind keine gute Idee!).

Auf Bitcoin.org finden Sie ein schönes Wallet-Verzeichnis, das nach verschiedenen Typen untergliedert ist: https://bitcoin.org/en/choose-your-wallet.

Von Dritten betreute Custodial Wallets sind verlockend, weil sie Ihnen den Aufwand für die Handhabung Ihrer eigenen Wallet abnehmen. Das Problem ist, dass Sie darauf hoffen müssen, dass die Mittelsperson sowohl vertrauenswürdig als auch umsichtig ist. Zweifellos haben Sie von den zahlreichen Hacks von Börsen gehört, die zu Verlusten in Milliardenhöhe geführt haben. Aus diesem Grund scheuen viele erfahrene Krypto-User vor diesen fremdverwalteten Wallets zurück und managen ihre Wallets lieber selbst.

Einige der beliebtesten Custodial Wallets können Sie über eine Website oder eine mobile Anwendung aufrufen, wie etwa Coinbase oder Gemini, die mit vielen beliebten Kryptowährungen handeln, CashApp, das nur Fiat- und Bitcoin-Guthaben erlaubt, und Blockchain.com, das einige Kryptowährungen speichern kann. Aber denken Sie noch einmal an die berühmte Krypto-Redensart: »Nicht Ihre Schlüssel, nicht Ihre Coins«. Denn wer außer Ihnen Zugriff auf Ihren Private Key hat, hat auch Zugriff auf Ihre Kryptowährung.

Welche Art von Wallet ist am sichersten?

- ✔ **Es handelt sich um eine Cold Wallet.** Sie ist nicht mit dem Internet verbunden, außer Sie möchten Kryptowährung an eine andere Person senden.

- ✔ **Es gibt irgendein Backup.** Wenn die Wallet zerstört wird oder verloren geht, können Sie sie trotzdem wiederherstellen.

- ✔ **Es gibt mehrere Sicherungen und mindestens eine davon ist ein externes Backup.** Wenn Ihr Haus abbrennt, werden Sie sich wie ein Vollidiot fühlen, wenn das Gerät mit Ihrer Wallet verbrennt und daneben auch noch das Backup in Rauch aufgeht!

- ✔ **Die Absicherungsmethode ist vor anderen Personen geschützt.** Was nützt ein Backup, wenn es leicht gestohlen werden kann?!

- ✔ **Es gibt einen Mechanismus, um die Informationen über den Zugriff auf Ihre Wallet im Falle Ihres Todes oder Ihrer Kommunikationsunfähigkeit an Ihre nächsten Angehörigen zu übermitteln.**

Es ist gar nicht so einfach, das richtig hinzubekommen. Sie müssen das gut durchdenken (und die Wallets wirklich verstehen!), um all diese Kriterien zu erfüllen.

Paper-Wallets sind einfache Ausdrucke von Private Keys auf Papier. Sie verfügen über die Sicherheit einer Cold Wallet und können nicht gehackt werden! Dafür haben Sie sämtliche

Risiken von Papier (lesbar, brennbar, …). Wenn Sie das Papier verlieren, verlieren Sie Ihre Kryptowährung. Eine einzige Paper-Wallet pro Adresse genügt also nicht. Sie brauchen mehrere davon, und damit steigt wiederum das Diebstahlrisiko.

Wie wäre es mit einer Gedächtnis-Wallet? Die ist ziemlich sicher, bis Sie eine Gehirnverletzung erleiden, vergesslich werden oder von einem Bus überfahren werden und das Zeitliche segnen. (Pech für Ihre Lieben!)

Viele Miner verwenden Hardware-Wallets. Sie ermöglichen einen einfachen Zugriff auf Ihre Kryptowährung, bieten aber auch ein akzeptables Maß an Sicherheit. Sie fungieren die meiste Zeit über als Cold Storage (können also nicht gehackt werden!), aber wenn Sie Kryptoguthaben versenden möchten, können Sie sie für einige Augenblicke mit dem Internet verbinden.

Einige der gängigsten Hardware-Wallets sind Trezor, Ledger, KeepKey, ColdCard und BitBox. Wir empfehlen dringend den Einsatz von Hardware-Wallets, sobald Sie größere Beträge in Kryptowährung aufbewahren. Hardware-Wallets kosten zwischen 35 und 125 €.

Passen Sie auf, wenn Sie gebrauchte Hardware-Wallets kaufen! Erstellen Sie nach dem Kauf der Hardware-Wallet immer Ihre eigene Seed-Phrase, um sicherzustellen, dass der Vorbesitzer Ihr Geld nicht stehlen kann! (Ja, das gab es schon; Betrüger verkaufen Hardware-Wallets mit vorkonfigurierten Seed-Phrasen und teilweise auch gefakten Anleitungen.)

Ihre Wallet absichern und ein Backup erstellen

Einen einzigen zentralen Punkt zur Verwaltung Ihrer Blockchain-Adresse zu nutzen, ist eine gefährliche Sache. Was passiert, wenn Sie eine Hardware-Wallet wie zum Beispiel Trezor oder Ledger verlieren oder wenn diese eine Fehlfunktion hat? Sie haben die Kontrolle über Ihre Adresse verloren und damit den Zugriff auf Ihr Kryptogeld.

Sie brauchen also einen Wiederherstellungsplan. Und tatsächlich ist dieser Plan etwas, über das Sie eine Weile nachdenken müssen. Sie sollten verschiedene Szenarien berücksichtigen und jeweils überlegen, wie Sie damit zurechtkommen würden.

Die Schlüssel, die von vielen Soft- oder Hardware-Wallets generiert werden, lassen sich mit einer Seed-Phrase wiederherstellen, die Sie beim ersten Einrichten der Wallet erzeugen. Eine standardmäßige Seed-Phrase zur Wiederherstellung in englischer Sprache entstammt einer Wortliste aus 2048 Wörtern, die im BIP39 (Bitcoin Improvement Proposal) hinterlegt ist. Möglicherweise genügt es sogar, sich nur die ersten vier Buchstaben jedes Wortes zu notieren, da die ersten vier Zeichen jedes der 2048 Wörter in BIP39 einzigartig sind und einige Wallets automatisch den Rest des Worts ergänzen, sobald Sie die ersten vier Zeichen eingegeben haben (aber lesen Sie zunächst die Anleitung Ihrer Wallet-Software und schreiben Sie, wenn Sie paranoid sind, lieber das ganze Wort auf!). Diese Wörter werden zufällig ausgewählt, und wenn sie in der richtigen Reihenfolge in die Wallet eingegeben werden, errechnet die Wallet daraus Ihre Schlüssel wieder aufs Neue.

Sie haben also eine Wallet, die anfällig für Verlust oder Fehlfunktionen ist. Aber Sie haben auch einen Seed, mit dem Sie die Schlüssel in der Wallet neu erzeugen können. Also müssen Sie diese Seed-Phrase irgendwie sicher aufbewahren, im Idealfall an mehreren Orten.

Durchdenken Sie die Szenarien. Ihre Hardware-Wallet funktioniert nicht mehr, aber Sie haben Ihren Seed am selben Ort gelagert. Kein Problem, Sie können sich eine neue Wallet besorgen und mit dem Seed Ihre Schlüssel wiederherstellen. Aber was ist, wenn Ihr Haus abbrennt und die Hardware-Wallet zerstört wird? Wo haben Sie Ihre Seed-Phrase aufbewahrt? Im selben Haus? Dann haben Sie Pech gehabt.

Und was ist, wenn Sie den Recovery-Seed aufschreiben und an einem sicheren Ort aufbewahren? Wie sicher ist dieser Ort wirklich? Vielleicht ist er in dem Sinne sicher, dass Sie den Seed bei Bedarf zurückholen können, aber könnte er auch von jemand anderem gefunden werden? Wer immer an die Seed-Phrase gelangt, besitzt Ihre Kryptowährung!

Einige Investoren und Miner nutzen hierfür spezielle Vorrichtungen aus Metall, die die Seed-Phrase (theoretisch) vor Wasser, Feuer und anderen Elementarschäden schützen, die einen auf Papier niedergeschriebenen Seed vernichten würden (zum Beispiel Billfodl, Cryptosteel, Crypto Key Stack, ColdTi, Bitkee, SeedSteel und Steely). Würden sie wirklich ein heißes Feuer überstehen? (Ja, theoretisch würden sie zumindest die meisten Brände in Holzhäusern überstehen, aber wir empfehlen Ihnen trotzdem nicht, sich auf eine einzige Backup-Methode zu verlassen.)

Wir sind uns nicht sicher, ob wir darauf vertrauen würden, und außerdem ist da immer noch das Problem, dass die Boxen eventuell von Dritten gefunden werden (und wer auch immer die Seed-Phrase bekommt, gelangt in den Besitz Ihrer Kryptowährung). Sie könnten Ihren Seed zur Verwahrung an einen Anwalt, einen Verwandten oder einen guten Freund geben. Aber wie sehr vertrauen Sie diesen Parteien? Ihr Vertrauen muss wohl sehr weit gehen, aber selbst wenn Sie dieses Maß an Vertrauen aufbringen: Vertrauen Sie auch darauf, dass sie den Seed so aufbewahren, dass niemand sonst ihn jemals zu Gesicht bekommt, und vertrauen Sie darauf, dass sie ihn so aufbewahren, dass sie ihn bei Bedarf wieder finden können?

Andere Optionen sind Tresore, Schließfächer und die Speicherung von Schlüsseln in Passwortmanagerprogrammen oder in einer anderen hochverschlüsselten digitalen Speicherform, die dann sowohl vor Ort als auch extern gespiegelt werden könnte, vielleicht sogar in der Cloud ... natürlich nur in verschlüsselter Form und nur, wenn Sie sich wirklich um die IT-Sicherheit bemühen und darauf achten, in einer Computerumgebung zu arbeiten, die nicht irgendwie kompromittiert ist. Moderne Verschlüsselungsverfahren lassen sich nicht knacken, aber denken Sie an die Schwachstellen. Wenn beispielsweise ein geheimer Keylogger auf Ihrem Computer installiert ist, könnten Passwörter entwendet werden. Wenn jemand ein Passwort zu Ihrer Wallet hat, dann ist es egal, wie gut die Daten verschlüsselt sind.

Dieses Thema ist wie gesagt extrem wichtig, liegt aber etwas außerhalb des Rahmens dieses Buches. Sie müssen begreifen, wie Wallets funktionieren, wie Sie sie absichern und bei Bedarf wiederherstellen können – und, wenn Ihnen Ihre Erben wichtig sind, wie Sie Ihr Vermögen im Falle Ihres Todes weitergeben können.

Wohin mit der Mine? Einen geeigneten Standort finden

Sobald Sie die passende Hardware erworben haben (sowohl für das Mining als auch zur sicheren Aufbewahrung Ihrer Keys), liegt das nächste Hauptaugenmerk auf der Suche nach einem geeigneten Standort für den Betrieb Ihres Mining-Equipments. Zu den wesentlichen Anforderungen gehören dabei immer die passenden Räumlichkeiten, Kommunikationsanschlüsse, eine gute Belüftung oder Klimatisierung und eine ausreichende Stromversorgung.

Prüfen Sie, ob Sie von zu Hause aus Kryptowährungen schürfen können

Am einfachsten und günstigsten können Sie das Krypto-Mining von zu Hause aus antesten. Dort haben Sie bereits alles, was Sie für den Betrieb einer Kryptomine benötigen: einen Internetzugang, Strom und Platz.

Manche Unterkünfte eignen sich natürlich besser zum Schürfen als andere. Eine Wohnung gehört zum Beispiel wegen des begrenzten Platzangebots und der Geräuschentwicklung der Mining-Hardware nicht unbedingt zu den besten Standorten. Ein Einfamilienhaus wäre im Vergleich zu einer Wohnung in einem Mehrfamilienhaus im Vorteil; Sie wollen ja Ihre lieben Nachbarn nachts nicht mit Ihren summenden Mining-Rigs um den wohlverdienten Schlaf bringen.

Mining-Geräte, insbesondere ASICs, werden meist von einem Zuluft- und einem Abluftlüfter gekühlt, die jeweils mit einer Drehzahl von 3600 bis 6200 Umdrehungen pro Minute laufen. (Lüfter mit 6200 U/min erzeugen einen Geräuschpegel von 60 bis über 100 Dezibel!) Diese schnell drehenden Lüfter sind sehr laut und führen außerdem beträchtliche Wärmemengen ab. Deshalb kommt es auch auf den passenden Standort *im* Haus an. So würden sie sich zum Beispiel keinen mit 6200 U/min sirrenden Lüfter auf Ihrem Nachttisch oder in der Wohnküche wünschen.

 Die besten Orte zu Betrieb von Mining-Geräte in einem Eigenheim sind eine Garage, ein gut zu belüftender und trockener Gartenschuppen oder ein kühler Keller mit guter Luftzirkulation.

Unabhängig davon, ob Sie die Mining-Hardware an Ihren Wohnsitz, in einem Industriegebäude oder an einen anderen geeigneten Ort aufbauen, gibt es einige Dinge, die Sie stets berücksichtigen sollten. Eine gute Belüftung, in heißen Monaten eventuell auch Klimatisierung, eine schnelle Internetverbindung und eine ausreichende Stromversorgung sind unerlässlich. Die Belüftung wird einfacher und preiswerter, wenn das Klima bei Ihnen über weite Teile des Jahres hinweg kühl oder gemäßigt ist.

Anforderungen an die Internetverbindung

Krypto-Miner müssen sich mit einem globalen Netzwerk von Blockchain-Nodes verbinden. Eine gute und zuverlässige Internetverbindung ist daher unerlässlich. Es gibt viele Arten von Internetzugängen, aber beim Mining müssen Sie Daten sowohl senden als auch empfangen können. Sie brauchen also unbedingt eine Upload- und eine Download-Verbindung. Extreme Bandbreiten sind nicht unbedingt erforderlich, aber eine geringe Latenzzeit (Ping) und ein schneller Upload zahlen sich oft aus, da beim Mining jede Millisekunde (tausendstel Sekunde) zählt.

Die *Bandbreite* ist der Datendurchsatz: Wie viele Daten übertragen werden können, wird häufig in Megabit pro Sekunde (Mbps) angegeben. Die *Latenz* ist die Zeitverzögerung, die die Daten benötigen, um von A nach B zu gelangen. Dieser Wert wird meist in Millisekunden (ms) oder Tausendstelsekunden angegeben.

Traditioneller Internetzugang

Die einfachste Internetanbindung für das Krypto-Mining ist einfach ein ganz normaler Internetzugang. Die meisten Breitbandgeschwindigkeiten sind heutzutage mehr als ausreichend für die Anforderungen von Minern. Im Zweifelsfall ist aber immer die schnellere Verbindung zu bevorzugen – auch was die Upload-Bandbreite betrifft.

Im Idealfall ist Ihre Mining-Ausrüstung per Ethernet-Kabel mit dem Modem Ihres Internetanbieters verbunden. Eventuell benötigen Sie noch einen zusätzlichen Router oder Netzwerk-Switch, um mehrere Miner anzuschließen. Sie könnten aber auch eine WLAN-Verbindung nutzen, wenn Sie die Mining-Hardware nicht ohne Weiteres fest mit dem Modem verkabeln können.

Satellitenzugang

In einigen abgelegenen Gebieten, die sich für Mining-Ausrüstung eignen würden, gibt es keine kabelgebundene Internet-Infrastruktur, aber es gibt Alternativen. Einige wenige Unternehmen bieten satellitengestützte Internetverbindungen für Gebiete an, die ansonsten keinerlei Internetzugang hätten. Wenn Sie nach *Internet über Satellit* suchen, werden Sie verschiedene Dienste finden.

Satelliten-Blockchain?

Ein kostenloser Dienst verbreitet über Satellit weltweit die Bitcoin-Blockchain, sodass Sie überall auf der Welt einen Full Node einrichten können. Diese Bitcoin-Daten werden von Blockstream, Inc. über Satellit zur Verfügung gestellt, Sie finden die Informationen über den kostenlosen Service unter `https://Blockstream.com/satellite/`.

So revolutionär dieser Dienst auch sein mag, er ist derzeit nur auf die Verbreitung der Blockchain-Daten beschränkt und erlaubt keine Daten-Uploads. Daher ist er für das Bitcoin-Mining wenig hilfreich, da Sie Ihre geschürften Blöcke ja auch zurück an das Netzwerk senden müssen. Er dient stattdessen als gutes Backup, um die Nodes auf dem aktuellen Stand zu halten und vollständig mit der Blockchain zu synchronisieren, aber vielleicht werden solche Angebote in naher Zukunft auch eine Uploadmöglichkeit bieten.

Gedanken zur Stromversorgung

Wo auch immer Sie Ihr Mining-Equipment aufstellen, Sie benötigen dort natürlich eine ausreichende Stromversorgung. Wenn sich mit einem normalen Desktop-PC schürfen wollen, genügt eine typische 230-Volt-Steckdose. Dedizierte Mining-Hardware benötigt dagegen eine Anschlussleistung von mehreren tausend Watt, um viele Billionen Hashes pro Sekunde zu erzeugen.

Neben den 230-Volt-Stromkreisen, an den Sie die meisten Ihrer Geräte anschließen – Fernseher, Haartrockner, Lampen, und so weiter – gibt es in Ihrem Haus auch noch dreiphasige Anschlüsse für größere Verbraucher, wie etwa für den Herd oder Durchlauferhitzer. Diese Stromkreise können auch mehrere ASICs mit einem höheren Leistungsbedarf speisen.

Für eine sichere und zuverlässige Stromversorgung Ihrer Mining-Hardware benötigen Sie eine elektrische Grundausstattung. Sie brauchen hochwertige Stromverteilereinheiten (Power Distribution Units, PDUs), Netzteile mit ausreichender Nennleistung (Power Supply Units, PSUs) sowie eine ordentliche Verkabelung mit Verteilerkasten und entsprechenden Sicherungsautomaten.

Stromleisten

Professionelle *Power Distribution Units* leiten den Strom von der Steckdose zu den Netzgeräten Ihrer Hardware. Sie übertragen die benötigte Leistung und sind gegen eine Überlast geschützt. An diese PDUs können Sie je nach Leistungsangabe und verwendeter Steckdose auch mehrere Netzteile anschließen. Meist sind die Ausgänge einzeln abgesichert. Beispiele sehen Sie in Abbildung 9.8.

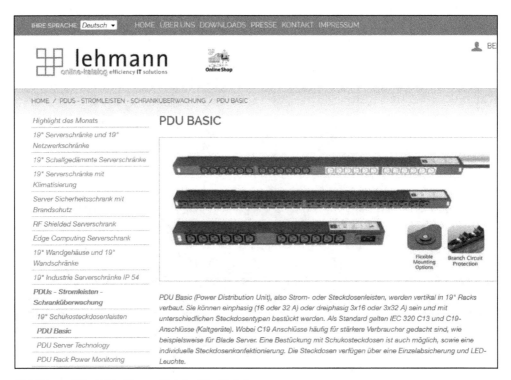

Abbildung 9.8: PDUs (Power Distribution Units)

Eine dreiphasige PDU, die an 3 × 230 V und 10 A angeschlossen wird, könnte dann beispielsweise drei separate 230-V-Ausgänge mit einer Absicherung von 10 A besitzen.

Die Gleichung zur Berechnung der elektrischen Leistung (P, gemessen in Watt) aus Spannung und Stromstärke ist ziemlich einfach. Wir verwenden dafür die Formel $P = U \cdot I$, wobei U die Spannung in Volt und I die Stromstärke, die in Ampere gemessen wird.

Nach dieser Gleichung könnte ein PDU-Steckplatz mit 230 Volt und 10 Ampere etwa 2300 Watt bereitstellen (2300 W = 230 V · 10 Ampere). Somit könnte jede Buchse der PDU die meisten der in Abbildung 9.2 weiter vorne in diesem Kapitel genannten ASICs versorgen, aber nicht alle. Wie Sie in Abbildung 9.2 sehen, benötigen einige auf der linken Seite mehr Leistung!

Diese Konfiguration bietet einen einzelnen Überlastschutz für die drei Anschlüsse der Stromleiste und hilft dabei, fehlerhafte Geräte oder Probleme in der Verkabelung hinter dem jeweiligen Anschluss zu isolieren, während die Stromversorgung der beiden anderen Ausgänge erhalten bleibt.

Je nach Größe und Konfiguration Ihrer Mining-Rigs brauchen Sie nicht immer zwingend professionelle Stromleisten, aber sie bieten ihnen einen zusätzlichen Schutz vor elektrischen Störungen und eine bessere Sicherheit beim Betrieb mehrerer Mining-Rigs. Die Preise von PDUs sind angesichts der elektrischen Konnektivität, des Komforts und der gebotenen Betriebssicherheit durchaus angemessen, und sie sind in zahlreichen Online-Shops erhältlich.

Netzgeräte

Netzteile für das Krypto-Mining gibt es in allen Formen und Größen, vom typischen ATX-Netzteil eines Desktop-PCs bis hin zu speziellen Hardwarekomponenten, die eigens für Mining-Anwendungen entwickelt wurden. Ein Beispiel sehen Sie in Abbildung 9.9.

Abbildung 9.9: Ein Antminer-Netzteil von Bitmain, einem der größten ASIC-Produzenten

Netzteile werden vom Hersteller oft im Paket mit der ASIC-Mining-Hardware verkauft. Aber auch auf vielen Online-Marktplätzen sind Netzgeräte zu finden. Es gibt Netzteile für 120 Volt oder für 230 Volt und einige laufen auch mit beiden Spannungen. Wenn Sie ein separates Netzteil kaufen, müssen Sie darauf achten, dass seine Nennleistung größer ist als die maximale Leistungsaufnahme der zu versorgenden Mining-Hardware.

Die Nennleistung des Netzteils sollte immer größer sein als die maximale Leistungsaufnahme der verwendeten Mining-Hardware. Ansonsten kann das Netzteil nicht genug Strom liefern. Überlastete Netzteile können zu elektrischen Fehlern, regelmäßigen Ausfällen der Stromversorgung oder gar zu defekten Mining-Rigs führen. All diese Folgeerscheinungen sind teuer und gefährlich, also verwenden Sie unbedingt ausreichend dimensionierte Netzteile für die Hardware – die ASIC- oder GPU-Mining-Rigs –, die Sie betreiben möchten. Weitere Informationen finden Sie im Hersteller-Handbuch Ihres Mining-Equipments.

Sicherheit geht vor!

Bitte seien Sie wirklich vorsichtig beim Aufstellen Ihrer Mining-Geräte! Eine falsch konfigurierte und eingerichtete Krypto-Mine stellt eine ernsthafte Brandgefahr dar (und Sie wissen, was das für Ihre Wallet bedeutet …). Denken Sie nicht, dass das nicht passieren kann. Es ist schon mehrmals vorgekommen. Wenn Sie gar nicht wissen, was Sie tun, ziehen Sie einen Elektriker zu Rate, der Ihnen bei der Installation der Ausrüstung hilft!

Bestehende Infrastruktur oder neue Elektroinstallation?

Wenn Ihre Mine über die vorhandene elektrische Infrastruktur versorgt werden soll, müssen sie darauf achten, dass die Steckdosen, die Zuleitungen vom Schaltkasten und die Sicherungen, über die Sie Ihr Mining-Equipment versorgen möchten, für die elektrische Last ausgelegt sind. Außerdem ist es wichtig, dass die Zuleitung von Ihrem Energieversorger und der Transformator, der sie speist, ebenfalls für die erhöhte Last durch Ihr Mining-Equipment ausgelegt sind. Sprechen Sie also mit Ihrem Stromversorger und einem Elektroinstallateur, um herauszufinden, ob Ihre geplante Last zusätzliche Verbesserungen an der elektrischen Anlage erfordert.

Auch die elektrische Leitung und die Sicherung für den betreffenden Stromkreis müssen für die von Ihnen geplante Last ausgelegt sein. Der Sicherungsautomat im Schaltkasten, der die Leitungen speist, kann Ihnen eine Vorstellung von der maximalen Stromstärke geben, die der Stromkreis führen kann. Sollten Sie aber irgendwelche Fragen zum Kabelquerschnitt oder zur maximalen Belastung der Sicherungen oder Steckdosen haben, wenden Sie sich an einen qualifizierten und zugelassenen Elektriker vor Ort, um den zuverlässigen Betrieb und die elektrische Sicherheit zu gewährleisten und folgenschwere Fehler beim Anschluss Ihrer geplanten Mining-Hardware zu vermeiden.

Bei größeren Projekten mit spezialisierter Krypto-Mining-Hardware werden Sie, besonders angesichts der Leistungsaufnahme von modernen Geräten, mit ziemlicher Sicherheit eine neue Elektroinstallation brauchen. Typische Hausanschlüsse sind oft nur für maximal 100 bis 200 Ampere ausgelegt, sodass den Möglichkeiten zur Installation von Mining-Hardware in Wohnhäusern Grenzen gesetzt sind. Sofern Sie kein ausgebildeter Elektriker sind, ist es wiederum am besten, Fachleute zu konsultieren und sich mit einem Elektroinstallateur vor Ort in Verbindung zu setzen, um die erforderlichen Upgrades oder Neuinstallationen für Sie durchzuführen. Für mittlere oder größere Projekte müssen Sie möglicherweise auf ein kommerzielles Rechenzentrum oder ein Hosted-Mining-Angebot ausweichen oder in einem Gewerbeobjekt Ihre eigene Mine völlig neu einrichten.

Und noch etwas sollten Sie beachten, auch wenn es für die meisten Menschen kein Problem sein wird: Sie sollten sich bei Ihrem Energieversorger erkundigen, ob Sie überhaupt Mining-Equipment betreiben dürfen! In einigen Ländern und Regionen ist dies in Privathaushalten schlichtweg verboten, besonders in sehr ländlichen Gebieten mit relativ geringem Energiebedarf, deren Netze schon durch die Ansiedlung weniger Miner überlastet werden könnten.

So benötigt man zum Beispiel in Chelan County im US-Bundesstaat Washington, das zum größten Teil aus Staatsforsten besteht und etwas über 70.000 Einwohner zählt, Mining-Genehmigungen. Es gab dort auch schon ein Moratorium für den Abbau von Kryptowährungen, weil man sich Sorgen machte, dass die Mining-Aktivitäten in der Region ein Brandrisiko darstellen und außerdem die Stromnetze über Gebühr belasten.

Hydro-Québec begrüßt dagegen ausdrücklich den Abbau von Kryptowährungen, verlangt aber trotzdem eine Registrierung dieser Aktivitäten beim Stromversorger.

Rechenzentren und andere geeignete Gewerbeflächen

Aufstrebende Kryptowährungs-Miner, die ihren Betrieb bedeutend vergrößern möchten, werden am Ende häufig zu dem Fazit kommen, dass Gewerbeflächen wie Lager oder dedizierte Rechenzentren am besten für ihr Vorhaben geeignet sein könnten. Für große Krypto-Minen ist in Ihrer Wohnung oder Ihrem Haus einfach nicht genug Platz.

Sie haben im Wesentlichen drei Möglichkeiten:

- ✔ **Errichten Sie Ihr eigenes Rechenzentrum.** Suchen Sie sich zum Beispiel Lagerflächen und bauen Sie alles von Grund auf neu auf.

- ✔ **Arbeiten Sie mit einem Colocation-Anbieter zusammen.** Diese Rechenzentren sind auf der ganzen Welt verteilt und wurden in erster Linie für die Verwaltung von Webservern entwickelt. Sie sind mit zuverlässigen Stromanschlüssen, Hochwasser- und Brandschutz, redundanten Internetverbindungen und so weiter ausgestattet. Sie zahlen dort eine Platzmiete für Ihre Racks und für die von Ihnen genutzte Bandbreite und Energie.

- ✔ **Nutzen Sie die Angebote eines Mining-Dienstleisters.** Diese Angebote erheben angemessene Gebühren für die Unterbringung Ihrer eigenen Geräte, einschließlich Raum- und Elektrizitätskosten in den speziell dafür eingerichteten und einsatzbereiten Geschäftsräumen. Im Wesentlichen handelt es sich um Colocation-Services, die jedoch speziell für das Krypto-Mining entwickelt wurden. Hier sind einige der beliebtesten Hosting-Dienstleister für Mining-Geräte:

    - **Blockstream:** https://blockstream.com/mining/

    - **Mining Store:** https://miningstore.com/bitcoin-mining-hosting-service/

    - **Oregon Mines:** https://www.oregonmines.com

    - **Upstream Data:** https://www.upstreamdata.ca/products

- **Bitcoin Mined:** https://www.bitcoinmined.net/
- **TeslaWatt:** https://teslawatt.com/
- **Mining Sky:** https://miningsky.com/miner-hosting/
- **Mining Colocation:** https://miningcolocation.com
- **Light Speed Hosting:** https://www.lightspeedhosting.com/

Vorteile

Ob Sie nun selbst Hand anlegen, einen Colocation-Service nutzen oder mit einem Mining-Dienstleister zusammenarbeiten – durch ein solches gewerbliches Engagement können Sie große Mengen an Mining-Equipment installieren. Die beiden letzten Varianten haben den Vorteil, dass sie sich schneller einrichten lassen. Sie finden dort wahrscheinlich bereits einen ausreichend dimensionierten Zugang zum Stromnetz und eine angemessene Elektroinstallation vor, um den Energiebedarf Ihrer Mining-Hardware zu decken. Außerdem gibt es dort leistungsstarke Klimaanlagen zur Kühlung Ihrer wertvollen Ausrüstung. (Das könnte auch bei einigen Lagerhäusern der Fall sein.) Die Internetverbindung ist blitzschnell, was eine geringere Latenzzeit bedeutet und Ihnen einen leichten Vorteil verschafft. Mit anderen Worten, einige dieser Standorte können das gesamte Paket anbieten – alles, was Sie brauchen, um zeitnah mit dem Mining zu beginnen – und im Kryptobereich gilt: *Zeit ist Coin*.

Nachteile

Die Nachteile solcher Installationen können in einigen Situationen beträchtlich sein. Dazu gehören möglicherweise etwa die Kosten und die Laufzeit der Mietverträge sowie eine mangelnde direkte Kontroll- oder Zugangsmöglichkeit zu Ihren Geräten. Ein Lagerraum könnte günstiger kommen, aber auch nicht immer. Die Colocation- und Mining-Dienstleister teilen die Kosten unter allen Kunden auf. Wenn Sie alles von Grund auf neu aufbauen wollen, fallen die gesamten Kosten auf Sie zurück und das wird nicht billig.

Im Allgemeinen wird es kostengünstiger sein, einen sehr großen Mining-Betrieb an einem geeigneten Standort selbst aufzuziehen, aber für kleine Betriebe lohnt sich die Zusammenarbeit mit einem Colocation-Center oder einem Dienstleister wahrscheinlich eher.

In gehosteten Einrichtungen haben Sie unter Umständen keinen direkten Zugang zu Ihren Geräten. In einigen Fällen liegt dies im Ermessen des Anbieters.

Bei Gewerbeflächen oder einem selbst errichteten Rechenzentrum können (neben den Kosten, die für den Betrieb eines Mining-Rigs an Ihrem Wohnsitz anfallen würden) noch Kosten für die Internetverbindung, Raummieten und Versicherungskosten anfallen. Diese mögen zwar vielleicht niedrig erscheinen, aber wenn Sie nicht ausreichend vorbereitet sind, kann dies Ihre Rentabilität in Zeiten, in denen der Hashrate-Wettbewerb härter wird oder der Marktpreis sinkt, erheblich beeinträchtigen.

> **IN DIESEM KAPITEL**
>
> Die Ausrüstung zusammenstellen
>
> Optionen der Mining-Software
>
> Ein GPU-Mining-Rig bauen
>
> Konfiguration der Mining-Hardware

Kapitel 10
Die Mining-Hardware einrichten

Nachdem Sie entschieden haben, welche Kryptowährung Sie abbauen möchten, und sie alle benötigten Materialien und Geräte erworben sowie einen geeigneten Standort für den Betrieb Ihrer Mining-Ausrüstung gefunden haben, müssen Sie im nächsten Schritt alles unter einen Hut bringen und Ihr Mining-Rig einrichten. Unabhängig davon, ob Sie mit ASIC- oder GPU-Minern arbeiten wollen, geht es hier nun darum, wie Sie das Equipment montieren, alle benötigten Kabel anschließen und die richtige Software installieren und ausführen.

ASIC-Mining-Rigs

ASIC-Miner kommen als vorgefertigtes Komplettpaket daher, das Ihnen einen Großteil der technischen Hard- und Softwareinstallation abnimmt, die das GPU-Mining etwas schwierig machen. ASIC-Mining-Rigs sind im Prinzip als Plug-and-Play-Geräte konzipiert. Schließlich wurden sie speziell für das Krypto-Mining entwickelt, sodass sie gerade für diese Anwendung auch einfach zu bedienen sind. Ihrem ASIC-Miner sollte natürlich auch eine Installationsanleitung mit ausführlichen Anweisungen beiliegen. Dieses Kapitel dient eher als Überblick und soll Ihnen ein Gefühl für die Anforderungen vermitteln.

Racks

Miet-Rechenzentren sind voller Metallgestelle oder Racks, die rund 50 Zentimeter (19 Zoll) breit und ein bis zwei Meter hoch sind. In den Racks werden die Geräte verschiedener

Kunden übereinander gestapelt. Jedes Rack ist in vertikale Einheiten unterteilt; 1U bedeutet eine vertikale Höhe von 4,45 cm. Als Rack-Einschub konzipierte Computerhardware kann daher eine Höhe von 1U, 2U oder 3U haben und so weiter. Ein 2U-Gerät passt beispielsweise in einen 8,9 cm hohen Einschubplatz im Rack.

Nun, *manche* ASICs eignen sich zur *Rackmontage*. Dies bedeutet in der Regel, dass der ASIC-Miner direkt in ein Standard-19-Zoll-Serverrack eingesetzt wird und dabei wahrscheinlich mehrere vertikale Einheiten einnimmt. Dies ist jedoch relativ selten. Im Allgemeinen sind ASICs nicht für die Rackmontage konzipiert. Ein Beispiel für den typischen Formfaktor eines ASICs sehen Sie in Abbildung 10.1.

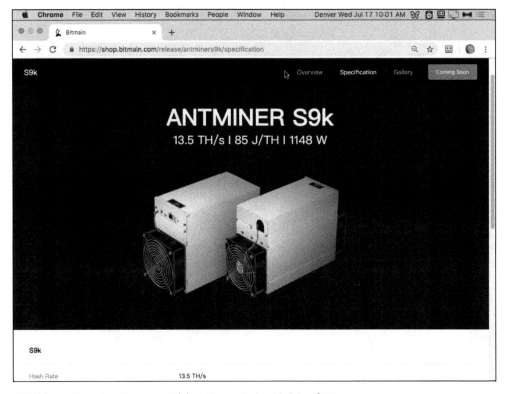

Abbildung 10.1: Der Antminer S9k hat eine typische ASIC-Bauform.

Wie kann man also einen ASIC-Miner, der nicht für die Rackmontage ausgelegt ist, in ein Rack einsetzen? Indem Sie ein entsprechendes Gehäuse verwenden. Einige wenige Unternehmen verkaufen Rack-Einschubgehäuse, die zur Aufnahme bestimmter ASICs konzipiert sind. In Abbildung 10.2 sehen Sie beispielsweise ein Beispiel für ein Gestell von Gray Matter Industries, das speziell für die Antminer-Modelle S9 und L3 von Bitmain entwickelt wurde (siehe www.miningrigs.net). In dieses Gestell passen drei Bitmain-ASICs samt Netzteil. Das Gehäuse hat eine Höhe von 7U.

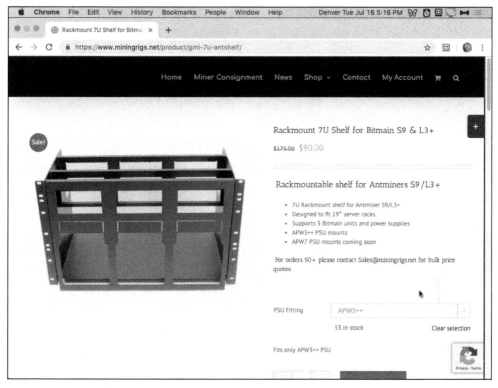

Abbildung 10.2: Ein Gestell von Gray Matter Industries zur Rackmontage von drei Bitmain-ASICs inklusive Netzteilen

Diese Einschübe zur Rackmontage sind nicht allzu teuer (nur rund 90 €) und wenn Sie einen großen Mining-Betrieb mit Dutzenden von ASICs betreiben, dann sollten Sie wahrscheinlich irgendeine Art von Montagezubehör verwenden. Allerdings müssen Sie es bei einem kleineren Projekt auch nicht übertreiben! Es spricht nichts dagegen, einige ASIC-Miner auf einem Tisch oder vielleicht in ein Schwerlastregal aus dem Baumarkt zu stellen. Server-Racks in Rechenzentren sind in der Regel elektrisch geerdet, und wenn Sie ein Gestell oder Regal aus Metall verwenden, dann sollte dieses ebenfalls geerdet werden, damit Sie und Ihre Ausrüstung sicher sind.

Stromversorgung

Die meisten ASIC-Mining-Rigs benötigen externe Netzteile (Power Supply Units, PSUs) zur Stromversorgung; ein Beispiel sehen Sie in Abbildung 10.3. Beim Kauf eines ASIC-Miners wird das passende Netzgerät meist mitgeliefert. Allerdings ist das nicht immer der Fall, und falls nicht, müssen Sie bei der Auswahl des richtigen Netzteils sorgfältig vorgehen.

Abbildung 10.3: Ein Netzteil von Bitmain zum Betrieb mit den Antminer-Geräten dieses Herstellers

Netzteile wandeln den vom Energieversorger gelieferten Wechselstrom (AC) in den von der Computerhardware benötigten Gleichstrom (DC) um. Sie schließen Ihre ASIC-Rigs also direkt an die passenden Netzteile an.

 Es ist wichtig sicherzustellen, dass keines Ihrer Geräte an eine Steckdose angeschlossen ist, bevor Sie mit dem Anschluss von Komponenten beginnen. Verbinden Sie zuerst das Netzteil mit dem ASIC-Miner und schließen Sie dann erst das Netzteil an die Steckerleiste an, ehe Sie schließlich die Steckerleiste ans Stromnetz anschließen.

Es ist auch wichtig, nur ein Netzteil pro Mining-Rig zu verwenden. Der Versuch, einen einzelnen ASIC-Miner mit mehreren Netzteilen zu betreiben, kann gefährlich werden und Geräteausfälle oder elektrische Störungen verursachen. Beachten Sie auch, dass einige Netzteile über einen Netzschalter verfügen, andere jedoch nicht. Letztere schalten sich sofort ein, sobald Sie den Stecker einstecken. (In Kapitel 9 erfahren Sie mehr über die elektrischen Anforderungen und Betriebsmittel.)

 Die Netzteile sind mit PCIe-Stromkabeln ausgestattet, die eine einfache und schnelle Verbindung ermöglichen. Wenn Sie schon mit PC-Hardware zu tun hatten, dann kennen Sie diese Kabel. Es gibt unterschiedliche Varianten von PCIe-Stromversorgungskabeln, aber bei Mining-Netzteilen wird meist die sechspolige Version verwendet.

Ihr ASIC-Miner besitzt mehrere PCIe-Stromanschlussbuchsen. Jedes Hashboard hat mehrere PCIe-Buchsen – wahrscheinlich mindestens zwei, vielleicht auch drei oder vier – und jedes Mining-Rig verfügt über etwa drei Hashboards (wobei manche auch mehr haben können). Das ergibt insgesamt rund 6 bis 12 PCIe-Stromanschlussbuchsen an den Hashboards eines einzelnen ASIC-Miners. Jedes ASIC-Rig besitzt außerdem eine Steuerplatine, die ebenfalls mit Strom versorgt werden muss, sodass Sie auch an dieser Platine eine entsprechende Buchse vorfinden werden. Abbildung 10.4 zeigt eine Seite aus der Installationsanleitung des Antminer Z9, auf der die Stromanschlüsse erläutert werden.

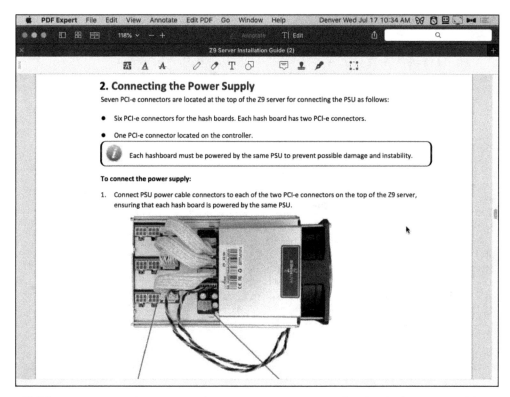

Abbildung 10.4: Die Dokumentation des Antminer Z9 ASIC-Miners beschreibt die Stromanschlüsse.

Steckerleisten

Professionelle Stromleisten (Power Delivery Units oder PDUs), sind gerade für kleinere Krypto-Mining-Anlagen nicht unbedingt erforderlich, aber sie sind empfehlenswert, weil sie den Anschluss mehrerer Mining-Netzteile (PSUs) einfacher und sicherer gestalten.

Um Ihre PDUs zu installieren, müssen sie die Netzteile mit den meist beim Kauf mitgelieferten Kabeln daran anschließen. Sobald Sie das erledigt haben, können Sie die PDUs an Ihre Steckdose anschließen. Wir besprechen die Anforderungen an die Elektroinstallation in Kapitel 9 ausführlicher. Typische PDUs sehen Sie in Abbildung 10.5.

Es besteht beim ASIC-Mining eine reale Brandgefahr (siehe Kapitel 9)! Sie müssen sicher gehen, dass Sie die passende Ausrüstung verwenden und diese richtig konfigurieren. Wenn Sie sich nicht absolut sicher sind, wenden Sie sich *unbedingt* an einen qualifizierten Elektriker. Halten Sie einen Feuerlöscher in Reichweite, aber nicht zu nah an Ihrem Mining-Rig.

Abbildung 10.5: Typische PDUs

Internet- und LAN-Verbindung

Ihre ASIC-Mining-Hardware benötigt natürlich Internetzugang. Genauer gesagt brauchen Sie sowohl ein Internetmodem als auch einen Router, und heutzutage ist meist beides im selben Gehäuse untergebracht. Wie auch immer, das liegt ganz bei Ihnen und Ihrem Internetanbieter.

Ihr Modem mit Router verfügt, unabhängig davon, ob es Ihr eigens Gerät ist oder ob es von Ihrem Internetdienstanbieter bereitgestellt wird, über mehrere Ethernet-Schnittstellen. Ethernet ist ein Verbindungsstandard, der in den meisten LAN-Umgebungen (Local Area Network) verwendet wird. Ein Ethernet-Port sieht ein bisschen aus wie ein Telefonanschluss, ist aber etwas größer und an den meisten Desktop-Rechnern sowie an vielen Laptops zu finden.

Auch die Steuerplatinen von ASIC-Minern sind mit Ethernet-Buchsen ausgestattet und müssen mit Ihrem Internet-Modem verbunden werden, um Zugang zum Internet zu erhalten. Die Verbindung zwischen Mining-Rig und Internet-Modem kann entweder direkt per LAN-Kabel oder über einen zwischengeschalteten Netzwerk-Switch hergestellt werden.

Sobald das Netzteil und das Ethernet-Kabel an Ihren Miner angeschlossen sind, können Sie die Anlage im nächsten Schritt in Betrieb nehmen. Vergewissern Sie sich, dass alles richtig angeschlossen ist – die PCIe-Kabel vom ASIC zum Netzteil und das Netzteil an der Steckerleiste (PDU). Dann – und nur dann – sollten Sie die PDU an die Steckdose anschließen und alles einschalten.

Ein Computer zur Steuerung Ihrer Anlage

Um auf die Steuerplatine und die vorinstallierte GUI Ihrer ASIC-Miner zuzugreifen, brauchen Sie einen Computer, der am selben lokalen Netzwerk (LAN) wie Ihre Mining-Ausrüstung hängt. Dazu können Sie jeden beliebigen Laptop oder Desktop-PC verwenden. Sogar ein Smartphone kann auf die GUI zugreifen, wenn es sich im selben LAN befindet. Der Computer zur Verwaltung Ihrer ASICs muss nicht besonders leistungsstark sein. Er dient nur zur Konfiguration und Inbetriebnahme; die ASICs übernehmen dann die ganze Arbeit.

Öffnen Sie einen Webbrowser und geben Sie die IP-Adresse des ASIC-Miners in die Adresszeile ein, um zur Benutzeroberfläche zu gelangen.

Wie finden Sie diese IP-Adresse heraus? Sie können Programme wie den kostenlosen IP-Scanner Angry IP (www.angryip.org) verwenden oder sich an Ihrem Netzwerkrouter anmelden und von dort aus scannen. Vielleicht stellt auch Ihr ASIC-Hersteller ein Tool zur Ermittlung der IP-Adresse bereit. Einige der Antminer-ASICs von Bitmain sind beispielsweise mit einem Windows-Programm namens IP Reporter kompatibel (Download von der Bitmain-Website). Sie führen die Software aus und drücken dann am Miner die Taste IP REPORT, woraufhin das ASIC-Rig seine IP-Adresse an die Software übermittelt (siehe Abbildung 10.6). Sie können diese IP-Adresse dann in einen Webbrowser eingeben und die Verbindung zum ASIC-Miner aufbauen. Lesen Sie die Anleitung Ihres Miners, denn jeder wird etwas anders funktionieren.

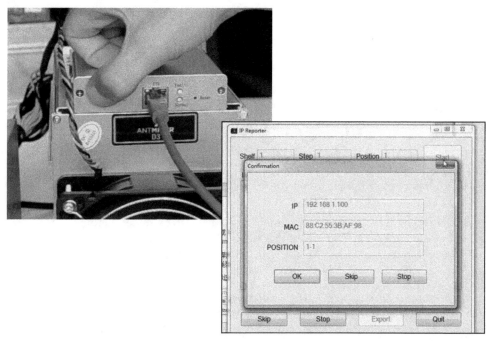

Abbildung 10.6: Der Taster IP Report am Antminer-ASIC von Bitmain übermittelt die IP-Adresse des Geräts an das Programm IP Reporter.

Dann nutzen Sie die ASIC-Software, auf die Sie über Ihren Webbrowser zugreifen können, um das Gerät auf den von Ihnen verwendeten Pool auszurichten. Hier sehen Sie als Beispiel die Einstellungen für einen in Europa stationierten Bitcoin-ASIC, der auf Slush Pool läuft:

```
URL: stratum+tcp://eu.stratum.slushpool.com:3333
userID: userName.workerName
password: [yourpoolpassword]
```

In Abbildung 10.7 sehen Sie den Konfigurationsbildschirm der Benutzeroberfläche eines Antminer-ASICs von Bitmain.

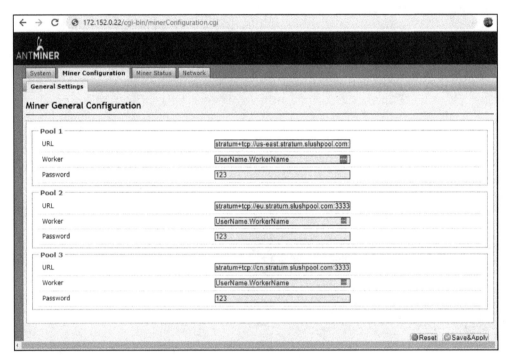

Abbildung 10.7: Die Konfigurationseinstellungen eines Bitmain-ASIC. Hier können Sie die Pool-URL und den Benutzernamen für das Pool-Mining eingeben.

Der von Ihnen gewählte Mining-Pool nennt Ihnen auch Details zu den Verbindungseinstellungen. Manchmal brauchen Sie zum Beispiel gar keinen Benutzernamen, sondern nur Ihre Blockchain-Auszahlungsadresse für die entsprechende Kryptowährung. Lesen Sie weitere Details wie gesagt auch in der Dokumentation Ihres Pools nach.

Mit welchen Server Sie sich verbinden, hängt davon ab, welcher Standort in Ihrer Nähe liegt; Ihr Pool bietet Ihnen mehrere Auswahlmöglichkeiten. Im Allgemeinen sollten Sie immer den Server auswählen, der Ihnen geographisch am nächsten liegt, aber Sie können auch einige davon testen, um zu sehen, welche Verbindung wirklich die schnellste ist; dazu verwenden Sie den *ping*-Befehl. Sagen wir zum Beispiel, Sie sind in Australien und sind sich nicht ganz sicher, ob Sie besser den US-Server oder den japanischen Server von NiceHash verwenden sollten. Wenn Sie einen Windows-Computer haben, können Sie die Windows-Befehlszeile öffnen und diese beiden Befehle nacheinander ausführen:

```
ping -n 50 -l 128 speedtest.usa.nicehash.com
ping -n 50 -l 128 speedtest.jp.nicehash.com
```

Auf dem Mac können Sie das Ping-Fenster des Netzwerkdienstprogramms verwenden. In beiden Fällen erhalten Sie eine Antwort in dieser Art:

```
50 packets transmitted, 50 packets received, 0.0% packet loss
round-trip min/avg/max/stddev = 62.156/67.665/83.567/7.214 ms
```

Für Linux-Rechner (Ubuntu, Debian und so weiter) müssen Sie nur das Terminal öffnen und diese beiden Befehle ausführen (drücken Sie nach 10 bis 15 Sekunden STRG + C, um einen Bericht über den Ping-Test zu erhalten):

```
ping speedtest.usa.nicehash.com
ping speedtest.jp.nicehash.com
```

Sie können dann die durchschnittlichen Signallaufzeiten vergleichen, um die schnellste Verbindung zu finden (je kleiner die Zahl, gemessen in ms, also Millisekunden, desto schneller ist natürlich die Verbindung). Dies ist der Server, den Sie verwenden sollten, denn beim Krypto-Mining kommt es auf jeden Sekundenbruchteil an.

Wenn Sie anstelle Ihrer Blockchain-Adresse einen Benutzernamen eingeben müssen, entspricht dieser Ihrem Accountnamen für den Mining-Pool. Bei der Benennung Ihrer Worker (der einzelnen Mining-Rigs) können Sie kreativ werden, aber verwenden Sie keine doppelten Namen, wenn Sie mehrere Miner anschließen. (Möglicherweise verwenden Sie mehrere Worker – einzelne GPU- oder ASIC-Rigs – in einem einzigen Mining-Konto. Lesen Sie in den Anweisungen des jeweiligen Pools nach, wie Sie diese Informationen bereitstellen können.)

GPU-Mining-Rigs

Wenn Sie ein vorgefertigtes GPU-Mining-Rig gekauft haben, gestaltet sich dessen Einrichtung ähnlich einfach wie die Einrichtung eines ASIC-Miners. Bei einem Selbstbau gibt es jedoch deutlich mehr zu tun und zu planen.

Ihr GPU-Rig online bringen

Einige Anbieter von Mining-Equipment verkaufen vorkonfigurierte GPU-Rigs (in der Liste der Hersteller von vorkonfigurierten GPU-Mining-Rigs in Kapitel 9 finden Sie verschiedene Optionen). Diese vormontierten Mining-Rigs kosten natürlich mehr. Die vormontierten Rigs sind einfacher einzurichten und zum Mining zu bewegen; ähnlich wie bei ASIC-Minern handelt es sich im Wesentlichen um Plug-and-Play-Systeme. Abbildung 10.8 zeigt ein vorgefertigtes Mining-Rig von Shark Mining mit Steckplätzen für acht einzelne Grafikkarten. Ein vormontiertes GPU-Rig können Sie im Wesentlichen wie einen ASIC-Miner behandeln, außer, dass das GPU-Rig selbst ein Computer ist und keinen externen Computer zur Verwaltung benötigt.

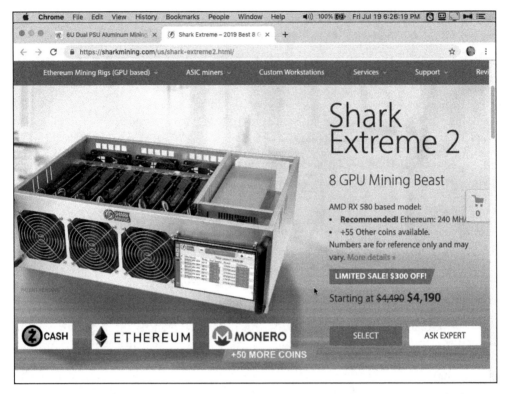

Abbildung 10.8: Ein vorkonfiguriertes Mining-Rig mit 8 GPUs: das Shark Extreme 2 von Shark Mining (siehe www.SharkMining.com)

Daher werden sie die folgenden Schritte ausführen:

1. Platzieren Sie es auf einem Tisch, in einem Rack oder in einem Regal.
2. Schließen Sie ein Netzteil daran an.
3. Schließen Sie das Netzteil an eine Steckerleiste an.
4. Schließen Sie das Rig an ein lokales Netzwerk an.
5. Installieren Sie ein Betriebssystem (es sei denn, es ist bereits eines installiert, wie es bei vielen vorgefertigten Rigs der Fall ist).
6. Schließen Sie eine Maus, eine Tastatur und einen Bildschirm an (es sei denn, es wurde ein Bildschirm mitgeliefert, wie etwa bei den Shark-GPU-Rigs).
7. Installieren Sie Mining-Software auf dem Computer (es sei denn, das vorkonfigurierte Rig wurde mit vorinstallierter Software geliefert).

Einen eigenen GPU-Miner bauen

Vorgefertigte GPU-Mining-Rigs können teuer sein, deshalb beziehen einige angehende Miner die benötigten Teile im stationären Handel oder im Internet und fügen die Rigs dann selbst zusammen. Wenn Sie Ihr eigenes GPU-Rig bauen, können Sie gegenüber den vormontierten Geräten einiges sparen. Allerdings ist dieser Weg auch etwas komplizierter und er erfordert etwas Schrauberei sowie teilweise auch relativ komplizierte Softwareinstallationen.

Das Mainboard eines typischer Desktop-PCs hat nur ein bis zwei Steckplätze für GPUs. Einige Spezialanfertigungen bieten Platz für bis zu drei Grafikkarten in einem Standard-Towergehäuse, aber für das GPU-Mining brauchen Sie im Allgemeinen spezielle Mining-Rig-Rahmen und individuell zusammengestellte Hardware, um 6 bis 12 Grafikkarten betreiben zu können.

Sie können die Teile einzeln oder im Paket kaufen. GPUshack.com verkauft beispielsweise Bundles aus einem Mother- beziehungsweise Mainboard für 5 bis 13 GPUs (je nach Bundle), RAM und einem kleinen Flash-Datenspeicher mit dem vorinstalliertem Betriebssystem ethOS. Die Kosten dafür reichen von 189 bis 399 $, aber Sie benötigen dann immer noch Riserkarten, diverse Kabel, ein Rack und so weiter.

Es gibt viele verschiedene Konfigurationsmöglichkeiten, daher ist unsere Erklärung hier wirklich sehr grundlegend und umreißt lediglich die wichtigsten Aspekte. Bevor Sie mit dem Bau eines eigenen GPU-Mining-Rigs beginnen, sollten Sie sich unbedingt einige Videos von Leuten anzusehen, die das bereits gemacht haben, damit Sie eine gute Vorstellung davon bekommen, was alles dazugehört. Sie können leicht viele Beispiele und detaillierte Beschreibungen finden, wenn Sie Ihre bevorzugte Suchmaschine mit den Wörtern

```
build gpu mining rig
```

füttern.

Rahmen für Mining-Rigs

Gamer bauen sich oft ihre eigenen wunschgerechten und leistungsstarken Desktop-PCs. Dazu kaufen sie ein Towergehäuse und alle einzelnen Komponenten – Motherboard, CPU, Grafikkarte, Netzteil und so weiter, die sie dann in das Gehäuse einsetzen. Auch beim Bau eines GPU-Mining-Rigs ist das Prinzip identisch, außer dass Sie aufgrund des begrenzten Platzes für mehrere Grafikkarten kein typisches Towergehäuse mehr verwenden können. Stattdessen brauchen Sie ein spezielles Gehäuse beziehungsweise einen Rahmen für Mining-Rigs.

Einfache Mining-Rig-Rahmen kosten etwa so viel wie normale Computergehäuse oder sie sind manchmal sogar billiger (je nachdem, welchen Typ Sie wählen). Sie bieten natürlich Platz für mehr Grafikkarten und obendrein eine bessere Belüftung, um die Wärme der GPUs abzuführen. Am Rahmen können Sie ein Mainboard, ein Netzteil und mehrere GPUs in kompakter Bauweise installieren.

Es gibt allerdings eine große Bandbreite käuflicher GPU-Rahmen, vom ganz einfachen (nur ein Metallrahmen mit Löchern, um Ihnen die Montage von Komponenten zu erleichtern) über teurere Versionen, die mit CPU, Festplatte, RAM, Lüftern, allen notwendigen Anschlüssen und sogar einem Betriebssystem (im Wesentlichen alles außer den

Grafikkarten) ausgestattet sind; bis hin zu den vollwertigen, einsatzbereiten GPU-Racks. Das in Abbildung 10.9 dargestellte MiningSky-Rig kostet beispielsweise stolze 899 $, aber Sie brauchen dort auch nur noch Ihre Grafikkarten einzustecken, was die Arbeit enorm erleichtert.

Abbildung 10.9: Das MiningSky V1 GPU-Mining-Rig enthält alles, was Sie brauchen – außer den Grafikkarten.

Einige Rahmen sind auch so gestaltet, dass sie übereinander gestapelt werden können, falls Sie mehrere Mining-Rigs auf engstem Raum einsetzen möchten. Andere Rahmen eignen sich zur Montage in Server-Racks, was die Skalierbarkeit verbessert und eine einfachere Installation ermöglicht. Viele Onlinehändler verkaufen Gehäuse und Rahmen für Mining-Rigs (Amazon, eBay, die von uns in Kapitel 9 erwähnten Hersteller von Mining-Equipment und so weiter). Die Unternehmen, die fertig aufgebaute GPU-Mining-Rigs verkaufen, bieten meist auch Einzelteile an, darunter auch Rahmen für Mining-Rigs. (Einige Miner bauen sich sogar ihre eigenen Rahmen, um Kosten zu sparen, auch wenn sich der zusätzliche Aufwand selten lohnt.)

Abbildung 10.10 zeigt einen GPU-Miner-Gehäuse von Rosewill (www.Rosewill.com), das bis zu acht Grafikkarten beherbergt und sich auch zur Rackmontage eignet (Höhe 6U). Das Schaubild zeigt, wo das Motherboard, die GPUs, die PSUs und die Lüfter installiert werden. Dieses Case kostet rund 100 Dollar.

KAPITEL 10 Die Mining-Hardware einrichten   201

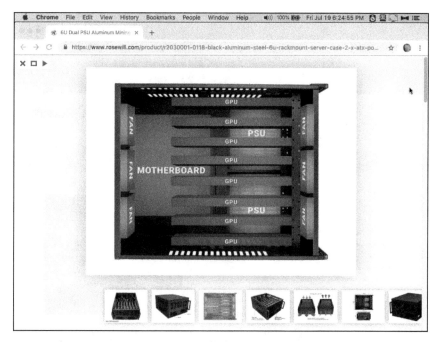

Abbildung 10.10: Das 6U-Aluminium-Mining Case mit zwei Netzteilen von Rosewill

In Abbildung 10.11 sehen Sie ein offenes Design, wie es viele Miner schätzen, und das bei Newegg für lediglich 35 Dollar verkauft wird. Hier bekommen Sie nur den nackten Rahmen mit Platz für alles, was Sie brauchen, wie etwa Mainboard, Lüfter, GPUs und so weiter.

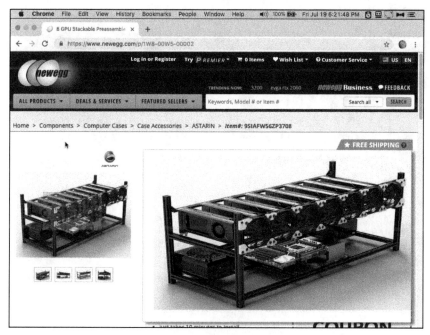

Abbildung 10.11: Ein offener GPU-Mining-Rahmen von Becovo *nach* der Bestückung mit sämtlichen Komponenten (er wird komplett nackt geliefert)

Mainboard

Das *Mainboard* ist die Hardwarekomponente, die alles andere miteinander verbindet. Es stellt Sockel, Steckplätze und Steckverbinder für die Installation der CPU, der GPUs, der Stromversorgung sowie der RAMs und der Festplatte zur Verfügung.

Es wäre praktisch, wenn Ihr Motherboard über genügend Steckplätze für Grafikkarten verfügt. Allerdings haben die meisten Mainboards nur ein paar Steckplätze zur Verfügung. Wenn Sie einen der ausgefeilteren, vorgefertigten Mining-Rig-Rahmen verwenden, haben sie damit keine Probleme – alle Anschlüsse sind bereits eingebaut. Sie installieren Ihr Mainboard in den Rahmen und schließen es gemäß den Anweisungen des Herstellers an den Rahmen an. Wenn Sie einen einfacheren Rahmen verwenden, müssen Sie dagegen Riserkarten verwenden, um Ihre GPUs anzuschließen.

Vielleicht sollten Sie sogar ein Mainboard kaufen, das für das Krypto-Mining entwickelt wurde, da es wahrscheinlich alle Anschlüsse hat, die Sie benötigen. Der bekannte Computerhersteller ASUS hat mit dem B250 Mining Expert ein spezielles Mining-Mainboard entwickelt, das Sie in Abbildung 10.12 sehen können. Dieses Board erlaubt den Anschluss von bis zu 19 GPUs. (Wir haben dieses Board im Ausverkauf für nur 35 € gesehen, obwohl es sonst eher um die 75 € kostet.)

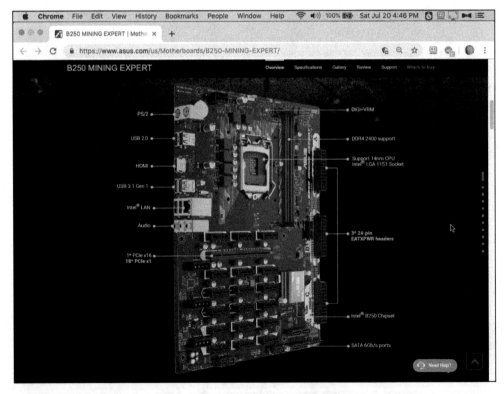

Abbildung 10.12: Das B250 Mining Expert-Mainboard von ASUS kann bis zu 19 GPUs ansteuern.

Befestigen Sie Ihr Mainboard mit den mitgelieferten Schrauben sicher an Ihrem Gehäuse oder Mining-Rig-Rahmen. Achten Sie auch darauf, dass das gewählte Motherboard mit Ihrem CPU-Modell kompatibel ist.

Prozessor (CPU)

Die CPU ist der Hauptprozessor des Rechners, das Gehirn Ihres Desktop- oder Laptop-Computers. In GPU-Mining-Rigs erfüllt sie dieselbe Funktion. Die einzelnen GPU-Karten enthalten spezialisierte Prozessoren, die immer noch von einem zentralen Hauptprozessor verwaltet werden müssen.

Im Regelfall genügt jede handelsübliche CPU; es braucht nicht allzu viel Rechenleistung, um die Grafikkarten zu verwalten. Unter bestimmten Umständen können Sie aber auch die CPU zum Minen verwenden, je nachdem, welche Software Sie nutzen. Dann hashen sowohl die GPUs der Grafikkarten als auch die CPU. In so einem Fall sollte die CPU natürlich möglichst schnell sein. Schnellere CPUs verfügen über mehrere Rechenkerne (sowohl physische als auch virtuelle), die ihre Mining-Fähigkeit und Hashrate verbessern.

Achten Sie darauf, dass Sie eine CPU kaufen, die mit Ihrem Mainboard kompatibel ist. Einige Mainboards sind für Intel-CPUs ausgelegt, während andere eine CPU von AMD benötigen. (Der Unterschied ist die Anzahl der Pins im CPU-Sockel. Aktuelle AMD-Chips passen in einen Sockel mit 938 Pins, die Intel-CPUs haben einen Sockel mit 1366 Pins.) Der Mainboard-Hersteller listet die kompatiblen Prozessoren auf. Abbildung 10.13 zeigt eine ziemlich standardmäßige AMD-CPU, mit der sich ein GPU-Mining-Rig betreiben ließe.

Abbildung 10.13: Ein AMD-Prozessor, der sich für den Betrieb eines GPU-Mining-Rigs eignet. Bei dieser CPU wird der Lüfter gleich mitgeliefert.

Montieren Sie die CPU entsprechend der Herstelleranweisungen auf dem Mainboard. Sie müssen außerdem auch einen Kühlkörper mit CPU-Lüfter verbauen, um den Prozessorchip zu kühlen. CPU-Lüfter werden über einen vierpoligen Anschluss auf dem Mainboard mit Strom versorgt, wobei der Lüfteranschluss auf der Platine mit »CPU« gekennzeichnet ist.

Der mit dem Lüfter bestückte Kühlkörper sollte unter Zuhilfenahme von *Wärmeleitpaste* oder der oft schon vormontierten *Wärmeleitpads* auf die CPU montiert werden, um eine ordnungsgemäße thermische Verbindung und eine gute Wärmeableitung von der CPU zur Kühler-Lüfter-Einheit zu ermöglichen. Abbildung 10.14 zeigt einen solchen CPU-Kühler mit Lüfter.

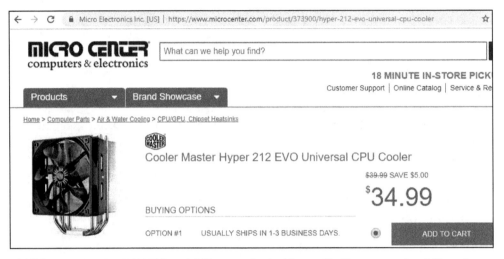

Abbildung 10.14: Ein CPU-Kühler mit Lüfter von Cooler Master. Die Platte unter dem Lüfter sitzt direkt auf dem CPU-Chip und führt die dort entstehende Wärme ab.

Grafikkarten

Die in modernen Grafikkarten verbauten *Graphical Processing Units* oder GPUs sind der wichtigste Bestandteil von GPU-Mining-Rigs.

 Während andere Komponenten eines GPU-Mining-Rigs nicht unbedingt auf dem neuesten Stand der Technik sein müssen und Sie dort auch günstigere Bauteile wählen können, um die Kosten für das Mining-Rig zu senken, ist die GPU der Ausrüstungsbestandteil, für den Sie vielleicht lieber etwas mehr ausgeben sollten. Der Grafikprozessor übernimmt schließlich das gesamte Hashing.

In Abbildung 10.15 sehen Sie ein Beispiel für eine Grafikkarte, die häufig zum Mining verwendet wird. Diese Karte ist mit knapp 500 € nicht billig, aber sie ist auch sehr leistungsstark. Sie verfügt bereits über entsprechende Kühlkörper und Lüfter. Im Allgemeinen sind die Rahmen für GPU-Rigs so konstruiert, dass sie die Bauhöhe der gängigsten Grafikkarten berücksichtigen, aber wenn Sie glauben, dass Ihre GPU-Karten besonders dick sind, sollten Sie die technischen Daten des Rahmens sorgfältig überprüfen.

KAPITEL 10 Die Mining-Hardware einrichten   205

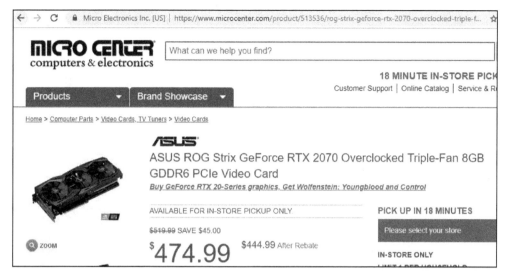

Abbildung 10.15: Eine GPU-Karte von ASUS, die bei Minern sehr beliebt ist: die GeForce RTX ROG Strix

Aktuelle Grafikprozessoren sind effizienter, benötigen also weniger Strom und liefern beim Mining mehr Hashes. Abbildung 10.16 zeigt eine Aufstellung beliebter Mining-GPUs nach Preis. Diese Kosten spiegeln den Durchschnittspreis zum Zeitpunkt des Schreibens dieses Kapitels wider, aber Achtung: Die Preise können im Laufe der Zeit und je nach Händler stark schwanken.

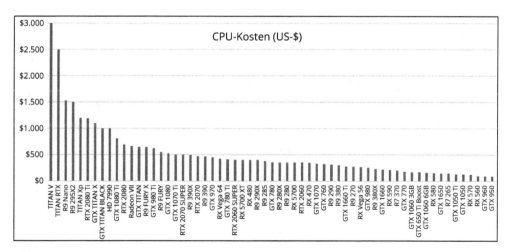

Abbildung 10.16: Durchschnittspreise gängiger GPUs für das Krypto-Mining zum Zeitpunkt des Schreibens dieses Buchs

 Sie sollten in einem einzelnen Mining-Rig keine unterschiedlichen GPU-Typen kombinieren, da diese möglicherweise unterschiedliche GPU-Treiber verwenden, was zu Problemen führen kann. Wenn Sie bei einem Typ und einer Marke bleiben, gehen Sie auf Nummer sicher.

In Kapitel 11 finden Sie Abbildungen und weitere Details zu Hash-Leistung, Stromverbrauch und Gesamteffizienz von GPU-Mining-Hardware. Einige GPU-Mining-Rigs können mit bis zu zwölf GPUs betrieben werden (wie etwa die vorgefertigten Mining-Rigs von https://miningstore.com.au). Diese Mining-Rigs benötigen größere Rahmen, mehrere Netzteile und in einigen Fällen zwei Mainboards. Eine gängige Bauweise sind Rigs mit sechs Grafikkarten. Damit liegen Sie auch schon nahe an der Grenze dessen, was Sie sicher und unkompliziert mit einem einzelnen Netzteil betreiben können.

Riserkarten und Kabel

Um die GPUs mit dem Mainboard zu verbinden, brauchen Sie möglicherweise eine spezielle GPU-Riserkarte und Kabel. Die meisten Mainboards haben nur eine Handvoll freier PCIe-Steckplätze für GPUs. Ja nach Hardwarekonfiguration und Mainboard können Sie die Grafikkarte vielleicht direkt am Mainboard einstecken, aber spätestens, wenn Sie mehr Grafikkarten als PCIe-Steckplätze haben, gelingt dies nicht mehr.

Wenn Ihr Motherboard nicht über genügend PCIe-Anschlüsse verfügt, können Sie GPU-Riserkarten verwenden – eine für jede gewünschte Grafikkarte. (Sie kosten ca. 10 bis 20 € pro Stück.) Die Riserkarten werden im Rahmen montiert und dann per USB (Universal Serial Bus) am Mainboard angeschlossen. Die meisten Mainboards haben ausreichend viele USB-Steckplätze.

Einige GPUs beziehen ihre Stromversorgung direkt über den Steckplatz auf dem Mainboard. Die meisten modernen, leistungsstarken Grafikkarten (die sich am besten für das Mining eignen) erfordern jedoch eine direkte Stromversorgung über ein separates, sechspoliges PCIe-Kabel vom Netzteil.

Jede Grafikkarte wird dann in eine PCIe-Riserkarte gesteckt und im Mining-Gehäuse oder -Rahmen montiert. In Abbildung 10.17 sehen Sie ein Beispiel für eine beliebte Riserkarte.

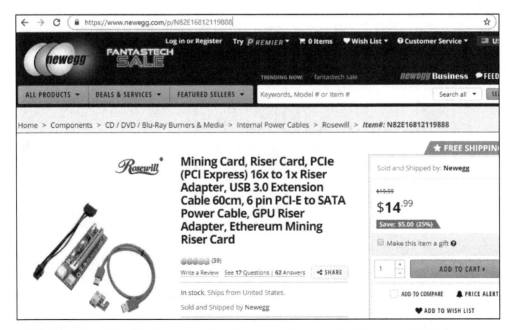

Abbildung 10.17: Eine Riserkarte zum Anschluss einer einzelnen Grafikkarte ans Mainboard

Speicher

Random Access Memory, kurz RAM, wird von jedem Computer und damit auch von jedem GPU-Mining-Rig benötigt. RAM ist billig, aber für das Mining brauchen Sie eigentlich nicht besonders viel Speicher (im Gegensatz zu den grafikintensiven Operationen, für die die GPU-Karten ursprünglich entwickelt wurden). Hier brauchen Sie es also nicht zu übertreiben. Trotzdem wird Ihr Rig mit einer vernünftigen Menge an RAM besser laufen. Alles zwischen 4 und 16 GB RAM ist sehr wahrscheinlich ausreichend.

RAM-Riegel oder -Sticks können Sie direkt ins Mainboard stecken. Beachten Sie dabei aber unbedingt die Hinweise des Mainboard-Herstellers. Bei einigen Motherboards müssen Sie zwei Speicherriegel beispielsweise in die Steckplätze 1 und 2 oder bei anderen in die Steckplätze 1 und 3 stecken. Die meisten modernen Mainboards sind mit vier RAM-Steckplätzen ausgestattet, aber da GPU-Mining-Rigs nicht viel Arbeitsspeicher benötigen, brauchen Sie meist nicht alle vier Steckplätze zu nutzen.

Netzteil

Sie brauchen ein Netzteil – vielleicht auch mehrere. Netzteile für GPU-Rigs sind, ähnlich wie ihre ASIC-Pendants, ebenfalls mit sechspoligen PCIe-Stromversorgungskabeln ausgestattet, die eine einfache und schnelle Verbindung zu den verschiedenen Verbrauchern gewährleisten.

Achten Sie darauf, den Energiebedarf Ihres Mining-Rigs richtig zu berechnen, bevor Sie Ihre Netzteile kaufen. GPU-Hersteller geben die maximale Nennleistungsaufnahme ihrer Grafikkarten an. Multiplizieren Sie diese Zahl mit der Anzahl der installierten GPUs, und stellen Sie genügend Strom zur Verfügung, um alle zu versorgen. Berücksichtigen Sie auch den Stromverbrauch von CPU, Lüftern und Motherboard. Der Leistungsbedarf für diese zusätzlichen Komponenten sollte in der Dokumentation des Herstellers angegeben werden, wird in der Regel aber kaum 200 bis 400 Watt überschreiten. Für das Mining geeignete Computernetzteile leisten typischerweise 600 bis 1600 Watt und können je nach Stromverbrauch der GPUs zwischen 3 und 8 GPUs betreiben. In Kapitel 11 finden Sie eine Rangliste des Stromverbrauchs gängiger GPUs in Watt beim Schürfen einer Kryptowährung wie Ethereum.

Festplatte

Jeder Computer braucht eine Speichermöglichkeit für digitale Daten, wie etwa eine Festplatte (HDD). Ein GPU-Mining-Rig ist im Wesentlichen ein spezieller Computer. Einige Solo-Miner mit eigenem Full Node einer Kryptowährung setzen auf modernste Solid-State-Drives (SSD), aber im Pool-Mining ist diese Technik nicht erforderlich. Beim Pool-Mining verwaltet der Pool die Blockchain. Alles, was Ihre Ausrüstung macht, ist Hash-Leistung beizusteuern, sodass Sie keine besonders schnelle oder große Festplatte brauchen. Eine kleine konventionelle Festplatte reicht aus.

Beim Solo-Mining sieht das allerdings anders aus. Dann haben Sie eine vollständige Kopie der Blockchain auf der Festplatte. Was das für die Entscheidung zwischen HDD und SDD bedeutet, hängt von der Kryptowährung ab, die Sie verwenden. Bei vielen kleineren Kryptowährungen ist die Wahl wahrscheinlich nicht so wichtig. In einigen Fällen, insbesondere wenn Sie die Ethereum-Blockchain mithilfe einer archivierten Blockchain (einer Blockchain-Kopie mit allen historischen Daten) schürfen, ist diese Entscheidung doch schon wichtiger. Sie bräuchten eine SSD mit mehreren Terabyte, da die archivierte Blockchain riesig ist und eine Festplatte nicht schnell Schritt halten oder synchronisiert bleiben könnte. (Andererseits ist es möglich, Solo-Mining mit einer reduzierten (*pruned*) Blockchain durchzuführen, bei der nicht benötigte historische Daten entfernt wurden, was sie deutlich verkleinert.).

SSD-Laufwerke sind teurer als HDDs, aber auch viel schneller. Beim Solo-Mining können sie helfen, Blockdaten schneller zu lesen und zu schreiben. Für das Pool-Mining ist dies nicht von Belang, aber beim Solo-Mining von Kryptowährungen zählt jede Millisekunde. Wenn Sie beispielsweise versuchen, eine archivierte Ethereum-Blockchain herunterzuladen, zu synchronisieren und zu verifizieren, dann werden Sie ohne SSD nicht einmal in Echtzeit mit den neu zur Blockchain hinzugefügten Blöcken Schritt halten können, weil eine gewöhnliche Festplatte einfach zu langsam ist. (Allerdings ist dies bei den meisten anderen Kryptowährungen kein Problem.)

Laufwerke werden meist per Serial-ATA- oder kurz SATA-Kabel mit dem Mainboard verbunden sowie über einen entsprechenden SATA-Stromanschluss mit dem Netzteil.

Lüfter

Der Luftstrom ist bei allen Mining-Anwendungen extrem wichtig, da die Rechenprozesse viel Abwärme erzeugen. Die am besten für Krypto-Mining geeigneten GPUs verfügen über fest verbaute Lüfter und große Metallkühlkörper. Sie brauchen außerdem noch einen CPU-Lüfter. Der Rahmen des Mining-Rigs selbst sieht teilweise auch noch Montagemöglichkeiten für externe Lüfter vor. Diese können über vierpolige Stromkabel am Mainboard oder per Adapter auch direkt am Netzteil angeschlossen werden und helfen, Wärme vom Mining-Rig abzuführen und Ihre Ausrüstung optimal zu betreiben.

Vergewissern Sie sich, dass alle Anschlüsse fest verbunden sind und schließen Sie Ihr GPU-Mining-System an. Sobald Sie online sind, richten Sie im nächsten Schritt in der Software Ihres Rigs die gewünschte Krypto-Blockchain oder Ihren bevorzugten Pool ein.

Betriebssystem, Maus, Tastatur und Bildschirm

Anders als ein ASIC-Miner, für dessen Steuerung Sie einen gesonderten Computer brauchen, wird Ihr GPU-Rig von einem Betriebssystem verwaltet, das auf der im Rahmen verbauten Festplatte oder SSD gespeichert ist. Das GPU-Mining-System ist selbst ein Computer. Genau wie Ihr Desktop-PC oder Ihr Laptop verfügt er über eine Hauptplatine, einen Prozessor, RAM und eine Festplatte.

Wenn Sie ein vorkonfiguriertes GPU-Rig gekauft haben, ist darauf wahrscheinlich schon ein Betriebssystem installiert. Das Shark-Mining-Rig, das wir zuvor im Abschnitt »GPU-Mining-Rigs« betrachtet haben, hat etwa SharkOS installiert, ein Linux-basiertes Betriebssystem mit beigefügter Mining-Software. Beim MiningSky V1 ist Windows auf der Festplatte vorinstalliert (allerdings nicht registriert). In anderen Fällen müssen Sie selbst ein Betriebssystem installieren.

Beachten Sie, dass es sich bei einem Teil der Software, die wir in diesem Kapitel betrachten, wie bei SharkOS auch, um eine Kombination aus Betriebssystem und Mining-Software handelt. Sie installieren das Betriebssystem und die Mining-Funktionen sind dann sofort einsatzbereit.

Sie müssen den GPU-Rig-Computer auch irgendwie steuern, also brauchen Sie eine Maus, eine Tastatur und ein Display. (Einige, wie das Shark-Mining-Rig, haben eventuell bereits einen eingebauten Touchscreen.)

CPU-Mining

Das CPU-Mining war einst sehr beliebt und in der Anfangszeit von Bitcoin und anderen Kryptowährungen, also vor dem Aufkommen der ASICs, sogar die einzige Mining-Methode überhaupt. Seitdem hat sich die auf Mining spezialisierte Hardware immer weiterentwickelt und wurde immer leistungsfähiger und effizienter. Einige kleinere Kryptowährungen oder Projekte wie etwa Monero, die der Entwicklung von ASICs bewusst entgegenwirken, können jedoch nach wie vor per CPU geschürft werden. Heutzutage baut fast niemand mehr CPU-»Rigs«; meist ist vielmehr die Frage, ob Sie entweder irgendwo einen ungenutzten Computer herumstehen haben oder ob Sie zum Beispiel der CPU eines ohnehin im Betrieb befindlichen GPU-Rigs ebenfalls einen Mining-Job zuweisen. Sie ist ja sowieso bereits da und steuert die Grafikkarten an, warum sollten Sie also nicht auch die zusätzliche, brach liegende Rechenleistung zum Schürfen verwenden?

Am einfachsten nutzen Sie die CPU eines freien PCs mit Pool-Software wie Honeyminer oder NiceHash. Sie können auch andere Programme wie EasyMiner oder Hive OS verwenden.

Wenn Sie Solo-Mining betreiben wollen, müssen Sie in aller Regel die Core-Software der Kryptowährung auf dem entsprechenden Computer installieren, obwohl es auch einige andere Solo-Mining-Programme gibt, die Sie verwenden können. Im nächsten Abschnitt befassen wir uns näher mit der Mining-Software.

 Sie müssen allen Mining-Varianten gut durchrechnen und ermitteln, ob Sie damit profitabel schürfen können (siehe Kapitel 11). Das ist beim sehr wahrscheinlich unprofitableren CPU-Mining umso wichtiger!

Mining-Software

Nachdem Ihre Hardware läuft, müssen Sie die passende Software installieren. Welche Programme Sie verwenden werden, hängt davon ab, ob Sie Pool- oder Solo-Mining betreiben, welche Hardwarekonfiguration (ASIC, GPU oder CPU) Sie einsetzen und welche Kryptowährung Sie schürfen wollen.

In einigen Fällen ersetzt die Mining-Software das gesamte Betriebssystem (zum Beispiel ethOS und Braiins OS), aber sonst handelt es sich um normale Anwendungssoftware, die unter einem anderen Betriebssystem läuft, typischerweise unter Microsoft Windows, Linux oder Apple MacOS (Beispiele hierfür sind Multiminer, NiceHash und Honeyminer).

Pool-Mining

Das Pool-Mining ist ein System zum gemeinschaftlichen Mining, in dem Tausende von einzelnen Minern mithelfen, Blöcke zu finden. Die Belohnungen werden proportional zu ihrem individuellen Beitrag an Hash-Leistung aufgeteilt.

Wir empfehlen das Pool-Mining für stetige und gleichbleibende Mining-Vergütungen. Weiter hinten in diesem Abschnitt gehen wir auf einige Softwareoptionen ein, mit denen Sie Ihr Mining-Rig (CPUs, ASICs oder GPUs) für den Schürfbetrieb mit einem Pool einrichten. Einige Pools unterstützen alle drei Varianten, andere hingegen nur eine.

Wenn Sie einen ASIC-Miner oder ein vorkonfiguriertes GPU-Rig gekauft haben, ist dort sehr wahrscheinlich schon eine Mining-Software vorinstalliert. ASIC-Mining-Rigs verfügen in der Regel über ein vom Hersteller bereitgestelltes Betriebssystem, das auf der Steuerplatine des ASICs läuft und mit einer einfachen grafischen Benutzeroberfläche ausgestattet ist. Sie greifen von einem separaten Computer, der mit Ihrem lokalen Netzwerk verbunden ist, auf dieses Betriebssystem zu; dazu geben Sie im Webbrowser einfach die IP-Adresse des Geräts im Netzwerk an.

Lesen Sie die Dokumentation des Herstellers, um die Mining-Software korrekt einzurichten. Einen Screenshot der Benutzeroberfläche eines typischen Miners sehen Sie in Abbildung 10.6, die den Pool-Konfigurationsbildschirm in der Software von Bitmain-ASICs zeigt. Lesen Sie zu diesem Thema auch die vorangegangenen Ausführungen in diesem Kapitel im Abschnitt »Ein Computer zur Steuerung Ihrer Anlage«. Wenn Sie einen vorkonfigurierten GPU-Miner-Rahmen gekauft haben, verfügt dieser höchstwahrscheinlich auch bereits über ein Betriebssystem und eine Mining-Software.

Bei vielen dieser vom Hersteller bereitgestellten Systeme handelt es sich aber nicht um Open-Source-Software. Einige Implementierungen waren anfällig für Probleme wie Backdoors, Fernüberwachung, ließen sich nicht frei übertakten oder wiesen andere Einschränkungen in der Effizienz auf, sodass Miner die Software der Hersteller häufig austauschten. (Wenn Sie mehr über mögliche Effizienzprobleme oder Hintertüren erfahren möchten, suchen Sie nach *Bitmain Asicboost Skandal* und *Antbleed Skandal*.)

Viele zum Download verfügbare Programme sind speziell zum Schürfen von Kryptowährungen entwickelt worden. Allerdings stammen etliche von ihnen aus unzuverlässigen Quellen und einige können Malware oder andere Computerviren enthalten. Wir haben eine Liste einiger zuverlässiger Programme für das Pool-Mining zusammengetragen.

- ✔ **ethos:** Dieses Linux-System für GPU-basierte Mining-Rigs ist für das Pool-Mining mit GPUs sehr zu empfehlen. Installation, Einrichtung und Bedienung gestalten sich einfach (für Menschen mit Linux-Erfahrung!). ethOS unterstützt derzeit den Abbau von Ethereum, Zcash, Monero und weiteren Kryptowährungen. ethOS ist freie Software, die unter der General Public License (GNU) lizenziert ist, aber es wird dringend empfohlen, eine Kopie zu kaufen, um die Weiterentwicklung der Software zu unterstützen. (Obwohl kostenlos, handelt es sich nicht um Open Source; zum Lizenzmodell heißt es auf der Website: »*Kleine Ziege mit roten Augen Lizenz. Sie sollten pro betriebenem Mining-Rig eine ethOS-Lizenz von* gpuShack.com *erwerben. Wenn Sie das nicht tun, wird Ihnen im Schlaf eine kleine Ziege mit roten Augen erscheinen.*«). Die Software kann direkt heruntergeladen werden. Alternativ haben Sie die Möglichkeit, eine vorinstallierte SSD zu kaufen. Folgen Sie der Dokumentation, um Ihr Mining-Rig vollständig einzurichten und mit dem Hashen zu beginnen. http://ethosdistro.com

- ✔ **H4SHR8:** HashrateOS ist ein Mining-Betriebssystem für GPU- und ASIC-Mining-Systeme. Das Linux-basierte Betriebssystem wurde speziell für den Abbau von Kryptowährungen entwickelt. Es unterstützt mehrere Mining-Algorithmen und Hardwaretypen. Bisher wurde es noch nicht öffentlich freigegeben, könnte aber jetzt, da Sie das Buch lesen, verfügbar sein. https://hashr8.com

- ✔ **NiceHash:** Dies ist ein Pool-Mining-Service und zugleich eine Mining-Konfigurationssoftware für eine Vielzahl verschiedener Kryptowährungen. (Bei NiceHash können Sie auch Hashrate zukaufen oder selbst Hashrate verkaufen – siehe Kapitel 7). Das Programm läuft nur auf Windows und unterstützt das Mining per GPU, ASIC und CPU. So können damit also GPU-Mining betreiben, indem Sie es auf das Windows-Betriebssystem Ihres Mining-Rigs installieren, und CPU-Mining, indem Sie es auf einem Windows-PC einrichten, um dessen CPU zu verwenden. Für ASIC-Mining befolgen Sie die Anweisungen, um Ihr ASIC-Rig auf den NiceHash-Server zu verweisen (siehe Abbildung 10.18). Folgen Sie der Dokumentation, um Ihr Mining-Rig vollständig einzurichten und mit dem Hashen zu beginnen. www.nicehash.com

- ✔ **Honeyminer:** Honeyminer ist ein weiterer Pool-Mining-Dienst, der eine eigene Software für Windows und macOS bereitstellt. Sie können sie auf Ihrem Desktop-Computer (oder GPU-Mining-Rig, falls dort Windows installiert ist) verwenden und dann alle CPUs und GPUs ansprechen, die die Software findet. Sie konzentriert sich immer auf die Kryptowährung, die gerade am profitabelsten ist, aber Ihre Auszahlungen erhalten Sie in Satoshi, der kleinsten Einheit von Bitcoin. Befolgen Sie die Dokumentation, um Ihr Mining-Rig vollständig einzurichten und mit dem Hashen zu beginnen. (In Kapitel 7 sehen Sie ein kurzes Beispiel dazu.) https://honeyminer.com

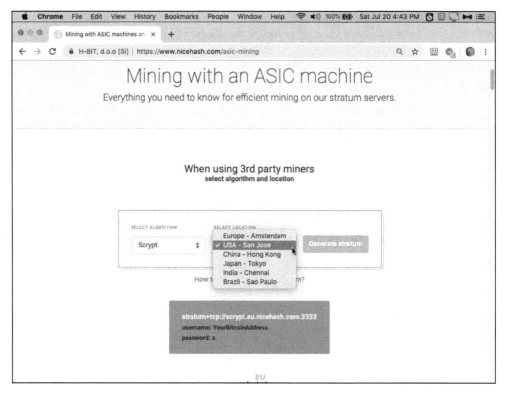

Abbildung 10.18: Für das ASIC-Mining mit NiceHash wählen Sie einen Algorithmus und einen Serverstandort. NiceHash sagt Ihnen dann, wie Sie den Miner konfigurieren müssen.

✔ **Easyminer:** Dieses kostenlose, quelloffene Mining-Tool ermöglicht den Abbau verschiedener Coins, wie zum Beispiel Bitcoin, Dogecoin oder Litecoin. Es kann für das Mining mit CPUs, GPUs und ASICs konfiguriert werden und sowohl mit einem Pool als auch zum Solo-Mining eingesetzt werden. Das Programm läuft nur unter Microsoft Windows. https://www.easyminer.net

✔ **Hive OS:** Hive OS ist für bis zu drei Mining-Rigs kostenlos, erhebt für größere Installationen jedoch eine monatliche Gebühr. Es eignet sich für das Mining mit CPUs, GPUs und ASICs und kann eine Vielzahl von verschiedenen Hashing-Algorithmen verarbeiten. https://hiveos.farm

✔ **SimpleMiningOS:** Dieses Linux-basierte Betriebssystem für GPU-Mining kostet für ein einzelnes Rig monatlich 2 US-Dollar (die Kosten pro Gerät sinken, je mehr Rigs Sie betreiben). Es eignet sich zum Abbau von Ethereum und einer Vielzahl anderer Kryptowährungen. https://simplemining.net

✔ **Braiins OS:** Braiins OS ist eine großartige Alternative zu den vom Hersteller bereitgestellten webbasierten GUIs für ASIC-Rigs zum Bitcoin-Mining. Es handelt sich um ein quelloffenes, vollständig überprüfbares Betriebssystem, das für Antminer S9 und DragonMint T1 ASICs entwickelt wurde (inzwischen werden vielleicht noch weitere Geräte unterstützt). Für manche Hardwarekonstellationen ermöglicht es eine Steigerung der Hashrate bei gleichbleibendem Energieverbrauch und erhöht somit Ihre Effizienz und Rendite. Befolgen Sie die Dokumentation und die Installationsanleitung, um das Betriebssystem auf die Steuerplatine Ihres Mining-Rigs zu flashen und es auf den von Ihnen gewünschten Pool auszurichten. https://braiins-os.org

✔ **Mother of Dragons:** Mother of Dragons läuft auf Linux-PCs (Distributionen wie Debian, Ubuntu oder CentOS) oder einem anderen mit dem LAN verbundenen Linux-Gerät, wie beispielsweise einem Raspberry Pi (einem winzigen, billigen Einplatinencomputer; siehe www.raspberrypi.org). Sie geben Ihre Einstellungen ein – Poolserver, Benutzername, Passwort, Taktfrequenz, Lüfterdrehzahl – und dann erkennt die Software automatisch alle ASIC-Miner (der Typen DragonMint/Innosilicon T1/T2/B29/B52/A9) in Ihrem Netzwerk und ändert deren Einstellungen. Sie verfügt über ein integriertes Überwachungssystem und aktualisiert auch die Firmware Ihrer ASICs und sorgt zudem für den Neustart von Minern, die offline gegangen sind. Das Programm spart viel Arbeit, richtet sich aber eher an erfahrene Anwender. Für Installationsanweisungen befolgen Sie die Dokumentation auf der folgenden GitHub-Seite: https://github.com/brndnmtthws/mother-of-dragons.

FPGA?

Wir gehen in Kapitel 5 auf FPGA-Chips (Field Programmable Gate Arrays) ein. FPGAs sind etwas für wirklich erfahrene Miner, nichts für Anfänger. Der Umgang mit ihnen kann sehr schwierig sein. FPGAs sind konfigurierbare Computerchips – im Prinzip leere Rohlinge. Im Gegensatz zu den meisten Computerchips, die bereits vom Hersteller konfiguriert und einsatzbereit sind, sind FPGAs so konzipiert, dass sie vom Benutzer konfiguriert werden können.

FPGA-Chips werden manchmal zum Abbau von Kryptowährungen wie etwa Monero verwendet, die dem Einsatz von ASICs entgegenwirken. Die Entwicklergemeinschaft von Monero ändert den Algorithmus regelmäßig, um es Herstellern zu erschweren, für Monero optimierte ASICs zu entwickeln, zu bauen und zu vertreiben. (Bis ein ASIC auf den Markt gebracht werden kann, hat sich der Algorithmus schon wieder geändert.) Fachkundige Miner nutzen FPGAs als effizientere Möglichkeit zur Gewinnung von Monero (gegenüber dem CPU- oder GPU-Mining). Diese Miner programmieren die Rohlinge jedes Mal um, wenn sich der Algorithmus ändert. Es handelt sich quasi um hausgemachte ASICs, die aber insgesamt nicht so effizient sind wie echte ASIC-Chips. Teilweise werden sie auch eingesetzt, um kleinere, unbekanntere Coins zu schürfen, deren Marktanteil nicht groß genug ist, als dass ein Hersteller eigene ASICs dafür entwickeln würde.

Während sich Pool-Mining-Software für PCs oder Laptops mit Windows oder macOS meist sehr einfach einrichten lässt (wie Sie es etwa in Kapitel 7 sehen), kann die Arbeit mit einigen der anderen Systeme viel komplizierter sein.

Die Einrichtung von ethOS oder Braiins OS ist für einen erfahrenen Linux-Anwender zum Beispiel recht einfach. Wenn Sie jedoch noch nie ein anderes Betriebssystem als Windows oder macOS verwendet haben oder Sie bei komplizierten Software-Installationen lieber Ihren Computer für den Rest des Nachmittags dem IT-Fritzen Ihres Arbeitgebers überlassen, dann wird einiges davon für Sie komplettes Neuland sein! Entweder Sie finden einen netten Computerfreak, der Ihnen hilft, oder Sie müssen die Instruktionen sehr sorgfältig lesen und wahrscheinlich viel Zeit damit verbringen zu lernen, wie Sie die Aufgabe selbst erledigen können.

Mining-Software ist meist für ASIC- und GPU-Mining ausgelegt, da dies die effizientesten Schürfmethoden sind, die von erfahrenen Minern auch am häufigsten eingesetzt werden. Eine Ausnahme bilden »ASIC-resistente« Kryptowährungen wie Monero, für die vor allem ein Mining per CPU und GPU vorgesehen ist. (Wenn Sie einen Coin per GPU minen können, dann klappt das auch per CPU, aber GPUs sind in der Regel viel leistungsfähiger.) Einige Mining-Programme funktionieren mit CPUs. In vielen Fällen nutzen Miner, die CPU-Mining von Monero oder kleineren Kryptowährungen betreiben, jedoch einfach die *Core-Software* – also die Software, die von der Kryptowährung selbst bereitgestellt wird – entweder auf der Kryptowährungs-Website oder im GitHub-Konto der Kryptowährung. Gewinnbringendes CPU-Mining ist allerdings schwierig. Die meisten Monero-Miner nutzen GPUs, obwohl sie die CPU im GPU-Rig oftmals zusätzlich einsetzen.

Solo-Mining

Solo-Mining ist nicht zu empfehlen, es sei denn, Sie haben sich das sehr genau durchgerechnet (siehe Kapitel 11) und sind sich sicher, dass es für Sie einen Sinn ergibt. Sie müssen Ihre Gewinnchancen (die sehr niedrig sein können) vollständig erfassen und akzeptieren oder Sie brauchen einen ausreichend hohen Anteil an der Netzwerk-Hashrate, um Ihre Rentabilität zu gewährleisten. Allerdings gestatten recht viele Software-Implementierungen auch die Konfiguration von Solo-Mining.

Für die meisten Solo-Mining-Tools müssen Sie einen Full Node der zu schürfenden Kryptowährung auf einem separaten Computer in Ihrem Netzwerk installieren und synchronisieren. Dann verweisen Sie in einem zweiten Schritt die Mining-Software Ihres ASIC- oder GPU-Mining-Rigs auf diesen Full Node in Ihrem lokalen Netzwerk. Lesen Sie die Dokumentation der eingesetzten Software sehr gründlich, bevor Sie Ihr Mining-Equipment in Betrieb nehmen.

Beachten Sie die folgende Liste mit Programmen für das Solo-Mining:

✔ **Core-Software von Kryptowährungen:** Einige Kryptowährungen, wie etwa Monero, verfügen über eine in der Benutzeroberfläche der Full-Node-Core-Software integrierte Mining-Funktionalität (bei Bitcoin war dies auch einmal der Fall, aber das Feature wurde inzwischen entfernt). Laden Sie einfach die Core-Software herunter, synchronisieren Sie Ihren Node mit der Blockchain (dies kann einige Zeit dauern) und aktivieren Sie unter der Registerkarte Mining die Mining-Funktion. Den Software-Download und die Dokumentation finden Sie auf der Website der Kryptowährung. Siehe zum Beispiel (für Monero) https://web.getmonero.org/get-started/mining

✔ **CGMiner:** CGMiner ist eine Open-Source-Software zum Mining von Bitcoin mittels ASICs oder FPGAs. Sie läuft unter Linux, Windows und MacOS. https://en.bitcoin.it/wiki/CGMiner

✔ **BTCMiner:** BTCMiner ist eine quelloffene Bitcoin-Mining-Software, die für FPGA-Mining entwickelt wurde. Sie läuft unter Windows oder Linux. https://en.bitcoin.it/wiki/BTCMiner

✔ **BFGMiner:** Diese kostenlose und quelloffene Software für Windows, MacOS und Linux lässt sich für den Einsatz mit CPUs, GPUs, FPGAs und ASICs konfigurieren. https://en.bitcoin.it/wiki/BFGMiner

Teil IV
Betriebswirtschaftliche Aspekte des Minings

IN DIESEM TEIL ...

✔ Die benötigten Daten

✔ Pool-Mining- und Solo-Mining-Profitabilität

✔ Effizient schürfen

✔ Auf dem neuesten Stand bleiben

✔ Wie Sie die Einnahmen verwalten und das Finanzamt bei Laune halten

> **IN DIESEM KAPITEL**
>
> Verstehen, von welchen Faktoren die Profitabilität abhängt
>
> Mining-Vergütungen
>
> Die Leistungsfähigkeit Ihrer Mining-Hardware
>
> Die Kapitalrendite (ROI) abschätzen
>
> Eine individuelle Kosten-Nutzen-Analyse

Kapitel 11
Rechnen Sie nach: Lohnt es sich?

Wenn Sie Fehlinvestitionen beim Krypto-Mining vermeiden wollen, sollten Sie immer erst Ihre Hausaufgaben machen und recherchieren, bevor Sie größere Summen in Cloud-Mining-Dienste, eigene Mining-Hardware oder den Zukauf von Hashrate investieren. Sie müssen die entsprechenden Kennzahlen wirklich verstehen, um zu beurteilen, ob Sie in diesem Bereich auch tatsächlich Geld verdienen können.

In diesem Kapitel gehen wir verschiedenen Aspekte von Benchmarks für Mining-Hardware und -Projekte durch, die Ihnen helfen zu ermitteln, ob Ihre Pläne am Ende ein rentables Mining ermöglichen.

Einflussfaktoren auf die Profitabilität des Minings

Bei der Berechnung Ihrer Kapitalrendite (ROI) sind verschiedene Faktoren zu berücksichtigen:

- ✔ Anschaffungskosten der Ausrüstung
- ✔ Hashrate der Ausrüstung
- ✔ Effizienz der Ausrüstung
- ✔ Wartungskosten

✔ Gebäudekosten (Miete, Klimatisierung etc.)

✔ Stromkosten zum Betrieb Ihrer Ausrüstung

✔ gesamte Netzwerk-Hashrate der abzubauenden Kryptowährung

✔ Wenn Sie Pool-Mining betreiben wollen (siehe Kapitel 7): der Anteil des Pools an der gesamten Netzwerk-Hashrate und die vom Pool erhobenen Gebühren.

✔ Blockvergütungen (Blocksubvention plus Transaktionsgebühren)

✔ Umrechnungskurs der Kryptowährung in Ihre lokale Fiatwährung

In den folgenden Abschnitten betrachten wir diese Faktoren zunächst einzeln und bringen sie dann alle zusammen, um Ihre potenzielle Kapitalrendite zu berechnen.

Anschaffungskosten der Ausrüstung

Ein wesentlicher Faktor für die Rentabilität des Minings sind die Anschaffungskosten Ihrer Ausrüstung. Ausrüstungskosten machen oft den größten Teil der Investitionen (Capital Expenditures, CapEx) für das Krypto-Mining aus. *CapEx* sind definiert als die Investitionskosten, die Unternehmen oder Organisationen für die Sicherung von Geräten, Anlagen oder Standorten entstehen.

Die Preise für neue Mining-Hardware können je nach Nachfrage und Marktstimmung beträchtlich schwanken. Das gilt sowohl für leistungsfähige GPUs als auch für Mining-Geräte auf Basis anwendungsspezifischer integrierter Schaltkreise für Kryptowährungen (ASICs). Während des Schreibens dieses Kapitels reichen die Marktpreise für einige der besten ASIC-Mining-Rigs für Bitcoins SHA-256-Algorithmus von 10 $ bis 60 $ pro TH/s. (Abbildung 11.1 veranschaulicht diese Daten für einzelne Mining-Rigs und Abbildung 11.2 zeigt

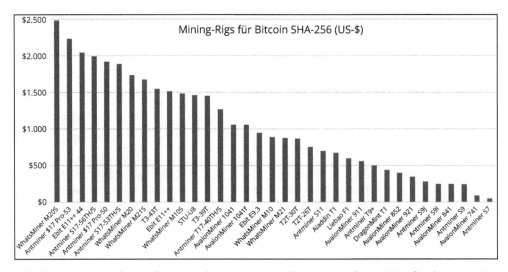

Abbildung 11.1: Kaufpreise für einige der neuesten und leistungsstärksten ASICs für den SHA-256-Algorithmus von Bitcoin (zum Zeitpunkt des Schreibens dieses Buchs)

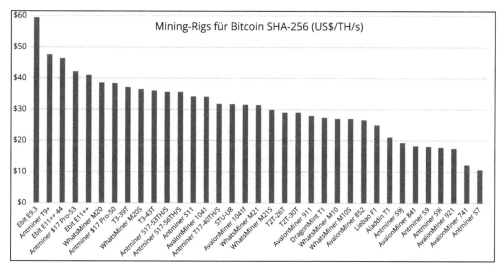

Abbildung 11.2: Kaufpreise pro Hashrate (TH/s) für einige der neuesten und leistungsstärksten SHA-256-ASICs (zum Zeitpunkt des Schreibens dieses Buchs)

die normalisierten Kosten pro TH/s.) Diese Preisspanne ergibt sich hauptsächlich aus dem Alter der Ausrüstung und ihrer Effizienz (der elektrischen Leistungsaufnahme pro TH/s; siehe Kapitel 9) sowie aus der Popularität der Mining-Geräte. Die Kosten pro TH/s liegen bei neuerer, effizienterer Hardware höher. Ältere und weniger leistungsfähige Rigs werden in der Regel zu günstigeren Preisen abverkauft, und das neueste und energieeffizienteste Gerät kostet einen Aufpreis. Tatsächlich ist es manchmal schwierig, neue ASIC-Versionen zum Herstellerpreis zu ergattern, da die Lagerbestände oft niedrig sind und Spekulanten die Geräte wegschnappen, um sie dann teilweise für das Doppelte oder Dreifache des ursprünglichen Preises weiterzuverkaufen.

Hier gilt es also ein gewisses Gleichgewicht zu berücksichtigen. Wenn ASIC A hinsichtlich der TH/s billiger ist als ASIC B, dann liegt es vielleicht daran, dass er ineffizienter arbeitet, er wird also mehr Leistung je Terahash pro Sekunde aufnehmen (je Billionen Hashoperationen pro Sekunde) und damit für die gleiche Leistung höhere Stromkosten erzeugen. In Kapitel 9 finden Sie eine Aufschlüsselung der Effizienz von Mining-Equipment für unterschiedliche Hash-Algorithmen.

Hashrate Ihrer Ausrüstung

Sie müssen die Hashrate Ihrer Geräte oder anzuschaffenden Rigs kennen. Es gibt verschiedene Möglichkeiten, die Hashrate zu ermitteln.

 Wir wollen an dieser Stelle darauf hinweisen, dass Ihre Ausrüstung im Grunde keine festgelegte Hashrate hat; sie hat eine Hashrate für einen bestimmten Mining-Algorithmus. ASICs sind natürlich immer fest für einen bestimmten Algorithmus konfiguriert. Aber mit CPUs und GPUs können Sie verschiedenen Kryptowährungen mit unterschiedlichen Algorithmen schürfen. So kann beispielsweise eine Grafikkarte je nach abgebauter Kryptowährung verschiedene

Hashrates aufweisen. Bevor Sie also die Hashrate einer CPU oder GPU ermitteln können, müssen Sie wissen, für *welchen* Algorithmus Sie diesen Wert herausfinden wollen.

Angaben der ASIC-Hersteller

Wenn Sie einen ASIC-Miner gekauft haben oder solch eine Anschaffung planen, ist die Sache einfach; der Hersteller sollte die nominale Hashrate des Geräts angeben. (In Kapitel 9 finden Sie eine Liste der Herstellerangaben zu Hashrates in Terahash/Sekunde für einige der leistungsfähigsten SHA-256-ASICs für Bitcoin, die derzeit auf dem Markt sind.) Machen Sie dabei aber wie immer Ihre Hausaufgaben und sehen Sie genau hin. Recherchieren Sie vor dem Kauf neben den Herstellerinformationen auch in Foren wie auf `BitcoinTalk.org` oder auf Social-Media-Websites wie Twitter oder Reddit, um Rezensionen Ihrer zukünftigen Mining-Ausrüstung zu finden.

In Abbildung 11.3 sehen Sie ASIC-Angebote bei Amazon. Beachten Sie den Text in der Produktbeschreibung mit der Hashrate-Angabe: AntMiner L3+ ~504MH/s, AntMiner V9 ~4 TH/s, AntMiner S9 ~14,0 TH/s, AntMiner V9 ~4 TH/s (~ ist das mathematische Symbol für einen *Näherungswert*).

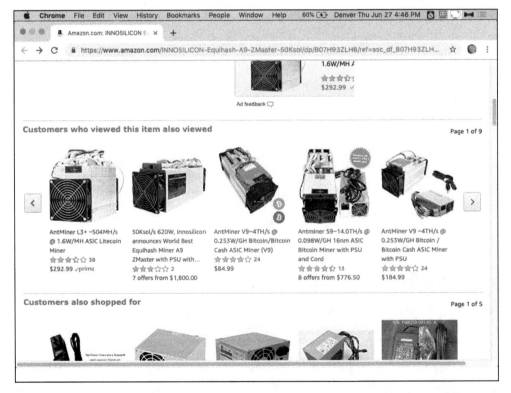

Abbildung 11.3: Ein Screenshot von Amazon mit Hashrate-Angaben zu verschiedenen ASIC-Mining-Rigs

Was ist mit dem Gerät von Innosilicon, das 50 Ksol/s ausgibt? Das bedeutet 50.000 *Solutions* (Lösungen) pro Sekunde, ein Begriff, den Sie ab und zu im Zusammenhang mit dem Equihash-Algorithmus von Zcash und einigen anderen Kryptowährungen wie Bitcoin Gold und Komodo hören werden. (In Kapitel 8 finden Sie eine Aufschlüsselung der Kryptowährungen nach Algorithmen.)

Hashes oder Solutions?

Leider gibt es in der Equihash-Community viele Unklarheiten hinsichtlich *Solutions* und *Hashes* und deren Beziehung zueinander. Diese Verwirrung entsteht, weil Kryptowährungsalgorithmen kompliziert sind und man sie minen kann, ohne sie zu verstehen. Miner müssen bloß wissen, wie sie die entsprechende Hard- und Software einrichten und betreiben, aber die Funktionsweise des zugrunde liegenden, hochkomplexen Algorithmus brauchen Sie nicht zu kennen. Nur wenige Miner wissen genau, was die von ihnen berechneten Algorithmen leisten.

Dieses fehlende Verständnis hat allerdings ein kleines Problem aufgeworfen: Während die Leistung einiger Geräte vielleicht in *Solutions pro Sekunde* angegeben wird, verlangen manche Online-Rechner für Equihash-Kryptowährungen nach einer Eingabe der *Hashes pro Sekunde.* Minergate (https://minergate.com/calculator/equihash) verwendet zum Beispiel Solutions/Sekunde, WhatToMine (https://whattomine.com/coins/166-zec-equihash), CryptoCompare (www.cryptocompare.com/mining/calculator/zec) und MinerStat (https://minerstat.com/coin/ARRR) aber jeweils Hashes/Sekunde.

Solutions – oder *sols* – sind Lösungen des Proof-of-Work-Rätsels von Equihash, einer Variation des sogenannten Geburtstagsparadoxons (wie groß ist bei x Personen im Raum die Wahrscheinlichkeit, dass zwei von ihnen am gleichen Tag Geburtstag haben). Ähnlich wie beim SHA-256-Algorithmus von Bitcoin, bei dem jeder Hash mit einem Zielwert abgeglichen wird (siehe Kapitel 3), wird auch bei Equihash jede »Lösung« mit einer Zielvorgabe verglichen. Tatsächlich wird bei Equihash nicht in der gleichen Weise wie bei SHA-256 gehasht, und Hashes pro Sekunde ist eigentlich eine falsche Einheit; Lösungen pro Sekunde ist tatsächlich korrekter.

Dennoch werden Sie in Bezug auf Equihash immer wieder Hashes/Sekunde hören und können dann normalerweise davon ausgehen, dass damit Solutions/Sekunde gemeint sind. Wenn Sie aber ernsthaft planen, eine Equihash-Kryptowährung zu schürfen, dann sollten an dieser Stelle darauf achten, dass Sie auch wirklich mit den korrekten Werten rechnen.

Auf der Website eines Einzelhändlers finden Sie vielleicht nicht immer die Hashrate eines Geräts, dessen Kauf Sie in Betracht ziehen. In diesem Fall sollten Sie die Website des Herstellers besuchen, um weitere Details zu erfahren. In Kapitel 9 finden Sie eine Liste einiger der beliebtesten Hersteller von ASIC-Minern und vorgefertigten GPU-Rigs.

Websites mit Prozessor-Benchmarks

Eine weitere Möglichkeit, die Hashrate Ihrer Ausrüstung zu ermitteln, bieten unabhängige Benchmark-Websites für Mining-Equipment. Diese sind insbesondere dann von Nutzen, wenn Sie mit CPUs oder GPUs minen wollen, deren Hashrates Sie nicht in den Datenblättern der Hersteller finden (weil sie nicht speziell für das Krypto-Mining ausgelegt sind!).

 Die Hashrate hängt nicht nur von der Hardwareleistung, sondern auch vom jeweiligen Kryptowährungsalgorithmus ab. Eine GPU hat bei Kryptowährung A eine Hashrate von x, bei Kryptowährung B hingegen eine Hashrate von y.

Diese Websites können sehr hilfreich sein. Allerdings listen sie nicht alle Prozessoren auf, sodass Sie möglicherweise nicht das Glück haben, die gesuchten Daten zu finden. (Aber Sie können sie vielleicht abschätzen – suchen Sie dafür nach ähnlichen Geräten, die dort bewertet *wurden*.)

Die folgende Liste nennt Benchmark-Websites für verschiedene Geräte, einschließlich CPUs, GPUs und ASICs:

✔ CPU-Benchmarks.

- Monero Benchmarks https://monerobenchmarks.info

✔ GPU-Benchmarks

- Benchmarks von Bitcoin Wiki https://en.bitcoin.it/wiki/Non-specialized_hardware_comparison
- GPU-Rangliste von What to mine https://whattomine.com/gpus
- GPU-Listen von Mining Champ https://miningchamp.com

✔ ASIC-Rigs für SHA-256.

- Benchmarks von Cryptomining Tools https://cryptomining.tools/compare-mining-hardware
- Benchmarks von Bitcoin Wiki https://en.bitcoin.it/wiki/Mining_hardware_comparison

Es gibt auch Tools, die Informationen über die Leistung der Geräte mit einem Profitabilitätsrechner kombinieren, zum Beispiel unter https://whattomine.com/miners.

Mining-Pools

Eine weitere Möglichkeit, die Hash-Leistung Ihrer Geräte herauszufinden, ist, damit zu minen. Suchen Sie sich einen seriösen Mining-Pool für die gewünschte Kryptowährung, erstellen Sie ein Konto, richten Sie Ihre Hardware ein und lassen Sie sie für eine Weile laufen. Die Software des Mining-Pools teilt Ihnen mit, wie hoch Ihre Hashrate für diese Kryptowährung ist. In Kapitel 7 finden Sie weitere Informationen zu Mining-Pools.

Prozessor-Testprogramme zum Download

Wenn Ihnen für Ihr Mining-Equipment keine Herstellerangaben zur Hashrate der von Ihnen gewünschten Kryptowährung vorliegen, die Werte auch nicht auf einer der vorhergehenden Benchmark-Websites aufgelistet sind und Sie sich nicht die Mühe machen wollen, ein Poolkonto einzurichten, gibt es vielleicht noch einen anderen Weg, die Hashrate zu ermitteln.

Bei einer Suche nach *what is my hash rate* oder Ähnlichem werden Sie wahrscheinlich auf Websites stoßen, die Programme anbieten, die auf Ihrem System laufen und Ihre Hashrate ermitteln. Meist betreiben sie dazu tatsächlich Mining, sodass die Seite, die den Download anbietet, Ihre Rechenleistung nutzt, um echtes Mining zu betreiben und Kryptowährung zu verdienen.

Seien Sie aber vorsichtig mit solchen Websites. Dahinter kann sich auch Adware, Malware oder noch Schlimmeres verbergen! Wir raten von der Verwendung dieser Dienste ab, es sei denn, Sie sind sich absolut sicher, dass sie legitim sind. (Wir fühlen uns bei keinem der Anbieter sicher genug, um sie tatsächlich hier aufzulisten, also recherchieren Sie in jedem Fall gründlich, bevor Sie solche Tools verwenden und laden Sie sie auf eigene Gefahr herunter.)

Effizienz der Mining-Hardware

Nach den laufenden Kosten und den Investitionsaufwendungen ist die Effizienz Ihrer Hardware der nächste wichtige Faktor bei der Kosten-Nutzen-Analyse Ihres Mining-Betriebs. Dieser Wert ergibt sich aus der Hashrate Ihrer Rigs (in Hashes pro Sekunde) sowie dem Stromverbrauch in Watt.

In Kapitel 9 haben wir bereits darauf hingewiesen, dass sich aus diesen beiden Werten eine Effizienz-Kennzahl für jedes Gerät berechnen lässt. Die Effizienz eines Mining-Rigs wird meist in Joule pro Terahash angegeben (oder, je nach Gerät, in Joule pro Gigahash oder Joule pro Megahash). (In Kapitel 9 haben wir auch erwähnt, dass ein Joule eine Energieeinheit ist, die einer elektrischen Leistungsaufnahme von einem Watt über eine Sekunde hinweg entspricht.) Ein Terahash sind eine Billion Hashes, ein Gigahash sind eine Milliarde Hashes, und ein Megahash sind eine Million Hashes. Kapitel 9 enthält auch Abbildungen, die die Effizienz beliebter ASIC-Mining-Rigs für die gängigsten Hash-Algorithmen zeigen.

Hashrate

Die Effizienz des Mining-Rigs und damit seine Rentabilität hängt von der Hashrate ab, die das Gerät für den Proof-of-Work-Algorithmus der jeweiligen Blockchain ausgeben kann – das heißt, wie viele Hashes die Hardware pro Sekunde verarbeiten kann. Je mehr Hashes Ihre Rigs pro Sekunde verarbeiten, desto höher fällt Ihr Anteil an der gesamten Netzwerk-Hashrate aus und desto mehr Kryptowährung werden Sie schürfen. (Erinnern Sie sich, wie wir in den Kapiteln 8 und 9 erklären, dass Sie, über einen ausreichend langen Zeitraum betrachtet, in der Regel immer den Teil der Mining-Rewards im Netzwerk erhalten, der Ihrem Hashrate-Anteil an der Netzwerk-Hashrate entspricht.)

Kapitel 9 enthält eine Grafik mit den Hash-Leistungen einiger gängigen ASIC-Miner für Bitcoin-SHA-256 sowie andere verbreitete Hashalgorithmen. Eine kurze Zusammenfassung der geschätzten Hashrates beim GPU-Mining von Ethereum (Ethash) finden Sie in Abbildung 11.4. Diese Werte reichen von 5 bis 40 Megahash pro Sekunde – sie berücksichtigen dabei noch keine GPU-Übertaktung und dienen nur als grobe Anhaltspunkte.

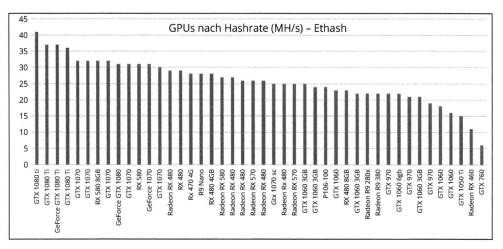

Abbildung 11.4: Hashrates gängiger Grafikkarten beim Mining von Ether mit dem PoW-Algorithmus Ethash

Übertaktung steht für die Erhöhung der Leistung eines Computerprozessors durch Anheben der Taktfrequenz über die Standardwerte des Herstellers hinaus. Manchmal ist dies über das BIOS oder eine spezielle Herstellersoftware möglich. Um ein Gerät zu übertakten, können Sie die Taktfrequenz zum Beispiel in den Einstellungen von 600 MHz auf 750 MHz anheben. (*MHz* oder *Megahertz* ist eine Frequenz- oder Schwingungseinheit, die einer Million Zyklen pro Sekunde entspricht.) Beim Übertakten entsteht mehr Abwärme und der Stromverbrauch steigt, aber letztlich wird hierdurch im Falle eine Krypto-Mining-Anwendung auch die Hashrate erhöht. Das Übertakten belastet die Prozessoren stärker und kann ihre Lebensdauer reduzieren. Allerdings übertakten Miner mitunter durchaus; ein Miner könnte zum Beispiel ein Gerät, von dem er weiß, dass es sowieso nahe am Ende seiner Nutzungsdauer steht, übertakten.

Effizienz

Die Kombination von Hashrate und Stromverbrauch der Mining-Ausrüstung liefert Ihnen eine wichtige Kenngröße, um die Effizienz Ihrer Hardware zu bestimmen. Je effizienter Ihr Equipment ist, desto profitabler lässt es sich betreiben.

Wie in Kapitel 9 erläutert, wird Effizienz typischerweise definiert als nützliche Arbeit dividiert durch den Energieaufwand für diese Arbeit. Im Falle von Mining-Hardware führen die Hersteller jedoch oft den Kehrwert als Kennzahl an. Die Effizienz von Mining-Geräten wird häufig als der Energieverbrauch (Joule) geteilt durch die geleistete Arbeit (Hashes) angegeben.

Einen Effizienzvergleich von beliebten ASIC-Minern für das Bitcoin-Netzwerk (SHA-256) und anderen gängigen Algorithmen finden Sie in Kapitel 9. In Abbildung 11.5 sehen Sie einen Vergleich für eine Reihe hochkarätiger Grafikkarten beim Mining des Ethash-Algorithmus von Ethereum. Zur Effizienzbewertung dieser Grafikkarten ist hier der spezifische Energiebedarf in Joule pro Megahash oder J/MH dargestellt (niedriger ist besser).

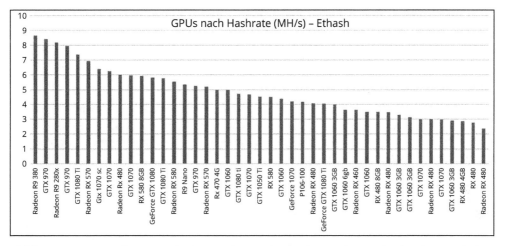

Abbildung 11.5: Ein Effizienzvergleich (in J/Mh) verschiedener GPUs beim Schürfen des Proof-of-Work-Algorithmus von Ethereum, also Ethash

Wartungskosten

Auch wenn die heute auf dem Markt befindliche Mining-Hardware meist sehr zuverlässig ist, kommt es trotzdem immer wieder zu Ausfällen, die natürlich mit einem gewissen Wartungsaufwand verbunden sind. Zu den fehleranfälligsten Komponenten beim Krypto-Mining zählen die zur Kühlung verwendeten Lüfter. Das gilt sowohl für ASIC- als auch für GPU-Anlagen. Diese Lüfter drehen sich mit mehreren tausend Umdrehungen pro Minute und werden bei einem Betrieb rund um die Uhr wahrscheinlich von Zeit zu Zeit ausfallen. Glücklicherweise handelt es sich bei den Lüftern um preiswerte Standardkomponenten, die nur zwischen 10 und 20 Euro kosten und oft über die Herstellerwebsite, bei jedem Elektronikhändler oder auch auf Ihrem bevorzugten Online-Marktplatz zu finden sind.

Die Steuerplatine von ASIC-Minern erkennt einen Lüfterausfall und fährt den Mining-Prozess dann sicher herunter und versetzt die Hardware in einen Fehlermeldezustand. Meist leuchtet dann eine rote LED. Dies dient dazu, den Anlagenbetreiber über den Ausfall zu informieren und das Gerät zu schützen. Grafikkarten haben ein Thermo-Management und drosseln ihre Leistung so weit herunter, dass die dann noch entstehende Wärme trotz Lüfterdefekt abgeführt werden kann. Leider sind GPU-Lüfter nicht ganz so standardisiert und einfach auszutauschen, sodass Sie hier im Fehlerfall möglicherweise die komplette Grafikkarte austauschen werden.

Andere Komponenten, die manchmal ausfallen, sind die so genannten Hashing-Boards. Diese Boards vereinen zahlreiche ASIC-Chips auf einer einzigen Platine. ASIC-Mining-Rigs verfügen in der Regel über rund drei solcher Hashing-Boards. Die Boards werden direkt mit der Steuerplatine des ASICs verbunden. (Die Steuereinheiten scheinen insgesamt robuster zu sein, da sie keine rechenintensiven Prozesse ausführen; die ASIC-Mining-Chips heizen sich dagegen im Betrieb auf und können eher ausfallen.) Sollte eine Steuerplatinen allerdings ausfallen, erhalten Sie für rund 50 bis 100 € Ersatz (sie werden meist vom Hersteller [OEM] verkauft).

Die Hashing-Boards lassen sich relativ leicht austauschen, viele Hersteller oder Online-Marktplätze verkaufen Sie auch einzeln. Lüfter, Steuerplatinen und Hashing-Boards verfügen über Schnellsteckverbinder, die einen einfachen und raschen Austausch ermöglichen. Die Instandhaltungskosten sollten insgesamt pro Jahr im Durchschnitt 5 bis 10 Prozent des Kaufpreises der Mining-Hardware nicht übersteigen.

Je nachdem, wie sauber die Betriebsumgebung ist, benötigt Mining-Hardware nur wenig Pflege und Wartung, abgesehen vom Austausch defekter Komponenten. Wenn die Geräte in staubigen oder anderweitig verunreinigten Bereichen eingesetzt werden, müssen sie ab und zu gereinigt werden.

Am besten reinigen Sie staubige und verschmutzte Mining-Hardware mit Druckluft zum Beispiel aus einem Kompressor oder einer Sprühdose. Damit entfernen Sie einen Großteil der Verunreinigungen und Ihre Mining-Rigs können weiter hashen.

Gebäudekosten

Wenn Sie Ihre Mining-Hardware zu Hause aufbauen, sollte der Großteil der Raumkosten bereits in Ihren normalen Kosten enthalten sein. Einige Hosting- oder Mining-Dienstleister berechnen dagegen zwischen 50 und 150 US-Dollar pro Monat, um Ihre Geräte in ihren Räumlichkeiten zu betreiben, und das ohne Strom. In Kapitel 9 finden Sie gängige Hosting-Anbieter für das Krypto-Mining.

Ein gewerbliches Rechenzentrum kann jedoch noch wesentlich teurer sein. In jedem Fall bestimmt auch die Art der Kühlung Ihre Gebäudekosten – ob Sie die Abwärme also nach draußen abführen, die Geräte mit einer Klimaanlage herunterkühlen oder die Wärme zur Raumheizung nutzen. Am effektivsten kühlen Sie Ihre Geräte und Räume mit einer Klimaanlage – aber dies ist auch am teuersten. Wenn Sie eine Möglichkeit zur Nutzung Ihrer Abwärme finden, können Sie unter Umständen erhebliche Einsparungen erzielen.

Es ist schwer zu sagen, wie viel Kühlung Sie brauchen, aber eines ist sicher: Sie können davon ausgehen, dass der gesamte Strom, der in Ihre Mining-Rigs fließt, in Wärme umgewandelt wird. Wenn Sie also ein ASIC mit 1500 Watt betreiben, dann kommt dies einem Heizlüfter mit 1500 Watt gleich. (Das ist ein ziemlich gängiger Wert für einen Heizlüfter. Gehen Sie in einen Baumarkt und sehen Sie nach – Sie werden feststellen, dass die meisten Heizlüfter dort wahrscheinlich maximal 1500 Watt leisten). So können sie sich wenigstens grob vorstellen, wie viel Hitze Sie produzieren werden, und vielleicht hilft Ihnen das auch dabei, über eine angemessene Kühlung nachzudenken.

Stromkosten

Einer der wichtigsten Kostenfaktoren, die in Ihre Wirtschaftlichkeitsberechnungen eingehen, sind die Stromkosten. Tatsächlich machen die Kosten für elektrische Energie zum Betrieb der Mining-Hardware den größten Teil Ihrer Betriebskosten aus.

Diese Betriebsausgaben (Operational Expenditures), die auch als *OpEx* bezeichnet werden, können als die wiederkehrenden Aufwendungen oder Kosten für ein Unternehmen, ein Projekt oder, in diesem Fall, einen Krypto-Mining-Betrieb definiert werden. Tatsächlich sind die Stromkosten beim Schürfen so hoch, dass Krypto-Miner oft – buchstäblich – keine Mühen scheuen, um billigen Strom zu finden. Durch den Zugang zu billiger Energie kann eine Kryptowährungsmine auch mit suboptimaler Hardware profitabel bleiben. Aus diesem Grund gibt es viele Beispiele von Stromklau für das Krypto-Mining, wie etwa Studenten, die im Studentenwohnheim schürfen. Billiger – und damit wirtschaftlicher – als kostenlos können Sie den Strom nicht beziehen! (Nein, wir sprechen hier keine Empfehlung aus.)

Eine Alternative ist die Suche nach vergeudeter oder überschüssiger Energie. Einige Miner verfolgen vielleicht sogar die Nutzung eigener Hilfsenergiequellen ohne Brennstoffkosten, um ihre Stromrechnung zu senken, wie etwa erneuerbare Energien aus Wasser, Wind oder dem Sonnenlicht. Andere Miner zapfen Ressourcen wie abgefackeltes, nicht vermarktbares und anderweitig verschwendetes Erdgas (Methan) an und nutzen diese Energie für den Abbau von Kryptowährungen. Ein Krypto-Mining-Unternehmen, das sich hierbei einen Namen gemacht hat, ist Upstream Data Inc. (www.upstreamdata.ca).

Woher Sie auch immer Ihren Strom beziehen, die Energiekosten Ihres Betriebs hängen von zwei Dingen ab: Wie viel Strom Sie verbrauchen und was Sie pro Abrechnungseinheit bezahlen müssen.

Ihren Stromverbrauch ermitteln

Neben der vom Hersteller angegebenen Hashrate haben die meisten ASIC-Mining-Geräte auch eine Nennleistungsaufnahme in Watt. (In Kapitel 9 finden Sie eine Liste der beliebtesten Miner für Bitcoins SHA-256 und deren Leistungsaufnahme.) Diese Daten sind wichtig für die Planung der elektrischen Infrastruktur und zur Berechnung der Kapitalrendite.

Beim CPU- oder GPU-Mining sind die Daten schwerer zu ermitteln. Tatsächlich verbrauchen sie beim Schürfen verschiedener Kryptowährungen unterschiedlich Mengen an Strom, da die Algorithmen unterschiedliche Rechenleistungen erfordern.

Eine Möglichkeit, den Stromverbrauch für GPU- und CPU-Hardware abzuschätzen, besteht darin, die maximal vom Hersteller für diese Prozessorgeräte angegebene Verlustleistung (Thermal Design Power, TDP) anzusetzen. Hierbei werden Sie den tatsächlichen Energieverbrauch jedoch häufig überschätzen, was sich auf Ihre Renditeberechnungen auswirkt. (Abbildung 11.6 zeigt den geschätzten Stromverbrauch einiger beliebter Grafikkarten beim Mining mit dem Ethereum-Algorithmus Ethash.)

Am zuverlässigsten ermitteln Sie den Stromverbrauch Ihrer Geräte durch direkte Messungen. Im Idealfall würden Sie dabei natürlich den Stromverbrauch beim Schürfen der jeweiligen Kryptowährung messen ... Aber wenn Sie noch nicht mit dem Mining begonnen haben, ähm, dann geht das auch nicht.

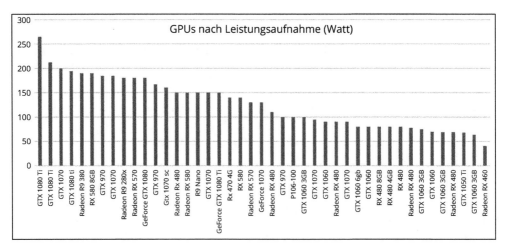

Abbildung 11.6: Geschätzter Stromverbrauch von beliebten GPUs beim Mining mit dem Ethereum-Algorithmus Ethash

Es gibt verschiedene Geräte, die den Stromverbrauch messen können, wie zum Beispiel die Leistungsmessgeräte von Fluke, die Spannung und Stromstärke messen. Diese Geräte können aber recht teuer und kompliziert zu bedienen sein.

Wir empfehlen stattdessen ein einfaches Energiekostenmessgerät (das Sie oft für rund 20 Euro im Baumarkt oder online finden). Stecken Sie das Gerät einfach in die Steckdose und stecken Sie dann Ihr Computer-Equipment in die Steckdose an der Vorderseite des Geräts, und schon zeigt es Ihnen den Stromverbrauch in Echtzeit an.

Die Stromkosten berechnen

Jetzt, da Sie Ihren zu erwartenden Stromverbrauch kennen, müssen Sie den Strompreis ermitteln. Die Energieversorger rechnen in der Regel im Jahresrhythmus die gesamten verbrauchten kWh ab. Gehen Sie die Stromrechnung von Ihrem Standort durch, an dem Sie die Mine betreiben möchten, um herauszufinden, wie hoch Ihre Energiekosten pro kWh sind, besuchen Sie die Website des Versorgungsunternehmens oder telefonieren Sie mit Ihrem Stromversorger. (In Kapitel 9 finden Sie weitere Informationen zur Ermittlung Ihres Strompreises.)

Bei uns in den USA liegen die Strompreise exklusive Netzentgelte oder Servicegebühren durchschnittlich zwischen 0,08 und 0,15 $ pro kWh. Für unsere Beispielrechnungen hier werden wir 0,10 $ pro kWh annehmen. (Beachten Sie im Folgenden, dass diese Werte in Deutschland doppelt so hoch liegen können.)

Energiebedarf und Kosten pro Monat ermitteln

Nachdem Sie eine Schätzung oder Messung des Stromverbrauchs Ihrer Miningausrüstung in Watt haben, ist die Hochrechnung auf Kilowattstunden (kWh) leicht zu bewerkstelligen.

Eine kWh entspricht einer Leistungsaufnahme von 1000 Watt über einen Zeitraum von einer Stunde. Ein Tag hat 24 Stunden, und ein Monat hat im Durchschnitt etwa 30 Tage (30 Tage und 10 Stunden, wenn Sie es genauer haben wollen). Damit hat ein Monat durchschnittlich etwa 720 Stunden (okay, 730). Wenn Sie diesen Wert mit dem gemessenen oder geschätzten Leistungsbedarf Ihrer Mining-Hardware multiplizieren, können Sie den monatlichen Energieverbrauch in kWh schnell abschätzen.

Wenn Ihr Gerät also 1280 W verbraucht (dies ist beispielsweise der Wert für einen Antminer S9 SE), dann verbraucht das Gerät je Betriebsstunde 1280 Wh (Wattstunden) oder 1,28 kWh. Multipliziert man das mit den 730 Stunden eines durchschnittlichen Monats, kommt man auf 934,4 kWh.

Jetzt können wir alle diese Informationen in einer einzigen Gleichung zusammenfassen: Leistung in Watt Zeit in Stunden = Energie in kWh. Dieser Energieverbrauch kann dann mit folgender Gleichung in die lokalen Stromkosten umgerechnet werden: Energie in kWh · Preis in $ pro Energieeinheit in kWh = Gesamtenergiekosten in $.

Wenn Ihre Krypto-Mining-Hardware also eine Leistungsaufnahme von 1280 Watt hat und Ihr Strompreis pro kWh 0,10 $ beträgt, dann können Sie Ihre monatlichen Stromkosten wie folgt abschätzen:

1280 Watt · 730 Stunden = 934,4 kWh

934,4 kWh · 0,10 $ pro kWh = 93,44 $ monatliche Stromkosten

Gesamte Netzwerk-Hashrate

Sie müssen auch die Netzwerk-Hashrate der abzubauenden Kryptowährung kennen. Die immer wieder nützliche Website BitInfoCharts liefert Hashrates (und viele weitere Infos) zu den beliebtesten Kryptowährungsnetzwerken (siehe https://bitinfocharts.com). Wenn Sie die gesuchten Daten dort nicht finden können, sehen Sie auf der Homepage der Kryptowährung oder auf einer Pool-Mining-Website nach oder führen Sie eine Online-Suche durch.

Auch hier stehen Ihre Einnahmen im Verhältnis zu Ihrem Anteil an der gesamten Netzwerk-Hashrate. Steuern Sie 1 % der Hashrate bei, dann erhalten Sie im Laufe der Zeit wahrscheinlich auch 1 % der gesamten Mining-Rewards im Netzwerk. (Wir nehmen hier 1 % nur als übersichtliches Beispiel; natürlich ist es sehr unwahrscheinlich, dass Sie einen so großen Teil der Hashrate bereitstellen können, selbst bei kleineren, weniger verbreiteten Kryptowährungen.)

Aber nichts währt ewig. Üblicherweise steigt die Netzwerk-Hashrate mit zunehmender Lebensdauer einer Kryptowährung stetig an (vorausgesetzt, sie ist erfolgreich und kann sich am Markt halten). Immer mehr Miner beginnen mitzumischen und neue, effizientere Hardware wird ins Rennen geschickt.

So ist die Hashrate im Bitcoin-Netzwerk (und daraufhin die Block-Difficulty) während der letzten zehn Jahre nur einige wenige Male gesunken. (Dies passierte nach deutlichen

Kursrückgängen beim Bitcoin-Preis, die auch die Stimmung am Markt mit in den Keller gezogen haben.) Wenn die Netzwerk-Hashrate also steigt, dann sinkt natürlich der Hashrate-Anteil Ihrer Geräte an der Gesamt-Hashrate (es sei denn, Sie fügen weitere Mining-Rigs hinzu). Und wenn Ihr Anteil an der Hashrate sinkt, sinkt auch Ihr Anteil an den Rewards, die Sie verdienen. Anders ausgedrückt liefert ein Mining-Rig, das eine konstante Hashrate zum Netzwerk beisteuert, eine mit der Zeit sinkende Rendite (gemessen in der geschürften Kryptowährung), da mit der Verschärfung des Mining-Wettbewerbs auch die Netzwerk-Hashrate zunimmt.

In Ihrer lokalen Fiatwährung betrachtet kann aber immer noch alles im grünen Bereich sein. Wenn Ihr Anteil an der verdienten Kryptowährung halbiert, sich der Gegenwert der Kryptowährung aber beispielsweise verdreifacht, liegen Sie immer noch gut im Rennen.

Informationen über Ihren Pool

Wenn Sie einen Mining-Pool nutzen, brauchen Sie Informationen über diesen Pool. (Tatsächlich sollten Sie vielleicht beide Fälle durchrechnen – Pool- und Solo-Mining.)

Sie müssen verschiedene Dinge wissen: die Gesamt-Hashrate des Pools, wie oft der Pool einen Block finden kann und wie viel Belohnung den Minern ausgezahlt wird, wenn der Pool einen Block findet (also welche Poolgebühren von den Blocksubventionen und den Transaktionsgebühren abgezogen werden). Sie finden diese Daten natürlich auf der Website des Pools. Kapitel 7 enthält weitere Informationen über Pools und Links zu verschiedenen Pools.

Block-Rewards

Für Berechnungen brauchen wir einige Informationen über die Blöcke, die Sie abbauen wollen. Zwei Sachen müssen wir wissen: Wie oft im Netzwerk ein Block an die Blockchain angehängt wird und was der Miner verdient, der diesen Block hinzufügen darf – die Blocksubvention, falls vorhanden, und die Transaktionsgebühren, falls diese an den Miner gehen. (In Kapitel 7 erklären wir, wie verschiedene Netzwerke die Miner auf unterschiedliche Weise bezahlen.)

Die Rate, mit der Blöcke an die Blockchain angehängt werden, und die je Block gezahlten Belohnungen variieren je nach Kryptowährung. Diese Werte schwanken aufgrund von Transaktionsgebühren und Hashrate-Fluktuationen auch im zeitlichen Mittel. Die Gebühren können von Block zu Block und im größeren Rahmen auch über die Zeit hinweg variieren, und wenn die Hashrate seit der letzten Anpassung der Block-Difficulty gestiegen ist, werden Blöcke in kürzeren Zeitabständen gefunden. Auch diese Informationen finden Sie möglicherweise auf BitInfoCharts (https://bitinfocharts.com) oder einer ähnlichen Website, auf der Homepage der Kryptowährung oder per Online-Suche. Für das Bitcoin-Netzwerk finden Sie Durchschnittswerte der von jedem größeren Pool im Wochenverlauf gefundenen Blöcke unter https://coin.dance/blocks/thisweek.

Marktpreis der Kryptowährung

Die Kurse von Kryptowährungen werden in lokalen Fiatwährungen gemessen und schwanken jeden Tag stark, über längere Zeiträume betrachtet sogar noch mehr. Gute Websites zum Überprüfen der Wechselkurse von Kryptowährungen, die Sie abbauen möchten, finden Sie in der nachfolgenden Liste:

- **Coin Market Cap:** https://coinmarketcap.com
- **Coin Cap:** https://coincap.io
- **Messari:** https://messari.io/onchainfx
- **Coin Gecko:** www.coingecko.com/en
- **Bit Info Charts:** https://bitinfocharts.com/index_v.html
- **Crypto Compare:** www.cryptocompare.com
- **Coin Lib:** https://coinlib.io

Ihre Kapitalrendite berechnen

Nachdem Sie wissen, welche Faktoren in die Rentabilität und Kapitalrendite des Krypto-Minings einfließen, können Sie jetzt berechnen, was bei Ihrem angedachten Mining-Projekt unterm Strich herauskommen wird. Werden Sie damit Geld verdienen? Oder handelt es sich um ein Verlustgeschäft?

Am Ende erhalten wir zwei Zahlen: Ihren absoluten Gewinn (oder Verlust) und eine Kapitalrendite in Prozent (Return on Investment, ROI). Diese wird typischerweise nach folgender Formel berechnet:

Einnahmen geteilt durch Gesamtinvestition multipliziert *mit* $100 = \text{ROI}(\%)$

Wenn Ihre berechnete Kapitalrendite ein positiver Prozentwert ist, war das Unternehmen unterm Strich ein Gewinn für Sie. Bei einem negativen Prozentsatz wären Sie besser im Bett liegen geblieben.

Zunächst einmal müssen Sie herausfinden, wie viel Kryptowährung Sie gewinnen werden (den Wert der vereinnahmten Blocksubventionen und Transaktionsgebühren). Oh, und Sie müssen hier die Monatszahlen berechnen: Ihr Einkommen (oder Verlust) und die monatliche Kapitalrendite.

Block-Rewards

Um Ihre Einnahmen zu schätzen, beginnen wir ganz oben: Wie viel verdient ein Miner pro geschürftem Block und wie oft geschieht das? Sie werden nur einen Bruchteil dieses Werts erwirtschaften, aber das ist unser Ausgangspunkt. Wir gehen bei unserer Berechnung zunächst davon aus, dass Sie Solo-Mining betreiben – Ihre Ausrüstung also direkt mit dem Kryptowährungsnetzwerk verbinden und nicht über einen Pool betreiben. Dann sehen wir uns die Kalkulation noch einmal unter der Annahme an, dass Sie mit einem Pool zusammenarbeiten.

Berechnung für das Solo-Mining

Wir verwenden Monero (XMR) als Beispiel. Jedes Mal, wenn ein Block an die Monero-Blockchain angehängt wird, erhält der siegreiche Miner eine Blocksubvention von derzeit etwa 2,6 XMR. Der Miner bekommt außerdem auch Transaktionsgebühren. Diese Gebühren schwanken natürlich, aber derzeit liegt ein stichprobenartig ermittelter Durchschnitt bei 0,00277, also sind es insgesamt 2,60277 XMR. Als wir dieses Kapitel geschrieben haben, war jeder Monero-Coin 104,57 $ wert, sodass der gesamte Block-Reward bei rund 272,17 $ lag.

Nun wächst die Monero-Blockchain etwa alle zwei Minuten um einen weiteren Block an (diese Monero-Statistiken finden Sie alle unter https://bitinfocharts.com/). Es kommen also jeden Tag rund 720 neue Blöcke hinzu, was durchschnittlich etwa 21.900 Blöcken pro Monat entspricht.

Diese 21.900 Blöcke entsprechen also rund 57.000 XMR (5.960.559,33 $), die an die Miner ausgeschüttet werden (21.900 Blöcke × 2,60277 XMR × 104,57 $/XMR).

Okay, jetzt müssen Sie wissen, welchen Anteil dieser Belohnung Sie bekommen werden. Wir gehen jetzt davon aus, dass Sie Solo-Mining betreiben, statt einen Pool zu verwenden. Zuerst müssen Sie herausfinden, welchen Prozentsatz der Blöcke Sie abbauen werden. Sie müssen Ihren Hashrate-Beitrag durch die gesamte Hashrate des Monero-Netzwerks teilen, um den Anteil der von Ihnen bereitgestellten Hashrate am Netzwerk zu ermitteln.

Das Monero-Netzwerk weist zum Zeitpunkt des Schreibens dieses Kapitels eine Hashrate von rund 325 MH/s auf (Megahashes beziehungsweise Millionen von Hashes pro Sekunde). Nehmen wir an, Sie haben eine ganz nette Grafikkarte, die 1,95 kH/s (Kilohashes/tausend Hashes pro Sekunde) liefert – so viele Hashes schafft zum Beispiel eine RX VEGA 64 GPU von AMD.

Natürlich müssen Sie darauf achten, die gleichen Einheiten zu verwenden. Je nachdem, welche Kryptowährung Sie betrachten, kann Ihre Ausrüstung in GH/s (Gigahashes pro Sekunde oder Milliarden Hashes pro Sekunde) bewertet werden, während die Netzwerk-Hashrate vielleicht in TH/s (Terahashes pro Sekunde) oder sogar PH/s (Petahashes pro Sekunde) beziffert wird … Billionen Hashes pro Sekunde oder Billiarden Hashes pro Sekunde. Oder sogar in EH/s (Exahashes pro Sekunde; Trillionen Hashes pro Sekunde). In diesen Fällen müssen Sie natürlich eine Seite in die andere Einheit umwandeln, bevor Sie diese Berechnung ausführen können.

> **Schnelle Umrechnung**
>
> Diese langen Zahlen können sehr verwirrend werden. Wenn Sie die Berechnung mit so vielen Nullen verwirrend finden, sollten Sie sich vielleicht nach einem Konverter umsehen. Hashrate-Konverter finden Sie zum Beispiel unter https://coinguides.org/hashpower-converter-calculator/ und www.coinstaker.com/bitcoin-calculator/hashpower-converter/). Hier ist ein kleiner Tipp für die Umrechnung nach unten: Sie können jede Stufe nach unten konvertieren, indem Sie sie mit 1000 multiplizieren. Sagen wir zum Beispiel, Ihre Ausrüstung ist in GH/s angegeben und die Netzwerk-Hashrate in TH/s. Sie können die Netzwerk-Hashrate in GH/s umwandeln, indem Sie den TH/s-Wert mit 1000 multiplizieren. Wenn die Netzwerk-Hashrate 300 TH/s beträgt, dann entspricht das zum Beispiel 300.000 GH/s.

Sie müssen die Hashrate Ihrer Mining-Ausrüstung – 1,95 kH/s – durch die Netzwerk-Hashrate – 325 MH/s – dividieren, aber Sie können nicht einfach 1,95 durch 325 dividieren, da die erste Zahl in Tausendern und die zweite in Millionen angegeben ist. Voll ausgeschrieben lauten die Zahlen wie folgt:

1950 Hashes pro Sekunde : Hashrate der Mining – Ausrüstung

325.000.000 Hashes pro Sekunde : Hashrate des Netzwerks

Also teilen Sie 1950 durch 325.000.000, und erhalten als Ergebnis 0,000006. Das ist der Anteil Ihrer Geräte an der Netzwerk-Hashrate. Um sie in Prozent auszudrücken, multiplizieren Sie den Wert noch mit 100 (= 0,0006 %).

Okay, jetzt wissen Sie also, dass Monero-Miner jeden Monat

- ✔ rund 21.900 Blöcke minen
- ✔ ungefähr 57.000 XMR an Blocksubventionen und Transaktionsgebühren erhalten
- ✔ und diese aktuell rund 5.960.559,33 $ wert sind.
- ✔ 0,0006 % von 21.900 sind 0,1314 Blöcke
- ✔ 0,0006 % von 57.000 XMR sind 0,342 XMR oder 35,76 $ beim aktuellen Wechselkurs von 104,57 $/XMR.

Sie können also mit diesem speziellen Gerät jeden Monat mit durchschnittlichen Einnahmen von 35,76 Dollar rechnen. Natürlich können Sie nicht den Bruchteil eines Blocks schürfen. Wenn die Zahlen also besagen, dass Sie im Durchschnitt 0,1314 Blöcke pro Monat abbauen, bedeutet das in Wirklichkeit, dass Sie im Mittel nur rund alle 7,6 Monate einen Block finden werden.

Je nach Popularität der abzubauenden Kryptowährung, dem Geldbetrag, den Sie in Ausrüstung zu investieren bereit sind, und weiteren Aspekten werden Ihre Berechnungen vielleicht darauf hinauslaufen, dass Sie pro Monat nur einen Bruchteil eines Blocks abbauen können. Was bedeutet das? Was heißt es zum Beispiel, wenn herauskommt, dass Sie jeden Monat 0,01 Blöcke finden werden? Das heißt, dass Sie im Durchschnitt nur alle 100 Monate einen Block schürfen! Sie könnten schon am ersten Tag einen Block finden, aber vielleicht müssen Sie auf dieses Glück auch jahrelang warten!

Im Durchschnitt, über die Zeit hinweg gesehen – zum Beispiel über hundert Jahre, und unter der Annahme, dass alle Faktoren stabil bleiben – könnten Sie also erwarten, dass Sie rund alle 100 Monate (8,33 Jahre) einen Block schürfen werden. In der Praxis bedeutet das aber, dass Sie mit diesen Zahlen nicht arbeiten können! Ihr prozentualer Anteil an der Hashrate ist einfach zu gering für das Solo-Mining, zumindest mit Ihrer aktuellen oder geplanten Ausrüstung. Sie müssten Ihre Hashrate ganz erheblich erhöhen – indem Sie mehr oder bessere Ausrüstung kaufen – oder Sie können auf Pool-Mining umsatteln, das einen effektiven Mechanismus zur Erwirtschaftung regelmäßiger Mining-Vergütungen darstellt. (In Kapitel 7 finden Sie weitere Informationen über Mining-Pools.) Im nächsten Abschnitt sehen wir uns die Berechnung der Vergütungen beim Pool-Mining an.

Berechnung für das Pool-Mining

Wenn Sie nicht alleine minen, sondern mit einem Pool zusammenarbeiten, müssen Sie wissen, welche Gesamt-Hashrate der Pools hat, wie oft der Pool im Durchschnitt einen Block findet und wie viel den Minern jedes Mal ausgezahlt wird, wenn ein Block geschürft wird. Daraus können Sie Ihre Einnahmen berechnen.

Wir verwenden diesmal ein anderes Beispiel. Angenommen, Sie schürfen mit einem Antminer S9 von Bitmain mit einer Hashrate von 14 TH/s nach Bitcoins. (Die Antminer S9 gibt es in verschiedenen Batches mit unterschiedlichen Hashrates, aber wir gehen hier von der derzeit schnellsten Version mit 14 TH/s aus.) Sie konfigurieren Ihr Mining-Equipment für Slush Pool, der typischerweise 10 bis 12 Blöcke pro Tag findet und dabei eine Pool-Hashrate von 5,0 EH/s (5 Millionen TH/s) erreicht.

Wir beginnen mit der Berechnung Ihres prozentualen Anteils an der Pool-Hashrate. Teilen Sie dazu Ihre Hashrate durch die Gesamt-Hashrate des Pools und multiplizieren Sie das Ergebnis mit 100:

14 / 5.000.000 = 0,0000028

0,0000028 · 100 = 0,00028 %

Die Hashrate von Ihrem S9 trägt also mit rund 0,00028 % zur Hashrate von Slush Pool bei. Um nun die geschätzten Vergütungen für Ihren Beitrag zum Pool zu ermitteln, multiplizieren Sie diesen Prozentsatz mit den durchschnittlichen Blockprämien (Blocksubvention und Transaktionsgebühren) des Pools.

Slush Pool zieht von der gesamten Blockvergütung (Blocksubvention plus Transaktionsgebühren) 2 % als Poolgebühr ab und zahlt die restlichen 98 % an seine Miner aus. Derzeit liegt die Blocksubvention für Bitcoin bei 12,5 Bitcoin (irgendwann im Jahr 2020, voraussichtlich im Mai, wird sie auf 6,25 BTC absinken). Die Transaktionsgebühren schwanken von Block zu Block, liegen aber derzeit meist zwischen 0,1 und 0,5 BTC. Nehmen wir an, ein durchschnittlicher Block bringt Slush Pool 12,9 BTC ein, wovon 98 % (12,642 BTC) an die Miner ausgezahlt werden.

Gehen wir weiterhin davon aus, dass Slush Pool 11 Blöcke pro Tag findet. Das sind dann 139,062 BTC, die täglich an die Miner gehen. Aber Moment, Sie wollen ja monatliche Zahlen berechnen, also multiplizieren Sie diesen Wert mit 30,42 (für einen wirklich durchschnittlichen Monat!); 139,062 BTC · 30,42 sind 4230,26604 BTC, die Slush Pool jeden Monat an die Miner auszahlt, eine beträchtliche Summe.

Wie Sie gerade gesehen haben, tragen Sie leider nur 0,00028 % zur Hashrate von Slush Pool bei; 0,00028 % von 4230,26604 BTC sind 0,0118447444491 BTC. Wie viel ist das in Dollar? Nun, das kommt natürlich darauf an. Während wir dies schreiben, kostet 1BTC = 11.220,20 $. (Wenn Sie das lesen, kann der Kurs natürlich ganz anders sein.) Somit sind 0,01142172 BTC aktuell 132,90 $ wert.

In diesem Szenario würden Sie also für einen Monat Bitcoin-Mining mit einem S9-Miner bei Slush Pool 132,90 $ verdienen.

Beachten Sie, dass wir bei unseren Berechnungen eine exakt proportionale Aufteilung der Mining-Rewards voraussetzen. Wie Sie in Kapitel 7 nachlesen können, sind die Vergütungsmodelle der Pools etwas komplexer. Verschiedene Pools berechnen die Belohnungen auf unterschiedliche Weise, aber Slush Pool verwendet die *Scoring-Hash-Rate*-Methode (siehe https://slushpool.com/help/reward-system). Diese kann Ihren Anteil nicht nur auf Grundlage Ihrer beigesteuerten Hashrate erhöhen oder verringern, sondern auch nach der Konstanz Ihrer Mitwirkung. (Inkonsistente Leistung kann zur Verringerung Ihres Anteils führen. Wenn Sie Ihre Mining-Rigs rund um die Uhr in Betrieb halten, können Sie theoretisch sogar etwas mehr als Ihren proportionalen Anteil verdienen.)

Jetzt wissen Sie also, wie viel Geld Sie jeden Monat in Ihrer lokalen Fiatwährung einnehmen werden (und ob Sie Solo- oder Pool-Mining betreiben sollten). Als nächstes müssen Sie herausfinden, was Sie der Betrieb Ihrer Mine kosten wird.

Ihre Ausgaben

Dieser Schritt ist etwas einfacher. Sie müssen wissen, wie viel Sie pro Monat ausgeben, um Ihre Mining-Aktivitäten am Laufen zu halten. Summieren Sie diese Zahlen:

✔ monatliche Wartungskosten

✔ monatliche Gebäudekosten

✔ monatliche Stromkosten

Sie können auch eine Abschreibung Ihrer Ausrüstung vornehmen. Überlegen Sie, wie lange Sie Ihre Geräte wahrscheinlich nutzen werden – wie lange sie unter Berücksichtigung von steigenden Netzwerk-Hashrates und der zunehmenden Effizienz neuer ASICs wirtschaftlich nutzbar bleiben werden. Sie könnten beispielsweise die Kosten Ihrer Ausrüstung durch

36 teilen und den Wert in Ihre monatlichen Ausgaben einbeziehen, was einer Nutzungs- beziehungsweise Abschreibungsdauer von drei Jahren entspricht. Oder Sie planen vielleicht vier Jahre ein und teilen die Investition dann durch 48 Monate.

Die Kapitalrendite (ROI) berechnen

Sie haben es fast geschafft, und der nächste Schritt ist so einfach, dass Sie vielleicht schon vorgeprescht sind. Sie wissen, wie viel Sie jeden Monat einnehmen werden (*Einnahmen*), und wir wissen, wie viel Sie das kosten wird (*Ausgaben*). Also können Sie jetzt den Gewinn und den ROI wie folgt berechnen:

Einnahmen − Ausgaben = Gewinn / Verlust

Wenn Sie zum Beispiel jeden Monat genug Blöcke minen, um nach dem Umtausch der Kryptowährung 1200 $ zu verdienen (oder mit welcher Fiatwährung Sie auch immer arbeiten), und Sie 800 $ für den laufenden Betrieb ausgeben, dann haben Sie

1200 $ − 800 $ = 400 $ Gewinn

Die prozentuale Kapitalrendite ROI berechnen Sie dann so:

$(\text{Gewinn oder Verlust}/\text{Ausgaben}) \cdot 100 = \text{ROI}$

Mit dem vorhergehenden Beispiel sind das also …

$(400\,\$/800\,\$) \cdot 100 = 50\%\,\text{ROI}$

Wenn Sie Geld verlieren, sieht die Kalkulation natürlich etwas anders aus. Sagen wir, dass Ihre Ausgaben immer noch bei 800 $ liegen, Sie aber nur 600 $ im Monat einnehmen und daher 200 $ Verlust pro Monat machen. Nun sieht die Berechnung so aus:

$(-200\,\$/800\,\$) \cdot 100 = -25\%\,\text{ROI}$

Wenn Sie beispielsweise über einen bestimmten Zeitraum 1000 $ in Krypto-Mining investiert haben und Ihr Gesamteinkommen aus dem Projekt bei 1200 $ liegt, beträgt Ihr Gewinn 200 $, bei einer Gesamtinvestition von 1000 $. Die ROI-Berechnung würde in diesem Fall 20 Prozent ergeben: (200 $/1000 $) · 100 = 20 %. Wenn Ihre Investition von 1000 $ stattdessen zum Beispiel nur 800 $ Gesamtumsatz ergibt, läge Ihr Gewinn unterm Strich bei −200 $. Damit beliefe sich Ihre ROI-Kalkulation auf minus 20 Prozent und Sie hätten auf diese Investition wohl besser verzichten sollen!

$(-200\,\$/1000\,\$) \cdot 100 = -20\%$.

Die Unbekannten kennen

Beim Krypto-Mining gibt es viele Variablen, und nur einige davon können Sie selbst steuern. Oder, wie der ehemalige US-Verteidigungsminister Donald Rumsfeld sagte: »Es gibt bekanntes Bekanntes; es gibt Dinge, von denen wir wissen, dass wir sie wissen. Wir wissen auch, dass es bekannte Unbekannte gibt: Das heißt, wir wissen, es gibt Dinge, die wir nicht wissen. Aber es gibt auch unbekannte Unbekannte – Dinge also, von denen wir nicht wissen, dass wir sie nicht wissen.«

In diesem Kapitel helfen wir Ihnen, das bekannte Bekannte herauszufinden: die Kosten für Ausrüstung und Elektrizität, Ihre Hashrate, die Netzwerk-Hashrate, und so weiter.

Aber Sie müssen sich auch der bekannten Unbekannten bewusst sein. Wir wissen nicht, wann die Netzwerk-Hashrate ansteigen wird, oder um wie viel ... oder ob sie vielleicht fällt. Aber wir wissen, dass diese Möglichkeit besteht und dass sie sich auf die Rentabilität des Mining-Betriebs auswirken wird. Wir wissen nicht, wie sehr der Kurs der geschürften Kryptowährung schwanken wird, aber wir wissen, dass dies passieren kann und dass es unsere Rentabilität dann sowohl nach oben als auch nach unten beeinflussen wird.

Viel können wir gegen diese bekannten Unbekannten allerdings nicht unternehmen. Aber wir können Ihnen zumindest ein wenig helfen. Diese Dinge müssen Sie abschätzen, vielleicht auf Basis Ihrer Überzeugung, was mit der von Ihnen abgebauten Kryptowährung in Zukunft passieren wird, und Sie müssen die Risiken akzeptieren, die die unbekannten Unbekannten mit sich bringen. So ist das Leben eines Miners!

Unsere Berechnungen basieren auf starren Zahlen. Mit der Zeit kann Ihr Anteil an der Netzwerk-Hashrate sinken – manchmal aber auch steigen.

Die Vorhersage zukünftiger Einnahmen aus Krypto-Mining ist eine knifflige Aufgabe, die auf zahlreichen Annahmen und verschiedenen Variablen beruht, die Ihre Prognosen stark beeinflussen können. Zu diesen Unbekannten zählt etwa die Netzwerk-Hashrate, die von Tag zu Tag stark variiert, im Allgemeinen aber im Laufe der Zeit zunimmt (zumindest bei einer erfolgreichen Kryptowährung), was Ihre Rendite, gemessen in dieser Kryptowährung, schmälern würde. Und dann ist da noch der Kryptowährungskurs, der ebenfalls häufig schwankt und Ihre Renditeerwartungen erheblich verändern kann.

Was ist mit den unbekannten Unbekannten, also den Dingen, von denen wir nicht einmal wissen, dass sie möglich sind? Nun, da gibt es in diesem Bereich nicht so viele... zumindest glauben wir das, aber wie sollten wir das auch sicher wissen?!

Online-Profitabilitätsrechner

Die Rentabilität des Kryptowährungs-Minings ist schwer zu erfassen und noch schwieriger zu prognostizieren. In diesem Kapitel erfahren Sie, wie Sie diese Berechnungen durchführen. Glücklicherweise bieten viele Websites leicht zu bedienende Tools, in die Sie die Daten Ihrer Mining-Ausrüstung eingeben und, basierend auf den aktuellen Netzwerkbedingungen und anderen schwankenden Variablen, einen Schätzwert für Ihre Kryptowährungsprämien erhalten.

Diese Rechner liefern auch nützliche Informationen für die Entscheidung, welche Hardware für das Krypto-Mining gekauft oder eingesetzt werden soll. Es gibt aber Schwächen, weil die Rechner nicht in die Zukunft schauen können. (Sie kennen weder die bekannten noch die unbekannten Unbekannten.) So überschätzen sie möglicherweise die Höhe der Mining-Erträge, indem sie die Berechnung auf der Grundlage einer konstanten Netzwerk-Hashrate durchführen, statt eine steigende Netzwerk-Hashrate und Block-Difficulty zu berücksichtigen. Sie könnten auch den Gegenwert der geschürften Kryptowährung unterschätzen, indem sie zukünftige Kurszuwächse nicht berücksichtigen (oder überschätzen, indem sie keine Kursverluste berücksichtigen). Dennoch bieten diese Tools eine großartige Möglichkeit, diese Berechnungen durchzuführen. Denken Sie nur daran, dass sie ihre Schwächen haben. Ein Beispiel für einen solchen Rechner sehen Sie in Abbildung 11.7.

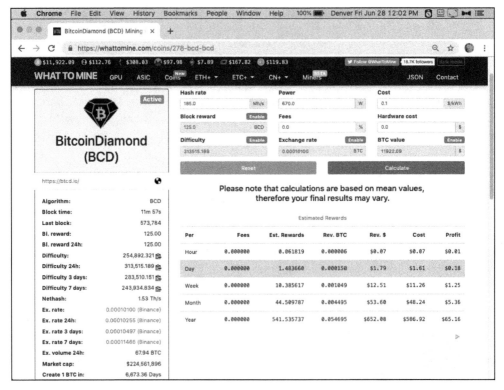

Abbildung 11.7: Ein Kryptowährungsrechner auf WhatToMine.com

Hier ist eine Liste der beliebtesten webbasierten Profitabilitätsrechner für das Krypto-Mining:

✔ **CoinWarz:** Diese Website berechnet Mining-Rewards für eine Vielzahl von Kryptowährungen aus einer umfangreichen Liste von Hashing-Algorithmen. Sie verfügt auch über Werkzeuge, um die in diesem Kapitel untersuchten Daten einzugeben und abzuschätzen, wie sich die Leistungsdaten Ihrer Mining-Hardware bei einer bestimmten Kryptowährung auszahlen werden. www.coinwarz.com/calculators

✔ **What to Mine:** Die Website What to Mine unterstützt ebenfalls eine Vielzahl von Kryptowährungen, sodass Sie auch die Mining-Rewards für einen Großteil der verfügbaren Geräte abschätzen können. Es gibt einzelne Kategorien für GPU-, CPU- und ASIC-Hardware, sodass Sie viele verschiedene Szenarien und Hardware-Setups durchspielen können, um herauszufinden, was für Sie das Richtige ist. `https://whattomine.com/calculators`

✔ **Crypto Mining Tools:** Die Website Crypto Mining Tools verfügt über einen sehr nützlichen Vergütungsrechner, der sich auf den SHA-256-Hashing-Algorithmus für das Bitcoin-Netzwerk und einige andere Blockchains spezialisiert hat. Hier können Sie auch Schätzwerte für einige der bekannten Unbekannten eingeben. `https://cryptomining.tools/bitcoin-mining-calculator`

Historische Schätzungen

Möglicherweise ist es hilfreich, mit realen Zahlen durchzurechnen, wie sich Ihr Mining-Equipment in der Vergangenheit verhalten hätte. Das heißt, Sie nutzen historische Daten der abzubauenden Kryptowährung und kombinieren sie mit Ihrer Geräteleistung und Ihrem Kostenapparat, um zu sehen, was Sie in einem bestimmten Zeitraum verdient oder eingebüßt hätten.

Dies lässt sich relativ einfach mithilfe des historischen Verlaufs der durchschnittlichen Netzwerk-Hashrate der von Ihnen gewählten Kryptowährung realisieren. Sie können die Hashrate Ihrer Ausrüstung und die Hashrates für das Kryptowährungsnetzwerk im Laufe der Zeit in eine Tabelle wie diese eingeben:

Datum	Netzwerk TH/s	Geräte TH/s	Geräteanteil %
7/4/18	35.728.406,94	14	0,000.039.184.5 %
7/5/18	36.528.296,65	14	0,000.038.326.5 %
7/6/18	42.660.784,4	14	0,000.032.817.0 %
7/7/18	41.594.264,79	14	0,000.033.658.5 %
7/8/18	42.127.524,6	14	0,000.033.232.4 %
7/9/18	36.261.666,74	14	0,000.038.608.3 %
7/10/18	39.727.855,48	14	0,000.035.239.8 %
7/11/18	35.995.036,84	14	0,000.038.894.3 %
7/12/18	37.594.816,26	14	0,000.037.239.2 %
7/13/18	38.128.076,06	14	0,000.036.718.3 %
7/14/18	35.461.777,04	14	0,000.039.479.1 %
7/15/18	35.461.777,04	14	0,000.039.479.1 %

Im Idealfall sollten Sie sich natürlich entsprechende Datenquellen zum Herunterladen suchen. Für Bitcoin finden Sie diese Informationen unter `www.blockchain.com/charts/hash-rate`. (Suchen Sie nach dem kleinen CSV-Button, mit dem Sie die Daten für den im Diagramm ausgewählten Zeitraum herunterladen können.) Die Daten für viele andere gängige Kryptowährungen finden Sie unter `https://bitinfocharts.com`, wobei dieser Dienst momentan aber keinen Download anbietet. Vielleicht ändert sich das, bis Sie dies lesen, aber wenn nicht, sollte es nicht allzu lange dauern, die Werte in Ihre Tabellenkalkulation zu übernehmen, zum Beispiel über ein Jahr hinweg für alle fünf oder zehn Tage. Oder Sie finden möglicherweise die Daten der jeweiligen Kryptowährung, an der Sie interessiert sind, auf einer anderen Seite zum Download.

Diese Tabelle dividiert also die durchschnittliche Hashrate Ihres Mining-Equipments (in der Spalte *Geräte TH/s*) durch die Netzwerk-Hashrate (*Netzwerk TH/s*) an diesem Tag (oder in einer Woche oder einem beliebigen, von Ihnen festgelegten Zeitraum), um Ihnen den gleitenden prozentualen Anteil Ihrer Ausrüstung an der Netzwerk-Hashrate der betrachteten Kryptowährung anzuzeigen. (Abbildung 11.8 zeigt den geschätzten prozentualen Anteil eines Antminer S9 von Bitmain an der Netzwerk-Hashrate im Zeitverlauf.)

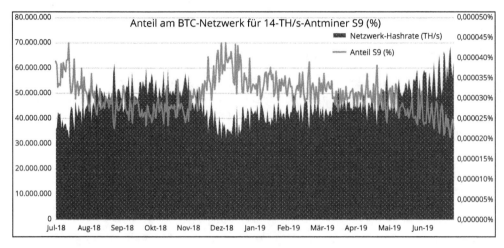

Abbildung 11.8: Beispielberechnung des gleitenden prozentualen Anteils eines Antminer S9 14 TH/s an der Gesamt-Hashrate des Netzwerks über das letzte Jahr

Sie können den gleitenden Prozentsatz jetzt mit den Mining-Rewards des Netzwerks im selben Zeitraum multiplizieren, um einen Schätzwert für die Erträge Ihrer Ausrüstung zu bekommen. (Nochmal, Sie finden diese Informationen für viele Kryptowährungen unter https://bitinfocharts.com.) Für das Bitcoin-Netzwerk liegt die Blocksubvention bei 12,5 BTC pro Block, dazu kommen nochmals rund 0,4 BTC an Zusatzerlösen aus Transaktionsgebühren (das schwankt, aber wir rechnen mit diesem groben Durchschnittswert), also insgesamt 12,9 BTC. Durchschnittlich werden pro Tag 144 Blöcke gefunden, die Miner verdienen also täglich etwa 1858 BTC.

Nehmen wir zum Beispiel an, Sie errechnen für einem bestimmten Tag, dass Ihre SHA-256-Mining-Hardware 1 % zur gesamten Netzwerk-Hashrate von Bitcoin betragen hätte. (Dies ist wie gesagt nur ein Beispiel; 1 % der Netzwerk-Hash-Rate wäre eine ungeheure Menge!) Nehmen Sie die Mining-Rewards für diesen Tag, die im Bitcoin-Netzwerk geschätzt etwa 1858 Bitcoins betragen und multiplizieren Sie diese mit Ihrem Mining-Beitrag von 1 %, so erhalten Sie Ihren geschätzten Gewinn von etwa 18,58 BTC für diesen Tag.

 Mining-Rewards für Kryptowährungen und ihre Prognosen sind, in Ihrer lokalen Fiatwährung gemessen, sehr unbeständig und können in beide Richtungen stark variieren (auch wenn sie mit noch so praktischen Online-Tools berechnet wurden). Wenn die Mining-Difficulty der betrachteten Kryptowährung ansteigt, werden sich Ihre Prognosen als überhöht herausstellen. Wenn der Wechselkurs der Kryptowährung zu Ihrer lokalen Fiatwährung ansteigt, sind Ihre Prognosen hingegen zu niedrig.

Wie ein kluger Mensch einmal sagte: »Es ist sehr schwer, Prognosen zu treffen, besonders wenn sie die Zukunft betreffen.« Es gibt keine Möglichkeit, Ihren Mining-Erfolg genau vorherzusagen, und die Vergütungsrechner sind immer von Eingangsvariablen abhängig, die sich zwangsläufig ändern werden. Investieren Sie nicht mehr in das Mining von Kryptowährungen, als Sie bereit sind zu verlieren! Mining ist oft eine der besten Möglichkeiten, über längere Zeiträume hinweg kontinuierlich Kryptowährungen zu akkumulieren, aber es kann auch zum Verlustgeschäft werden. Seien Sie vorsichtig und machen Sie wie immer Ihre Hausaufgaben.

> **IN DIESEM KAPITEL**
>
> Ihre Ressourcen maximieren
>
> Einen Vorteil beim Mining bewahren
>
> Die häuslichen Heizkosten
>
> Alternative Energiequellen
>
> Durch Online-Informationen auf dem Laufenden bleiben
>
> Die langfristige Profitabilität Ihrer Ausrüstung

Kapitel 12
Kosten senken und immer einen Schritt voraus sein

Das Mining-Business bietet viele Chancen auf Gewinne und Kurssteigerungen. Allerdings gibt es beim Schürfen auch etliche Hindernisse, Risiken und weitere negative Aspekte sowie zahlreiche Fehlermöglichkeiten. Einige dieser Schwierigkeiten können Sie überwinden und sogar zu Ihrem Vorteil nutzen, also insbesondere Ihre Mining-Gewinne maximieren.

Zu den Erschwernissen für einen profitablen Abbau von Kryptowährungen gehören die Energiekosten, die erforderliche Kühlung, eine ständig im Wandel begriffene Kryptowährungslandschaft, zunehmende Blockschwierigkeit und ein knallharter Wettbewerb unter den Minern. In diesem Kapitel besprechen wir Strategien, um diese Hindernisse zu bewältigen und zu entschärfen, damit Sie in der Kryptobranche einen Wettbewerbsvorteil für sich herausholen können.

Das Kryptowährungs-Mining ist unglaublich wettbewerbsintensiv und das Umfeld verändert sich rasant. Dies zwingt Miner, kreative Strategien zur Maximierung ihrer Erträge und zur Absenkung ihrer Kosten und Verluste zu entwickeln. Sie können Ihren Mining-Betrieb auf verschiedene Weisen optimieren – oder erhalten – etwa, indem Sie Ihre Hardware auf den neuesten Stand bringen, die Stromkosten senken, andernfalls vergeudete Abwärme nutzen sowie ganz generell immer auf dem neuesten Stand der Entwicklungen bleiben. Solche Strategien helfen Ihnen, Ihre Mining-Projekte voll auszureizen und Ihre Gewinne aus dem Abbau von Kryptowährungen zu maximieren.

Profitabilität durch Effizienz

Beim Krypto-Mining zählt jedes kleine Bisschen. Die Gewinnmargen sind oft gering, besonders dann, wenn der Wechselkurs zwischen der Kryptowährung und Ihrer Fiatwährung sinkt (zum Beispiel, weil der Wert der Kryptowährung fällt). Daher ist es besonders wichtig, das letzte Quäntchen Gewinn aus den knappen und teuren Ressourcen herauszuholen, die Sie zum Schürfen der Kryptowährung einsetzen.

In die Jahre gekommene Ausrüstung modernisieren

Da die Block-Difficulty und die Hashrate des gesamten Kryptowährungsnetzwerks mit der Zeit stetig zunehmen, wird Ihr Anteil an den Mining-Rewards abnehmen, was (je nach dem Wert der Kryptowährung in Ihrer Fiatwährung) auch Ihre Gesamtprofitabilität verringern kann. Mit anderen Worten wird Ihr Mining-Equipment letztlich irgendwann unrentabel werden.

Es gibt ein paar Möglichkeiten, dies zu vermeiden. Eine Möglichkeit, mit der Alterung des Equipments umzugehen, ist der Austausch Ihrer Geräte, sobald sie sich dem Ende ihrer Nutzungsdauer nähern. Die durchschnittliche Nutzungsdauer moderner, kryptowährungsspezifischer ASIC-Mining-Hardware liegt wohl zwischen vier und fünf Jahren. Durch den Wechsel auf neuere, effizientere Geräte können Sie Ihren Wettbewerbsvorteil beim Mining aufrechterhalten.

Verschiedene Kryptowährungen schürfen

Die Aktualisierung der Ausrüstung ist aber oft teuer, sodass ein anderer Weg darin besteht, alternative, noch profitable Kryptowährungen zum Abbau mit Ihrer vorhandenen ASIC- oder GPU-Mining-Hardware zu finden.

Wir behandeln in Kapitel 8 die verschiedenen Arten von Hashing-Algorithmen und die einzelnen Kryptowährungen, die diese verwenden. Selbst einen ASIC-Miner können Sie für unterschiedliche Kryptowährungen einsetzen, wenn sie denselben Algorithmus nutzen.

Wird Ihre Mining-Hardware für die Kryptowährung, die Sie ursprünglich schürfen wollten, unrentabel, so können Sie möglicherweise immer noch Vergütungen für andere Proof-of-Work-Blockchains erhalten, die denselben Algorithmus verwenden. Vielleicht ist eine neue Kryptowährung auf den Plan getreten, seit Sie mit dem Mining begonnen haben, oder eine andere Kryptowährung ist profitabler geworden, die Sie zuvor betrachtet und verworfen hatten. Halten Sie also Ihre Augen und Ohren offen und denken Sie nicht, dass Sie für immer an das Mining einer bestimmten Kryptowährung gebunden sind.

Abwärme nutzen

Die intensiven Rechenprozesse beim Mining von Proof-of-Work-Kryptowährungen erzeugen viel Abwärme, die meist ungenutzt bleibt. Dies gilt besonders für ASICs – speziell für einen Algorithmus entwickelte Prozessoren – und für große GPU-Mining-Rigs. Im Prinzip handelt es sich dabei um Heizlüfter, die während des Minings permanent Strom in Wärme umwandeln.

Eine Möglichkeit, die Wertschöpfung beim Abbau von Kryptowährung zu verbessern und die Margen zu erhöhen, besteht darin, diese Abwärme nicht ungenutzt entweichen zu lassen, sondern sie zum eigenen Vorteil zu nutzen. Laut der U.S. Energy Information Association (EIA) liegen die geschätzten Heizkosten eines durchschnittlichen amerikanischen Haushalts im Winter zwischen 600 und 1600 Dollar, abhängig von der Größe des Hauses, dem Energieträger und dem lokalen Klima. Abbildung 12.1 zeigt die EIA-Daten der vergangenen Winter nach Energieträger sowie einen Durchschnittswert für alle Energieträger.

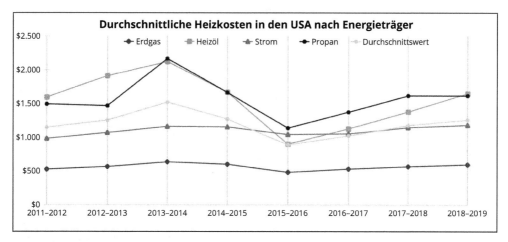

Abbildung 12.1: Durchschnittliche Heizkosten für Propan, Heizöl, Strom und Erdgas in den USA (Daten: Energy Information Association, siehe www.eia.gov/todayinenergy/detail.php?id=37232)

Wenn Sie in einer kälteren Klimazone leben und zu Hause minen, gibt die Anlage Wärme ab, wodurch sich der Heizbedarf Ihres Hauses verringert und somit auch die Kosten für Ihren Minenbetrieb reduziert werden. (Berücksichtigen Sie dies bei Ihren Berechnungen; siehe Kapitel 10.)

Einfallsreiche Krypto-Miner haben die Wärmeabgabe der Mining-Rigs anderweitig genutzt. Einige haben damit im Winter Gewächshäuser oder andere Anbauflächen beheizt. Andere haben Wärmetauscher entwickelt, um mit der Abwärme der Geräte beispielsweise Swimmingpools oder Whirlpools zu beheizen. Manch einer hat auch schon das komplette Equipment in Mineralöl und anderen dielektrischen, elektrisch nicht leitfähigen Flüssigkeiten versenkt, um die Wärme zur weiteren Verwendung abzuführen und den Geräuschpegel der Geräte praktisch auf null zu bringen. Zugegeben erfordern einige dieser komplizierteren Methoden des Wärmemanagements eine Menge Geschick und Planung, aber sie sind machbar und haben es kreativen Minern ermöglicht, die Abwärme ihrer Geräte sinnvoll zu nutzen.

Stromrechnung senken

Wie in Kapitel 10 erläutert, machen die Stromkosten der Ausrüstung beim Proof-of-Work-Mining den größten Teil der Betriebsausgaben aus. Es ist also auf jeden Fall gut, wenn Sie

Ihre Stromkosten senken können! Dies allein kann schon ausreichen, um in die Gewinnzone zu kommen (oder sich dort zu halten). In den folgenden Abschnitten besprechen wir einige Möglichkeiten zum Sparen.

Tarifstruktur der Energieversorger

Eine Möglichkeit, Ihre Stromrechnung zu reduzieren, ist vielleicht eine spezielle Tarifstruktur bei Ihrem Stromversorger. Einige Stromanbieter bieten zum Beispiel Nachtstromtarife an, die deutliche Preisnachlässe bieten, wenn der Strom nachts verbraucht wird. Wenn etwa der Strom in so einem Tarif tagsüber vielleicht etwas teurer ist, nachts dafür aber nur die Hälfte kostet, sparen Sie unterm Strich.

Recherchieren Sie die Tarife von Energieversorgern, um festzustellen, ob irgendwelche Tarifstrukturen helfen würden, Ihre Energiekosten zu reduzieren. (Sie finden die benötigten Informationen wahrscheinlich auf den Websites der Anbieter.) Gewerbestromtarife für Großabnehmer sind meist günstiger, sind aber für Haushalte meist nicht verfügbar. Das ist ein wichtiger Faktor, den Sie unbedingt berücksichtigen sollten, wenn Sie sich zwischen einem häuslichen oder einem größeren gewerblichen Mining-Betrieb entscheiden.

Vergleichen Sie nach Möglichkeit mehrere Angebote. Natürlich müssen Sie wissen, wie viel Strom Sie verbrauchen werden, ehe Sie sich Angebote zum Vergleichen einholen können.

Eine andere Möglichkeit ist, Ihren Mining-Betrieb in das Versorgungsgebiet eines Stromversorgers, der günstigeren Strom oder bessere Tarifstrukturen hat, zu verlagern. Sie werden überrascht sein, wie sehr die Stromkosten zum Beispiel innerhalb der USA variieren. Abbildung 12.2 zeigt die durchschnittlichen Strompreise pro kWh in den Vereinigten Staaten. Wie Sie sehen können, ist profitables Mining auf Hawaii wahrscheinlich recht schwierig (es ist auch heiß, sodass Sie zusätzliche Kühlungskosten haben und auf die Abwärme lieber verzichten würden). Ein Bundesstaat wie Wyoming könnte jedoch gut sein. Hier sind nicht

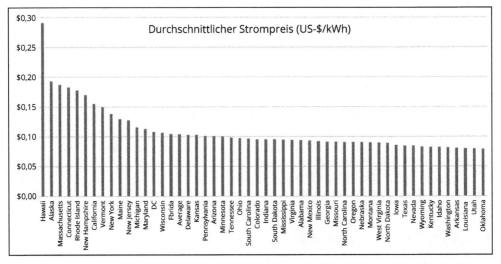

Abbildung 12.2: Durchschnittliche Stromkosten in den USA pro kWh nach Bundesstaat nach Daten der EIA vom März 2019 (siehe www.eia.gov/electricity/monthly).

nur die Stromkosten am unteren Ende der Rangliste, sondern es ist auch einer der kältesten Staaten im Sommer wie im Winter. Ähnliche Überlegungen lassen sich auch für die verschiedenen Mitgliedsstaaten der Europäischen Union anstellen.

Alternative Energiequellen

Neben alternativen Tarifstrukturen oder dem Wechsel zu einem anderen Stromanbieter haben Sie vielleicht noch weitere Möglichkeiten, sich günstigeren Strom für Ihre Kryptowährungs-Mine zu sichern. Krypto-Miner haben nach Quellen für überschüssige Elektroenergie gesucht, die ansonsten vergeudet würden, wie zum Beispiel Gegenden mit überschüssiger Wasserkraft oder abgefackeltem Erdgas.

Vielleicht sind diese Varianten für Ihren Mining-Betrieb nicht praktikabel. Eine andere Möglichkeit bieten alternative Energiequellen (erneuerbare Energien), idealerweise solche, die keine Treibstoffkosten verursachen. Die Technik der erneuerbaren Energien entwickelt sich schnell und die Kosten sinken dramatisch. Heute sind erneuerbare Energien in vielen Fällen sogar billiger als fossile Energieträger.

Nach Angaben eines MIT-Forscherteams kosten Solarpaneele heute nur noch 1 % des Preises von 1980. Die Forscher erwarten auch, dass die Preise weiter fallen werden, in den nächsten fünf Jahren um rund 40 %.

Wind- und Solarenergie wären ausgezeichnete Zusatzquellen, um den Stromverbrauch aus dem öffentlichen Netz zu begrenzen und die Margen beim Abbau von Kryptowährungen zu erhöhen (wobei man natürlich die Investitionskosten mit einrechnen muss – kostenlose Energie ist toll, aber die Kosten für die Ausrüstung und die Installation müssen im Voraus bezahlt werden.

Neben einem Wohnhaus oder Gewerbegebäude können Sie vielleicht kein Windrad errichten, aber Solarpaneele sind erschwinglich und recht einfach zu installieren. Einige Stromversorger und die meisten Solarinstallationsunternehmen bieten schlüsselfertige Lösungen an, die wenig Aufwand für den Verbraucher und vielleicht nicht einmal eine Vorabinvestition erfordern. Wenn Sie diesen Weg einschlagen, haben Sie den Vorteil, dass Ihre Anlage von ausgebildetem, lizenziertem Fachpersonal konizipiert und installiert wird. Lösungen wie diese ermöglichen höhere Mining-Erträge und einen geringeren Stromverbrauch aus dem Netz. Ihre Stromrechnung sinkt und dementsprechend steigt die Gewinnspanne. Und selbst wenn Sie mit dem Mining aufhören, ernten Sie immer noch kostenlose Energie, die Sie selbst nutzen oder gegen entsprechende Vergütung ins Stromnetz einspeisen können.

Wissen ist Macht

Die beste Methode, um am Puls der aufstrebenden Krypto-Mining-Branche zu bleiben, ist es, sich über Online-Ressourcen, wie etwa Social-Media-Plattformen und spezielle Online-Foren zum Thema auf dem Laufenden zu bleiben. Da dieser Bereich immer noch ziemlich in den Kinderschuhen steckt, können viele Nachrichtenquellen zum Thema irreführend oder regelrecht fehlerhaft sein oder auch ungekennzeichnete gekaufte Inhalte verbreiten. Eine kürzlich durchgeführte

Studie ergab, dass viele der bekanntesten Nachrichtenseiten zu Kryptowährungen gesponserte Inhalte – im Grunde genommen Werbung oder Propaganda – unter dem Deckmantel von Nachrichten veröffentlichen.

Diese Art der Desinformation macht es umso wichtiger, mit der Community und verschiedenen anderen personalisierten Quellen in Verbindung zu bleiben, denn Vertrauen ist hier nicht immer gut und Kontrolle in jedem Fall besser. Die folgende Liste enthält Ressourcen, die wir gerne nutzen, um über aktuelle Ereignisse auf dem Laufenden zu bleiben:

- ✔ **Bitcoin Talk:** Nutzen Sie Bitcoin Talk, um sich über fast alle Kryptowährungsthemen zu informieren, einschließlich des Minings (aber definitiv nicht darauf beschränkt). Trotz des Namens geht es hier nicht nur um Bitcoin, sondern es werden viele verschiedene Kryptowährungen diskutiert. Zum Beispiel wurden die heute beliebtesten alternativen Kryptowährungen hier bereits vor dem Start angekündigt. https://bitcointalk.org

- ✔ **Bitcoin-Subreddit:** Das Bitcoin-Subreddit bietet ein tolles Forum für viele Neuigkeiten und aktuelle Ereignisse und gibt einen Einblick in die aktuelle Stimmung in der Community. Allerdings ist nicht alles ernst gemeint; Sie werden zahlreiche Memes, Witze und andere nicht Mining-bezogene Inhalte finden, also surfen Sie hier ganz entspannt. www.reddit.com/r/Bitcoin

- ✔ **Bitcoin Beginners Subreddit:** Das Bitcoin Beginners Subreddit ist eine noch bessere Ressource für Neueinsteiger, denen es eine Menge großartiger Informationen bietet. www.reddit.com/r/BitcoinBeginners

- ✔ **CoinDesk:** CoinDesk ist eine vernünftige Nachrichtenquelle in einer Branche, die mit fehlerhaften Krypto-Nachrichtenkanälen gespickt ist. Hier finden Sie auch Wechselkursdaten verschiedener Kryptowährungen. www.coindesk.com

- ✔ **CoinJournal:** CoinJournal ist ebenfalls eine gute Quelle für Krypto-News und grenzt Pressemitteilungen klar von Nachrichtenartikeln ab, sodass die Leser Öffentlichkeitsarbeit und Journalismus auseinanderhalten können. https://coinjournal.net

- ✔ **Bitcoin Magazine:** Das *Bitcoin Magazine* ist seit Langem eine zuverlässige Nachrichtenquelle im Kryptowährungsbereich. Während die Druckausgabe schon vor Jahren eingestellt wurde, bietet der Online-Auftritt weiterhin eine gute und kontinuierliche Berichterstattung. https://bitcoinmagazine.com

- ✔ **Merkle Report:** Der Merkle Report kuratiert eine Vielzahl relevanter Inhalte aus verschiedenen Nachrichtenquellen im Bereich Blockchain und Kryptowährungen. Er ist damit eine gute Anlaufstelle für Nachrichten aus der gesamten Branche. www.merklereport.com

- ✔ **Messari:** Messari bietet eine Fülle von kryptowährungsbezogenen Daten und Untersuchungsergebnissen sowie Nachrichten aus der gesamten Branche. Außerdem gibt es einen täglichen Newsletter, der Sie über aktuelle Trends auf dem Laufenden hält. https://messari.io

✔ **Block Digest:** Block Digest ist eine hervorragende Nachrichtenquelle in Form eines wöchentlichen Podcasts, in dem verschiedene Leute aus der Community Neuigkeiten und Schlagzeilen rund um Bitcoin diskutieren und analysieren. www.youtube.com/c/blockdigest

✔ **Stack Exchange:** Die Bitcoin Stack Exchange birgt eine große Fundgrube an Fragen, die von anderen Krypto-Enthusiasten beantwortet werden. Jeder kann eine Frage oder eine Antwort posten. Wenn Sie nach bestimmten Antworten suchen, ist die Wahrscheinlichkeit groß, dass Ihre Frage bereits von jemandem beantwortet wurde. https://bitcoin.stackexchange.com

Warum aktuelle Ereignisse wichtig sind

Kryptowährungen und Blockchains fungieren als unveränderliche Datenaufzeichnungen. Sie sind unauslöschliche Informationsquellen, die für jeden zugänglich sind, der die Hilfsmittel und das Wissen hat, um danach zu suchen. Dies ist bei Off-Chain-Daten, wie zum Beispiel aktuellen Ereignissen und Nachrichten in diesem Bereich, nicht der Fall. Deshalb ist es sehr wichtig, sich über genaue Informationen aus zuverlässigen Quellen auf dem Laufenden zu halten, wenn Sie beabsichtigen, Kryptowährungen zu minen.

Die aktuellen Ereignisse beeinflussen das Geschehen im Mining-Umfeld. Sie können den Wert der Kryptowährung beeinflussen und damit – als Reaktion auf die Wertschwankungen – die Netzwerk-Hashrate, Ihren prozentualen Anteil an der Netzwerk-Hashrate, die Anzahl der Blöcke, die Sie abbauen werden, und damit letztlich Ihren Verlust oder Gewinn.

Es gibt eine Fülle von Nachrichtenquellen im Kryptobereich, aber nicht alle davon sind vertrauenswürdig. Einige liefern absichtlich Falschinformationen, um Sie in die Irre zu führen. Auf dem neuesten Stand der aktuellsten und zuverlässigsten Nachrichten zu bleiben, ist entscheidend für Ihren anhaltenden Erfolg in der Mining-Branche. Zuverlässige Informationen aus Quellen wie den im vorigen Abschnitt aufgeführten sind der beste Schutz gegen Verfälschungen und Verzerrungen. Ganz ohne vertrauenswürdige Informationen kann es Ihnen passieren, dass Sie eine Kryptowährung ohne großen Zukunftswert oder auf der unwirtschaftlichen Seite einer Blockchain-Fork schürfen.

Die »Fork-Kriege«

Vielleicht haben Sie schon von Kryptowährungs-*Forks* gehört (vermutlich schon, denn Sie haben ja sicherlich Kapitel 4 dieses Buches gründlich durchgelesen ...). Sie müssen unbedingt verstehen, was es mit dem Forking von Blockchains auf sich hat, wenn Sie Ihren Wettbewerbsvorteil erhalten wollen. Forks können einen tollen kleinen Bonus liefern – kostenloses Geld! Aber wenn Sie bei einer Fork die falsche Entscheidung treffen, könnten Sie am Ende auch Geld verlieren. Wenn Sie nicht aufpassen und den falschen Zweig der Fork wählen, dann schürfen Sie möglicherweise eine unwirtschaftliche Zombie-Kryptowährung.

Manche Forks werden von den Verantwortlichen auch als Upgrades verkauft, aber seien Sie vorsichtig: Lassen Sie sich nicht von böswilligen Akteuren und billigen Imitationen hinters Licht führen, die einfach nur den Code und das Branding der originalen Kryptowährungs-Blockchain kopiert haben. Das ist ein weiterer Grund, weshalb es so wichtig ist, über Informationen und Neuigkeiten im Bereich des Krypto-Mining auf dem Laufenden zu bleiben, wenn Sie die langfristige Überlebensfähigkeit Ihres Unternehmens zu gewährleisten möchten.

Der Begriff *Fork* wird in der Softwareentwicklung verwendet, um den Fall zu beschreiben, dass sich eine Entwicklungslinie in zwei Stränge aufteilt, die beiden unabhängig voneinander weiterverlaufen. Stellen Sie sich das als eine Weggabelung vor (genau das bedeutet der englische Begriff »fork«). Sie fahren eine Straße entlang und kommen an eine Gabelung; Sie können den linken oder den rechten Weg nehmen, aber egal, wofür Sie sich entscheiden, Sie befinden sich dann auf einer anderen Straße.

Software-Forks sind in der Open-Source-Community besonders häufig. Hier ist ein Beispiel für eine erfolgreiche Open-Source-Fork (die meisten sind übrigens nicht erfolgreich): OpenBSD, ein Open-Source-Betriebssystem. OpenBSD hat sich 1995 von der ursprünglichen NetBSD-Entwicklung abgespalten; NetBSD wurde davor schon einige Jahre lang entwickelt. Nach der Fork waren OpenBSD und NetBSD zwei separate Softwaresysteme mit unterschiedlichen Funktionen, an denen jeweils unterschiedliche Softwareentwickler arbeiteten.

In der Welt der Kryptowährungen hat der Begriff Fork eine weitere Bedeutung. Sicherlich kann die Software selbst geforkt werden; ein Entwickler nimmt eine Kopie einer bestehenden Kryptowährungssoftware und beginnt, diese zu modifizieren und eine neue Kryptowährung zu betreiben. Zum Beispiel war Ixcoin zur Anfangszeit von Bitcoin eine exakte Kopie des Bitcoin-Codes (Ixcoin wurde 2011 eingeführt). Der Gründer nahm eine Kopie des Bitcoin-Codes, richtete sie ein und erstellte eine brandneue Blockchain (die genauso lief wie Bitcoin). Sie läuft immer noch, obwohl auf den Ixcoin-Märkten nicht allzu viel los ist. In anderen Fällen wurden Kopien von Bitcoin heruntergeladen, modifiziert und dann als neue Kryptowährungsnetzwerke mit neuen Funktionen eingerichtet, sogar unter Verwendung anderer Algorithmen. Das ist sogar schon Dutzende Male geschehen.

Aber *Forking* kann auch etwas anderes bedeuten, das aus unserer Sicht viel wichtiger ist. Forking ist im Kryptowährungsbereich das, was geschieht, wenn ein Node oder eine Gruppe von Nodes in einem Kryptowährungssystem vom Konsens der ursprünglichen Blockchain abweichen. Der *Konsens* ist der Regelsatz, den die Netzwerkknoten einhalten, um sicherstellen, dass alle Blockchain-Kopien synchron bleiben und alle Teilnehmer den neu zur der Blockchain hinzugefügten Transaktionen zustimmen. Wenn sich Nodes abspalten und aus dem Konsens der Blockchain herausfallen, entsteht eine ganz neue Blockchain; somit entwickeln sich von diesem Gabelungspunkt aus zwei verschiedene Blockchains, zwei verschiedene Netzwerke weiter. Beide haben die gleiche Transaktionshistorie, die gleichen Blöcke – bis zur Verzweigung. Aber nach der Fork gibt es nicht mehr nur eine Blockchain, eine Kryptowährung und ein Netzwerk, sondern zwei Blockchains, zwei Kryptowährungen und zwei getrennte Netzwerke.

Einige Leute im Kryptowährungsbereich bezeichnen diese Situation – Hardforks sowohl des Codes als auch der Blockchain – als Forking und die andere Art der Verzweigung – den

Code zu nehmen und damit eine brandneue Blockchain zu starten – als Cloning. Viele der heute existierenden Blockchains sind Klone des Bitcoin-Codes, einige davon mit nur geringen Modifikationen. Im Fall von Ixcoin begann es mit einem Klon der Bitcoin-Blockchain, aber später gab es noch eine Fork des Codes und der Blockchain von Ixcoin, wodurch eine weitere Krypto-Währung namens IOCoin entstand. (IOCoin war schon einmal 7,26 $ wert; heute sind es rund 17 Cent. Manchmal heißt es, der Erfolg von IOCoin bleibe teilweise auch deshalb aus, weil niemand weiß, wie man es buchstabiert oder ausspricht). Sie können übrigens ein tolles Diagramm, das zeigt, wie viele verschiedene Kryptowährungen sich – durch Forks und Klone – aus Bitcoin heraus entwickelt haben, an dieser Stelle herunterladen: `https://mapofcoins.com/bitcoin/`.

Wie auch immer, wenn wir von nun an in dieser Diskussion die Begriffe *Fork* oder *Forking* verwenden, beziehen wir uns auf die Aufspaltung der Blockchain, typischerweise in Zusammenhang mit Veränderungen an der Software. Das ist der Punkt, den Sie verstehen müssen, wenn es ums Mining geht.

Das läuft folgendermaßen ab: In der Entwicklergemeinde einer bestimmten Blockchain kommt es zu einer Spaltung. Eine Gruppe will etwas mit dem Code anstellen, was die andere Gruppe nicht gutheißt. Irgendwann erreichen die Unstimmigkeiten einen Punkt, an dem einige der Entwickler so unzufrieden sind, dass sie sich abspalten. (Bisweilen wird sogar Begriff *Bürgerkrieg* benutzt, um den Grad des Konflikts in der Community zu beschreiben, der zu einer Fork führt!)

Zum Beispiel könnte der Code der Kryptowährung in irgendeiner Weise modifiziert werden, und einige der Entwickler sagen dann im Prinzip: »Nein, wir wollen, dass der Code so bleibt, wie er war!« So war es übrigens auch bei Ethereum Classic. Ethereum wurde im Juli 2016 geforkt (als Reaktion auf den Diebstahl von Ether im Wert von rund 50 Millionen Dollar sollte damit das verlorene Guthaben wiederhergestellt werden). Einige in der Community waren der Meinung, dass diese Fork nicht hätte gemacht werden dürfen, und benutzten daher weiterhin den ursprünglichen Ethereum-Code und führten die alte Blockchain fort. Es gab fortan also zwei Netzwerke, zwei Blockchains und damit zwei verschiedene Kryptowährungen.

Bei den meisten Forks von Kryptowährungen erhält das abgespaltene Netzwerk einen neuen Namen und ein neues Tickersymbol. Die Ethereum-Fork war jedoch eine sehr ungewöhnliche Situation; das Netzwerk, das sich vom ursprünglichen Netzwerk abgezweigt hatte, *behielt den ursprünglichen Namen und das Tickersymbol* (ETH)! Die Leute, die mit der ursprünglichen Blockchain und Software weitermachen wollten, waren in der Minderheit und damit gezwungen, sich einen neuen Namen (Ethereum Classic) und ein neues Tickersymbol (ETC) auszudenken.

Ethereum ist also eine Fork dessen, was früher als Ethereum bekannt war, heute aber Ethereum Classic heißt. Die Ethereum-Fork ist auch insofern ungewöhnlich, dass es sich in der Regel um eine Minderheit handelt, die sich von der ursprünglichen Kryptowährung abspaltet. Bei Ethereum trennte sich die *Mehrheit* vom ursprünglichen Code und der Blockchain, während eine Minderheit die ursprüngliche Software, das ursprüngliche Netzwerk und die ursprüngliche Kryptowährung weiterführte.

Hier ist ein weiteres Beispiel, aber für die umgekehrte Situation: Bitcoin und Bitcoin Cash. Im August 2017 forkte eine kleine Gruppe von Bitcoin-Entwicklern den Code, um das Blockgrößenlimit der Blockchain zu erhöhen. Die Mehrheit setzte die Entwicklung und den Betrieb der Nodes mit dem ursprünglichen Code fort, während die Minderheit den neuen, geforkten Code entwickelte und das neue Netzwerk und die neue Blockchain verwaltete. Der abgespaltene Code erhielt den Namen Bitcoin Cash (BCH).

Technisch gesehen ist eine Fork sehr billig und einfach; denken Sie daran, dass die meisten Kryptowährungen Open Source sind. Facebooks Libra ist ein Beispiel für eine Kryptowährung, die nicht quelloffen sein wird, zumindest nicht am Anfang (sie soll 2020 herauskommen). Es ist also auch möglich, Kryptowährungen zu haben, die nicht quelloffen sind – obwohl viele Puristen argumentieren würden, dass die Libra damit keine echte Kryptowährung ist.

Die meisten Kryptowährungen sind jedoch Open Source, was bedeutet, dass jeder das Code-Repository aufrufen kann (normalerweise auf GitHub; hier ist zum Beispiel das Bitcoin-Repository: `https://github.com/bitcoin/bitcoin`), um dann den Code herunterzuladen, ihn zu optimieren (zum Beispiel die Konsensregeln anzupassen) und als neue Kryptowährung ins Rennen zu schicken. Weil das so billig und einfach ist, wurden bereits hunderte oder gar tausende neuer Kryptowährungen als Forks bestehender Kryptowährungen oder als Forks von Forks geschaffen.

Bei viele der populärsten Kryptowährungsnetzwerke haben in den letzten zwei Jahren kleine Nutzergruppen die Konsensregeln geändert und eine Fork durchgeführt, wobei sie jeweils nur kleine Teile des Netzwerks (der Nodes und Miner) für sich gewinnen konnten. Zum Zeitpunkt des Schreibens dieses Kapitels existieren rund 40 Forks des Bitcoin-Netzwerks – darunter Bitcoin Cash (BCH) und Bitcoin SV (BSV) – als eigene Coins auf separaten, aktiven, wenn auch weniger sicheren Kryptowährungssystemen.

Andere beliebte Blockchains, die mehrfach geforkt wurden, sind Ethereum (Ethereum Classic, Ether Gold, Ethereum Zero), Litecoin (Litecoin Cash, Super Litecoin) und Monero (Monero Original, Monero Classic, MoneroV). Es ist relativ kostengünstig für Entwickler, ein Kryptowährungssystem zu forken, und es ist einfach, eine Blockchain mit leichten Änderungen in der Codebasis und dem Branding zu vervielfältigen, also werden wir wahrscheinlich auch in der Zukunft noch weitere Forks sehen ... und dessen müssen Sie sich bewusst sein. (Litecoin war übrigens selbst ein Klon des Bitcoin-Codes – mit signifikanten Modifikationen –, jedoch keine Fork der Bitcoin-Blockchain).

Die neu geschaffenen, abgezweigten Minoritäts-Blockchains haben ein paar Gemeinsamkeiten: eine geringere Anzahl von Nodes, weniger Entwickler, eine niedrigere Hashrate und eine geringere Sicherheit der Blockchain. Wir empfehlen, beim Umgang mit geforkten Blockchains vorsichtig zu sein und sie in der Regel ganz zu meiden. Einige Forks haben möglicherweise keine *Replay Protection*, was zu einem Verlust von Geldern führen könnte, und andere Forks verlieren mit der Zeit drastisch an Wert, sowohl in der lokalen Fiatwährung gemessen als auch in der Kryptowährung der ursprünglichen Blockchain.

> **Replay Protection**
>
> Der Schutzmechanismus Replay Protection macht Transaktionen in der neuen, geforkten Blockchain für die ursprüngliche Blockchain ungültig, wodurch die Duplizierung von Transaktionen auf beiden Seiten des Forks ausgeschlossen wird. Dies vermeidet eine sogenannte Replay-Attacke. Bei einer *Replay-Attacke* verwendet ein Node die gültige Transaktionsnachricht aus der einen geforkten Blockchain und sendet sie nochmals an die andere Blockchain. Diese Art des Angriffs könnte zu einem Diebstahl oder versehentlichen Verlust von Geldern auf der einen oder anderen Seite der geforkten Blockchain führen. Ohne Replay Protection könnten ahnungslose Kryptowährungsbenutzer sehr leicht Geld verlieren.

Ihre Entscheidungen bei Forks

Wenn Sie eine Kryptowährung schürfen, die geforkt wird, müssen Sie zwei wichtige Entscheidungen treffen:

✔ Welche Fork werden Sie weiter minen?

✔ Was tun Sie mit Ihrer neuen Kryptowährung?

Stellen Sie sich vor, Sie schürfen eine Kryptowährung namens DummyCoin. Und nehmen Sie weiterhin an, dass Sie, statt Ihre geschürften DummyCoins sofort nach Erhalt zu verkaufen, auch DummyCoins behalten haben. Sie haben also eine oder mehrere Adressen in der DummyCoin-Blockchain, die Ihre Mining-Einnahmen enthalten.

Sie merken, dass in der Entwickler-Community ein Fork-Krieg aufzieht (weil Sie die Nachrichten und Unterhaltungen der Entwicklergemeinschaft aufmerksam verfolgt haben), und eines Tages spaltet sich die Kryptowährung tatsächlich auf. Jetzt gibt es zwei Netzwerke, zwei Blockchains und zwei Kryptowährungen (DummyCoin und DummerCoin).

Das Schöne daran ist, dass Sie jetzt nicht nur Coins in der DummyCoin-Blockchain haben, sondern auch die gleiche Anzahl an DummerCoins in der DummerCoin-Blockchain. Denken Sie daran, dass beide Kryptowährungen bis zum Aufteilungspunkt die gleiche Blockchain verwendet haben. Die Gründer von DummerCoin haben also eine Kopie der DummyCoin-Blockchain genommen und darauf aufgebaut, sodass alle ursprünglichen Transaktionen von DummyCoin nun auch in der DummerCoin-Blockchain enthalten sind. Die Transaktionen – und Ihre Coins – existieren in *beiden* Blockchains!

Das klingt natürlich super. Sie haben gerade Ihr Geld verdoppelt, oder? Na ja, nicht ganz. Erstens kommt es immer wieder vor, dass die abgespaltene Kryptowährung schnell und heftig scheitert und Sie vielleicht nicht einmal an die neuen DummerCoins herankommen. Aber sagen wir, dass DummerCoin in diesem Fall ein bisschen Erfolg hat, und Sie in der Lage sind, Ihre DummerCoins in der neuen Blockchain sicher zu verwalten.

> **Ein weiteres Problem von Custodial Wallets**
>
> Viele Leute aus der Kryptoszene lehnen von Dritten verwaltete Custodial Wallets ab. Sie glauben, dass Sie Ihre privaten Schlüssel selbst kontrollieren müssen. Exchanges können zum Beispiel gehackt und Ihr dort hinterlegtes Guthaben gestohlen werden, und in einigen Fällen haben die Verwahrungsstellen ihre Kunden auch selbst abgezockt. Es gibt aber noch einen weiteren Grund: Es gab öfter Fälle, in denen Exchanges beschlossen haben, Forks einer auf ihrer Plattform implementierten Kryptowährung nicht zu unterstützen. Also, Sie haben eine Wallet bei einer Börse, die DummyCoin verwaltet. Die Kryptowährung wird geforkt, sodass Sie jetzt sowohl DummyCoin als auch DummerCoin besitzen müssten. Aber die Börse richtet keine Wallet ein, die es Ihnen erlaubt, die DummerCoins zu verwalten, also hätten Sie zwar vielleicht theoretisch ein Besitzrecht an dem Coins, aber Sie gelangen nicht daran! (Es gab schon Gerichtsverfahren wegen genau dieser Frage.) Nicht Ihre Keys, nicht Ihre DummyCoins oder DummerCoins.

Was sollen Sie minen?

Sie müssen zwei Entscheidungen treffen. Die erste Entscheidung ist: Was sollen Sie schürfen, DummyCoin oder DummerCoin? Die originale Kryptowährung oder die abgespaltene Kryptowährung? In den meisten Fällen ist die geforkte Kryptowährung nicht so gut wie die ursprüngliche Kryptowährung, wenn man den Kurswert der Coins betrachtet. Aber die Entscheidung, welche der beiden Sie abbauen sollten, ist noch etwas komplexer.

Es kann sein, dass die neue Kryptowährung einen geringeren Wert hat, sich das Mining aber dennoch lohnt, weil Ihre Geräte im neuen Netzwerk einen größeren Prozentsatz der Netzwerk-Hashrate erringen können als im vorherigen Netzwerk. Mit anderen Worten: Sie können im neuen Netzwerk mehr Blöcke schürfen als im alten. Aber was ist, wenn die neue Kryptowährung stark an Wert verliert? Vielleicht entscheiden Sie sich, die neue Kryptowährung zu schürfen und die Coins zu verkaufen, sobald Sie sie erhalten (was, wenn das alle so machen, ebenfalls zum Wertverfall beiträgt). Wie auch immer Sie sich entscheiden – ob Sie beim ursprünglichen Netzwerk bleiben oder zum neuen wechseln – es ist eine heikle Entscheidung und sie hängt stark von Ihren Werten und Ihrer Zukunftseinschätzung der geforkten Kryptowährung ab. Deshalb brauchen Sie einen Draht zur Community, um ein Gefühl für die Stimmungslage zu bekommen.

 Hier eine allgemeine Regel: Die Fork mit der größten Unterstützung durch die Community, den meisten Nodes und dem größten Teil der Hash-Leistung ist die Seite, die am wahrscheinlichsten überlebt, stabil bleibt und gedeiht. Aber auch diese Faktoren können hin- und herschwanken. Wenn die Miner eine Gelegenheit sehen – eine niedrigere Gesamt-Hashrate im Netzwerk auf einer Seite –, dann wechseln Sie mit ihrer Hashrate eventuell dorthin (viele, vielleicht die meisten Miner entscheiden hauptsächlich profitorientiert); sobald die Miner wechseln, steigt die Hashrate im Netzwerk, die Erträge sinken, und einige Miner verlassen das Netzwerk wieder und so weiter. Wir haben auf der wunderbaren Website BitInfoCharts ein Diagramm abgerufen, das dies zeigt (siehe `https://bitinfocharts.com/comparison/hashrate-btc-bch.html`). In Abbildung 12.3 sehen Sie die Hashrate

KAPITEL 12 Kosten senken und immer einen Schritt voraus sein

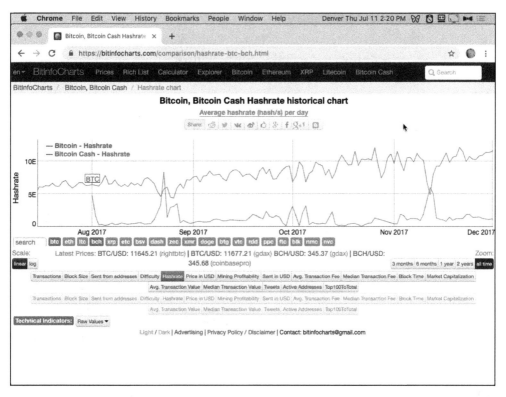

Abbildung 12.3: Ein Diagramm auf BitInfoCharts.com zeigt, wie Miner mit ihrer Hashrate zwischen Bitcoin und Bitcoin Cash hin- und herwechseln.

des Bitcoin-Netzwerks (obere Zeile) im Vergleich zur Hashrate von Bitcoin Cash direkt nach der Hardfork. Sie können sehen, dass die Hashrate von Bitcoin mit dem Anstieg der Bitcoin-Cash-Hashrate zurückging; die Miner wechselten hin und her. Manchmal war die Hashrate des geforkten Netzwerks tatsächlich höher als die Hashrate des ursprünglichen Netzwerks.

Krypto-Miner sind opportunistisch und gewinnorientiert (natürlich!). So wurden in Zeiten, in denen Bitcoin Cash etwas profitabler als Bitcoin war, Teile der SHA-256-Hashrate in das Bitcoin-Cash-Netzwerk umgeleitet und umgekehrt. Die Rentabilität von Bitcoin Cash war jedoch nicht von Dauer, und heute verfügt Bitcoin Cash über etwa 3 % der Hashrate von Bitcoin. Unter https://fork.lol sehen Sie einen Echtzeitvergleich der Hashrate und der Miner-Rewards für diese beiden Forks.

Es gibt einen weiteren Aspekt in der Geschichte von Bitcoin Cash. Ursprünglich verfügte Bitcoin Cash über mehr zugesicherte Unterstützung als Bitcoin, was die Hashrate betrifft. Große Unternehmen, die einen sehr bedeutenden Teil der Hashrate im Netzwerk zur Verfügung stellten, unterstützten die Idee einer Hardfork, aber viele Nutzer taten dies nicht. Es wechselte nicht die Mehrheit der Netzwerkknoten zum abgespaltenen Netzwerk, und letztlich verblieb auch der Großteil der Mining-Hashrate bei Bitcoin, wie Sie in Abbildung 12.3 sehen können.

Was sollen Sie mit Ihrer neuen Kryptowährung tun?

Angenommen, Sie haben Zugriff auf Ihre DummerCoins, die Kryptowährung in der neuen Blockchain, was machen Sie dann damit? Zunächst einmal überlegen Sie, ob (und warum) sie einen Wert hat. Wie kann es eine Kryptowährung mit einem realen Wert geben, eine Währung, die in Waren oder Fiatwährung umgewandelt werden kann ... und plötzlich gibt es noch eine, und beide haben einen Wert?

Nun, es hängt alles davon ab, ob die neue Kryptowährung Käufer findet. Es kann gut sein, dass schon vor der eigentlichen Fork ein Wert für die neuen Coins an einem Terminmarkt festgelegt wird. Solche Märkte bewerten in der Regel *beide* Seiten der bevorstehenden Fork, was eine gewisse Vorstellung von der Einschätzung des Marks vermittelt und Ihnen vielleicht bei der Entscheidung hilft, welche Währung am ehesten überleben und gedeihen wird. Im Endeffekt stimmen Investoren und die Kryptowährungsgemeinschaft darüber ab, welche Währung den höchsten zukünftigen Wert hat. Aber, in jedem Fall haben Sie nach der Fork Coins, die Sie verkaufen können ... wenn es jemanden gibt, der bereit ist zu kaufen. Und manchmal gibt es diese Käufer (und manchmal nicht).

Es gibt jedoch keinen Grund zu der Annahme, dass beide Coins den gleichen Wert haben werden. Eine Seite der Fork wird typischerweise erfolgreicher sein als die andere, und der Wert des einen Coins kann auf die andere Seite rutschen, wenn der Markt (bestehend aus einer Vielzahl von Investoren) seine Entscheidung trifft. Wenn DummerCoin sehr beliebt ist, dann kann der Wert von DummerCoin steigen, während DummyCoin ein wenig sinkt.

Im Fall von Ethereum zum Beispiel wurde die abgespaltene Seite viel wertvoller als der ursprüngliche Strang. (Denken Sie daran, dass Ethereum Classic der ursprünglichen Version von Software, Netzwerk und Blockchain entspricht, während Ethereum die Fork war). Zum Zeitpunkt des Schreibens besitzt Ethereum Classic nur 1/40 des Werts von Ethereum; die Fork ist also wertvoller. Auf der anderen Seite ist Bitcoin Cash, eine Abspaltung Bitcoin, derzeit nur 1/37 des Bitcoin-Preises wert.

Wenn eine Seite der Fork eindeutig nur von einer Minderheit unterstützt wird oder von der Gemeinschaft als technisch unterlegen angesehen wird, dann werden viele Besitzer sie wahrscheinlich verkaufen, indem sie entweder ihre alten Coins für die neu abgespaltene Kryptowährung verkaufen oder umgekehrt. Ein Coin wird abstürzen, während der andere in die Höhe schießt.

Es gibt also keine eindeutige Antwort. Grundsätzlich scheint es aber wahrscheinlich, dass die neue Kryptowährung in den ersten Tagen ihres Bestehens wertvoller sein wird und mit nachlassender Begeisterung abbaut. Das scheint schon recht häufig passiert zu sein, aber es gibt keine feste Regel, die garantiert, dass dies immer so sein wird.

Die meisten Forks gehen zugrunde

Das Forken einer Kryptowährung ist riskant. Die meisten Forks gehen zugrunde oder verschwinden zumindest in der Bedeutungslosigkeit. Offensichtlich gilt das aber nicht für alle. Ethereum ist immer noch da und größer als die ursprüngliche Blockchain. Bitcoin Cash mag nicht annähernd den Wert von Bitcoin haben oder an seine eigenen frühen Tage heranreichen, aber er existiert immer noch (tatsächlich hat er sich selbst später nochmals verzweigt). An dem Tag, an dem wir diese Worte schrieben, wurden über zwei Milliarden US-Dollar an Bitcoin Cash gehandelt. Solche Dinge sind sehr schwer vorherzusagen. Deshalb ist es so wichtig, mit der Stimmungslage der Community Schritt zu halten.

Heute noch da und morgen schon weg

Sie müssen die Trends im Auge behalten, sowohl für die von Ihnen geschürfte Kryptowährung als auch bei den Alternativen. Kryptowährungen sind einfach sehr volatil. Was heute eine sehr ergiebige Kryptowährung ist, kann morgen bereits wertlos sein.

Zcash (ZEC) ist ein hervorragendes Beispiel. Als Zcash 2016 startete, war es sehr populär, stark von der Community gehypt und der Handel während der ersten Stunden war verrückt. Die Rewards für die ersten Blöcke, die die Miner erhielten und auf den Markt warfen, wurden nur so weggeschnappt. In Abbildung 12.4 sehen Sie ein Diagramm von CoinMarketCap.com (siehe https://coinmarketcap.com/currencies/zcash/), das die Kurse der ersten Tage im Bestehen von Zcash in US-Dollar und Bitcoin ausdrückt.

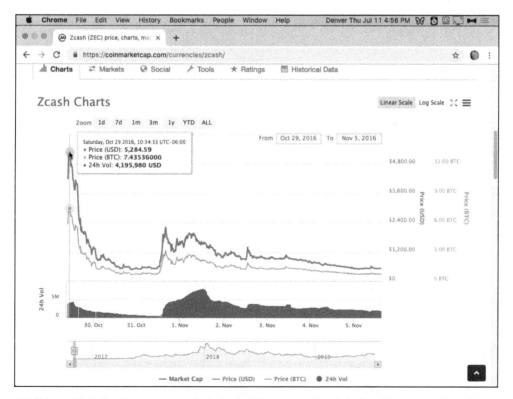

Abbildung 12.4: Ein Diagramm von CoinMarketCap.com zeigt die heftige Preisentwicklung in den ersten Tagen des Bestehens von Zcash.

Wenige Stunden nach dem Start wurde der Coin bereits mit etwa $5200 gehandelt, was damals über 7 Bitcoins waren. Sechs Tage später war er nur noch knapp 600 Dollar und etwa einen dreiviertel Bitcoin wert. (Heute? Rund 0,008 BTC!)

Ein weiteres klassisches Beispiel ist Auroracoin (AUR). Um diesen Coin gab es einen großen Hype; es sollte theoretisch ein isländischer Bitcoin sein und sogar als Alternative zur Isländischen Krone dienen. Jeder Isländer sollte etwas davon erhalten (am Ende erhielten etwa 11 oder 12 Prozent der Bevölkerung Auroracoin). AUR startete mit einem Wert von etwa 3 US-Dollar an den Märkten, erreichte innerhalb einer Woche fast 100 US-Dollar und begann dann zu fallen. Heute ist er ungefähr drei Cent wert (bei einem weltweiten Handelsvolumen von rund 140 Dollar pro Tag!)

Kryptowährungen kommen und gehen. Was sich heute zu schürfen lohnt, ist morgen vielleicht schon die reinste Zeitverschwendung. Bleiben Sie also auf dem Laufenden, beobachten Sie die Community und halten Sie Ausschau nach guten Gelegenheiten.

Ihre Mining-Ressourcen einschätzen

Es ist wichtig, den Wert der Ausrüstung, der Ressourcen und der Zeit zu kennen, die Sie dem Krypto-Mining widmen wollen. Wenn Sie diesen gut einschätzen können, sind Sie besser vorbereitet und können beim Mining gegebenenfalls einen Vorteil gewinnen und halten. In Kapitel 11 besprechen wir die verschiedenen Arten von Online-Rentabilitätsrechnern für das Mining, die hervorragend geeignet sind, um Ihre Einnahmen aus dem Mining abzuschätzen.

Allerdings können einige Aspekte von Kryptowährungs-Mining-Systemen diese Vorhersagen etwas ungenau machen, wenn Sie weiter in die Zukunft blicken wollen. Dazu gehören Block-Difficultys, der Wettbewerb beim Mining und letztendlich die abnehmenden Kryptowährungsvergütungen.

Steigender Wettbewerb beim Mining

Mit zunehmender Beliebtheit von Blockchains und immer stärkerer Mining-Hardware geht der Trend beim Krypto-Mining zu einem härteren, wettbewerbsintensiveren Umfeld. Da immer mehr Miner ihre Ausrüstung auf den Proof-of-Work-Algorithmus ihrer gewählten Kryptowährung loslassen, führt dies dazu, dass die gleiche festgelegte Menge von Mining-Rewards unter immer mehr Minern und deren Hashrate aufgeteilt werden muss.

Steigende Block-Difficulty

Wenn im Laufe der Zeit immer mehr Miner und immer leistungsstärkere Geräte auf eine Blockchain zugreifen, erhöht sich die Blockschwierigkeit, damit das Zeitintervall für die Blockproduktion konstant bleibt und die gleiche Menge an Kryptowährung nach dem vorgegebenen Zeitplan ausgegeben wird, egal, wie viel Rechenleistung beim Schürfen eingesetzt wird. (Dieses Thema wird in Kapitel 6 ausführlich behandelt.)

In der Geschichte des Bitcoin-Netzwerks hat die Block-Difficulty einen Aufwärtstrend erfahren. In seinem zehnjährigen Bestehen gab es nur neun Monate, in denen die Block-Difficulty am Monatsende niedriger war als zu Beginn; mit anderen Worten ist eine sinkende Schwierigkeit im Bitcoin-Netzwerk und in den Netzwerken anderer erfolgreicher Kryptowährungen ziemlich selten. Der zunehmende Wettbewerb führt dazu, dass neue Blöcke immer schwieriger zu finden sind. Daher wird Ihr Mining-Equipment bei konstanter Hashrate weniger effektiv Blöcke finden oder zu einem Pool beitragen können.

Sinkende Einnahmen durch Halbierungen

Mit der Zunahme des Wettbewerbs, der Hashrate und der Blockschwierigkeit verringern sich auch Ihre Mining-Vergütungen, gemessen in der von Ihnen abgebauten Kryptowährung.

Außerdem ist der Halbierungszyklus der Blocksubventionen zu beachten (siehe Kapitel 3). Im Bitcoin-Netzwerk wird alle 210.000 Blöcke (oder etwa alle vier Jahre) die Menge der an die Miner ausgeschütteten Bitcoins halbiert. Irgendwann Mitte 2020 wird die Bitcoin-Blocksubvention von derzeit 12,5 BTC pro Block auf 6,25 BTC halbiert. (Sie erinnern sich sicher, dass sich die Mining-Vergütung aus der Blocksubvention – den neu ausgegebenen Münzen – und den Transaktionsgebühren zusammensetzt).

Diese Halbierungen werden sich weiter auf die Menge an Kryptowährung auswirken, die Ihre Ausrüstung einbringt. Diesen Trend der abnehmenden Erträge sollten Sie unbedingt sorgfältig berücksichtigen, wenn Sie sich überlegen, ob Mining für Sie das Richtige ist. Wenn der Wert der Kryptowährung steigt (gemessen in Ihrer lokalen Fiatwährung), besteht natürlich immer noch Gewinnpotential. Wenn sich zum Beispiel der Wert von Bitcoin bis zur Halbierung verdreifacht hat, nun, dann sind Sie immer noch im Vorteil. Wenn der Wert der Kryptowährung jedoch sinkt *und* sich die Blocksubvention halbiert ... tja, dann sind Sie wirklich in Schwierigkeiten.

Diese Halbierungen gibt es nicht nur im Bitcoin-Netzwerk. Viele andere Kryptowährungen reduzieren ihre Blocksubventionen periodisch, sodass dieses Konzept eine Vielzahl von Kryptowährungen betrifft.

Die Website BitInfoCharts.com bietet eine historische Betrachtung, welche Rewards ein SHA-256-Miner mit einem Terahash pro Sekunde (TH/s) pro Tag, verdient hätte, gemessen in US-Dollar unter Verwendung des heutigen Wechselkurses. Diese Grafik veranschaulicht gut die sinkenden Mining-Vergütungen im Laufe der Zeit (siehe Abbildung 12.5). Sie berücksichtigt die Blocksubventionen und die Halbierungsphasen (die BTC-Symbole in der Grafik verweisen auf wichtige Ereignisse, wenn Sie mit der Maus darüber fahren, einschließlich der Halbierungen in den Jahren 2012 und 2016).

Natürlich war ein TH/s mit einem einzelnen Mining-Rig vor 2013/14 nicht zu erreichen. Trotzdem gibt die Grafik eine gute Vorstellung von der Abwertung der Rechenleistung im Laufe der Zeit. Das heißt, Sie brauchen viel mehr Rechenleistung, um zum gleichen

262 TEIL IV Betriebswirtschaftliche Aspekte des Minings

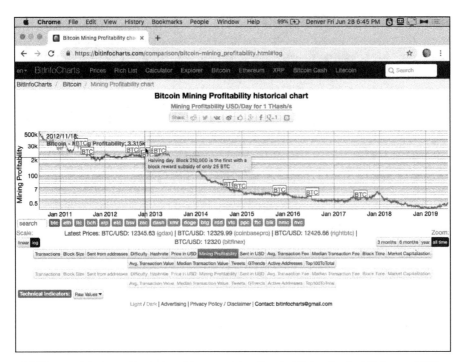

Abbildung 12.5: Logarithmisches Diagramm der Bitcoin-Mining-Profitabilität von 1 TH/s (in US-Dollar pro Tag, https://bitinfocharts.com/comparison/bitcoin-mining_profitability.html#log)

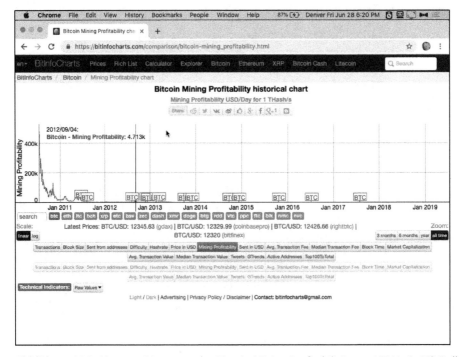

Abbildung 12.6: Lineares Diagramm der Bitcoin-Mining-Profitabilität von 1 TH/s (in US-Dollar pro Tag, https://bitinfocharts.com/comparison/bitcoin-mining_profitability.html)

Ergebnis zu kommen. Anfang 2011 hätte man mit einer Hash-Leistung von 1 TH/s im Bitcoin-Netzwerk über 21.000 Dollar pro Tag verdient. Inzwischen ... ist es weniger als ein Dollar pro Tag.

Beachten Sie übrigens, dass es sich hierbei um ein *logarithmisches* Diagramm handelt, sodass der dramatische Rückgang noch viel kleiner erscheint, als er es tatsächlich war. Der Effekt ist noch extremer, wenn Sie das lineare Diagramm betrachten (siehe Abbildung 12.6).

> **IN DIESEM KAPITEL**
>
> Lernen, was Sie mit Ihrer Kryptowährung tun sollten
>
> Steuerpflichten beachten
>
> Den Markteinstieg zeitlich abpassen
>
> Die »Cost-Averaging«-Theorie
>
> Den Marktausstieg zeitlich abpassen
>
> Der richtige Zeitpunkt zum Hardware-Upgrade

Kapitel 13
Ihr Business betreiben

Wenn Sie erst einmal im Geschäft sind – Sie haben entschieden, welche Kryptowährung Sie schürfen wollen, haben Ihr Mining-Equipment an den Start gebracht, in Ihrer Kryptowährungs-Wallet sammeln sich bereits die Vergütungen – dann ist die nächste Frage, was Sie mit Ihren Kryptowährungs-Einnahmen machen sollen.

Eigentlich müssen Sie dazu eine ganze Reihe von Dingen berücksichtigen. Sie müssen den Markt für die geschürfte Kryptowährung beobachten, und vielleicht auch noch für andere Coins, die Sie als alternative Mining-Möglichkeiten in Betracht ziehen. Außerdem müssen Sie die steuerlichen Verpflichtungen kennen, die während Ihres Mining-Abenteuers entstehen. (Wie schon Ben Franklin sagte, ist nichts sicher, außer dem Tod und den Steuern!) Wir sprechen auch über die mögliche Ausweitung Ihrer Mine und die Modernisierung Ihrer Geräte, wenn diese veraltet oder unrentabel werden.

Was tun mit der gewonnenen Kryptowährung?

Sie können mit Ihren geschürften Kryptowährungen verschiedene Dinge anstellen. Da die Kryptowährung ein knappes, elektronisches, dezentralisiertes digitales Gut ist, das selbstbestimmt, zensurresistent und über Grenzen hinweg portabel genutzt werden kann, gibt es entpsrechend viele Einsatzmöglichkeiten.

Ihre Kryptowährung umtauschen

Am naheliegendsten ist es natürlich, die geschürften Coins zu verkaufen, sehr wahrscheinlich an einer Kryptowährungsbörse und in Ihre lokale Fiatwährung. Schließlich müssen Ihre Betriebsausgaben, vor allem die Ausrüstung und der verbrauchte Strom, irgendwie bezahlt werden. In den meisten Fällen werden Sie Ihre Rechnungen dabei nicht direkt mit Kryptowährung bezahlen. Mining-Equipment können Sie häufig mit Kryptowährung kaufen – meist mit Bitcoin – wie wir später in diesem Kapitel besprechen, aber nur wenige Energieversorger akzeptieren Kryptowährungen, und wenn Sie gerade erst mit dem Mining angefangen haben, werden Sie Ihre Hardware wahrscheinlich auch in Dollar oder Euro bezahlt haben. Wie Sie Rechnungen mit Kryptowährung bezahlen können, besprechen wir im nachfolgenden Abschnitt »Ausrüstung kaufen und Rechnungen bezahlen«.

Ein paar Dinge sollten Sie beim Umtausch Ihrer Kryptowährung berücksichtigen:

- ✔ **Wäre es besser, wenn Sie die Kryptowährung behalten würden?** Auf dieses Thema kommen wir später in diesem Kapitel im Abschnitt »Kryptowährung hodln« zurück.

- ✔ **Schürfen Sie eine besonders volatile Kryptowährung?** Wenn ja, sollten Sie Ihre Vergütungen vielleicht sofort nach Erhalt abstoßen und in eine Fiatwährung oder eine andere Kryptowährung umtauschen, die Ihrer Meinung nach eher Kurszuwächse verspricht oder zumindest ihren Wert beibehält.

- ✔ **Welche Steuerpflichten bestehen beim Umtausch der geschürften Kryptowährung in Fiatwährung?** (Tatsächlich besteht auch ohne diesen Umtausch eine Steuerpflicht!) Wir behandeln dieses Thema später in diesem Kapitel im Abschnitt »Ihr Mining-Betrieb und die Steuern«.

Ausrüstung kaufen und Rechnungen bezahlen

Vielleicht möchten Sie einfach nur Rechnungen bezahlen und Einkäufe direkt mit Ihrer Kryptowährung tätigen. Mining-Equipment *können* Sie häufig mit Kryptowährung kaufen. Newegg akzeptiert beispielsweise als einer der größten Elektronikhändler Nordamerikas Bitcoin. Unternehmen, die Mining-Hardware bauen oder den Mining- oder Kryptowährungsmarkt anderweitig beliefern, akzeptieren meist ebenfalls Kryptowährung.

Allerdings nehmen sie typischerweise nur eine kleine Auswahl an Kryptowährungen an – am häufigsten Bitcoin, manchmal aber auch einige andere populäre Kryptowährungen. Es gibt zwar Zahlungsdienstleister wie etwa CoinGate (www.coingate.com), die es Online-Händlern ermöglichen, deutlich mehr Kryptowährungen zu integrieren (CoinGate akzeptiert derzeit rund 50), aber in der Regel akzeptieren die meisten Shops nur Bitcoin und ein bis zwei andere Währungen.

Hier ist eine kurze Liste von Anbietern, bei denen Sie mit Bitcoin bezahlen können (einige nehmen auch noch andere Kryptowährungen an). Es gibt noch viele weitere.

- ✔ **Overstock:** www.overstock.com
- ✔ **Newegg:** www.newegg.com

✔ **Dish Network:** www.mydish.com

✔ **Microsoft:** www.microsoft.com

✔ **AT&T:** www.att.com

✔ **Virgin Galactic:** www.virgin.com

✔ **Viele weitere kleine lokale Händler:** https://coinmap.org

Auch dann mit Krypto bezahlen, wenn Sie nicht mit Krypto bezahlen können

Es gibt übrigens auch eine Reihe von Diensten, mit denen Sie bei allen Händlern und Dienstleistern mit Kryptowährungen bezahlen können, auch wenn diese selbst keine Kryptowährung akzeptieren, also zum Beispiel bei Amazon. Über Anbieter wie Moon (https://paywithmoon.com/) und Purse (www.purse.io) können Sie auch dort mit Kryptowährung einkaufen.

Mit Moon können Sie zum Beispiel Bitcoin, Bitcoin Cash, Ether und Litecoin für die Bezahlung bei Amazon verwenden. Aber natürlich tun Sie dabei nichts weiter, als Ihre Kryptowährung im Zuge des Einkaufs umzurechnen; Moon fungiert als Wechsel- und Bezahlservice, nimmt Ihre Kryptowährung entgegen, tauscht sie gegen US-Dollar ein und bezahlt dann bei Amazon für Sie.

Diese beiden Anbieter sind auf Amazon spezialisiert, aber in letzter Zeit sind noch weitere Unternehmen dazugekommen, die die Bezahlung von Rechnungen mit Bitcoin oder anderen Kryptowährungen über benutzerfreundliche Apps ermöglichen. Das Prinzip ist einfach: Wenn Sie einen Kauf tätigen, bezahlt das Unternehmen den Einzelhändler in einer lokalen Fiatwährung, und Sie bezahlen das Unternehmen in Kryptowährung. Bei einigen dieser Anbieter erhalten Sie sogar eine Kreditkarte. Coinbase zum Beispiel, die vielleicht größte US-basierte Kryptowährungsbörse, bietet eine Visa-Karte an (siehe Abbildung 13.1). Sie können sie an allen Visa-Akzeptanzstellen verwenden. Coinbase bezahlt die Rechnung und behält dafür den Gegenwert in Kryptowährung von Ihrem Coinbase-Account ein.

Hier sind noch einige weitere solcher Unternehmen:

✔ **Spend:** Bietet eine kryptowährungsbasierte Visa-Karte. www.spend.com

✔ **Coin Bills:** Ein US-Unternehmen, dessen Benutzer »jede Rechnung von jedem US-Unternehmen« bezahlen können. http://coinbills.com

✔ **Gyft:** Geschenkgutscheine mit Bitcoin erwerben. www.gyft.com

✔ **Bitrefill:** Geschenkgutscheine und Handyaufladungen für 1650 Unternehmen in 170 Ländern. www.bitrefill.com

✔ **Bylls:** Eine kanadische Firma zur Begleichung von Rechnungen in Bitcoin. https://bylls.com

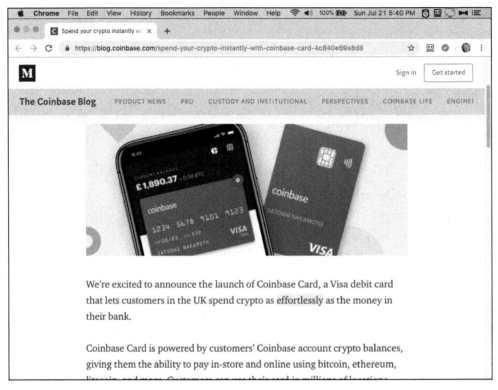

Abbildung 13.1: Die große Krypto-Exchange Coinbase bietet Ihnen per Kreditkarte Zugriff auf Ihr Kryptoguthaben (siehe www.coinbase.com/card).

- **Piixpay:** Ein estnisches Unternehmen zur Begleichung von Rechnungen in 120 Ländern. www.piixpay.com

- **Living Room of Satoshi:** Ein australisches Unternehmen, dessen Benutzer Kreditkartenrechnungen und Rechnungen von Bpay-Online-Banking mit Bitcoin bezahlen können. www.livingroomofsatoshi.com

- **Paid by Coins:** Eine weitere australische Firma, die mit Bpay kooperiert und außerdem den Kauf australischer Geschenkgutscheine ermöglicht. https://paidbycoins.com

Den Mining-Betrieb erweitern oder modernisieren

Später in diesem Kapitel (siehe den Abschnitt »Vergrößern?«) besprechen wir das Thema der Erweiterung und Modernisierung Ihres Unternehmens. Mining-Hardware wird oft direkt von den Herstellern zu Preisen verkauft, die in lokaler Fiatwährung angegeben sind, aber tatsächlich akzeptieren sie mitunter auch oder sogar nur Bitcoin oder andere Kryptowährungen. Sie können Ihre zusätzliche oder neue Ausrüstung daher natürlich auch direkt mit Kryptowährung kaufen. Dies sind natürlich Geschäftsausgaben, die Sie steuerlich absetzen können.

Vergessen Sie die Steuern nicht

Ihre Mine ist ein Gewerbebetrieb. Sie geben Geld in der Absicht aus, Geld zu verdienen – um genauer zu sein, mehr Geld zu verdienen, als Sie ausgeben. Das ist ein Gewinn, und der ist steuerpflichtig!

Bedenken Sie, dass Ihre Einkäufe mit in Ihre Steuerberechnung einfließen. Wenn Sie Ihre Kryptowährung für Geschäftsausgeben verwenden – um Rechnungen von Versorgungsunternehmen zu bezahlen, neue Mining-Hardware zu kaufen, Miete für ein Rechenzentrum zu bezahlen und so weiter – sind all diese Ausgaben steuerlich abzugsfähig. (Die *genaue* Art und Weise des Abzugs ist kompliziert, aber dazu kommen wir später in diesem Kapitel – siehe »Ihr Mining-Betrieb und die Steuer«.)

Wenn Sie jedoch Ihre Kryptowährung für private Einkäufe verwenden – Lebensmittel, die Miete oder Kreditrate Ihrer Wohnung, Abende in der Stadt und so weiter –, dann sind diese Ausgaben nicht abzugsfähig. Hier greift Ihre persönliche Einkommenssteuerpflicht. Diese Beträge werden als Privatentnahmen aus Ihrem Betriebsvermögen gewertet.

Gesetzestreuer Steuerzahler oder Kryptoanarchist?

Es gibt seit jeher eine starke kryptoanarchistische Strömung in der Krypto-Community. Sie fragen sich, was ein *Kryptoanarchist* ist? Der Begriff wurde wahrscheinlich zum ersten Mal von Tim May in seinem *Crypto Anarchist Manifesto* von 1988 geprägt. Er erklärte, dass die Kryptografie »kurz davor stehe, Einzelpersonen und Gruppen die Möglichkeit zu geben, auf völlig anonyme Weise miteinander zu kommunizieren und zu interagieren ... Interaktionen über Netzwerke werden nicht mehr nachvollziehbar sein ... Diese Entwicklungen werden die Natur der staatlichen Kontrolle, die Fähigkeit, wirtschaftliche Interaktionen zu besteuern und zu beaufsichtigen, völlig verändern ...«.

Kryptoanarchisten glauben an die Verwendung von Kryptografie zum Schutz persönlicher, wirtschaftlicher und politischer Freiheiten. Sie glauben, dass diese Freiheiten vor dem Staat geschützt werden müssen. Und offen gesagt halten viele nichts davon, Steuern zu zahlen. Wir gehen in diesem Kapitel davon aus, dass Sie sich nicht dazu zählen. Wir gehen davon aus, dass Sie auf der Seite des Staats stehen, zumindest was das Zahlen von Steuergeldern angeht.

Kryptowährung hodln

Sie können sich dafür entscheiden, Ihre gewonnenen Kryptovergütungen als Investition über längere Zeit zu halten, in der Erwartung, dass sie letztendlich im Wert steigen werden. Dies wird in der Krypto-Community oft als Hodling bezeichnet. Warum? Weil sich vor langer Zeit, in der fernen Krypto-Vergangenheit (also 2013), jemand in einem Bitcoin-Forum vertippt hat. Er wollte schreiben, dass er seine Bitcoins halten (hold) wollte, in dem festen Glauben, dass ihr Preis steigen würde, schrieb stattdessen aber: »I AM HODLING!«. Der Verfasser der Nachricht war seinen eigenen Angaben zufolge gerade am Whiskytrinken. (Hier ist der originale Foreneintrag, falls es Sie interessiert. Er ist ziemlich unterhaltsam, und außerdem ist das ein echtes Stück Bitcoin-Geschichte: `https://bitcointalk.org/index.php?topic=375643.0`.)

Jedenfalls sind die Begriffe *hodl* und *Hodling* inzwischen Teil der Kryptowährungskultur geworden. Das Prinzip ist einfach: Wenn Sie überzeugt sind, dass die Kryptowährung an Wert gewinnt, warum sollten Sie dann verkaufen? Wenn Sie sich so sicher sind, dass sie steigen wird, dann hodln Sie!

Tatsächlich ist diese Option sehr beliebt, und die langfristige Knappheit vieler Kryptowährungen und die Erwartung steigender Preise ist häufig eine Art selbsterfüllende Prophezeiung. (Aber nicht immer. Viele kleinere Kryptowährungen sind praktisch auf null gefallen).

Wir sagen Ihnen hier nicht, ob Sie halten oder verkaufen sollen. Beide Entscheidungen bergen ihre Risiken. Viele Leute haben durch Investitionen in Kryptowährungen viel Geld verloren. Aber es entstanden so auch viele neue Multimillionäre.

Tatsächlich war Bitcoin, abgesehen von dem katastrophalen Crash von Mitte Dezember 2017 bis Ende Dezember 2018, ein unglaubliches Investment. Hätten Sie im August oder September 2017 gekauft und Ihre Bitcoins bis zum Zeitpunkt, da wir dieses Buch schreiben (Juli 2019), behalten, hätten Sie Ihr Geld mehr als verdoppelt. Anleger, die seit Mai oder Juni 2016 gehalten (Entschuldigung: gehodlt) haben, haben den Wert ungefähr verzwanzigfacht (siehe Abbildung 13.2). Trotzdem ist die Wertentwicklung der Vergangenheit natürlich kein

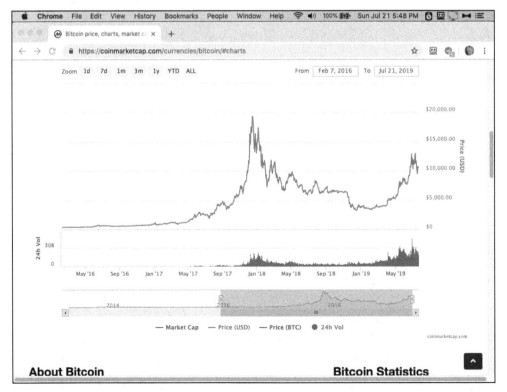

Abbildung 13.2: Verschiedene Abschätzungen zum Wert des Bitcoin-Netzwerks während der letzten neun Jahre (`https://charts.woobull.com/bitcoin-valuations`)

Garant für zukünftige Erträge, wie man im Anlagegeschäft so schön sagt! Und Bitcoin ist die wichtigste Kryptowährung der Welt; andere sind bei der Wertentwicklung oftmals wesentlich weniger erfolgreich. Recherchieren Sie immer die Tragfähigkeit und die Geschichte Ihrer Kryptowährung, bevor Sie sich entscheiden, sie für längere Zeit zu hodln.

Sollen Sie also verkaufen oder doch lieber hodln? Behalten Sie den Markt im Blick und entscheiden Sie dann selbst!

Kryptowährung investieren

In einige Unternehmen können Sie in Bitcoin oder anderen Kryptowährungen investieren. Viele Bitcoin-Miner der ersten Stunde haben ihre Mining-Erträge in Unternehmen aus dem Kryptowährungsumfeld investiert. Zum Beispiel wurde Kraken, eine wichtige Krypto-Exchange, hauptsächlich von frühen Bitcoin-Investoren finanziert.

Ist das sinnvoll? Vielleicht. Aber denken Sie auch daran, dass Sie, wenn Sie Ihre Kryptowährung in eine Aktie, eine Immobilie oder eine andere Geschäftsmöglichkeit investieren, darauf wetten, dass die Rendite der Investition größer ist als die Rendite, die Sie durch schlichtes Hodln dieser Kryptowährung erzielen. Das hat sich nicht immer so bewahrheitet.

Andererseits können Sie die Investition von Mining-Gewinnen in andere Unternehmen als eine Art von Diversifizierung betrachten, bei der Sie Ihr finanzielles Gesamtrisiko durch den Besitz verschiedener Anlagen mit unterschiedlichen Risiken und Vorteilen streuen.

Kryptowährung für wohltätige Zwecke spenden

Viele Organisationen akzeptieren Kryptowährungsspenden zur Unterstützung ihrer gemeinnützigen Arbeit. Spenden von Vermögenswerten, wie etwa Kryptowährungen, an wohltätige Organisationen können im Einzelfall auch mit steuerlichen Vorteilen verbunden sein. Im Folgenden sind nur einige bemerkenswerte Initiativen aufgeführt, die auch Spenden in Form von Kryptowährungen entgegennehmen:

- **Internet Archive:** https://archive.org
- **Tor Project:** www.torproject.org
- **Electronic Frontier Foundation:** www.eff.org
- **WikiLeaks:** https://wikileaks.org
- **Wikipedia:** https://wikipedia.org
- **Free Software Foundation:** www.fsf.org
- **Rotes Kreuz:** www.redcross.org
- **United Way:** www.unitedway.org
- **Bit Give:** www.bitgivefoundation.org
- **The Water Project:** https://thewaterproject.org

Kryptowährung verschenken

Eine Verwendung Ihrer frisch geschürften Kryptowährung, mit der Sie Blockchain und Kryptowährungen andere Menschen sicherlich näher bringen können, ist, sie diese selbst ausprobieren zu lassen. Wenn Sie ihnen einen Teil Ihrer Kryptowährung schenken, ist das eine tolle Lernerfahrung, da sie eine Wallet einrichten und eine Transaktion mitverfolgen müssen.

Auch beim Verschenken sollten Sie sich zuerst mit Ihrem Steuerberater besprechen, denn es können Steuerpflichten auf beiden Seiten entstehen! (Lesen Sie aber zuvor *The Millionaire Next Door* (Taylor Trade Publishing.) Der Autor William Danko wird Sie wahrscheinlich überzeugen, Ihren Kindern *kein* Geld zu schenken; es tut ihnen wirklich nicht gut. Sorry, Kids!)

Den Verkaufszeitpunkt bestimmen

Krypto-Miner glauben vielleicht an den langfristigen Bestand des von ihnen ausgewählten Blockchain-Systems und trennen sich nur dann von ihren Coins, wenn es unbedingt notwendig ist, zum Beispiel um Ausgaben zu decken oder aufgrund der Marktbedingungen, wie etwa Kursverlusten.

Andere Miner wählen eine ganz andere Herangehensweise und verkaufen sehr regelmäßig, um etwaige Gewinne aus dem Mining schnell zu realisieren. Sie haben vielleicht das Gefühl, dass Sie einen Gewinn mitnehmen sollten, solange sie die Möglichkeit dazu haben, weil der Preis der Kryptowährung jederzeit in den Keller rauschen könnte.

Es gibt keine richtige oder falsche Antwort (naja, im Nachhinein ist man dann natürlich immer schlauer!), und jeder Miner muss diese Entscheidungen selbst treffen. Falls Sie sich zum Verkauf entschließen, können Sie allerdings mit verschiedenen hilfreichen Ressourcen den richtigen Zeitpunkt und die richtige Menge für den Verkauf bestimmen. Beim Verkauf gibt es auch einige wichtige Dinge zu beachten, wie zum Beispiel Ihre Steuerpflichten, die Währungskurse an den Exchanges und die dort berechneten Gebühren, die wir später in diesem Kapitel besprechen (siehe »Ihr Mining-Betrieb und die Steuer«).

Marktindikatoren für Kryptowährungen

Marktindikatoren können Ihnen manchmal ein besseres Gefühl dafür geben, wie sich der Markt Ihrer Kryptowährung entwickelt. Kennzahlen werden Ihnen keine 100-prozentige Vorhersage ermöglichen, aber sie helfen trotzdem herauszufinden, was im Marktzyklus vor sich geht. Hier sind einige Beispiele für Indikatoren im Zusammenhang mit Bitcoin:

- ✔ **Mayer Multiple:** Das Mayer Multiple geht auf Trace Mayer zurück und spiegelt den aktuellen Bitcoin-Preis in US-Dollar wider, geteilt durch den gleitenden 200-Tages-Durchschnittspreis (ein gleitender Durchschnitt filtert kurzfristige Kursschwankungen heraus). Wenn der Preis heute etwa 12.000 Dollar beträgt und in den letzten 200 Tagen durchschnittlich bei 6000 Dollar lag, dann beträgt das Mayer Multiple 2. Dieser

Indikator gibt ein gutes relatives Signal für einen zurückliegenden Kursanstieg oder umgekehrt für einen Absturz des Marktes. Höhere Multiplikatoren sind Warnzeichen; niedrigere Multiplikatoren deuten darauf hin, dass ein guter Zeitpunkt zum Kaufen gekommen sein könnte. https://mayermultiple.info

✔ **NVT Ratio:** Das *Verhältnis von Netzwerkwert zu Transaktionen* (Network Value to Transactions, NVTr) bildet den Dollarwert von On-Chain-Kryptowährungstransaktionen im Verhältnis zum relativen Gesamtnetzwertwert ab. Um es zu berechnen, wird die durchschnittliche tägliche Marktkapitalisierung (oder der Gesamtmarktwert) in Dollar durch den Betrag der täglichen On-Chain-Transaktionen in Dollar geteilt. Mit anderen Worten, er ist ein Maß dafür, wie aktiv eine bestimmte Kryptowährung genutzt wird (siehe Abbildung 13.3). https://charts.woobull.com/bitcoin-nvt-ratio

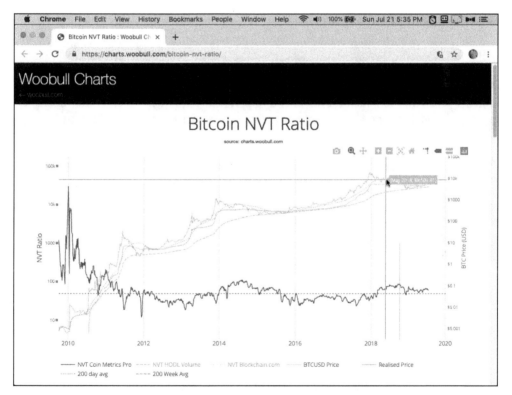

Abbildung 13.3: Das NVT-Diagramm von Woobull liefert Hinweise auf die Aktivität des Bitcoin-Markts.

✔ **NVT Signal:** NVT Signal ähnelt NVT Ratio. Anstatt jedoch den Marktwert durch die Summe der täglichen Blockchain-Transaktionen zu dividieren, wird hier der 90-Tages-Durchschnittswert der Marktkapitalisierung durch das tägliche Transaktionsvolumen geteilt. https://charts.woobull.com/bitcoin-nvt-signal

✔ **Realisierte Marktkapitalisierung:** Eine beliebte Metrik im Kryptobereich ist die Marktkapitalisierung, die sich aus dem aktuellen Marktpreis einer Kryptowährung multipliziert mit der Gesamtzahl der im Umlauf befindlichen Coins einer Kryptowährung ergibt. Die realisierte Marktkapitalisierung berechnet sich jedoch aus der Summe des Marktwerts der einzelnen Coins zum Zeitpunkt ihrer letzten Verwendung bei einer Blockchain-Transaktion. Die folgende Webseite enthält eine gute Erklärung dieser Kennzahl; den Link zum eigentlichen Diagramm finden Sie, etwas versteckt, weiter unten auf der Seite. https://coinmetrics.io/realized-capitalization

✔ **MVRV Ratio:** Die MVRV Ratio oder *Market Value Realized Value Ratio* errechnet sich als das Verhältnis aus dem Marktwert beziehungsweise der Kapitalisierung geteilt durch den realisierten Marktwert beziehungsweise die Kapitalisierung. Diese Kennzahl kann Ihnen helfen, den Marktwert zu relativieren, um Über- und Unterbewertungen zu erkennen. https://charts.woobull.com/bitcoin-mvrv-ratio

 Zwei der zuletzt genannten Seiten, charts.woobull.com und coinmetrics.io, haben wirklich interessante und potenziell nützliche Kennzahlen. Schauen Sie sich ein wenig um und lassen Sie sich überraschen!

Die erwähnten Grafiken sind alle für Bitcoin. Was ist mit anderen Kryptowährungen? Sie können solche Angaben auch für andere Kryptowährungen finden. Coinmetrics liefert sie zum Beispiel für Dutzende von Kryptowährungen. Das Diagramm in Abbildung 13.4 zeigt

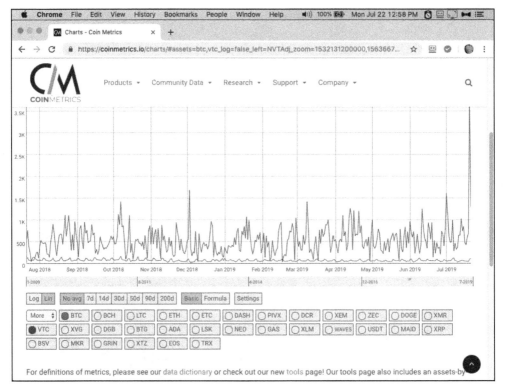

Abbildung 13.4: Ein NVT-Diagramm von Coinmetrics zeigt die Daten von zwei verschiedenen Kryptowährungen.

etwa eine NVT-Messung für BTC (Bitcoin) und VTC (Vertcoin). Sehen Sie die Kontrollfelder am unteren Rand des Bildschirms? Durch Anklicken der Kästchen können Sie Kryptowährungen in das Diagramm mitaufnehmen oder sie daraus entfernen. Weitere Auswahlmöglichkeiten finden Sie im Feld MORE links über diesen drei Zeilen. (Nicht für alle Kryptowährungen lassen sich auch alle Metriken abrufen.)

Viele Websites mit Daten und Statistiken zu Kryptowährungen können sehr nützlich sein und Ihnen helfen, die einzelnen Kryptowährungen ins rechte Licht zu rücken. Dies sind einige davon:

- **Coin Metrics:** https://coinmetrics.io/charts
- **BitInfoCharts:** https://bitinfocharts.com/cryptocurrency-charts.html
- **Bitcoinity:** https://data.bitcoinity.org/markets/volume
- **Coin Desk:** www.coindesk.com/data
- **How Many Confirmations:** https://howmanyconfs.com
- **51% Attack Cost Comparisons:** www.crypto51.app
- **Bitcoin Visuals:** https://bitcoinvisuals.com
- **Coin.Dance:** https://coin.dance

Leider sind viele der kleineren Kryptowährungen einfach nicht bekannt genug, als dass diese Art von eingehenden Studien oder grafischen Echtzeit-Analysen dafür durchgeführt worden wären. Dennoch können Sie durch Analyse der Kennzahlen anderer Kryptowährungen wenigstens ein Gefühl für die allgemeine Marktstimmung bekommen, oft bewegen sich die Kurse von Kryptowährungen im Gleichschritt nach oben oder unten.

Wo Sie verkaufen können: Kryptowährungsbörsen

Wenn Sie Ihre Kryptoeinnahmen gegen lokale Fiatwährung eintauschen möchten, ist es außerdem sehr wichtig, dass Sie dafür die richtigen Marktplätze, oder Exchanges, für den Handel von Kryptowährungen verwenden. Einige Börsen haben eine solide Vorgeschichte, einige sind risikobehaftet und manche sind regelrecht betrügerisch. Andere Handelsplätze verweigern Menschen aus bestimmten Weltregionen den Zugang, um sich nicht mit den Gesetzen ihrer Herkunftsländer auseinandersetzen zu müssen.

Wir haben eine kurze Liste von seriösen Krypto-Exchanges zusammengestellt, die zu den umsatzstärksten und vertrauenswürdigsten in Bezug auf Einlagensicherheit und Ausfallrisiko zählen. Es gibt allerdings etliche Beispiele dafür, dass die Nutzer der Plattformen selbst zum Ziel von Hackern wurden, und so wurden bereits einige Konten kompromittiert und deren Kryptoguthaben gestohlen. Am besten ist es, sichere und einzigartige Passwörter sowie eine Zwei-Faktor-Authentifizierungen zu verwenden, um Ihr Konto, egal bei welcher Börse, ordnungsgemäß abzusichern und Verlusten vorzubeugen:

- **Kraken:** Kraken ist eine beliebte US-amerikanische Exchange, die den Handel von verschiedenen Kryptowährungspaaren anbietet. Die Börse ist vollständig konform, bietet eine Bankenanbindung für den Transfer von Fiatgeld und verfügt branchenweit mit über die besten Sicherheitsstandards. www.kraken.com

✔ **Coinbase:** Coinbase ist eine weitere sehr beliebte US-basierte Kryptowährungsbörse mit Möglichkeiten zum Kauf, Verkauf und Handel verschiedener Kryptowährungen. Die Oberfläche ist sehr benutzerfreundlich; Benutzer können sogar automatisch wiederkehrende Transaktionen einrichten. Coinbase kann bei den meisten Banken genutzt werden, um den Geldtransfer von und zur Börse zu erleichtern, und Coinbase rühmt sich auch, noch niemals gehackt worden zu sein. www.coinbase.com

✔ **Coinbase Pro:** Coinbase verfügt auch über eine fortgeschrittenere Handelsplattform, die als Coinbase Pro bekannt ist. https://pro.coinbase.com

✔ **Poloniex:** Poloniex ist eine weitere Exchange aus den USA, die rund 60 Kryptowährungen unterstützt und eine problemlose Anbindung an Bankkonten bietet. https://poloniex.com

✔ **Gemini:** Gemini ist eine weitere beliebte und sichere Börse mit Sitz in den Vereinigten Staaten. Sie wurde von den Winklevoss-Zwillingen gegründet, die bekannt dafür sind, dass sie Mark Zuckerberg wegen Diebstahls ihrer Idee für ein soziales Netzwerk verklagt haben. (Vielleicht kennen Sie auch den Film über das Verfahren, *The Social Network*.) Mit dem Geld, das ihnen am Ende des Rechtsstreits zugesprochen wurde, kauften sie sich im Bitcoin-Netzwerk ein und wurden zu Milliardären! Gemini ermöglicht regelmäßig stattfindende Kryptowährungskäufe von Bankkonten. Die Börse unterstützt derzeit Gemini Dollar, Bitcoin, Litecoin, Ether, Bitcoin Cash und Zcash. https://gemini.com

✔ **LocalBitcoins.com:** LocalBitcoins.com mit Sitz in Finnland ist eine Börse, deren Benutzer sich gegenseitig Bitcoin (und nur Bitcoin, keine anderen Kryptowährungen) gegen verschiedene Fiatwährungen verkaufen können. Das Unternehmen fungiert als Treuhandservice, bei dem die Bitcoins des Verkäufers in einer LocalBitcoins.com-Wallet verwahrt werden, bis der er die Zahlung des Käufers erhält (es gibt viele verschiedene Zahlungsmethoden), woraufhin die Bitcoins automatisch in dessen Wallet transferiert werden. Beachten Sie, dass es sich dabei trotz des Namens um kein lokales System mehr handelt. Zur Anfangszeit im Jahr 2012 konnten Sie damit andere Leute in Ihrer Stadt finden, um persönlich Bitcoins umzutauschen. Kurz nach dem Start wurde ein Treuhandservice eingeführt, aber erst 2019 wurde der Bereich der Website eingestellt, über den sich Leute vor Ort treffen und ihre Bitcoins gegen Bargeld verkaufen konnten. Warum? Weil das eine ganz schlechte und sehr gefährliche Idee ist! Bei einer persönlich durchgeführten Kryptowährungstransaktion können tausend Dinge schief gehen, und LocalBitcoins wollte nicht mehr länger an solchen Transaktionen beteiligt sein. https://localbitcoins.com

✔ **Cash App:** Cash App ist eine vollständig regulierte Bitcoin-Handelsplattform für lokale Fiatwährung mit Sitz in den USA, die sich einfach mit Ihrem Bankkonto verbinden lässt, eine Debitkarte mit Rabattangeboten für viele verschiedene Unternehmen ausgibt und eine Schnittstelle für den Geldversand zwischen Benutzern hat, die der von PayPal ähnelt. https://cash.app

✔ **BitMex:** Die Bitcoin Mercantile Exchange (nein, nicht Bitcoin Mexico) ist eine sehr beliebte Kryptowährungsbörse, die eine Menge von Währungspaaren sowie große gehebelte Positionen anbietet, die bei unbedachter Vorgehensweise sehr gefährlich sein können! Obwohl BitMex in San Francisco und Hongkong ansässig ist, ist es Benutzern aus den Vereinigten Staaten, Quebec und einigen anderen Regionen nicht möglich, ihre Plattform zu nutzen, zumindest theoretisch. So werden US-amerikanische Finanzvorschriften umschifft. Einige Investoren und Miner aus den USA nutzen den Service trotzdem und loggen sich via VPN oder TOR ein, um ihre IP-Adressen zu ändern und ihren Standort zu verschleiern. Es besteht jedoch ein Verlustrisiko, sollten sie doch entdeckt werden. www.bitmex.com

✔ **Bitstamp:** Bitstamp wurde 2011 gegründet und kann auf eine sehr lange Erfolgsgeschichte als Krypto-Exchange zurückblicken. (Nach eigenen Angaben handelt es sich um die älteste Handelsplattform.) Ihr Angebot umfasst über 14 Handelspaare und Sie können dort Kryptowährungen in US-Dollar oder Euro handeln. www.bitstamp.net

✔ **Binance:** Binance ist eine stark frequentierte Exchange mit einem der größten täglichen Handelsvolumina, und sie unterstützt über 100 verschiedene Kryptowährungen. Allerdings sind noch keine Nutzer aus den USA zugelassen und die ursprünglich in Hong Kong und China ansässige Börse musste wegen rechtlicher Schwierigkeiten zunächst nach Japan und zuletzt nach Malta umziehen. Binance wurde im Mai 2019 auch gehackt, wobei rund 7000 Bitcoins entwendet wurden, die zum Zeitpunkt des Diebstahls über 39 Millionen Dollar wert waren. www.binance.com

✔ **ShapeShift:** ShapeShift ist eine einzigartige Kryptowährungs-Handelsplattform, die den Umtausch von über 28 Kryptowährungen unterstützt. Sie können also eine Kryptowährung in eine andere wechseln. Die Plattform verwahrt dabei keine Kryptowährungen und rühmt sich, niemals in den Besitz Ihrer Schlüssel zu kommen. Sie senden einen bestimmten Betrag in der Kryptowährung, die Sie verkaufen möchten, dorthin, und bekommen dann die gewünschte Zielwährung an Ihre Adresse geschickt (natürlich abzüglich der Gebühren). Sie können auch Kryptowährung in US-Dollar kaufen. Allerdings können Sie derzeit keine Kryptowährung in Fiatwährung umtauschen. www.shapeshift.com

Die Börsen erheben auch Handelsgebühren, die vom jeweiligen Anbieter und dem ausgeführten Handel abhängen, und natürlich unterscheiden sich auch die Marktkurse von Börse zu Börse. Mit anderen Worten, der Verkauf Ihrer Kryptowährung ist an einigen Exchanges profitabler als an anderen; auf manchen Handelsplattformen erhalten Sie mehr Dollar oder Euro für Ihre Kryptowährung als auf anderen. Wie finden Sie heraus, welche die beste ist? Hier sind ein paar Ressourcen, die Ihnen dabei helfen können:

✔ https://data.bitcoinity.org/markets/books/USD liefert tolle Diagramme zum Vergleich von zehn verschiedenen Exchanges.

✔ https://en.bitcoin.it/wiki/Comparison_of_exchanges bietet einen Vergleich zwischen einigen Dutzend Exchanges.

✔ https://medium.com/cointracker/2019-cryptocurrency-exchange-fee-survey-49db9b38cb5b enthält einen Vergleich (und eine Diskussion) von Marktplatzgebühren.

Cost Averaging

Das *Dollar Cost Averaging*, kurz DCA, ist eine sehr häufig anzutreffende Investment-Strategie die das Problem der Volatilität im Vergleich zu einmaligen, großvolumigen Käufen eines Vermögenswerts abschwächen soll. Der Gedanke dahinter ist, sich den *Durchschnittskosteneffekt* zunutze zu machen und den Schaden zu vermeiden, der durch einen plötzlichen Wertverlust des Anlagewerts direkt nach einem großen Kauf entsteht. Stattdessen verteilen Sie Ihren Kauf über einen längeren Zeitraum.

Vielen Minern gefällt dieses Konzept, denn im Grunde ist das Mining nichts anderes: Jeden Monat ein klein wenig Kryptowährung zu erwerben, statt einmalig einen großen Betrag zu investieren. Zum Beispiel könnte man 10.000 Euro in Mining-Equipment investieren und dann Monat für Monat schürfen, statt diese 10.000 Euro zu nehmen und die bevorzugte Kryptowährung auf einen Schlag zu kaufen.

Durchschnittskosteneffekt beim Einkauf

Nehmen wir an, dass Sie dieses Jahr 1200 Euro in einen Vermögenswert wie Bitcoin (oder in Aktien, Anleihen, was auch immer) investieren wollen. Sie könnten diesen Kauf auf einmal tätigen und versuchen, dabei einen möglichst günstigen Preis zu erwischen. Beim Cost Averaging würden Sie diesen Kauf stattdessen auf beispielsweise zwölf kleinere monatliche Käufe verteilen. Statt also jetzt 1200 Euro auszugeben, würden Sie das ganze Jahr über jeweils 100 Euro pro Monat ausgeben.

In Bärenmärkten mit Preisrückgängen ist diese Strategie effektiv, da sie Ihr investiertes Kapital nicht allen Preisrückgängen aussetzt. Sie erhalten den Vermögenswert bei jedem weiteren Kauf sogar zu einem günstigeren Preis. In Bullenmärkten mit ihren nach oben strebenden Kursen würde diese Investment-Strategie allerdings dazu führen, dass Sie insgesamt geringere Mengen des Vermögenswerts zu höheren Preisen erwerben.

Am besten ist es natürlich, alles auf einmal in die Anlage zu investieren, und zwar dann, wenn sie am billigsten ist; aber wie soll das gehen? Das nennt sich Market Timing und ist im Prinzip unmöglich. Vielleicht haben Sie Glück und passen genau den richtigen Zeitpunkt ab, aber das werden Sie nicht auf Dauer schaffen.

DCA ist also eine Möglichkeit der Risikostreuung. Außerdem können Sie sich damit recht gut gegen FOMO-Investitionen (Fear Of Missing Out) absichern. Statt sich Hals über Kopf in mit einem großen Einsatz in einen Markt zu stürzen, weil die Preise zuletzt so stark angestiegen sind – aus Angst, eine riesige Chance zu verpassen – bietet der Durchschnittskosteneffekt eine disziplinierte Investitionsmethode, die nahezu automatisch abläuft. Sie brauchen nur daran zu denken, jeden Monat Ihren Kauf zu tätigen. Bei einigen Exchanges, wie etwa Coinbase, können Sie sogar automatische periodische Käufe einrichten.

Der Durchschnittskosteneffekt funktioniert sehr gut in Märkten, die über längere Zeiträume nach unten und dann wieder nach oben tendieren. Sie reduzieren damit Ihre Verluste, wenn der Markt fällt (jedes Mal, wenn Sie einen Vermögenswert kaufen, kostet er weniger als beim letzten Mal), und steigern Ihre Gewinne, wenn sich der Markt wieder erholt (weil Sie einen Großteil des Vermögenswertes günstiger bekommen haben, als wenn sie ihn zu einem pauschalen Preis gekauft hätten).

Hier ist ein Beispiel. Sagen wir, Sie haben am 9. 12. 2017 einen einzelnen Bitcoin gekauft. Dieser hätte Sie rund 13.680 Dollar gekostet (natürlich abhängig von der Tageszeit). Zum Zeitpunkt des Schreibens dieses Kapitels wäre Ihr Bitcoin noch 10.011 Dollar wert. Sie haben Geld verloren. Aber sagen wir stattdessen, Sie hätten sich den Durchschnittskosteneffekt zunutze gemacht. Statt 13.680 Dollar auf einen Schlag auszugeben, haben Sie also an diesem Tag und in den folgenden 19 Monaten jeweils 684 Dollar investiert. Ihr Bitcoin-Guthaben wäre dann nun etwa 18.072 Dollar wert.

Natürlich gilt bei über längere Zeit steigenden Kursen das Gegenteil. Bei jedem neuen Kauf erhalten Sie dann weniger Bitcoins als beim letzten Mal. Hätten Sie einfach zu Beginn einmalig die komplette Summe investiert, wären Sie viel besser dran. Aber nochmal, wie wollen Sie den optimalen Kaufzeitpunkt bestimmen? Das ist eigentlich kaum möglich!

Auf der Website »Dollar Cost Averaging Into Bitcoin« (unter https://dcabtc.com) erkennen Sie die Auswirkungen des Durchschnittskosteneffekts im Bitcoin-Markt. Sie geben eine regelmäßige Investitionssumme und ein Intervall ein (täglich, wöchentlich, zweiwöchentlich oder monatlich) sowie die Anzahl der Jahre, die der Anfangspunkt zurückliegen soll. Das System berechnet dann die Höhe Ihrer fiktiven Investition und wie viel diese nun in Bitcoin wert ist und welchen Gewinn Sie erzielt haben.

Was hat das mit Krypto-Mining zu tun? In diesem Buch geht es um den Abbau von Kryptowährungen, nicht um ihren Kauf!

Nun, in der Praxis ist Krypto-Mining eine Art Dollar Cost Averaging von Krypto-Assets (Tyler nennt es auch gerne *Electricity Cost Averaging*). Wenn Sie Pool-Mining betreiben, sind die Vergütungen stetig und vorhersehbar. Sie geben Geld aus – für Ausrüstung, Wartung und Strom – und jeden Tag oder jede Woche bekommen Sie mehr Kryptowährung. Ihre Investition wächst mit der Zeit langsam an, genau wie bei einer DCA-Strategie.

Durchschnittskosteneffekt beim Verkauf

Miner und Hodler, die ihre Kryptowährungen mit Gewinn verkaufen wollen, können sich den Durchschnittskosteneffekt auch zur methodischen zeitlichen Steuerung ihrer Verkäufe zunutze machen. Die Theorie ist die gleiche: Wenn Sie Bitcoin oder andere Kryptowährungen im Wert von 1200 € über einen Zeitraum von einem Jahr verkaufen wollen, können Sie, anstatt diesen Verkauf auf einmal durchzuführen, auch jeden Monat Kryptowährung im Wert von 100 € verkaufen, um den Einfluss der Volatilität zu reduzieren.

Für DCA-Verkäufe gilt aber genau das Gegenteil von Käufen: Wenn der Markt abwärts tendiert, wird Ihre Strategie Ihnen weniger lokale Fiatwährung einbringen, aber wenn der Kryptomarkt nach oben tendiert, werden Sie durch DCA höhere Gewinne in Fiatwährung einfahren. Diese Methode des Timings ist äußerst effektiv, wenn es darum geht, die anfallenden Kosten des Mining-Betriebs zu decken.

Verwahrungsrisiko auf Exchanges

Die Geschichte von Bitcoin und anderen Kryptowährungen ist voller Beispiele von Börsen, die gehackt wurden, Gelder verloren haben oder wegen von Insolvenz, Untreue, Missmanagement oder anderer Probleme geschlossen wurden. Deshalb sollten Sie bei der Auswahl einer Handelsplattform sehr vorsichtig und sorgfältig vorgehen.

Um das Verwahrungsrisiko zu minimieren, ist es extrem wichtig, dass Sie Ihr Guthaben nicht länger als unbedingt notwendig auf externen Börsenplätzen belassen. Als Kryptograph (und potenzieller Satoshi Nakamoto) sagte Nick Szabo einmal: »Vertrauenswürdige Dritte sind Sicherheitslücken«. Denken Sie daran: es gibt genug Beispiele von Exchange-Nutzern, denen der Zugang zu ihren auf den Handelsbörsen hinterlegten Kryptoguthaben verwehrt blieb. Das Mantra im Kryptobereich lautet: »nicht Ihre Schlüssel, nicht Ihre Kryptowährung«. Sobald Sie jemand anderen mit der Verwaltung Ihrer Private Keys betrauen, riskieren Sie, dass diese Verwahrstelle Ihre Schlüssel stiehlt oder nicht ausreichend schützt.

Ihr Mining-Betrieb und die Steuer

Die Besteuerung von Kryptowährungen ist ein kompliziertes Thema und wir können (und dürfen) hier nur sehr allgemeine und unverbindliche Informationen geben. Wir empfehlen, dass Sie sich mit einem Steuerberater in Verbindung setzen, der Erfahrung im Bereich Kryptowährungen hat.

Beachten Sie auch, dass die Steuerpflicht auf gekaufte und durch Mining gewonnene Coins in den meisten Ländern unterschiedlichen Regeln folgt.

Minen ist etwas anderes als investieren!

Mining unterscheidet sich von einer reinen Investition. Das ist unsere Sichtweise, aber nehmen Sie uns dafür nicht beim Wort! Sie müssen mit einem Steuerberater sprechen, der sich mit Kryptowährungen und dem entsprechenden Steuerrecht in Ihrem Land auskennt!

Ihr Mining-Betrieb ist ein Gewerbe. Sie stecken Geld hinein und hoffen, dass Sie dabei Kryptowährung herausbekommen. Diese Gewinne müssen Sie in jedem Fall versteuern. Sie sollten Ihre gesamte Buchführung in Ihrer Fiatwährung (also zum Beispiel in Euro) machen. Das Finanzamt hat keine Steuerformulare oder Kalkulationstools, in die Sie Krypto-Beträge eingeben können!

Wie bei jedem Gewerbebetrieb müssen Sie Ihre Ausgaben erfassen: was Sie für den Kauf Ihrer Ausrüstung aufwenden, Stromkosten, Miete (wenn Sie Ihre Mine bei sich zu Hause betreiben, können Sie unter Umständen sogar einen Teil der Raumkosten abziehen) und so weiter. Alles, was Sie für den Geschäftsbetrieb ausgeben, können Sie prinzipiell von der Steuer absetzen. Einige Ihrer Aufwendungen – Beträge, die für die Mining-Ausrüstung ausgegeben werden, die eine mehrjährige Lebensdauer hat – müssen Sie möglicherweise über mehrere Jahre abschreiben. Das heißt, statt im Jahr der Anschaffung den vollen Preis der Ausrüstung von der Steuer abzusetzen, müssten Sie dann einen Teil über mehrere Jahre hinweg abschreiben. Nochmals ... das sind alles Fragen für einen Steuerberater. (Die Regeln sind kompliziert.)

Ebenso müssen Sie Ihre Umsätze erfassen. Das heißt, das Geld, das Sie (in Euro) beim Erhalt Ihrer Kryptowährungsvergütungen verdienen. Für Buchhaltungs- und Steuerberechnungszwecke müssen Sie den Wert der Kryptowährung also zu dem Zeitpunkt, an dem Sie Ihrer Blockchain-Adresse gutgeschrieben wird, in Euro umrechnen.

Selbst beim Hodln von Kryptowährungen können Steuern anfallen. Genau wie bei Gold handelt es um Vermögenswerte. Solange Sie sie kaufen und halten, fallen noch keine Steuern an. Werden Sie dagegen zum Beispiel von einem Dritten in Gold oder Kryptowährungen für eine Dienstleistung bezahlt, handelt es sich um ein steuerpflichtiges Einkommen. Genauso ist es auch beim Mining. Wenn Sie mit Ihrem Mining-Betrieb Kryptowährung verdienen, müssen Sie den nach Abzug der Ausgaben entstehenden Gewinn daraus versteuern.

Wie berechnen Sie Ihren Gewinn? Sie nehmen Ihr gesamtes Kryptowährungseinkommen für das Jahr, bewertet in Euro zum Zeitpunkt des Zuflusses, und ziehen dann alle Ihre Geschäftsausgaben ab. Was übrig bleibt, ist Ihr Gewinn, und den müssen Sie oder Ihr Unternehmen versteuern.

Es wird kompliziert

Haben wir erwähnt, dass es kompliziert wird? Haben wir gesagt, dass sich im Moment noch vieles in einem Graubereich abspielt? Vielleicht haben wir bereits erwähnt, dass Sie mit einem im Kryptowährungsbereich erfahrenen Steuerberater sprechen sollten?

Was passiert beim Hodln? Was ist, wenn Sie DummiesCoin schürfen, die zum Zeitpunkt des Minings 1000 € wert sind. Aber statt sie zu verkaufen, behalten Sie sie, und am Ende des Jahres sind sie 2000 € wert. Betrachten Sie nun die 1000 € als steuerpflichtiges Einkommen oder die 2000 €?

Nun (höchstwahrscheinlich ... mal sehen, was Ihr Steuerberater sagt!), werden Sie in Ihrer Steuerklärung die 1000 € aus dem geschürften Block als Einkommen verbuchen. Sie haben jetzt aber einen Vermögenswert mit einer Kostenbasis von 1000 € in Ihren Büchern. Im Endeffekt haben Sie die DummiesCoins also für den ursprünglichen Preis von 1000 € (den Sie versteuert haben) gekauft. Sagen wir, dass Sie die Coins ein knappes Jahr später für 3000 € verkauft haben, dann würden Sie die Differenz zwischen den 1000 €, die Sie dafür »bezahlt« haben, und den 3000 €, für die Sie verkauft haben, versteuern müssen. Sie müssten dann also nochmals 2000 € versteuern.

Sie müssen unbedingt die *Kostenbasis* Ihrer Kryptowährung erfassen – das heißt, die ursprünglichen Kosten, für die Sie sie erworben haben, oder, im Falle des Minings, den Geldwert zum Zeitpunkt der Vergütung. Sie müssen auch den Verkaufswert nachvollziehen, also den Betrag, den Sie beim Umtausch in Euro erhalten haben, oder den Gegenwert des Produkts oder der Dienstleistung in Euro, falls Sie mit Kryptowährung eingekauft haben. All dies kann, nun ja … kompliziert werden. Da brauchen Sie Hilfe, und wir können Sie hier nur mit einer Auswahl von Systemen zur Erfassung Ihrer Zahlen ein wenig unterstützen:

✔ **Cointracking:** https://cointracking.info

✔ **Cryptofolio Tax:** https://cryptfolio.com/tax

✔ **Crypto Trader Tax:** www.cryptotrader.tax

✔ **Zen Ledger:** https://zenledger.io

✔ **Token Tax:** https://tokentax.co

✔ **Bitcoin Tax:** https://bitcoin.tax

Vergrößern?

Wenn Sie Geld mit dem Abbau von Kryptowährungen verdienen und die aktuellen Vergütungen und Gewinne beträchtlich sind, ist es sehr verlockend, Ihren Mining-Betrieb zu vergrößern. Aber denken Sie erst einmal lange und gründlich darüber nach. Dies ist ein sehr unbeständiges Geschäft, und auf eine Boomphase folgt schnell die Pleite. Was nach guten Marktbedingungen und Expansionsmöglichkeiten aussieht, kann sich schnell wieder umkehren und zu einem Verlust wichtiger Finanzmittel führen, die zur Kostendeckung Ihres Unternehmens in einer schwächeren Marktphase hätten beitragen können. Anders ausgedrückt, manchmal ist es gut, ein kleines Finanzpolster zu haben, das einem über Unwegsamkeiten hinweghilft, statt bis zum Anschlag jeden Cent zu investieren.

Wir besprechen einige Punkte, die Sie in Betracht ziehen sollten, falls Sie über eine Ausweitung des Minings nachdenken.

Übertreiben Sie es nicht

Es ist wichtig, dass Sie sich mit Ihren Vergrößerungsplänen nicht selbst überfordern. Wenn Sie Ihren Mining-Betrieb zu schnell ausbauen, schwinden Ihre Ersparnisse in Ihrer lokalen Fiatwährung möglicherweise schnell dahin, was Sie dazu zwingen würde, Ihre Mining-Erträge zur Deckung der laufenden Kosten zu liquidieren.

In Kapitel 6 sprechen wir die sogenannte Todesspirale des Krypto-Minings an. Wir erläutern, dass die Kryptowährungssysteme selbst immun gegen die Mining-Todesspirale sind, da die Block-Difficulty regelmäßig angepasst wird, um sicherzustellen, dass die Blockzeiten langfristig konstant bleiben. Allerdings ist die Todesspirale für einzelnen Miner nach wie vor durchaus eine reale Bedrohung. Wenn die Marktpreise von Kryptowährungen kurzfristig stark genug fallen, kann Ihre Mine sehr wohl an Rentabilität verlieren, was Sie zum Schließen zwingt, wenn Sie nicht mehr für die laufenden Kosten aufkommen können. Wenn Sie Ihre Mine zu stark ausweiten, können Sie Ihre Kryptovergütungen nicht mehr hodln.

Wenn Sie Ihre Mine vergrößern wollen, stellen Sie sicher, dass Sie genügend finanzielle Mittel zur Verfügung haben, um im Falle eines Abschwungs am Kryptowährungsmarkt die anfallenden Kosten weiterhin zu bestreiten. Führende Finanzexperten empfehlen, dass kleine Unternehmen einen Puffer von etwa drei bis sechs Monaten an Betriebsausgaben haben sollten, um für unvorhergesehene Marktbedingungen gerüstet zu sein.

In den Märkten für Bitcoin und andere Kryptowährungen haben die längsten Abschwungphasen jedoch bis zu 36 Monate gedauert! In extremen Fällen wie diesen sind selbst die profitabelsten Mining-Betriebe gezwungen, ihre Arbeitsweise zu überdenken und möglicherweise drastische Veränderungen vorzunehmen.

Wichtige Etappenziele vor der Reinvestition

Erfolgreiche Unternehmen, Krypto-Miner mit eingeschlossen, haben sich finanzielle Ziele und langfristige Pläne gesetzt, um sicherzustellen, dass sie die jeweils vorherrschenden Marktbedingungen überleben werden. Einige Miner messen ihre Erträge in der geschürften Kryptowährung, während andere sie in ihrer lokalen Fiatwährung bewerten. In diesem Bereich herrscht bei vielen Minern eine gewisse Verwirrung. Viele denken nicht gerne in Fiatwährung. Das geht auf die kryptoanarchistischen Wurzeln der Kryptowährungen zurück, die Idee, dass Fiatwährung schlecht ist, weil sie vom Staat (oder vom »Kapital«) kommt, und dass sie letztendlich durch Kryptowährung ersetzt werden wird, die von der Masse geschaffen und verwaltet wird. Das ist ein großer Fehler!

Jedes Gut hat seinen Wert *nur im Vergleich zu etwas anderem!* Sie sagen vielleicht: »Ich besitze zehn DummyCoins«, und wir können fragen: »Was sind sie wert?« Was würden Sie antworten? »Sie sind zehn Dummycoins wert«? Das ergibt einfach keinen Sinn, genauso wenig wie die Frage nach dem Wert einer Orange, mit der Antwort, dass sie eine Orange wert sei!

»Was sind sie wert?« bedeutet: »Was kann man dafür bekommen?« Wie viele Pizzas oder wie viele Orangen kann man damit kaufen, reicht es, um ein Auto zu kaufen? Oder, um es viel, viel, einfacher auszudrücken: Wie viele Euros sind sie wert?

Nichts hat also für sich allein genommen einen Wert. Man kann Vergleiche zu Äpfeln, Orangen oder Gold ziehen ... oder zu Fiatwährung. Aber letztendlich hat Kryptowährung immer einen Wert, der in Einheiten von etwas anderem gemessen werden kann, und nicht in Bezug auf sich selbst.

Sicher, Sie könnten Ihre Mining-Rewards auch in die Anzahl von Orangen umrechnen, die Sie damit kaufen könnten, aber was bringt das? Warum nicht einfach das gängigste Tauschmittel Ihres Landes benutzen? Die Fiatwährung Ihres Landes!

Wenn Sie Ihre Ergebnisse nur daran messen, wie viele Coins Sie schürfen, haben Sie keinen wirklichen Anhaltspunkt dafür, ob Ihr Mining-Betrieb rentabel ist. Selbst wenn Sie das Ziel haben, eine bestimmte Kryptowährung anzuhäufen, von der Sie nur *wissen*, dass sie eines Tages zehnmal so viel wert sein wird wie beim Abbau, müssen Sie die Zahlen in Bezug auf eine Fiatwährung verstehen. Wenn dies nicht der Fall ist, haben Sie schließlich keine Ahnung, ob Sie mehr Geld in den Abbau der Kryptowährung investieren, als es sie kosten würde, sie am freien Markt zu kaufen.

Als wichtigste Kennzahl sollten Sie also den Gewinn oder Verlust in einer Fiatwährung im Auge behalten. Ohne zu wissen, ob Sie Geld verdienen oder nicht, ist es schwer, rational über eine Expansion zu entscheiden.

Andererseits sehen Sie das Ganze vielleicht eher als Hobby oder cooles Experiment und es ist Ihr Ziel, mehr über das Krypto-Mining und das Kryptowährungsumfeld im Allgemeinen zu lernen. Oder vielleicht ist es für Sie eine ideologische Grundsatzfrge; Sie *sind* ein Kryptoanarchist oder Kryptolibertärer und wollen, dass die Kryptowährung erfolgreich ist, und möchten sich deshalb engagieren. Das ist in Ordnung. In diesem Fall haben Sie vielleicht andere Ziele.

Oder vielleicht sind Sie nicht so ideologisch, glauben aber trotzdem an die Zukunft der von Ihnen geschürften Währung und an Kryptowährungen insgesamt und wollen helfen, die Blockchain zu unterstützen und abzusichern (wenn auch nur deshalb, weil sie einen Teil Ihres Vermögens bewahrt!).

Einige Miner glauben an die Ziele der Krypto-Community und sind daher bereit, kurzzeitig auch Fiatverluste beim Mining hinzunehmen, da sie wissen, dass sie die Blockchain unterstützen und trotzdem weiterhin Kryptowährung anhäufen (die ihrer Überzeugung nach in Zukunft an Wert gewinnen wird).

Und seien wir doch mal ehrlich. Es gibt auch Miner, die schürfen, weil die auf diese Weise gewonnene Kryptowährung anonym ist. Wenn Sie Kryptowährungen auf einer Börse in den USA oder in Europa erwerben, haben die Betreiber eine Aufzeichnung dieser Transaktion und kennen Ihre Identität. Wenn Sie Solo-Mining einer Kryptowährung betreiben, dann weiß niemand außer Ihnen selbst, wer Sie sind. (Das gilt nicht für Pool-Mining.)

Es kann also noch andere Gründe geben, das Mining fortzusetzen, und andere Kennzahlen, die es zu berücksichtigen gilt. Aber aus *betriebswirtschaftlicher* Sicht müssen Sie wissen, ob und wie viel Geld Sie verdienen oder verlieren. Wenn Sie das nicht wissen, können Sie keine rationale Entscheidung über eine Expansion treffen. (Und selbst wenn Sie beim Mining ein anderes Ziel verfolgen, können Sie Ihr Unternehmen erst dann vollständig verstehen, wenn Sie sich die Zahlen im Hinblick auf den Gegenwert in lokaler Fiatwährung ansehen. Oder in Orangen, wenn Sie das lieber haben, aber mit Fiatgeld ist es viel einfacher).

Stecken Sie Ihre Ziele ab, bevor Sie sich in Ihr Mining-Abenteuer stürzen, und überprüfen Sie sie in regelmäßigen Abständen. Wie *viel* Gewinn benötigen Sie beispielsweise, um Ihre Investitionen an Zeit und Geld zu rechtfertigen?

Und wie würde sich eine Erweiterung auswirken? Bedenken Sie zum Beispiel, dass die Aufdoppelung einer kleinen Kryptomine zwar Geld für die Ausrüstung kostet, aber nicht wesentlich mehr von Ihrer Zeit in Anspruch nimmt. Natürlich müssen Sie Zeit aufwenden, um die ganze zusätzliche Ausrüstung einzurichten (obwohl das beim zweiten Mal viel schneller gehen sollte), aber Sie benötigen kaum mehr Zeit, um die zusätzliche Ausrüstung zu überwachen und am Laufen zu halten. Was den Zeitaufwand betrifft, gibt es beim Krypto-Mining also einen riesigen Skaleneffekt. Das heißt, je größer Ihre Mine wird, desto stärker sinkt der Zeitaufwand für jeden einzelnen verdienten Coinbruchteil beziehungsweise Euro.

Die Expansion planen

Die Mining-Hardware hat sich in den letzten zehn Jahren dramatisch verbessert (in Kapitel 5 befassen wir und mit diesem Thema). Die Hashrate pro Rig ist bis auf viele Billionen Hashes pro Sekunde gestiegen, und die Recheneffizienz hat sich ebenfalls erhöht, wodurch der Stromverbrauch drastisch reduziert und bei geringeren Energiekosten mehr Proof-of-Work erzielt wird.

Das führt zu einer einfacheren Bereitstellung von erstaunlich viel Rechenleistung. Wenn Sie Ihren Mining-Betrieb erweitern wollen, können Sie dies mit viel weniger Ausrüstung und Aufwand tun als noch vor einigen Jahren. Wenn Ihre Kryptomine schon älter ist – sagen wir zwei bis fünf Jahre (was etwa der Nutzungsdauer einer ASIC-Mining-Anlage entspricht) – können Sie Ihre alternden Mining-Rigs einfach durch neue, hochmoderne Geräte ersetzen und Ihre Hash-Leistung insgesamt dramatisch erhöhen.

Aber die Ausrüstung ist teuer. »Lohnt sich die Expansion?« ist eine Frage, die nur durch sehr sorgfältiges Nachrechnen beantwortet werden kann. Krypto-Mining ist schließlich das perfekte Zahlenspiel; es geht um Ausgaben für die Ausrüstung, Stromkosten, die Anzahl der Hashes, die die Geräte leisten können, die Anzahl der Hashes im gesamten Netzwerk, die Blockzeit und so weiter und so fort. Wenn Sie selbst eine Weile Mining betrieben haben, bekommen Sie eine Grundlage, auf der Sie arbeiten können. Stunden in einer Tabellenkalkulation (oder mit den in Kapitel 11 besprochenen Online-Rechnern) zu verbringen, ist aber die einzige Möglichkeit, die Auswirkungen einer Erweiterung vorherzusagen, und auch dann bleibt es bei einer *Vorhersage*.

Wie bereits erwähnt: wenn Ihr Betrieb momentan eher hobbymäßig abläuft, können Sie verschiedene Wege einschlagen (die wir in Kapitel 9 besprechen), wie zum Beispiel Hosting-Dienstleister, Hashrate-Marktplätze (in denen Tausende von Menschen ihre Hash-Leistung an Tausende anderer Menschen verkaufen, die minen wollen, ohne sich die Mühe zu machen, eigene Geräte einzurichten) oder sogar Cloud-Mining-Anbieter, in denen Kunden Hash-Leistung vom Unternehmen selbst kaufen.

Achten Sie darauf, sich bei der Ausweitung Ihres Betriebes nicht zu überfordern, durchdachte Ziele abzustecken und ausreichende Liquiditätsreserven vorzuhalten, um die Mining-Kosten auch im Falle eines Marktabschwungs oder in Zeiten höherer Volatilität über mehrere Monate hinweg bestreiten zu können.

Teil V
Der Top-Ten-Teil

 Auf www.fuer-dummies.de finden Sie noch mehr Bücher für Dummies.

IN DIESEM TEIL ...

✔ Marktvolatilität einplanen

✔ Riesige Profite aus neuen Kryptowährungen abgreifen

✔ Alternative Kryptowährungen

✔ Möglichkeiten zur Steigerung der Profitabilität

✔ Niedrige Stromkosten und billige Kühlung

✔ Weitere Informationen finden und auf dem neuesten Stand bleiben

✔ Kritik an Kryptowährungen und Mining

> **IN DIESEM KAPITEL**
>
> Auf Abschwungphasen vorbereiten
>
> Pläne zur Bewältigung von Markteinbrüchen
>
> Die relative Volatilität der Kryptowährungsmärkte
>
> Cash Burn Rate berechnen
>
> Erkennen, wann Sie aussteigen sollten
>
> Bei niedrigem Kursniveau über Zukäufe nachdenken

Kapitel 14
Etwa zehn Tipps für den Fall, dass der Markt einbricht

Weil das Kryptowährungsumfeld noch so jung ist, sind die Wechselkurse von Bitcoin und anderen Kryptowährungen unheimlich volatil, was zu schnellen Aufwertungen und Abstürzen der Vermögenswerte geführt hat.

Es gibt zwei mögliche Hauptbegründungen für das Auftreten dieser Volatilität. Skeptiker werden sagen, dass Kryptowährungen keinen eigenen Wert besitzen, genauso wenig wie Tulpen einen inhärenten Wert aufweisen, der die Tulpenblase im frühen 17. Jahrhundert in Holland rechtfertigte, in der astronomische Preise für Tulpenzwiebeln bezahlt wurden. (Damals wurde eine Tulpenzwiebel für bis zu 1000 Pfund Käse oder 12 Mastschafe verkauft). Moment, ein Skeptiker würde sogar behaupten, dass Tulpenzwiebeln einen größeren inhärenten Wert haben als Kryptowährungen, weil man aus ihnen Blumen züchten kann. Deswegen sei der Markt so volatil, behaupten die Skeptiker, weil er auf Sand gebaut ist.

Die Verfechter werden dies jedoch abtun – und darauf verweisen, dass auch Gold nur einen geringen Eigenwert hat, aber seit Tausenden von Jahren als Wertspeicher genutzt wird. Verfechter werden argumentieren, dass diese Volatilität in der frühen Preisfindungsphase neuer Vermögenswerte ganz normal ist. Dieses neue Asset wird weltweit erst seit etwa einem Jahrzehnt genutzt. Tatsächlich haben die meisten Menschen noch gar nichts davon gehört, und selbst gebildete Menschen in entwickelten Ländern wurden erst vor wenigen Jahren auf Kryptowährungen aufmerksam, verstehen sie aber meist immer noch nicht. Deshalb ist es keine Überraschung, dass die Preise in dem Maße schwanken, wie die Welt mit dieser neuen Anlageklasse in Berührung kommt.

In jedem Fall sind die Märkte für Kryptowährungen aber volatil. Im letzten Jahrzehnt zeigte der allgemeine Trend, zumindest für die großen Kryptowährungen, nach oben, mit zwischenzeitlich dramatischen Einbrüchen. Sie müssen also damit rechnen, dass diese Volatilität noch einige Zeit andauern wird. In diesem Kapitel besprechen wir verschiedene Punkte, die es zu beachten gilt, und wie Sie sich am besten auf Marktbewegungen und Abschwünge vorbereiten können.

Einen Plan haben

Legen Sie sich immer einen Plan für Marktabschwünge zurecht. Überlegen Sie sich in ruhigen Zeiten, was Sie im Falle eines leichten Abschwungs, eines schmerzhaften Abschwungs oder eines wirklich katastrophalen Abschwungs tun würden.

Sie haben verschiedene Möglichkeiten:

- ✔ Augen zu und durch. Mit anderen Worten: Setzen Sie Ihre Bemühungen einfach fort und hoffen Sie, dass der Markt sich erholt (wenn Sie es sich leisten können).

- ✔ Verkaufen Sie Ihre Hashrate. Über Hashrate-Marktplätze können Sie Ihre Mining-Power an Dritte weiterverkaufen. Damit wälzen Sie Ihr Risiko auf jemand anderen ab. (Natürlich müssen Sie auch dafür einen geeigneten Markt finden und sich alles genau durchrechnen, wie bei jedem Mining-Vorhaben auch.)

- ✔ Wechseln Sie zu einer anderen, aktuell lukrativeren Kryptowährung.

- ✔ Stellen Sie das Mining vorübergehend ein und beobachten Sie den Markt.

- ✔ Begrenzen Sie Ihre Verluste und steigen Sie ganz aus dem Markt aus. Verkaufen Sie Ihre Ausrüstung, um einen Teil Ihrer Investitionskosten zu decken. Bedenken Sie aber, dass Ihr Equipment in einer Abschwungphase weniger wert sein wird (zumal es schon gebraucht ist und vielleicht nicht mehr der aktuellsten Gerätegeneration entspricht).

Wenn Sie über ausreichend Kapital zur Finanzierung der Betriebskosten während eines Abschwungs verfügen, kann es eine gute Strategie sein, weiterzumachen, je nachdem, wie groß Ihre Verluste sind. Eine andere Möglichkeit wäre es, zu solchen Zeiten die Abschaltung Ihrer Ausrüstung einzuplanen. Dieses Thema besprechen wir ausführlicher im Abschnitt »Das Mining einstellen« weiter hinten in diesem Kapitel.

Wie lange halten Sie durch?

Beim Schürfen von Kryptowährungen brauchen Sie viel liquides Kapital, zum Beispiel in Form von einem lokalem Fiatguthaben, das zur Deckung der Mining-Kosten im Falle von Marktabschwüngen reserviert ist (falls Sie sich entscheiden, Ihre Kryptowährung dann trotzdem weiter abzubauen). Kleineren Unternehmen wird oft geraten, für den Fall unvorhergesehener Marktveränderungen liquides Kapital in Höhe der Betriebsausgaben für drei bis sechs Monate vorzuhalten, und diese Empfehlung lässt sich als Minimum auch auf das Krypto-Mining übertragen.

Kryptowährungen können mitunter über längere Zeiträume hinweg Kursverluste einstecken. Wenn der Markt über längere Zeit fällt, sodass Sie kein Geld mehr verdienen, sollten Sie für die Dauer des Abschwungs über ausreichende Rücklagen verfügen, um Ihre Ausgaben zu decken. Wenn Sie tatsächlich Verluste einfahren, sollten Sie das Mining vielleicht einstellen oder zu einer anderen Kryptowährung wechseln (wenn Sie die Kryptowährung für weniger Geld als Ihre laufenden Kosten kaufen können, worin besteht dann der Nutzen des Minings?) Aber vielen Krypto-Minern geht es um die Kryptowährung selbst. Sie wollen ihre Kryptowährungsreserven aufbauen. Sie verkaufen vielleicht einen Teil davon, um ihre Kosten zu decken, aber insgesamt sehen sie den Besitz von Kryptowährung als wertvolle Zukunftsinvestition.

Was ist also, wenn Ihr Betrieb gerade noch kostendeckend läuft, wenn Sie also in Ihrer lokalen Fiatwährung genug Geld verdienen, um Ihre Kosten zu tragen, aber nicht mehr? Sie können dann weiterhin schürfen, machen aber keine Fiatgewinne und sammeln keine Kryptowährung an. In so einer Situation sollten Sie vielleicht Rücklagen haben, um Ihre Betriebskosten zu decken, während Sie weiterhin Kryptowährung anhäufen.

Tatsächlich können sich solche Abschwungphasen auf lange Sicht als sehr profitabel erweisen. Der Preis der Kryptowährung sinkt, und immer mehr Miner steigen aus. Wenn der Wert der Kryptowährung sinkt, verlassen die Miner das Netzwerk, die Gesamt-Hashrate des Netzwerks sinkt und Ihr Anteil daran steigt, was bedeutet, dass Sie bei gleichbleibenden Betriebskosten mehr von der zugrunde liegenden Kryptowährung abbauen. So erhalten Sie mehr Coins für weniger Geld. Vielleicht verdienen Sie gerade kein Geld, aber wenn sich der Markt erholt, werden Sie froh sein, weitergeschürft zu haben!

Wie lange Sie einem Marktabschwung trotzen können, hängt von der Höhe Ihrer Rücklagen ab. Wahrscheinlich haben Sie Ihre Ausrüstung im Voraus bezahlt, aber Sie haben laufende Kosten (vor allem für Strom). Vielleicht zahlen Sie auch Ihre Geräte monatlich ab, weil Sie sie auf Kredit gekauft haben. Das sind auch monatliche Ausgaben, die aber nicht direkt mit dem Mining-Betrieb verknüpft sind. Dieses Geld müssen Sie immer zahlen, egal, ob Sie schürfen oder nicht.

Diese Berechnungen können also aufgrund ihrer vielen Variablen schnell recht kompliziert werden. Insgesamt müssen Sie vier finanzielle Szenarien miteinander vergleichen: Fortsetzung des Mining, vorübergehender Stopp des Minings, vollständiger Stopp des Minings (mit Verkauf der Ausrüstung) und Wechsel zu einer anderen Kryptowährung.

Es geht nicht nur um die Kosten. Wenn Sie den Abbau fortsetzen, haben Sie immer noch ein gewisses Einkommen; es wird nur nicht mehr so hoch sein wie vor dem Abschwung. Sie sollten hier versuchen, Ihre *Cash-Burn-Rate* (CBR) zu berechnen (also die Geschwindigkeit, mit der Ihre finanziellen Rücklagen aufgebraucht wird). Die Berechnung erfolgt nach dieser Formel:

$$\text{Ihre Rücklagen} / \left(\text{Gesamtausgaben pro Monat} - \text{Mining} - \text{Einkünfte}\right) = \text{CBR}$$

Sagen wir, Sie haben Rücklagen in Höhe von 5000 €. Ihre Ausgaben betragen 1000 € pro Monat, aber Sie erhalten derzeit trotz des Markteinbruchs immer noch Mining-Rewards in Höhe von monatlich 300 €. Also gilt

$$5000\ €/\bigl(1000\ € - 300\ €\bigr) = 5000\ €\ /\ 700\ € = 7{,}14\ \text{Monate}$$

Wir können und werden das auch noch komplizierter machen. Erstens sind Sie zwar in der Lage, die Ausgaben ziemlich genau abzuschätzen (wahrscheinlich verbrauchen Sie zum Beispiel jeden Monat die gleiche Menge an elektrischer Energie), aber Sie wissen nicht, wie hoch Ihre Mining-Einnahmen in diesem Zeitraum tatsächlich sein werden. Sie werden schwanken; sie könnten niedriger ausfallen oder ein wenig steigen ... es ist nur eine Abschätzung.

Wenn Sie wiederkehrende Kapitalkosten haben (weil Sie einen Kredit abzahlen, den Sie zum Kauf von Ausrüstung aufgenommen haben), wird diese Rechnung jeden Monat fällig, egal ob Sie schürfen oder nicht. Oder vielleicht haben Sie Ihre Ausrüstung direkt gekauft, in Ihrer Rentabilitätsberechnung aber auch die Amortisierungszeit über mehrere Jahre hinweg berücksichtigt. Nun, diese Ausrüstung ist schon bezahlt worden; aus der Cashflows-Perspektive betrachtet handelt es sich dabei um versunkene (irreversible) Kosten. Es wäre nicht angemessen, diese Kosten in die Berechnung der Cash-Burn-Rate einzubeziehen. Das sind Cashflow-Betrachtungen; wie viel Geld Sie jeden Monat ausgeben und wie viel hereinkommt, ist das einzige, was zählt.

Jenseits aller Berechnungen gibt es aber eine große Frage: Warum sollten Sie weiterschürfen, wenn Sie doch Geld dabei verlieren? Mit dieser Frage beschäftigen wir uns in den kommenden Abschnitten »Zu einer anderen Kryptowährung wechseln« und »Das Mining einstellen!«.

Diese Projektionen sind tatsächlich nichts weiter als das: Projektionen. Sie sind möglicherweise falsch, ja sie werden sogar sehr wahrscheinlich danebenliegen. Allerdings ist es besser, diese Abschätzungen vorzunehmen, als überhaupt keinen Plan oder keine Vorstellungen zu haben. Durch die Marktvolatilität können die monatlichen Einnahmen schwanken, was die Voraussetzungen und Schlussfolgerungen Ihrer Berechnung drastisch verändern kann. Dies ist etwas, das Sie genau im Auge behalten sollten.

Aus der Geschichte des Marktes lernen

Aber wird sich der Markt erholen? Finanzberater sagen gerne: »Frühere Performance ist kein Garant für zukünftige Erträge.« Und für viele Altcoins, deren Kurs in den Keller ging und sich niemals wieder erholt hat, ist das auch tatsächlich der Fall!

Aber wir befinden uns in einer neuen Finanzwelt, und wenn Sie daran glauben, dass Kryptowährungen einen festen Platz darin finden werden, dann müssen Sie auch an ihre langfristige Wertsteigerung glauben. Sicherlich braucht die Welt wohl nicht annähernd die über 2000 Kryptowährungen, die es heute gibt, aber einige dieser Coins werden kurzfristige

Wertzuwächse erfahren, auch wenn sie am Ende in der Versenkung verschwinden, und andere werden langfristig bestehen können.

Es ist also interessant, sich ein Bild vom Markt zu machen und einen Rückblick auf die ersten zehn Entwicklungsjahre der Kryptowährungen zu treffen, schon allein um etwas gelassener auf einen Marktabschwung reagieren zu können.

Bitcoin, die bekannteste, meistdiskutierte und wertvollste Kryptowährung, blickt auf eine Geschichte langsamer Wertsteigerungen zurück, an die sich Perioden der Übertreibung mit rasanten Wertzuwächsen anschließen, unweigerlich gefolgt von jähen Abstürzen und Monaten des langsamen Rückgangs ... bis der Wert dann wieder beginnt, anzusteigen und sich der Zyklus wiederholt. Insgesamt gesehen steigt der Wert aber immer weiter an. In Abbildung 14.1 sehen Sie ein Diagramm von `CoinMarketCap.com` für den Zeitraum von April 2013 bis Ende 2016. Betrachten Sie dazu auch die Daten von April 2013 bis zum Sommer 2019 in Abbildung 14.2. Der Zeitraum bis 2016 ist im Chart kaum noch zu erkennen, aber in beiden Fällen zeigt sich das gleiche Muster. Ende 2017 gab es einen großen Rückgang, im Laufe des Jahres 2018 einen langen, schrittweisen Rückgang, und nun scheinen wir uns in einem Aufwärtstrend zu befinden. Spielen Sie selbst auf `CoinMarketCap.com` mit diesem Schaubild herum. Es ist interessant, die Anfangszeit zu vergrößern, und dieselben Muster bei den damals noch sehr niedrigen Bitcoin-Preisen zu beobachten.

Abbildung 14.1: Ein Diagramm von `CoinMarketCap.com` veranschaulicht den Bitcoin-Preis von April 2013 bis Ende 2016.

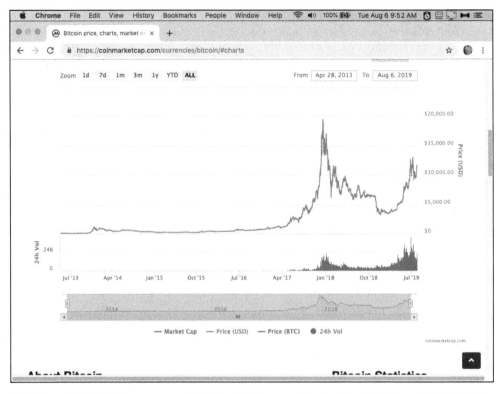

Abbildung 14.2: Ein Diagramm von `CoinMarketCap.com` für den Bitcoin-Preis von April 2013 bis zum Zeitpunkt des Schreibens im Sommer 2019.

Eine weitere interessante Möglichkeit zu Betrachtung der Daten ist die Auswertung der absoluten Höchststände und der dazwischen verstrichenen Zeitspannen. `BuyBitcoin Worldwide.com` bietet hierzu ein entsprechendes Schaubild (siehe Abbildung 14.3). Es veranschaulicht die Anzahl der Tage seit dem letzten *All Time High* (dem höchsten bis dahin verzeichneten Marktpreises der Kryptowährung, auch bekannt als ATH). Zum Zeitpunkt des Schreibens sind seit dem ATH von 19.891 $ am 18. Dezember 2017 über 600 Tage vergangen.

Es dauert einen Moment, dieses Diagramm richtig zu verstehen. Es dauert einen Moment, dieses Diagramm richtig zu verstehen. Die Spitzen sind keine Preishöchststände; sie zeigen den Punkt an, an dem das vorherige ATH erreicht wurde. Werte auf der Nulllinie entsprechen einem neuen ATH. Eine ansteigende Linie zeigt einen Zeitraum an, in dem der Bitcoin-Wert geringer war als das letzte ATH.

Wenn wir das Diagramm vergrößern, sehen wir während Perioden des Aufschwungs noch eine Menge weiterer ATHs (siehe Abbildung 14.4).

Die derzeitigen 600 Tage seit dem letzten Kurshöchststand sind keineswegs der Rekord. Im Februar 2017 hatte der Bitcoin-Preis seinen früheren Höchstand von vor 1170 Tagen wieder erkämpft. In den nächsten zehn Monaten würde er von rund 1000 Dollar auf fast 20.000 Dollar ansteigen … und dann wieder abstürzen.

KAPITEL 14 Etwa zehn Tipps für den Fall, dass der Markt einbricht   295

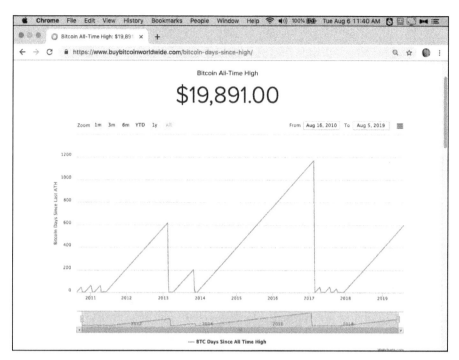

Abbildung 14.3: Eine Grafik von www.buybitcoinworldwide.com/bitcoin-days-since-high, die die Tage seit dem letzten Allzeithoch von Bitcoin verfolgt

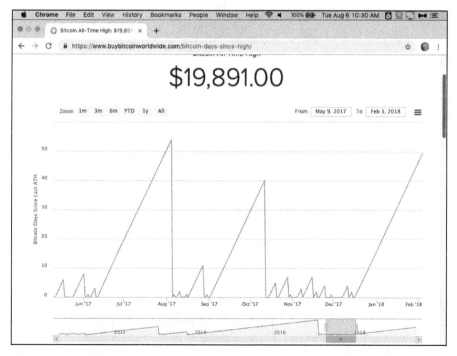

Abbildung 14.4: Bei stärkerer Vergrößerung zeigen sich weitere Peaks, die sich aus der Volatilität während längerer Aufschwungphasen ergeben (BuyBitCoinWorldWide.com).

Nur weil das letzte Allzeithoch einer Kryptowährung eine Weile her ist, heißt das natürlich nicht, dass Sie als Miner kein Geld mit dieser Kryptowährung verdienen können. Tatsächlich liegt das letzte ATH zwar schon 600 Tage zurück, aber es gab zwischendurch auch einen etwa 160 Tage andauernden Aufwärtstrend im Bitcoin-Preis. Die Rentabilität des Minings hängt nicht von früheren Höchstpreisen ab, sondern von den aktuellen Rahmenbedingungen – der Netzwerk-Hashrate und Ihrem Anteil daran, dem Strompreis und so weiter (siehe Kapitel 11).

Aber vielleicht rücken diese Konzepte den aktuellen Wert von Kryptowährungen für Sie in einen Kontext. Wir erleben einen Markt, der ständig auf- und abhüpft (lesen Sie dazu den Abschnitt »Marktvolatilität berücksichtigen« weiter hinten in diesem Kapitel), aber er befindet sich – zumindest für einige der wichtigsten Kryptowährungen – in einem Aufwärtstrend. Einige Miner sind sich dessen so sicher, dass sie sogar die Berechnungen aus Kapitel 11 auf Basis des letzten Allzeithochs durchführen, unter der Annahme, dass die Währung dieses Kursniveau wieder erreichen (und noch übertreffen) wird.

 Das empfehlen wir Ihnen allerdings nicht, und wenn Sie doch so kalkulieren, führen Sie Ihre Berechnungen wenigstens zusätzlich auch auf Grundlage des aktuellen Kurses durch. Ansonsten werden Sie nicht herausfinden, ob es billiger ist, die Kryptowährung einfach zu kaufen, als sie zu schürfen.

Keine Panik!

Kursschwankungen sind im Bitcoin- und Kryptowährungsbereich ganz normal. Deshalb ist es wichtig, diese Situationen nicht zu fürchten. Entwickeln Sie ein Verständnis dafür und bereiten Sie sich darauf vor, aber geraten Sie nicht in Panik. Sonst ist das Mining vielleicht nichts für Sie.

Mit einem grundlegenden Verständnis und dem Glauben an die geschürfte Kryptowährung können Sie leichter die Ruhe bewahren. Wenn Sie stattdessen nur schnelle, kurzfristige Gewinne (gemessen in Ihrer lokalen Fiatwährung) im Blick haben, können diese Marktabschwünge für Sie mit erheblicher Panik und Bedrängnis verbunden sein. Wenn Sie Kryptowährungen für eine Modeerscheinung halten, wird das Mining für Sie eine extrem stressige Erfahrung sein; Sie warten dann ständig auf den endgültigen Crash. Wenn Sie Kryptowährungen dagegen für eine revolutionäre Technologie halten, bekommen Sie eine ganz andere Sichtweise. Sie sollten Abschwünge akzeptieren und sich damit abfinden, dass sie im Kryptowährungsbereich dazugehören. Dann können Sie: »Ruhig bleiben und weitermachen«, wie die Briten im Zweiten Weltkrieg sagten ... oder, um das Äquivalent im Kryptobereich zu verwenden: »Hodln Sie weiter!«

Viele Miner und Krypto-Enthusiasten haben gelernt, ruhig zu bleiben und diese Marktabschwünge wirklich als Gelegenheit zu nutzen, mehr von ihrer geschürften Kryptowährung anzusammeln. Denken Sie daran: Wenn der Preis einer Kryptowährung fällt, wenn Miner das Netzwerk verlassen, die Netzwerk-Hashrate sinkt und Ihr Anteil daran ansteigt, dann kann das dazu führen, dass Sie am Ende mehr von der Kryptowährung zu einem niedrigeren Preis (in Bezug auf Ihre Mining-Kosten) gewinnen.

Dies ist ein Beispiel dafür, dass einzelne Marktteilnehmer auf der Grundlage asymmetrischer Informationen handeln, die der Markt möglicherweise nicht korrekt mit einpreist. Die *Preiserkennung* wird auf Wikipedia als der Prozess definiert, bei dem sich der Preis primär durch die Interaktion von Käufern und Verkäufern auf dem Markt bestimmt. (Siehe https://de.wikipedia.org/wiki/Preiserkennung). Eine Informationsdisparität kann entstehen, wenn einigen Marktteilnehmern der volle Überblick fehlt oder sie aufgrund von Angst oder Fehlinformationen handeln.

Wie der Schauspieler (und Seinfeld-Produzent) Larry David einmal sagte: »Ich neige meist zur Panik, ich begrüße die Panik.«

Lassen Sie sich nicht entmutigen und denken Sie daran, dass sich Ihre harte Arbeit irgendwann auszahlen könnte. Winston Churchill soll gesagt haben: »Wenn Sie durch die Hölle gehen, dann bleiben Sie nicht stehen.« (Na gut, eigentlich hat er das nie gesagt, aber jedes Zitat erhält 50 Prozent mehr Gewicht, wenn man es Winston Churchill zuschreibt).

Andererseits, wenn Sie durch die Hölle gehen, dann sollten Sie vielleicht schleunigst zusehen, dass Sie dort wieder herauskommen! (Vielleicht war es am Ende klug von Churchill, das *nicht* gesagt zu haben.)

Bei niedrigen Kursen kaufen

Viele Leute im Bitcoin- und Kryptowährungsbereich sind glühende Verfechter ihrer bevorzugten Blockchain und glauben fest an die langfristigen Aussichten dieser Kryptowährung im Besonderen und der Kryptowährungstechnologie im Allgemeinen. Als solche betrachten sie Kursverluste und -einbrüche womöglich als eine Chance, mit satten Rabatten mehr von dem Coin zu erwerben, den sie bereits halten und an den sie glauben.

Zu versuchen, *den Dip zu kaufen* ist ein weiteres Beispiel für Handlungen aufgrund asymmetrischer Informationen, die der Markt dieser Kryptowährung möglicherweise noch nicht korrekt eingepreist hat (oder zumindest für die Überzeugung, dass die Marktinformationen nicht korrekt sind und der Vermögenswert damit unterbewertet ist). Es gibt auch das Dollar-Cost-Averaging-Konzept, das wir in Kapitel 13 ansprechen. Marktabschwünge und -einbrüche bieten eine Möglichkeit, die durchschnittlichen Fiatkosten Ihrer geschürften Kryptowährung zu senken. Warum? Weil Sie bei gleichbleibenden Ausgaben mehr von der Kryptowährung abbauen werden. Wenn andere Miner den Markt verlassen, sinkt die Netzwerk-Hashrate, Ihr Anteil daran steigt und statistisch gesehen erhalten Sie einen größeren Anteil an den gesamten Block-Rewards.

Suchen Sie nach Vorteilen

Es gibt (vielleicht) einen Silberstreif am Mining-Horizont einer jeden Kryptowährung. Auch wenn die Mining-Aussichten düster erscheinen mögen, haben extreme Preisrückgänge auch Vorteile.

Erstens führt ein signifikanter Kurseinbruch zu einer geringeren Netzwerk-Hashrate, da andere Miner unrentable Anlagen abschalten oder dem Netzwerk komplett den Rücken kehren.

Diese niedrigere Hashrate hat einen geringeren Wettbewerb zur Folge und damit höhere Vergütungen für die verbleibenden Miner (gemessen in der zugrunde liegenden Kryptowährung). Weil Sie mehr davon abbauen, bleibt Ihnen unterm Strich möglicherweise sogar derselbe oder ein höherer Ertrag, obwohl der Fiatwert eines Coins geringer ist.

Auch leicht gebrauchte Hardware verbilligt sich auf dem Gebrauchtmarkt oft ganz erheblich, da die ausscheidenden Miner ihre Geräte abstoßen. Sie werden möglicherweise feststellen, dass Marktabschwünge hervorragend geeignet sind, um Ihr Mining-Equipment auf neuere, effizientere und profitablere Geräte umzustellen, womit Sie Ihre Rentabilität während des Einbruchs weitestgehend aufrechterhalten und bei einer Markterholung wieder voll durchstarten können. Passen Sie als Käufer aber auf, da die Hardware teilweise schon stark beansprucht wurde und sich abhängig von den verschiedenen Marktvariablen vielleicht schon dem Ende ihrer profitablen Nutzungsdauer nähert.

Recherchieren Sie stets vor dem Kauf von Gebrauchtgeräten und verwenden Sie die in Kapitel 11 angesprochenen Profitabilitätsrechner, um sicherzustellen, dass es sich bei den angedachten Geräten auch wirklich um lohnenswerte Anschaffungen handelt. Im Idealfall haben Sie ein Rückgaberecht, wenn das Gerät nicht richtig funktioniert. (Viele Marktplätze wie Amazon und Newegg bieten eine solche Gewährleistung; bei Privatverkäufen ist das natürlich meist nicht der Fall.)

Mit einer Markterholung rechnen

Eine Markterholung im Bereich von Bitcoin & Co. ist niemals garantiert und nichts ist sicher. (Vielleicht haben die Skeptiker am Ende recht, und das Ganze war nur eine Modeerscheinung! Auf der anderen Seite haben Skeptiker genau das auch einmal über das Internet gesagt.)

Während des rund zehnjährigen Bestehens von Bitcoin hat sich der Markt jedoch schon sieben Mal von Einbrüchen erholt. (Siehe Abbildung 14.3 weiter vorne in diesem Kapitel.)

Es ist sinnvoll, sowohl für Kurseinbrüche als auch für Markterholungen vorauszuplanen. Viele Miner können in diesen Abschwungphasen in Erwartung einer Neubelebung weiterschürfen, wenn sie für den Kursrückgang entsprechend vorausgeplant haben. Planen Sie also entsprechend, halten Sie Reserven vor, um währenddessen die Mining-Kosten decken können, und reduzieren Sie Ihre Ausgaben, um Ihren Mining-Betrieb so schlank und effizient wie möglich zu gestalten.

Halten Sie während des Abschwungs nützliche Kryptowährungskennzahlen und Statistiken für die On-Chain-Aktivität im Blick, wie etwa Netzwerk-Hashrate, Block-Difficulty und Anzahl der tägliche Transaktionen, ebenso Marktdaten wie Handelsvolumen und Währungskurs.

Diese Kennzahlen spiegeln die Marktstimmung wider und können eine bevorstehende Erholung anzeigen. Während des jüngsten Marktabschwungs im Bitcoin-Netzwerk erreichte die durchschnittliche Hashrate im Dezember 2018 beispielsweise mit knapp über 31 EH/s ihren Tiefststand (siehe Kapitel 5), die Block-Difficulty fiel auf 5.106.422.924.659 (siehe Kapitel 6). Etwa zur gleichen Zeit begann sich der Wechselkurs wieder von dem relativen Tiefststand bei 3200 $ pro BTC zu erholen.

Mit anderen Worten können viele Marktindikatoren bereits vor dem eigentlichen Preisanstieg auf eine Kurserholung hindeuten. Obwohl viele dieser Kennzahlen miteinander korrelieren und in der Community heiß debattiert wird, ob die Hashrate dem Preis hinterherhinkt oder umgekehrt, steht ein gewisser Zusammenhang doch außer Frage, und wenn Sie diese Kennzahlen studieren und verstehen, erhalten Sie in jedem Fall eine bessere Vorstellung davon, was in Zukunft geschehen könnte.

Von Ihrem ersten Markteinbruch lernen

Es gibt keine bessere Quelle für Wissen und Erkenntnisse als die eigene Erfahrung. Das gilt für alle Lebenserfahrungen, einschließlich der Korrekturen am Kryptowährungsmarkt. Lernen Sie von Ihrem ersten Mining-Dip, der schneller eintreten kann, als Sie denken!

Beobachten Sie die Märkte genau. (Wir wissen, dass Sie das tun werden.) Das kann eine schmerzhafte und stressige Angelegenheit sein, aber nichts steigert unsere Aufmerksamkeit besser als Schmerzen und Stress!

Beachten Sie die vielen Variablen in diesem Umfeld und wie sie sich während eines Kursabschwungs verschieben – Variablen wie Wechselkurs, Netzwerk-Hashrate, Gerätekosten (Hardware wie ASICs können im Preis fallen), soziales Engagement und so weiter.

Was verstehen wir in diesem Zusammenhang unter sozialem Engagement? Behalten Sie das Ausmaß der Aktivitäten in sozialen Netzwerken im Auge, die mit der Kryptowährung zusammenhängen. Nimmt die Aktivität offenbar allmählich ab, so könnte auch das Interesse an der Kryptowährung abklingen. Es gibt verschiedene Tools, die das soziale Engagement zu beziffern versuchen. Sehen Sie sich zum Beispiel https://www.coindesk.com/data an. Scrollen Sie nach unten und klicken Sie oben in der Liste der Kryptowährungen auf dieser Seite auf die Registerkarte »Social«. Dort sehen Sie soziale Kennzahlen für alle aufgelisteten Kryptowährungen (wie zum Beispiel die Anzahl der Reddit-Abonnenten und Twitter-Follower).

Beobachten Sie ständig, was mit Ihrer Kryptowährung los ist. Nach einer Weile bekommen Sie ein Gefühl für die Abläufe. Ziehen Sie die Lehren aus dieser Erfahrung und nutzen Sie sie, um in Erwartung der nächsten Marktkorrektur für Ihre Mine vorauszuplanen. Es ist ein bisschen wie bei einem Fallschirmsprung aus dem Flugzeug: Wenn Sie es ein paar Mal gemacht haben, ist es längst nicht mehr so stressig.

Berücksichtigen Sie die Marktvolatilität

Ein volatiler Markt ist ein Markt, dessen Preise stark schwanken. Das ist ziemlich ungenau, also wollen wir es etwas präzisieren. Volatilität lässt sich messen, es gibt verschiedene Grade von Volatilität. Die *Volatilität* ist »offiziell« definiert als die Standardabweichung der

Preisänderungen über einen bestimmten Zeitraum hinweg. Die *Standardabweichung* ist ein Maß für die Varianz in einer Menge aus Datenwerten (in diesem Fall sind die Datenwerte natürlich die Tagespreise der Kryptowährung).

Die Volatilität kann als Prozentsatz des durchschnittlichen Marktkurses in einem bestimmten Zeitraum angegeben werden, lässt sich aber auch als dimensionslose Kennzahl betrachten; je höher die Zahl, desto höher die Volatilität. Die Volatilität der Kryptowährungsmärkte ist ein Maß für die steilen Anstiege und Rückgänge der Kurse. (Die Volatilität beziffert das Ausmaß der Veränderungen, nicht deren Richtung.) Je höher der Volatilitätswert, desto stärker weicht der Preis der Kryptowährung vom Durchschnittswert in diesem Zeitraum ab ... desto mehr springt der Wert also nach oben und unten.

Die Volatilität muss also für einen Zeitrahmen gelten; wir können die Volatilität von BTC gegenüber USD beispielsweise über 30 Tage oder über 60 Tage oder über noch längere Zeiträume bestimmen. Mit anderen Worten, die Volatilität an einem bestimmten Tag wird relativ zum Durchschnittspreis über diesen 30- oder 60-Tages-Zeitraum (oder länger) angegeben.

Es ist schwierig, ein Gefühl für die Volatilität zu bekommen, da es sich um eine schwer zu erfassende Messgröße handelt. Grob gesagt ist die prozentuale Volatilität umso höher, je mehr der Wert einer Währung während des Betrachtungszeitraums springt.

Einem Volatilitätsdiagramm können Sie nicht entnehmen, wie der Preis zu einem bestimmten Zeitpunkt war; die Volatilität liefert keinen direkten Hinweis auf den Preis zu diesem Zeitpunkt. Als der Bitcoin-Preis zum Beispiel während des Marktabschwungs im Dezember 2018 um 50 Prozent nachgab (von rund 6000 $ auf etwa 3000 $), stieg die Volatilität auf rund 40 Prozent an.

In den letzten zehn Jahren hat die Volatilität von Bitcoin mit steigendem Marktwert tendenziell immer weiter abgenommen (je mehr Kapital und Liquidität im Markt sind, desto schwieriger wird es, den Preis mit großen Marktordern zu bewegen).

Die folgenden Quellen können Ihnen helfen, ein Gefühl für die Volatilität von Bitcoin und verschiedenen anderen Kryptowährungen zu bekommen:

- ✔ **Woobull Bitcoin Volatility** ist ein hilfreiches Diagramm zu Verfolgung der 60-Tages-Volatilität von Bitcoin in Bezug zum Dollar und zum Euro während des letzten Jahrzehnts. Sie können sogar auch die USD/EUR-Volatilität, den Bitcoin-Preis und einen gleitenden BTC-Preisdurchschnitt über die letzten 200 Tage einblenden.

    ```
    https://charts.woobull.com/bitcoin-volatility
    ```

- ✔ Der **Bitcoin Volatility Index** deckt nicht nur Bitcoin ab. Dieser Volatilitätsindex stellt die prozentbasierte Bitcoin- *und* Litecoin-Volatilität über 30, 60, 120 und 252 Tage dar, und zwar bezogen auf den US-Dollar (siehe Abbildung 14.5). Sie bekommen außerdem auch Bitcoin- und Litecoin-Preisdiagramme.

    ```
    https://bitvol.info
    ```

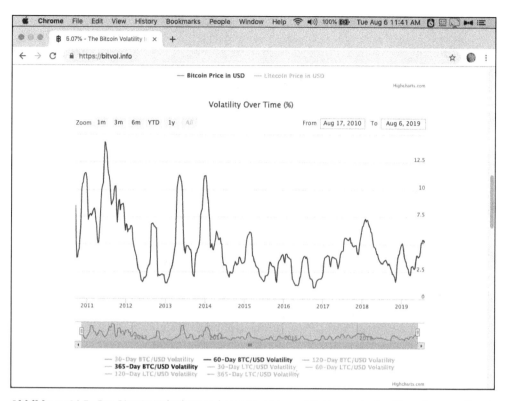

Abbildung 14.5: Der Bitcoin-Volatilitätsindex unter https://bitvol.info. Hier erkennen Sie, wie die Volatilität von Bitcoin über die Jahre abgenommen hat.

✔ Die **Volatilitäts-Charts von Coin Metrics** liefern verschiedene Volatilitätszahlen für 30, 60 und 180 Tage für über 30 verschiedene Kryptowährungen wie Bitcoin, Litecoin, Ethereum, Dash, Zcash, Monero, Dogecoin und viele weitere. (Wählen Sie im Dropdown-Menü den gewünschten Volatilitätsindex aus und entscheiden Sie dann anhand der unteren Kontrollfelder, welche Kryptowährungen angezeigt werden sollen.)

   https://coinmetrics.io/charts

✔ Ein weiterer **Bitcoin Volatility Index** unter Satochi.co liefert Schätzungen zur 30- und 60-Tages-Volatilität von BTC gegenüber USD. Er enthält zudem auch Vergleiche zur Volatilität von Gold, Ethereum und vielen anderen Währungen.

   www.satochi.co

✔ Das **Woobull Bitcoin Volatility-Vergleichsdiagramm** zeigt Ihnen 60-Tages-Einschätzungen der Bitcoin-Volatilität im Vergleich zu Öl, US-Aktien, Gold, US-Immobilien und anderen wichtigen Vermögenswerten.

   https://charts.woobull.com/bitcoin-volatility-vs-other-assets

Warum kümmern wir uns also um die Marktvolatilität? Was sagt sie uns und was können wir damit anfangen? Viele Miner behalten gerne die Volatilität der von ihnen geschürften

Kryptowährung im Auge und vergleichen sie mit früheren Zahlen, um eine Vorstellung davon zu bekommen, was auf sie zukommen könnte. Die Volatilität kann helfen, aktuelle Preisschwankungen in einen historischen Kontext zu stellen. Bis zu einem gewissen Grad kann dies »beruhigend« wirken, indem der Rückblick auf hohe Volatilitäten in der Vergangenheit dem Miner sagt: »Keine Sorge, das haben wir alles schon mal durchgemacht!« Wenn Sie eine hohe Volatilität feststellen, bedeutet das, dass auf dem Markt etwas passiert. Sie sollten dann vielleicht einen Blick auf die Geschehnisse behalten, besonders wenn die Volatilität viel größer ist, als sie der Markt jemals zuvor gesehen hat.

Natürlich müssen Sie die Volatilität im Zusammenhang mit den Preisbewegungen der Kryptowährung betrachten. So kann eine Kryptowährung volatil sein, während sie einem allgemeinen Aufwärts- oder Abwärtstrend folgt, oder einfach nur um ein Preisniveau umherpendeln.

Zu einer anderen Kryptowährung wechseln

Wenn Ihr Mining-Equipment in Zeiten des Marktabschwungs unrentabel wird, haben Sie als Krypto-Miner unter anderem die Option, bei alternativen Kryptowährungen, die den gleichen Algorithmus wie Ihre ASICs verwenden, nach besserer Rentabilität zu suchen. Wenn Sie GPU-Mining-Rigs verwenden, können Sie aus einer breiteren Palette von Blockchains wählen, da diese Hardware flexibler ist und Sie nicht auf bestimmte Hashing-Algorithmen festlegt.

In Kapitel 8 finden Sie eine Liste beliebter Kryptowährungen mit ihren Hashing-Algorithmen, falls Sie nach Mining-Alternativen für Ihre Ausrüstung suchen. Umfassendere Aufstellungen von Coins und zugehörigen Algorithmen finden Sie auf Webseiten wie https://cryptorival.com/algorithms. Möglicherweise ist Ihre Hardware auf anderen Blockchains noch profitabel, auch wenn sich das Mining Ihrer ursprünglich ausgewählten Kryptowährung damit nicht mehr lohnt.

Auch dies fällt unter die Kategorie »vorausplanen«. Es ist immer gut zu wissen, welche Möglichkeiten Sie haben, um bei Bedarf schnell handeln zu können. Wie bei jedem Einstieg in ein neues Kryptowährungsnetzwerk sollten Sie die Zahlen sorgfältig durchrechnen, um sicherzustellen, dass der Wechsel auch wirklich Sinn ergibt.

Das Mining einstellen!

Wenn der Markt fällt, ja sogar abstürzt, sollten Sie das Mining vielleicht nicht weiter fortsetzen, etwa wenn Sie ansonsten Ihre gesamten Mining-Rewards dafür ausgeben müssten.

Wenn Sie mehr zur Aufrechterhaltung des Betriebs aufwenden, als Ihnen die Mining-Rewards einbringen, verlieren Sie Geld. Dieser Fehlbetrag muss irgendwie ausgeglichen werden, entweder durch den Verkauf eines Teils Ihrer Kryptowährungsreserven oder indem Sie frisches Fiatgeld nachschießen.

Wenn Sie Ihre Mining-Ausgaben nicht mehr mit Bargeldreserven oder den von Ihrer Mining-Ausrüstung eingespielten Rewards decken können, wird es einfach sinnlos, unter derart extremen Marktbedingungen weiterzuschürfen. Wenn Sie die abgebaute Kryptowährung im Vergleich zu den Mining-Kosten viel billiger auf dem freien Markt erwerben können, ist das ein großer Anreiz, den Betreib einzustellen. Es gibt einen Punkt, wo Schluss ist und Sie das Mining beenden sollten!

Beim Krypto-Mining gibt es im Wesentlichen drei finanzielle Szenarien:

✔ **Ihre Ausgaben sind geringer als Ihre Mining-Rewards.** Sie arbeiten profitabel und geben weniger aus, als Sie einnehmen. Sie können entscheiden, ob Sie die Kryptowährung verkaufen, um Ihre Ausgaben zu bezahlen (und Ihren Gewinn zu realisieren), oder ob Sie in der Hoffnung auf eine Wertsteigerung daran festhalten. (Tatsächlich wandeln Sie sie durch das Halten in eine Investition um; denken Sie aber daran, dass auch dieser Profit steuerpflichtig sein könnte; siehe Kapitel 13.)

✔ **Ihre Ausgaben entsprechen ungefähr Ihren Mining-Vergütungen.** Ihre Bilanz ist ausgeglichen. Sie haben nichts verdient – wenn Sie die Kryptowährung verkaufen, können Sie Ihre Kosten decken, aber mehr auch nicht. Aber wenn Sie die Kryptowährung in der Hoffnung auf eine Preissteigerung halten, investieren Sie in Wahrheit in die Kryptowährung. (Und aktuell fallen womöglich keine Steuern an, weil Sie noch kein Geld verdient haben, aber vielleicht in der Zukunft, wenn die Kryptowährung im Wert steigt und Sie sie verkaufen). Sie geben Geld für Strom und andere laufende Kosten aus und bekommen im Gegenzug die gleiche Menge an Kryptowährung.

✔ **Ihre Ausgaben übersteigen Ihre Mining-Rewards.** Sie machen Verlust. Vielleicht können Sie die Ausgaben von der Steuer absetzen und damit Ihre persönliche Steuerlast senken, wenn Sie noch weitere gewerbliche Einkünfte haben, die Sie gegenrechnen können. Ansonsten sind Sie aber besser beraten, wenn Sie das Geld, das Sie jeden Monat ausgeben, einfach so in die Hand nehmen und die Kryptowährung auf dem freien Markt kaufen.

Sehen wir uns das letzte Szenario an. Angenommen, Sie geben jeden Monat 1000 € für das Mining von 100 DummyCoins aus (ohne die Amortisation der Ausrüstung mit einzurechnen).

Nehmen wir weiterhin an, Sie können auf einer Krypto-Exchange – Kraken, Poloniex, Coinbase oder wo auch immer – diese 100 DummyCoins zu einem Wechselkurs von 8:1 verkaufen; 8 € für 1 DummyCoin. Sie nehmen dann also 800 € ein, das sind 200 € weniger als Ihre Ausgaben. Oder, andersherum betrachtet, Sie haben 1000 € für 100 DummyCoins bezahlt; das sind 10 € pro Coin und damit 2 € mehr als der normale Marktwert. Der Kurs des Coins muss um 25 % steigen (von 8 € auf 10 €), bevor Sie jemals die Gewinnschwelle für diese Investition erreichen.

Okay, jetzt sagen wir, Sie hätten das Mining für einen Monat unterbrochen und dabei 1000 € eingespart. Wenn Sie wirklich an die Kryptowährung glauben, die Sie geschürft haben, dann könnten Sie diese 1000 € an eine Exchange schicken und dort dafür 125 DummyCoins kaufen; oder Sie könnten 100 DummyCoins für 800 € kaufen und die anderen 200 € auf Ihrem Bankkonto belassen (oder sich damit mal etwas richtig Schönes gönnen).

Das erste Szenario ergibt Sinn. Wenn Sie einen Gewinn erzielen, ist das ein gutes Geschäft (vorausgesetzt, der Gewinn ist wertvoller als die alternative Nutzung Ihrer Zeit und Ihres Geldes). Das zweite Szenario ergibt ebenfalls Sinn, wenn Sie an den Wert der Kryptowährung und ihre Entwicklungschancen glauben und sie als Investition betrachten. (Und wenn es Ihnen nichts ausmacht, Zeit und Nerven in Ihr Mining-Business zu investieren.)

Aber das dritte Szenario? Es lohnt sich nicht, weiter zu minen, wenn Sie für das gleiche Geld mehr Kryptowährung an einer Börse bekommen können, oder für weniger Geld den gleichen Kryptobetrag! (Abgesehen etwa von ideologischen Gründen oder dem Wunsch nach frisch geschürften Coins.)

Wenn Sie beim Mining vor allem kurzfristige Gewinnabsichten verfolgen, dann ist ein Abbau in der Verlustzone sinnlos. Wenn Sie zum Ziel haben, mehr Kryptowährung anzuhäufen, ist er immer noch sinnlos. Es ist unlogisch, weiter nach Coins zu schürfen, wenn Sie sie für weniger Geld einfach kaufen könnten.

Einfache Berechnungen

Die erforderlichen Berechnungen sind nicht allzu kompliziert. Diese Faktoren sollten Sie kennen:

- ✔ **Ihre monatlichen Ausgaben:** Wie viel Sie für Strom (sowohl für die Rechentechnik als auch, falls nötig, für die Klimaanlage), gegebenenfalls Miete, Wartung der Ausrüstung und so weiter bezahlen. Über diese Ausgaben sollten Sie Buch führen (aus steuerlichen Gründen – die Kosten können sie absetzen! – und für betriebswirtschaftliche Zwecke).

- ✔ **Ihre Einkünfte:** Falls Sie Pool-Mining betreiben, können Sie den Poolberichten entnehmen, wie viel Sie verdienen. Beim Solo-Mining zeigt Ihnen Ihre Mining-Software die erhaltenen Belohnungen an.

- ✔ **Der Wechselkurs für die geschürfte Kryptowährung und den Euro-Wert Ihrer Einnahmen aus der Kryptowährung:** Sie können eine Kryptobörse oder eine Website mit Kryptowährungspreisen (wie etwa `CoinMarketCap.com`) aufrufen, um den aktuellen Wert Ihrer Mining-Rewards zu ermitteln. Dann ziehen Sie einfach Ihre Euro-Ausgaben von Ihren Euro-Einnahmen ab, um Ihren Gewinn oder Verlust zu erhalten.

Das ist alles nicht sehr kompliziert; Sie können das schnell jeden Tag erledigen, um Ihre Mining-Rentabilität *für diesen Tag* im Auge zu behalten. Richten Sie sich eine Kalkulationstabelle ein, mit der Sie diese Berechnungen jeden Abend in wenigen Minuten durchführen können. Fügen Sie ein Diagramm hinzu, und schon haben Sie unmittelbar vor Augen, in welche Richtung sich Ihre Rentabilität entwickelt: nach oben oder nach unten. Einige Miner nutzen diese Informationen vielleicht wirklich, um immer wieder aufs Neue zu bestimmen, ob sich der Abbau am Folgetag lohnt oder nicht.

Nachdem Sie eine Tabelle für diese Berechnungen eingerichtet haben, können Sie auch verschiedene Szenarien durchrechnen, indem Sie die Werte in den Feldern verändern. Was ist, wenn der Wert der Kryptowährung um 20 oder 30 Prozent sinkt? In der Kalkulationstabelle können Sie herumspielen und ein Gefühl dafür bekommen.

Einige Kosten verfolgen Sie vielleicht zu Zwecken der Steuerberechnung, aber in diese Rentabilitätsberechnungen sollten Sie sie nicht mit einbeziehen. Eine davon wäre ein Anteil Ihrer Miete. Wenn Ihr Mining-Betrieb zehn Prozent Ihrer Wohnfläche beansprucht, können Sie unter Umständen einen entsprechenden Teil Ihrer Miete oder Kreditrate und weitere Raumkosten von Ihrem zu versteuernden Einkommen abziehen (sprechen Sie mit einem Steuerberater!). Aber wenn Sie das Mining einstellen, zahlen Sie diese Ausgaben trotzdem, also beziehen Sie sie nicht in Ihre Rentabilitätsberechnung mit ein.

Ein weiterer Posten wäre die Abschreibung Ihrer Mining-Ausrüstung. Für steuerliche Zwecke können Sie jedes Jahr einen Teil der Gerätekosten abziehen (wenden Sie sich auch hierzu an Ihren Steuerberater!). Aber Sie sollten diese Kosten nicht in Ihre Gewinn- und Verlustrechnung einfließen lassen. Bei diesen »Mining – ja oder nein?«-Berechnungen geht es Ihnen um die monatlich anfallenden Kosten. »Wie viel Geld wird es mich kosten, wenn ich im nächsten Monat weiterschürfe?«

Sie können auch die in Kapitel 11 behandelten Reward-Rechner verwenden. Dies ist besonders hilfreich, wenn Sie viele verschiedene Mining-Rigs betreiben, zum Beispiel einen Antminer S7, einen S9 und den deutlich effizienteren neuen S17. Ihre Zahlen, die auf den Gesamtausgaben und den gesamten Mining-Rewards basieren, deuten vielleicht auf einen profitablen Betrieb hin, aber wenn Sie sich jedes Mining-Rig im Detail anschauen, stellen Sie möglicherweise fest, dass es wirtschaftlich sinnvoll wäre, den S7 abzuschalten, weil dieser ASIC-Miner einen Verlust einfährt. Bei unterschiedlich effizienten Geräten kann es vorkommen, dass Sie insgesamt profitabel minen, wobei aber ein Rig im Endeffekt die anderen Rigs subventioniert, die mit Verlust arbeiten.

Wenn Sie offline gehen, würden sich jedoch nur die Stromkosten reduzieren, und einige Ihrer anderen Ausgaben (wie etwa Hosting-Gebühren, Kosten für den Internetzugang und weitere Fixkosten) bleiben möglicherweise bestehen, was Ihren Kapitalverlust verstärkt und die Verlustreduzierung durch die vorübergehende Stilllegung Ihrer Mining-Rigs begrenzt.

Schwächephasen am Markt führen in der Regel dazu, dass wesentliche Teile der Netzwerk-Hashrate offline gehen, da Miner ihre ineffizienten Anlagen wegen ausbleibender Gewinne abschalten. Wenn Ihre Bilanz ausgeglichen oder leicht in der Gewinnzone ist und Sie es sich leisten können, ist es am besten, wenn Sie bei solchen Marktbedingungen weiterhin am Abbau festhalten, da die Rewards in der jeweiligen Kryptowährung (gemessen in Bitcoin oder anderen Coins) steigen, wenn die Netzwerk-Hashrate sinkt und Ihr prozentualer Anteil daran steigt.

Aufhören oder weitermachen?

Sollten Sie also aufhören oder machen Sie weiter? Für viele Miner ist das eine schwierige Frage, denn ihnen geht es nicht nur um kurzfristigen Profit.

Beachten Sie, dass die erfolgreichsten Miner zu einer Zeit aktiv waren, als es noch gar keinen echten Marktkurs gab, sodass sie mit einem Totalverlust schürften ... der sie dann am Ende zu Millionären gemacht hat. Der Preis von Bitcoin stieg von praktisch null auf mehrere tausend Dollar an, und das Mining zahlte sich mehr als aus. Viele der profitabelsten Mining-Perioden (gemessen in BTC) in der zehnjährigen Geschichte von Bitcoin hätten zum jeweiligen Zeitpunkt in Dollar umgerechnet »unprofitabel« gewirkt.

Es gibt auch ideologische Gründe, um weiterzumachen. Viele Miner glauben an die Zukunft der Kryptowährung und sehen sie als eine Möglichkeit für die breite Masse, sich gegen die Abwertung ihrer lokalen Fiatwährung und gegen den »Überwachungsstaat« zu schützen. Sie wollen ihre Blockchain absichern und in die Zukunft tragen, also geht es nicht immer nur ums Geld.

Natürlich gibt es diesen Glauben an den zukünftigen Wert der Kryptowährung. Wenn Sie sicher sind, dass deren Wert steigt, werden Sie gegebenenfalls auch bereit sein, kurzfristige Verluste beim Abbau hinzunehmen. Die Vergangenheit hat uns gezeigt, dass dies auch oft der Fall war, zumindest bei Bitcoin und einigen anderen populären Kryptowährungen. Wie man jedoch im Investmentgeschäft sagt, ist die vergangene Performance kein Garant für zukünftige Erträge (haben wir das eigentlich schon erwähnt?).

Dann ist da noch die Sache mit den *frischen Coins*. Im Kryptobereich bedeutet »frisch« nicht unbedingt »erst kürzlich geprägt«. Vielmehr bedeutet frisch in gewisser Weise unbefleckt – Coins, die nicht zu einem früheren Besitzer zurückverfolgt werden können und in der Vergangenheit nicht in irgendetwas Schlimmes verwickelt gewesen sein können, wie etwa in einen Hack oder eine andere kriminelle Nutzung.

Nehmen wir zum Beispiel an, dass ein Hacker Kryptowährung entwendet und sie an seine eigene Blockchain-Adresse sendet. Mit der Zeit werden diese Coins von Blockchain-Adresse zu Blockchain-Adresse verschoben, bis sie schließlich auf einer Ihrer Adressen landet. Denken Sie daran, dass alle Transaktionen innerhalb der Blockchain nachvollziehbar sind. Die Kryptowährung, die mit Ihrer Adresse verknüpft ist, verdient nun definitiv nicht mehr die Bezeichnung »frische Coins«.

Viele Miner schätzen ihre Privatsphäre und Anonymität und finden Gefallen an der Vorstellung von völlig anonymen Coins. (Denken Sie an die kryptoanarchistischen Ursprünge der Kryptowährung.) Daher glauben einige Miner, dass frische Coins einen Aufpreis wert sind. Wir haben in diesem Zusammenhang sogar schon den Wert 20 % gesehen – das heißt, wenn eine rückverfolgbarer Krypto-Coin 1000 Dollar wert ist, dann sollte ein frischer Coin 1200 Dollar wert sein. (Bei einigen Währungen, wie etwa Monero, gibt es keinen Aufschlag auf frische Coins, weil sie eine anonymisierte Blockchain haben, sodass es de facto keinen Unterschied zwischen neuen und alten Coins gibt).

Tatsächlich ermöglicht Ihnen das Mining einen anonymeren Erwerb von Kryptowährungen als eine Börse. Die Börse kennt in den meisten Fällen Ihre Identität, und so lässt sich die gekaufte Kryptowährung mit Ihnen in Verbindung bringen. Wenn Sie Solo-Mining betreiben, ist die geschürfte Kryptowährung ganz frisch und verfügt über keinerlei Datenanhaftungen, die zu Ihrer Identifizierung dienen könnten. (Das gilt natürlich nicht für das Pool-Mining).

Tyler hat das Mining schon mehrfach in unrentablen Zeiten fortgesetzt und es kein einziges Mal bereut. Er setzte auf die langfristige Wertentwicklung und verdiente Geld, sobald sich der Markt erholte, auch wenn die Zahlen zwischenzeitlich nicht gut aussahen. Es gibt also keine einfache Antwort auf die Frage »Soll ich abschalten?«. Sie hängt von vielen Bedingungen und Variablen ab und auch von Ihrem ganz persönlichen Vertrauen (oder Misstrauen) in den Markt.

> **IN DIESEM KAPITEL**
>
> Die Hintergründe von digitalen Währungen
>
> Kryptominen intelligent skalieren und einrichten
>
> Die langfristige Profitabilität Ihrer Mine
>
> Der richtigen Zeitpunkt zum Ein- und Ausstieg
>
> Alternative Kryptowährungen schürfen

Kapitel 15
Zehn Möglichkeiten zur Steigerung der Kapitalrendite

Im Bereich Krypto-Mining ist der Umsatz wichtig und der Gewinn entscheidend. Sie sollten Ihre Hash-Zyklen nicht umsonst berechnen, sondern Ihre Investitionen in Zeit, Mining-Hardware, Strom und andere Auslagen müssen sich auszahlen. Wir haben zehn Punkte zusammengestellt, die Ihnen helfen werden, profitabel zu arbeiten und mit Ihrem Krypto-Mining-Abenteuer ein positives Return on Investment (ROI) zu erzielen.

Machen Sie Ihre Hausaufgaben

Bevor Sie sich in irgendeiner Form in den Bereich Krypto-Mining stürzen, müssen Sie unbedingt recherchieren und analysieren. Es handelt sich um ein kompliziertes Feld mit vielen Fallstricken; das Schürfen von Kryptowährungen ist kein Spaziergang. In Kapitel 11 behandeln wir die Berechnung der Kapitalrendite (ROI) und die zur Prognostizierung der Mining-Erträge erforderlichen Matheübungen; beschäftigen Sie sich damit sorgfältig.

Wenn die Mining-Hardware, die Sie erwerben und einsetzen wollen, nicht profitabel ist oder der Markt sich mitten in einem großen Abschwung befindet, ist es vielleicht viel besser, die entsprechende Kryptowährung einfach auf einer Handelsplattform zu erwerben, statt sie selbst zu schürfen. In Kapitel 13 nennen wir einige seriöse Kryptobörsen.

Auch die Einrichtung der Hard- und Software kann kompliziert sein, besonders dann, wenn Sie ein GPU-Mining-Rig von Grund auf neu bauen! Beschäftigen Sie sich eingehend mit der Thematik, bevor Sie beginnen.

Es gibt keinen Grund zur Eile! Besser, Sie nehmen sich Zeit und machen alles richtig, als dass Sie ohne ausreichende Vorbereitung einsteigen und Geld verlieren. Es ist sogar besser, wenn Sie nach Ihren Recherchen beschließen, eine Kryptowährung *nicht* zu schürfen, als wenn Sie sich zu wenig informieren, sofort einsteigen und dann scheitern. Wenn die Kryptomärkte überleben und nicht nur eine kurzfristige Modeerscheinung darstellen, haben Sie später noch genug Zeit, um einzusteigen und zu minen. Und wenn das nicht geschieht? Dann haben Sie jedenfalls keinen Verlust gemacht, oder? (Wir glauben, dass sie überleben werden!)

Den richtigen Zeitpunkt für den Einstieg wählen

Es gibt gute und schlechte Zeiten zum Schürfen von Kryptowährungen. So war etwa während des Bitcoin- und allgemeinen Krypto-Booms im Jahr 2017 die Mining-Hardware bei vielen Herstellern praktisch komplett vergriffen. Ein Großteil der effizientesten und damit profitabelsten Geräte wurde auf dem Gebrauchtmarkt zu Preisen verkauft, die über den Neupreisen der Hersteller lagen. Dadurch wurden die geplanten Mining-Gewinne mit diesen Geräten im Prinzip völlig zunichte gemacht.

Und natürlich ist der Markt ab Ende Dezember 2017 dramatisch eingebrochen und hat sich jetzt, wo wir dieses Buchs schreiben, noch immer nicht vollständig erholt.

Für viele Außenstehende mag der Dezember 2017 als ein guter Zeitpunkt für den Einstieg ins Krypto-Mining gewirkt haben, aber eigentlich waren die Bedingungen ziemlich schlecht, und Hardwarespekulanten bereicherten sich in diesem Marktumfeld, soweit es nur ging.

Oftmals lohnt sich bei Bitcoin und anderen Kryptowährungen, genau wie in vielen traditionellen Märkten, der Einstieg gerade dann, wenn die Aussichten scheinbar am schlechtesten sind. Während dieser Marktabschwächungen liegen die Kurse für Bitcoin und andere Kryptowährungen womöglich niedriger und es lässt sich profitable Mining-Hardware mit starken Preisnachlässen auf dem Gebrauchtmarkt ergattern (vermutlich können Sie in diesen Marktphasen Hardware auch günstig direkt vom Hersteller beziehen).

Baron Rothschild, ein Mitglied der berüchtigten Bankiersfamilie aus dem 18. Jahrhundert, soll angeblich gesagt haben: »Kaufen Sie, wenn Blut auf den Straßen fließt, selbst wenn es Ihr eigenes Blut ist.« Was er damit meinte, ist, dass ein Marktcrash eine gute Kaufgelegenheit bietet; man kauft die Anlagegüter billig ein und letztlich werden sich die Kurse wieder erholen.

Der Eintrittszeitpunkt ins Krypto-Mining kann Ihren Erfolg sehr wohl bestimmen. Allerdings sollten Sie vielleicht nicht zu lange warten, denn ein altes Kryptowährungs-Sprichwort besagt: »Der beste Zeitpunkt, Kryptowährungen zu schürfen (oder zu kaufen) war vor zehn Jahren, der zweitbeste Zeitpunkt ist jetzt.«

Am Markt spekulieren

Viele Krypto-Miner erhöhen ihre Gewinne, indem sie aktiv auf Exchanges handeln oder sogar Arbitrage-Handel betreiben, bei dem Sie Kryptowährung an einer Börse kaufen und an einer anderen verkaufen und sich so die Preisunterschiede zwischen beiden Plattformen zu Nutze zu machen.

Allerdings ist das natürlich ein ganz anderes Thema als das Krypto-Mining, das eigene Kenntnisse und Strategien erfordert.

An vielen Kryptowährungsmärkten sorgt die Handelsaktivität für die nötige Liquidität und die Händler helfen, einen Teil der Volatilität aufzufangen. Bedenken Sie, dass durch aktives Trading wahrscheinlich Steuerpflichten entstehen (siehe Kapitel 13). Ein paar schlaue Trades pro Jahr können Ihre Gewinne aber erheblich vergrößern, und wenn Sie dann mehr Steuern zahlen müssen, kann das auch durchaus positiv sein. (Es zeigt, dass Sie mit Ihren Trades gute Gewinne erzielt haben!)

Sobald die Umrechnung von der geschürften Kryptowährung in Ihre lokale Fiatwährung erfolgt ist, werden die ROI-Berechnungen für diese Mining-Rewards durchgeführt.

Während der schnelle Handel für einige Miner eine effektive Strategie zur Erhöhung ihrer Fiatgewinne darstellt, ist er nicht für jeden zu empfehlen. Seien Sie in diesem Bereich besonders vorsichtig. Wir erörtern in diesem Buch natürlich keine Trading-Strategien, sodass Sie sich noch sehr viel Wissen aneignen müssen, bevor Sie sicher handeln können.

Alternative Kryptowährungen mit niedriger Hashrate finden

Wenn die ROI- und Gewinnberechnungen für Ihre geschürfte Kryptowährung ergeben, dass Sie Geld verlieren, können Sie, statt während des Abschwungs weiterzuschürfen oder Ihre Geräte stillzulegen und die Hardwareinvestition als Verlust abzuschreiben, auch die Möglichkeit in Betracht ziehen, zu einer neuen Kryptowährung zu wechseln.

Miner beobachten häufig die Mining-Profitabilität anderer Kryptowährungs-Blockchains, um zu sehen, ob der Abbau einer weniger populären Kryptowährung ihnen einen Vorteil verschaffen könnte. Nur weil Ihre aktuelle Kryptowährung in Schwierigkeiten ist, heißt das nicht, dass das Mining aller anderen Kryptowährungen ebenfalls unprofitabel geworden sein muss. Vielleicht können Sie eine profitablere Kryptowährung finden. Tatsächlich ist es oft möglich, eine kleinere Kryptowährung mit einem besseren ROI als die größeren, bekannteren Kryptowährungen zu finden.

Diese kleineren Kryptowährungen haben an den Börsen meist einen niedrigeren Preis pro Coin, aber das allein ist kein Hinweis auf ihre Rentabilität. Was zählt, ist, welche Ausrüstung und wie viel Strom Sie benötigen, um einen bestimmten Euro-Gegenwert des Coins zu schürfen.

Bei kleineren Kryptowährungen liegen auch die Netzwerk-Hashrates niedriger, sodass Sie einen größeren Prozentsatz der Gesamt-Hashrate stellen und damit auch einen größeren Prozentsatz der Mining-Rewards erhalten können. Die geschürften Coins sind also jeder für sich genommen weniger wert, aber Sie werden wahrscheinlich mehr davon bekommen.

Halten Sie also immer ein Auge auf die Preisentwicklung der Kryptowährungen, insbesondere von denen, die Sie schürfen *können*. Wenn Sie mit ASICs arbeiten, brauchen Sie demnach nicht sämtliche anderen Märkte zu überwachen, sondern nur diejenigen Kryptowährungen, die denselben Algorithmus verwenden, für den Ihr ASIC entwickelt wurde. (Kapitel 8 ist ein guter Ausgangspunkt; dort kategorisieren wir Kryptowährungen nach ihrem Konsensalgorithmus).

Wenn Sie GPU-Mining betreiben, haben Sie eine größere Auswahl. Mit dieser Hardware können Sie flexibel viele verschiedene Kryptowährungen mit unterschiedlichen Algorithmen und niedriger Hashrate schürfen. Sie sollten dann beobachten, wie sich die Preise dieser anderen Kryptowährungen entwickeln, und natürlich müssen Sie sich alles genau durchrechnen, ehe Sie einsteigen (siehe Kapitel 11).

Seien Sie aber vorsichtig, denn viele Coins mit geringer Marktkapitalisierung und Hashrate bieten nicht die gleiche Blockchain-Sicherheit wie größere Kryptowährungen. Kleinere Kryptowährungen neigen auch dazu, mit der Zeit an Wert zu verlieren, und sie können erhebliche Kursschwankungen erfahren. Hier müssen Sie also schnell reagieren. Steigen Sie ein, wenn es sinnvoll ist, und steigen Sie wieder aus, sobald es schlechter zu laufen beginnt.

Eine Blockchain von Anfang an abbauen

Eine brandneue Kryptowährung zu schürfen, kann manchmal extrem profitabel sein (und, wie immer im Bereich der Kryptowährungen, manchmal auch nicht).

Wenn eine neue Kryptowährung erscheint, gibt es oft eine kurze Euphorie, in der die ganzen Versprechungen und der Hype der Initiatoren das Interesse an der neuen Währung anheizen. Meist kann sich die neue Währung trotz aller Anstrengungen ihrer Befürworter nicht halten oder sie behält zumindest nicht lange ihren Wert. Einige dieser neuen Blockchains können aber in den ersten Tagen nach ihrer Einführung einen erheblichen Wert aufweisen, vielleicht sogar über Monate, da die Coins dieser Kryptowährungen von Natur aus knapp sind (vorausgesetzt, es gibt kein größeres Premine) und Trader werden möglicherweise Höchstpreise dafür bezahlen.

Als *Premine* bezeichnet man, wenn eine Kryptowährungs-Blockchain bereits mit einer vorab festgelegten Coin-Menge (die nicht geschürft werden muss) gestartet wurde. Meist ist das bei Crowd Sales, Initial Coin Offering (ICO) oder anderen Distributionsmethoden für Early Adopter der Fall. Kryptowährungen mit Premine gelten in der Community allgemein als unfair gegenüber regulären Minern und Anlegern.

Extreme Mining-Profitabilitäten zur Anfangszeit erreichten in der Vergangenheit eine Reihe von Coins, darunter Zcash, Grin und viele weitere. In Abbildung 15.1 sehen Sie das Beispiel von Zcash im CoinMarketCap-Diagramm; siehe https://coinmarketcap.com/currencies/zcash/. In den ersten Stunden erreichte die Kryptowährung Preise von über 5000 Dollar; innerhalb weniger Tage war sie aber nur noch ein Zehntel davon wert.

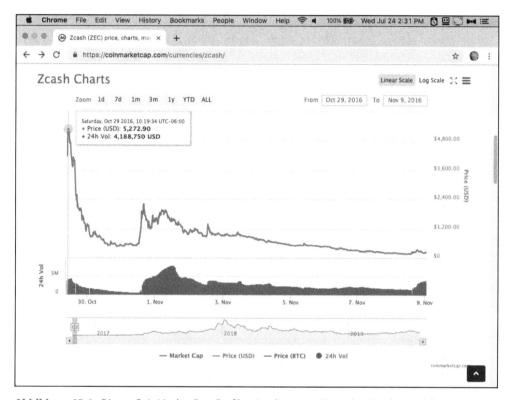

Abbildung 15.1: Dieser CoinMarketCap-Grafik zeigt die ersten Tage des Zcash-Handels.

Ein derartiges Profil ist sehr verbreitet. Hier ist ein kleines Experiment für Sie: Gehen Sie auf www.coinmarketcap.com und experimentieren Sie mit ein paar Diagrammen. Wählen Sie einige der kleineren, unbekannteren Kryptowährungen aus und sehen Sie sich die Preisdiagramme an. Stellen Sie den Datumsbereich auf die erste oder zweite Woche oder vielleicht den ersten oder zweiten Monat des Bestehens der Kryptowährung ein. Dabei werden Sie häufig diese Art von Kursverlauf erkennen. Abbildung 15.2 zeigt zum Beispiel die ersten zwei Monate von WAX. Die Preiskurve beginnt bei etwa 4,60 bis 5 Dollar pro Münze, flacht dann aber innerhalb weniger Tage auf etwa 50 Cent ab.

Eine brandneue Kryptowährung zu minen, kann also (manchmal) sehr profitabel sein, wenn Sie gleich zu Beginn dabei sind. Sie können mit GPUs oder in einigen Fällen sogar mit CPUs schürfen, da es für den neuen Algorithmus noch keine ASICs gibt (es sei denn natürlich, die neue Krypto-Währung verwendet einen bestehenden Algorithmus, für den bereits ein ASIC entwickelt wurde).

Abbildung 15.2: CoinMarketCap-Chart für die ersten beiden Monate des WAX-Handels

Unglücklicherweise ist es für viele neu geschaffenen Kryptowährungssysteme schwierig, solide Netzwerkeffekte und andere Aspekte einer erfolgreichen Kryptowährung zu erzielen, sodass viele dazu neigen, über längere Zeiträume (oder sogar recht schnell) gegenüber anderen Coins oder lokalen Fiatwährungen an Wert zu verlieren. (In Abbildung 15.2 sehen Sie, dass WAX sehr hoch eingestiegen ist, dann aber innerhalb von ein paar Tagen im Wert gesunken ist.) Dennoch können einige dieser Blockchains noch eine Chance für engagierte Miner bieten, die ihre Rechenleistung frühzeitig auf die Blockchain richten und ihre Rewards schnell gegen bewährte Coins oder gegen ihre lokale Fiatwährung eintauschen. (In einigen Fällen sollten Sie Ihre neuen Coins schon innerhalb von Minuten oder Stunden verkaufen.)

Klein anfangen

 Die beste Möglichkeit, das Fahrwasser in einem neuen Geschäftsfeld zu testen, gerade auch im Bereich Krypto-Mining, ist es, klein anzufangen. Das gilt besonders für Anfänger, die neu in diesem Feld sind; Sie müssen noch viel lernen, also wird Ihre erste Mine zu einem großen Experiment.

Wenn Sie klein anfangen, fallen natürlich auch die Verluste weniger schmerzhaft aus. Wenn es Ihnen nicht gelingt, eine profitable Mine aufzubauen, halten sich Ihre Verluste in Grenzen.

Klein anzufangen, ist eine gute Möglichkeit, Ihre Fähigkeiten zu entwickeln und die erforderlichen Lektionen zu lernen, um herauszufinden, was gut funktioniert und was nicht. Und wenn Sie erst einmal alles herausgefunden haben, *dann* können Sie sich vergrößern.

Entscheidungen hinsichtlich der Skalierung

Eine rasche Expansion kann im Bereich der Kryptowährungen viele unvorhergesehene Problemen verursachen, wie zum Beispiel eine schnellere Cash-Burn-Rate und eine schnell schrumpfende Kapitalreserve. (In Kapitel 13 finden Sie dazu weitere Informationen.) Sie können Ihren Mining-Betrieb allerdings auch über anderen Methoden skalieren, die vielleicht keine großen Mengen an zusätzlichem Mining-Equipment bei Ihnen zu Hause, in Ihrem Unternehmen oder in einer anderen Einrichtung erfordern.

Einige Miner skalieren, indem sie ihre alternde Ausrüstung ersetzen, was in vielen Fällen aufgrund der verbesserten Hardwareeffizienz zu erheblichen Steigerungen der Hashrate führen kann, während die Energiekosten gleich bleiben oder sogar sinken, was die Mining-Gewinne erhöhen und eventuell auch das ROI verbessern würde.

Andere Miner entscheiden sich vielleicht dafür, Hashrate-Marktplätze zu nutzen, um Mining-Leistung von verkaufsbereiten Dritten zuzukaufen. Eine weitere Methode, den Mining-Betrieb schnell zu skalieren, bietet das Cloud-Mining, bei dem Kunden große Hashrate-Pakete für ihre bevorzugte Kryptowährung oder ihren bevorzugten Algorithmus kaufen können. Die Anbieter sind darauf spezialisiert, Mining-Ausrüstung für ihre Kunden bereitzustellen und zu betreiben.

Dies sind alles gute Möglichkeiten zur Expansion, wobei einige davon jedoch mit einem inhärenten Risiko durch Drittanbieter verbunden sind. Kapitel 9 erläutert einige Vor- und Nachteile der unterschiedlichen Mining-Modelle. Führen Sie die von uns in Kapitel 11 behandelten Rentabilitätsberechnungen durch und beachten Sie die Risiken eines zu schnellen Wachstums, bevor Sie im großen Stil in neue Mining-Kapazitäten investieren.

Billigen Strom finden

Kostengünstige Elektroenergie ist extrem wichtig für das Krypto-Mining (siehe Kapitel 11). Schließlich machen die Stromkosten hier oft den größten Teil der Betriebsausgaben aus. Wenn Sie Ihre Stromrechnung senken können, erhöhen Sie damit natürlich auch Ihren Gewinn. Jeder eingesparte Euro an Strom wirkt sich »unterm Strich« sofort als Gewinn aus.

Bestimmte Mining-Rigs mögen an einem Ort wirtschaftlich sein, an einem anderen aber nicht, einfach aufgrund der unterschiedlichen Strompreise an diesen beiden Standorten. In einigen Regionen der Welt gibt es erhebliche saisonale Schwankungen der Strompreise, sodass es sogar Beispiele für Mining-Nomaden gibt, die ihre Betriebe regelmäßig verlagern, um von den Vorteilen preiswerter und überschüssiger Energie zu profitieren. Wandernde Miner!

Viele geschäftstüchtige Miner konnten ihre Kapitalrendite durch den Zugriff auf ansonsten ungenutzte Energieressourcen steigern, wodurch sie ihre Stromkosten erheblich senken konnten. Diese Miner setzen darauf, Erdgas aufzufangen, bevor es abgefackelt wird oder auf überschüssige Wasser- oder Windkraft sowie auf Solarenergie oder sogar auf Geothermie.

Da Mining-Hardware in der Regel rund um die Uhr in Betrieb ist, besitzt sie elektrische Lasteigenschaften, wie etwa einen hohen Auslastungsfaktor, für die einige Stromversorger Rabatte auf Anfrage einräumen könnten.

Der elektrische *Auslastungsfaktor* ist ein Maß für den elektrischen Nutzungsgrad über einen bestimmten Zeitraum. Die Gleichung für den Auslastungsfaktor lautet (durchschnittliche Monatslast in kW)/(monatliche Spitzenlast in kW) und wird normalerweise in Prozent angegeben.

Wenn bei Ihnen zum Beispiel ein Antminer S9 den ganzen Monat über ohne Abschaltungen durchlief (wie es bei Mining-Rigs normalerweise üblich ist) und die Spitzenlast dabei 1,6 kW betrug, dann läge der Auslastungsfaktor bei 100 % (1,6 kW/1,6 kW · 100 %).

Wenn Sie das Gerät nur den halben Monat lang laufen lassen, beträgt der Auslastungsfaktor 50 % = 0,8 kW/1,6 kW · 100 %.

Es lohnt sich also, mit Ihrem Energieversorger über die besten Tarifmodelle zu sprechen, um zu sehen, welcher Tarif für Ihr Lastprofil (mit einem Auslastungsfaktor nahe 100 %), das so für die meisten Mining-Betriebe gelten dürfte, am besten zugeschnitten wäre.

In einigen Fällen kann es sogar sinnvoll sein, die Mining-Rigs nur zu Tageszeiten mit günstigem Strom zu betreiben. Aber rechnen Sie sich das sorgfältig durch. Dabei werden Sie natürlich weniger Kryptowährung schürfen, und Sie müssen die Auswirkungen auf Ihre Rentabilität berücksichtigen, wenn Sie die Anschaffungskosten für Ihre Ausrüstung in Betracht ziehen; wenn Sie diese nur halbtags laufen lassen, verdoppeln Sie die Amortisationszeit für die Ausrüstung.

Ein uns bekannter Miner hat zum Beispiel vor kurzem auf einen neuen, kombinierten Tarif für Haushalt und Gewerbe umgestellt, den sein Stromversorger eingeführt hat und der ähnliche Konditionen wie ein reiner Gewerbetarif bietet. Dadurch spart er im Vergleich zu den durchschnittlichen Verbraucherpreisen in seiner Region rund 20 bis 40 Prozent an Energiekosten ein. Es handelt sich um einen tageszeitabhängigen Tarif, der für Verbraucher mit hohem Auslastungsfaktor besonders günstig angeboten wird – für Verbraucher also, die den ganzen Monat über eine ziemlich stabile, hohe Last laufen lassen.

Die meisten Stromkunden haben keine Ahnung, dass sie zwischen verschiedenen Tarifen wählen können, stimmt's? Sie bezahlen einfach Ihre Stromrechnung. Aber wenn Sie etwas Zeit damit verbringen, die Tarifstrukturen der Stromversorger zu durchforsten und auch direkt mit ihnen sprechen, werden Sie vielleicht überrascht sein, was alles möglich ist.

Das ist wirklich ein ganz wichtiges Thema, besonders für Miner, die über einen hobbymäßigen Betrieb hinausgehen. Bei großen, professionellen Krypto-Minen geht es vor allem darum, billige Energie zu finden!

Effiziente Kühlung

Mining-Equipment erzeugt jede Menge Abwärme. Wir gehen in Kapitel 12 auf dieses Thema ein. Sie können diesen Wärmeausstoß aber auch abmildern oder sogar zu Ihrem Vorteil nutzen, um unterm Strich Ihre Kapitalrendite zu steigern.

Einige Miner geben viel Geld für Klimatisierung aus, um die Mining-Hardware auf das Temperaturniveau des Rechenzentrums herunterzukühlen. Mining-Rigs sind jedoch mit großen Kühlkörpern und leistungsstarken Lüftern ausgestattet und in der Regel für höhere Temperaturen ausgelegt als die empfindlicheren Datenserver (wie zum Beispiel Webserver), die in Rechenzentren untergebracht sind. Leute, die es gewohnt sind, dass Computerausrüstung erheblich gekühlt werden muss, fühlen sich damit nicht immer ganz wohl. Einige Miner lassen ihre Geräte aber tatsächlich auch bei höheren Temperaturen laufen. Viele Miner in Texas (nicht gerade dem kühlsten Ort der Welt!) verzichten auf Klimaanlagen und kühlen ihre Rigs einfach mit der Umgebungsluft, die in diesem Staat doch recht warm ist. Tyler betreibt seine Mining-Rigs im Winter bei Lufttemperaturen zwischen 10 und 21 °C und im Sommer zwischen 21 und 32 °C.

Tatsächlich sind ASIC-Chips oft für den Betrieb bei hohen Temperaturen ausgelegt. So empfiehlt Bitmain für den Betrieb seiner ASIC-Miner Umgebungstemperaturen von 15 bis 35 °C. (In der Dokumentation gibt der Hersteller außerdem an, dass die Chips selbst Temperaturen bis 127 °C aushalten können! Nicht anfassen!)

Miner können hohe Kühlungskosten auch dadurch vermeiden, dass sie in kühlere Klimazonen umziehen und Außenluft zur Kühlung verwenden, die auch wieder nach draußen abgeführt wird. Bei kaltem Klima können Mining-Rigs auch zur Beheizung von Wohn- und Geschäftsräumen dienen. Das Mining-Equipment könnte sogar in einem Haus verteilt werden und dadurch mehrere Räume auf angenehme Temperaturen heizen, statt nur einen einzigen Raum zu *über*heizen. Leider ist die Ausrüstung aber doch oft sehr laut. Sogar aus dem Keller heraus können Sie sie oben oft noch hören. Einige Miner bauen Ihre Geräte auch auf Wasserkühlung mit Wärmetauschern um und erreichen so einen viel geringeren Geräuschpegel.

Bedenken Sie, dass die Heizkosten für Ihr Haus sinken, wenn Sie es mit Mining-Hardware heizen. Dieser Effekt taucht in Ihrer Rentabilitätsberechnung normalerweise nicht auf (siehe Kapitel 11). Sie sollten aber vielleicht Ihre persönlichen Heizkostenersparnisse zum Gewinn hinzurechnen, um Ihren wahren Gewinn zu ermitteln.

In Ihrer Steuerberechnung werden Sie diesen Posten dagegen womöglich nicht eigens mit einbeziehen wollen. In vielen Fällen können Sie diese Ersparnis bei den persönlichen Ausgaben als einen netten kleinen Bonus verbuchen, von dem das Finanzamt nichts zu wissen braucht. (Natürlich bieten wir hier keine Steuerberatung an, also sprechen Sie mit Ihrem Steuerberater.)

Einige Miner haben auch schon mit Immersionskühlung gearbeitet und ihre komplette Hardware in Mineralöl oder anderen elektrisch isolierenden Flüssigkeiten versenkt, um die Wärme abzuleiten. Mineralöl ist ein guter Wärmeleiter, aber es leitet keinen Strom, sodass

Mining-Hardware auch im Ölbad weiterhin funktioniert. Die Miner kühlen diese Flüssigkeit dann wiederum mit Wärmetauschern ab, um die überschüssige Wärme abzuführen.

Welche Methode Sie auch immer zur Kühlung Ihrer Mining-Hardware einsetzen, die Kühlkosten so weit wie möglich zu reduzieren, ist ein effektiver Weg zur Steigerung Ihrer Kapitalrendite.

Hardware-Schnäppchen machen

Das Mining-Equipment wird Ihre größte Investition sein. Bei der Erstbeschaffung der Hardware zu sparen, ist eine sehr gute Möglichkeit, Ihre Anfangskosten zu reduzieren und eine schnelle Amortisationszeit für diese Investition zu erzielen.

Sie müssen also gut einkaufen. Suchen Sie auf Online-Marktplätzen wie eBay, Amazon, eBay Kleinanzeigen und weiteren nach preisgünstiger Mining-Hardware. Bevor Sie ein bestimmtes Gerät kaufen, führen Sie eine kurze Suchmaschinenabfrage durch und prüfen Sie, ob Sie es auch preiswerter finden können. Sie müssen die Preise für die einzelnen Gerätetypen sehr genau kennen.

Nutzen Sie die in Kapitel 11 behandelten Gleichungen und Online-Tools, um vor dem Kauf zu ermitteln, ob eine Hardware tatsächlich rentabel ist. Aber seien Sie vorsichtig, denn auch diese Berechnungen können irreführend sein. Es kann sein, dass sich gebrauchte Hardware aufgrund der veränderlichen Marktbedingungen, wie etwa Umtauschkurs, Block-Difficulty und erhöhte Netzwerk-Hashrate, langfristig nicht rechnet. Angebote, die zu gut erscheinen, um wahr zu sein, können sehr wohl wahr sein; aber vielleicht sind sie auch nur heute großartig, bieten aber auf lange Sicht keine sinnvolle Nutzungsdauer.

Wenn Sie auf der Jagd nach der neuesten und besten Hardware sind, sollten Sie bereit sein, einen Preisaufschlag für die effizientesten Geräte zu bezahlen. Wenn Sie sich alles durchrechnen, werden Sie manchmal feststellen, dass Sie mit ineffizienteren, aber günstigeren Geräten besser dran sind.

Außerdem ist es manchmal am besten, neue Mining-Hardware direkt vom Hersteller zu kaufen, um unnötige Preisaufschläge durch Zwischenhändler zu vermeiden. Gehen Sie beim Erwerb von Mining-Equipment mit Bedacht vor, da das wahrscheinlich den größten Posten bei Ihrer Erstinvestition ausmacht. Die Entscheidungen, die Sie zu Beginn Ihres Minenbetriebs treffen, werden Ihren späteren ROI stark beeinflussen.

> **IN DIESEM KAPITEL**
>
> Der Energiebedarf von Proof-of-Work
>
> Möglichkeiten zur Eindämmung der Verschwendung von Rechenleistung
>
> Transaktionsdurchsatz im richtigen Kontext betrachtet
>
> Betrug und Abzocke
>
> Brände und Beschwerden aus der Nachbarschaft

Kapitel 16
Zehn Kritikpunkte an Kryptowährungen und am Mining

Es wurden schon zahlreiche Kritikpunkte an Kryptowährungen und insbesondere am Proof-of-Work-Mining laut. Viele dieser Vorwürfe sind berechtigt, aber wir müssen diese Themen differenziert betrachten. In diesem Kapitel gehen wir auf einige der häufigsten Kritikpunkte sowie einige der damit verbundenen Gegenargumente ein.

Energieverbrauch

Es gab schon viel Aufhebens um den Energiebedarf von Bitcoin und die Netzwerke anderer Proof-of-Work-Kryptowährungen. Wie Sie aus diesem Buch wissen, sind wirklich gewaltige Mengen an elektrischer Energie für das Mining der Bitcoin-Blockchain erforderlich.

Es stimmt, dass beim Proof-of-Work-Mining sehr viel Strom verbraucht wird. Die genaue Menge ist jedoch strittig und tatsächlich sehr schwer zu berechnen. Häufig zitierte Schätzungen basieren oft nur auf einer einzigen Quelle, die als Grundlage die Energiemenge wählt, die sich die Miner im Netzwerk zu verbrauchen *leisten könnten*. Mit anderen Worten handelt es sich um eine wirtschaftliche Berechnung mit vielen Annahmen, einschließlich des Marktpreises, der Stromkosten der Miner und ihres Stromverbrauchs.

Diese Art der wirtschaftlichen Energiebedarfsabschätzung ignoriert zahlreiche Blockchain-bezogene Statistiken, die den Energieverbrauch des Netzwerks auf Grundlage von Blockchain-Daten und physikalischen Zusammenhängen genauer berechnen könnten, wie etwa der Anzahl der pro Tag abgebauten Blöcke, der Gesamt-Hashrate des Netzwerks und der durchschnittlichen Effizienz der Mining-Hardware.

Glücklicherweise gibt es inzwischen viele verschiedene Schätzungen des Energieverbrauchs des Minings im Bitcoin-Netzwerk, die aus mehreren seriösen Quellen stammen. Dabei wird der Energieverbrauch mit realistischeren, auf physikalischen Berechnungen basierenden Methoden ermittelt. Nachfolgend führen wir eine Reihe von Schätzungen des aktuellen Stromverbrauchs im Bitcoin-Netzwerk in Gigawatt (GW) und der jährlichen Energieverbrauchswerte (in Terawattstunden/Jahr – TWh/Jahr) auf:

- **Coin Shares:** 4,70 GW, 41,17 TWh/Jahr (Juni 2019). https://coinshares.co.uk/research/bitcoin-mining-network-june-2019
- **University Cambridge, Judge Business School:** 6,36 GW, 58,97 TWh/Jahr. (Juni 2019). https://cbeci.org/
- **Coin Center:** 5,00 GW, 44,00 TWh/Jahr (Mai 2019). https://coincenter.org/entry/evaluating-estimates-of-bitcoin-electricity-use
- **Marc Bevand:** 2,10 GW, 18,39 TWh/Jahr (Januar 2018). http://blog.zorinaq.com/bitcoin-electricity-consumption
- **Hass McCook:** 12,08 GW, 105,82 TWh/Jahr (August 2018); diese Schätzung bezieht die Energie zur Herstellung von Mining-Hardware mit ein. https://www.academia.edu/37178295/The_Cost_and_Sustainability_of_Bitcoin_August_2018_
- **Alex de Vries:** 8,34 GW, 73,12 TWh/Jahr (Juli 2019). https://digiconomist.net/bitcoin-energy-consumption

Sie sehen die verschiedenen Schätzungen in der in Abbildung 16.1 dargestellten Grafik. Das Diagramm zeigt die verschiedenen Energieschätzungen in TWh/Jahr auf einer Zeitachse, zusammen mit der Hashrate des Bitcoin-Netzwerks in EH/s in den letzten zwei Jahren (mit steigender Hashrate steigt natürlich auch der Stromverbrauch).

Um diese Verbrauchswerte in Beziehung zu setzen: In den USA werden typischerweise 6,63 TWh/Jahr für Weihnachtsbeleuchtung aufgewendet (obwohl diese in der Regel nur für etwa einen Monat lang eingeschaltet ist).

Ein besserer Vergleich wäre vielleicht die umgerechnete Menge an elektrischer Energie, die jährlich für den Abbau und das Recycling von Gold aufgewendet wird. Hass McCook schätzt in dem zuvor zitierten Artikel den weltweiten Energieverbrauch in diesem Bereich auf umgerechnet 196,03 TWh/Jahr, das ist gemäß seiner Berechnungen fast das Doppelte des Energieverbrauchs beim Bitcoin-Mining, selbst wenn man die zur Herstellung des Mining-Equipments verwendete Energie mit einbezieht – oder nochmals erheblich mehr, wenn man einige der anderen Energieschätzungen für Bitcoin zugrunde legt. Und haben Sie eigentlich eine Vorstellung von den enormen Umweltfolgen des Goldabbaus? Suchen Sie im Netz nach den Umweltauswirkungen des Goldbergbaus ... die Umweltbewussteren unter Ihnen werden danach vielleicht lieber auf Goldschmuck verzichten! Zum Beispiel erzeugt

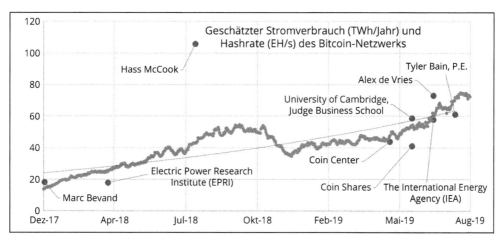

Abbildung 16.1: Verschiedene Schätzungen zum jährlichen Energiebedarf von Bitcoin in Terawattstunden pro Jahr und Hashrate des Bitcoin-Netzwerks in Exahashes pro Sekunde

der Goldabbau riesige Mengen an Giftmüll: 60 Tonnen pro Unze Gold, einschließlich Cyanid, Arsen und Quecksilber!

Rund 90 % des weltweit im Umlauf befindlichen Goldes wird als Wertanlage und für Schmuck verwendet, und ein Großteil des Goldschmucks weltweit wird seinerseits als Wertanlage angesehen, sodass die industrielle Nutzung von Gold einen eher geringen Teil der Nutzung ausmacht. Nach den Zahlen von McCook werden also rund 175 TWh an Energie pro Jahr für diese weitgehend unproduktive Nutzung von Gold aufgewendet. Man könnte argumentieren, dass die Verlagerung der Anlagefunktion von Gold auf Bitcoin (wie sie einige Befürworter von Kryptowährungen vorhersagen) tatsächlich Energie sparen (und damit auch der Umwelt helfen) könnte!

In einem ähnlichen Bericht aus dem Jahr 2014 (siehe www.coindesk.com/microscope-conclusions-costs-bitcoin), schätzt Hass McCook auch den jährlichen Energiebedarf zum Drucken von Papiergeld und zum Prägen von Münzen (11 TWh/Jahr) sowie den jährlichen Energiehunger des Bankensystems (650 TWh/Jahr) ab. Eine neue Welt der Kryptowährungen (warten wir 25 Jahre und schauen wir, was passiert!) könnte die jährlich zur Verwaltung des weltweiten Geldvolumens aufgewendete Energiemenge durchaus auch reduzieren. Abbildung 16.2 zeigt einen grafischen Vergleich dieser unterschiedlichen Stromverbrauchsschätzungen. Der Balken für den jährliche Energiebedarf des Krypto-Minings enthält Schätzungen des Stromverbrauchs der Netzwerke von Bitcoin, Ethereum, Litecoin, Dash und Zcash.

Wir haben auch den Energieverbrauch für andere beliebte Proof-of-Work-Kryptowährungen abgeschätzt, indem wir die Netzwerk-Hashrates mit der Effizienz der ASIC-Miner im Netzwerk (auf Grundlage der Hersteller) verglichen haben. Abbildung 16.3 zeigt die Vergleiche. Die Daten umfassen den momentanen Stromverbrauch, gemessen in Gigawatt, sowie die jährlichen Energieverbrauchswerte, gemessen in Terawattstunden pro Jahr.

Der Energiebedarf für den weltweiten Bitcoin-Abbau mag zwar obszön groß klingen, beläuft sich aber nur auf etwa 0,2 % des weltweiten Stromverbrauchs. Einige der zuvor genannten Studien gehen außerdem davon aus, dass 60–75 % des zum Schürfen von Bitcoin und anderen Kryptowährungen eingesetzten Stroms aus erneuerbaren Energiequellen stammt.

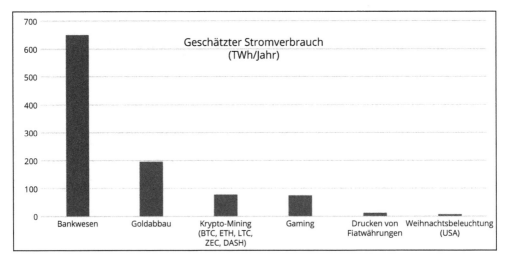

Abbildung 16.2: Vergleich des jährlichen Energieverbrauchs für verschiedene Anwendungen, angegeben in Terawattstunden pro Jahr

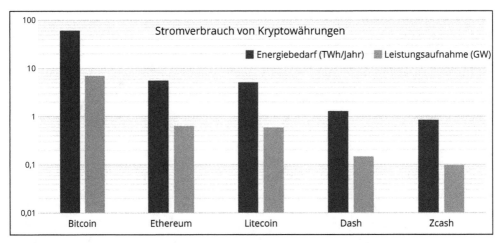

Abbildung 16.3: Schätzungen des Stromverbrauchs und des jährlichen Energiebedarfs für verschiedene Kryptowährungsnetzwerke, die auf Proof-of-Work-Mining basieren

Verschwendete Rechenleistung

Als weiterer Kritikpunkt wird oft angeführt, dass der Abbau von Bitcoins oder anderen Kryptowährungen eine Verschwendung von Rechenleistung sei, die anderswo besser eingesetzt werden könnte. Diese Kritik hat eine gewisse Berechtigung. Gewaltige Mengen an Rechenleistung werden lieber für das Krypto-Mining verwendet, anstatt nach Heilmitteln für Krebs oder Malaria zu suchen oder wichtige physikalische Probleme zu lösen, die neue Materialien oder Energiequellen erschließen könnten.

Natürlich hängt es ganz davon ab, was man als Verschwendung betrachtet. Die Definition von Verschwendung und Wertschöpfung liegt im Auge des Betrachters.

Verschwendung wird üblicherweise definiert als unachtsame Verwendung ohne jeglichen Nutzen. Das Krypto-Mining *hat* aber tatsächlich einen Zweck: die einzelnen Peer-to-Peer-Blockchain-Netzwerke gegen potenzielle Angreifer zu sichern, weil eine Manipulation des Netzwerks zu rechenintensiv wäre. Die Proof-of-Work-Absicherung beruht auf spiel- und wirtschaftstheoretischen Mechanismen, die es für einen Angreifer lohnender machen, mit dem Netzwerk zusammenzuarbeiten, statt seine Rechenressourcen gegen das Netzwerk zu richten.

Trotzdem erscheint es immer noch verschwenderisch, dass der Wert der Berechnungen, die in den Abbau eines neuen Blocks einflossen sind, im Nachhinein verschwindet und keinen darüber hinaus bleibenden Wert darstellt, sobald ein Block an die Blockchain angefügt wurde (und denken Sie daran, dass wir nicht nur über die Rechenleistung des siegreichen Miners sprechen; stattdessen müssen wir hier die riesige Gesamtrechenleistung im kompletten Netzwerk betrachten).

Viele Menschen schaudert es bei dem Gedanken an diese immense Verschwendung. Und so gibt es, wenig überraschend vielleicht, auch Beispiele von Proof-of-Work-Kryptowährungen, die probieren, das Problem der verschwendeten Rechenleistung zu lösen. Schließlich handelt es sich bei Proof-of-Work doch um einen mathematischen Wettbewerb. Was wäre, wenn dieser Wettbewerb einerseits eine Blockchain absicherte und der Menschheit zugleich einen zusätzlichen Nutzen brächte, sozusagen als Sahnehäubchen? Hier sind einige Beispiele von Kryptowährungen, die versucht haben, ihre Proof-of-Work-Mechanismen auf philanthropische Zwecke auszurichten:

- **Primecoin** ist ein Kryptowährungssystem, das Miner für das Auffinden von *Primzahlen* belohnt. Eine Primzahl ist eine ganze Zahl, die ohne Rest nur durch sich selbst oder durch 1 teilbar ist. Primzahlen sind seit der Zeit der alten Griechen Gegenstand mathematischer Untersuchungen und sind für Mathematiker sehr wertvoll wegen, ähm, was immer sie auch damit anstellen. (Okay, ein echtes Beispiel sind Verschlüsselungsalgorithmen, die Primzahlen verwenden; anscheinend ist es dabei nützlich, eine Liste solcher Zahlen zu haben. Quantenphysiker mögen sie auch). https://primecoin.io/bin/primecoin-paper.pdf

- **Foldingcoin** ist eine Kryptowährung, die Miner für die Faltung von Proteinen belohnt, und die auf dem Distributed-Computing-Projekt der Uni Stanford »Folding@home« basiert. Die Proteinfaltung hilft bei der Suche nach Proteinverbindungen, die bei der Heilung von Krebs, Alzheimer und anderen Krankheiten eingesetzt werden könnten. https://foldingcoin.net

- **Curecoin** ist eine weitere Kryptowährung, die Miner für die Faltung von Proteinen für das Folding@home-Projekt belohnt. https://curecoin.net

- **Gridcoin** ist eine weitere Kryptowährung, die auf einem anderen Distributed-Computing-Projekt basiert. Diesmal handelt es dabei um BOINC (nein, das ist kein Witz). BOINC nutzt überschüssige Rechenleistung (und, durch Gridcoin auch solche, die für das Mining verwendet wird), um bei einer Vielzahl von wissenschaftlichen Forschungsprojekten zu helfen, die Krankheiten erforschen, die Klimaerwärmung untersuchen, Pulsare entdecken und vieles andere mehr. https://gridcoin.us

Leider sind diese Kryptowährungen alle ziemlich klein und erreichen zusammengenommen nur eine Marktkapitalisierung von insgesamt rund 7 Millionen Dollar. Im Vergleich zu den derzeit 177 *Milliarden* Dollar von Bitcoin ist das nur ein Tropfen auf dem heißen Stein. Aber vielleicht kommt der Tag, an dem die Kryptowährungen der Welt mit Algorithmen geschürft werden, die sowohl die Blockchains absichern als auch etwas Gutes bewirken. Wie Sunny King, der Gründer von Primecoin, es ausdrückt: »Ich gehe davon aus, dass Proof-of-Work für Kryptowährungen sich allmählich in Richtung einer mehrfachen Energienutzung entwickelt, das heißt, es bietet sowohl Sicherheit als auch Berechnungen von wissenschaftlichem Wert.« Andererseits lautet ein Gegenargument, dass die Proof-of-Work-Algorithmen der großen Kryptowährungen ziemlich einfach sind. Kompliziertere Algorithmen könnten auch neue Schwachstellen und damit ein größeres Angriffspotential bieten.

Noch etwas: Wie viel Rechenleistung glauben Sie, wird weltweit für das Gaming verwendet? Das ist schwer genau zu berechnen, aber jemand *hat* es versucht, und da viele Mining-Rigs vergleichbare Hardware verwenden (Grafikkarten wurden für Spiele entwickelt!), ist der Vergleich wahrscheinlich ähnlich (das heißt, das Verhältnis zwischen Energieverbrauch und Rechenleistung ist ähnlich, obwohl die Spieler auch noch ihre Displays mit Strom versorgen müssen). Dieser Mensch, Evan Mills vom Lawrence Berkeley National Laboratory, der zudem auch Mitglied des Weltklimarats (IPCC) ist, kam dabei auf 75 TWh/Jahr.

Skalierbarkeit, Transaktionsgeschwindigkeit und Durchsatz

Bitcoin und andere Kryptowährungen wurden oft wegen ihrer geringen Transaktionsgeschwindigkeiten und -durchsätze kritisiert. Diese Kritik ist berechtigt, da von Bitcoin momentan nur durchschnittlich etwa zwei bis acht On-Chain-Transaktionen pro Sekunde erreicht werden. Das theoretische Maximum für On-Chain-Transaktionen im Bitcoin-Netzwerk liegt bei rund 14 Transaktionen pro Sekunde, was etwa 1,2 Millionen Transaktionen pro Tag entspricht.

Um diese Zahl ins richtige Licht zu rücken, denken Sie an die Netzwerke der Kreditkartenbetreiber. Visa verarbeitet rund 150 Millionen Transaktionen pro Tag, das sind etwas mehr als 1700 pro Sekunde. Das ist natürlich ein Durchschnittswert, also muss das Netzwerk in Spitzenzeiten viel mehr schaffen, Visa behauptet, 24.000 Transaktionen pro Sekunde verarbeiten zu können. Allerdings sind das unbestätigte Angaben. Ungeachtet dessen übersteigen diese Zahlen die Kapazitäten von Bitcoin bei weitem.

Kreditkartensysteme werden weithin missverstanden; sie wirken für den Benutzer verzögerungsfrei – die Verarbeitung dauert scheinbar nur Sekunden, während Sie im Laden an der Kasse stehen – aber in Wahrheit dauert sie erheblich länger. Wenn Sie sich Ihre Kreditkartenabrechnung ansehen, werden Sie feststellen, dass die Transaktionen oft erst nach einem oder zwei Tagen – teilweise sogar noch später – auf Ihrem Konto verbucht werden. Außerdem können die Transaktionen natürlich angefochten und teilweise zurückgebucht werden, und dies oft noch nach Wochen.

Ihre Kreditkartentransaktionen durchlaufen in Wirklichkeit mehrere Schritte, und an diesem komplizierten System sind mehrere Parteien beteiligt. Eine Transaktion beginnt mit einem Zahlungsabwickler wie First Data (Amerikas größtem Zahlungsabwickler für den stationären Handel) oder einem E-Commerce-Zahlungsabwickler wie Stripe oder PayPal; sie wird an das eigene Netzwerk der Kreditkartengesellschaft – wie VisaNet, oder BankNet im Fall von MasterCard –, weitergeleitet, endet aber letztendlich bei einer Bank, die die endgültige Freigabe durch das SWIFT-Netzwerk (Society for Worldwide Interbank Financial Telecommunication) durchführt. Dieser Vorgang dauert häufig einen Tag, kann aber auch bis zu vier Werktage in Anspruch nehmen. Und selbst wenn die Kreditkartentransaktion dann endlich abgeschlossen ist, kann sich bis zu drei Monate später immer noch angefochten werden.

Diese Arten von Kreditkartenrückbuchungen und Streitigkeiten sind ein Grund dafür, dass einige Kreditkartenunternehmen keine Bitcoin- oder Kryptowährungszahlungen über ihre Kreditkarteninfrastruktur zulassen, da Kreditkartentransaktionen angefochten und erstattungspflichtig rückabgewickelt werden können, was bei Bitcoin-Transaktionen grundsätzlich nicht der Fall ist.

Und wie ist es mit Bitcoin- und anderen Kryptowährungstransaktionen? Im Falle von Bitcoin gilt eine Transaktion nach etwa sechs Blöcken (etwa einer Stunde) als abgeschlossen und im Wesentlichen unwiderruflich. Das erscheint vielleicht langsam, bis Sie es mit den ein bis drei Tagen für Kreditkartentransaktionen vergleichen. Wir finden, dass Satoshi Nakamoto diese Abwicklungszeit ganz gut in Relation setzt: »Papierschecks können auch nach ein bis zwei Wochen noch platzen. Kreditkartentransaktionen können noch 60 bis 180 Tage lang angefochten werden. Bitcoin-Transaktionen sind nach ein oder zwei Stunden hinreichend irreversibel.« (Einen Vergleich der relativen Sicherheit und Bestätigungszeiten von Blockchain-Transaktionen für andere Kryptowährungen finden Sie in den Echtzeitstatistiken auf https://howmanyconfs.com).

Die Anzahl der On-Chain-Transaktionen für Bitcoin und andere Kryptowährungen ist allerdings etwas verzerrt, da viele Transaktionen auch außerhalb der Blockchain stattfinden können. Diese Off-Chain-Transaktionen können über Börsen, Drittanbieter-Wallets oder dezentralisierte Second-Layer-Lösungen, wie etwa das Lightning Network, erfolgen. Dieses Protokoll setzt auf die Bitcoin-Blockchain auf und verwendet Hash Time Locked Contracts (HTLCs), um mehr Transaktionen pro Sekunde und eine schnellere Endgültigkeit von Transaktionen zu ermöglichen. Eine einzige Bitcoin-Transaktion auf der Blockchain kann so Tausende (oder noch mehr) Lightning-Network-Transaktionen beinhalten. (Weitere Informationen zu diesem komplizierten Thema finden Sie im Lightning-Network-Whitepaper unter https://lightning.network/lightning-network-paper.pdf und im Lightning-Network-Bitcoin-Wiki unter https://en.bitcoin.it/wiki/Lightning_Network.)

Eine weitere Möglichkeit, die Transaktionsgeschwindigkeit über die einfache Anzahl von Bitcoin-Transaktionen hinaus zu erhöhen, sind zusammengefasste Transaktionen. Ein Pool oder eine Exchange kann bis zu 100 oder 250 Ausgangsadressen in einer einzigen On-Chain-Transaktion unterbringen, was den Transaktionsdurchsatz insgesamt wesentlich erhöht, während auf der Blockchain nur eine einzige Transaktion erscheint.

Die zugrunde liegende Kritik bleibt dennoch bestehen: Es gibt einen Engpass beim On-Chain-Transaktionsdurchsatz. Diese Platznot auf der Blockchain ist aber auch entscheidend für die Dezentralisierung des Netzes. Jede On-Chain-Transaktion wird vom gesamten System aus Peer-to-Peer-Nodes verifiziert, validiert und gespeichert, und die effiziente Verwendung dieses knappen Raums und der gemeinsam genutzten Ressourcen ist wichtig für die Aufrechterhaltung der dezentralen Natur von Kryptowährungssystemen wie Bitcoin.

Faire Verteilung der Coins

Kryptowährungen wie Bitcoin werden oft wegen der ungerechten Verteilung der Coins kritisiert. Diese Kritik rührt von den in der Anfangszeit höheren Blocksubventionen her. Die Subventionsvergütungen im Bitcoin-Netzwerk nehmen mit der Zeit systematisch ab, wie in Kapitel 8 dargelegt. Wie Sie in Kapitel 8 gesehen haben, waren die Prämien für Miner der ersten Stunde größer und gingen im Laufe der Zeit stetig zurück (die Bitcoin-Subvention halbiert sich etwa alle 4 Jahre oder 210.000 Blöcke). Viele Kryptowährungen regeln ihre Verteilung nach einem ähnlichen Muster.

Allerdings ist die Verteilung bei Proof-of-Work-Coins wesentlich fairer als bei Proof-of-Stake-Systemen (POS), die die Inhaber großer Guthaben belohnen, und auch fairer als die Initial Coin Offerings (ICOs), die Investoren häufig das Geld aus der Tasche ziehen, ohne messbare Erträge zu liefern. Kryptowährungen mit beträchtlichen *Premines*, die frühen Investoren zugeschanzt werden, oder gar unser gegenwärtiges Paradigma des fiatbasierten Geldverteilungssystems, in dem bestimmte große Finanzinstitute die Geldflüsse an die Wirtschaft kontrollieren und dabei große Anteile der Gelder mitnehmen, die durch ihre Hände fließen, sind noch wesentlich unfairer.

Blasenbildung und Volatilität an den Märkten

Ein weiterer verbreiteter Kritikpunkt an Kryptowährungen lautet, dass es sich dabei nur um eine Investitionsblase handele. Skeptiker vergleichen Kryptowährungen oft mit anderen berühmten Anlageblasen, wie etwa der holländischen Tulpenblase im frühen 17. Jahrhundert, dem Hype um die South Sea Company (Anfang des 18. Jahrhunderts) oder der Dotcom-Blase (von 1994 bis 2000).

Peter interessiert sich für Finanzblasen, nachdem er die Dotcom-Blase durchgemacht und hautnah miterlebt hat. Im Sommer 1993, vor ihrem Beginn, schrieb er den *Complete Idiot's Guide to the Internet*. Er macht den Anfang der Blase am dramatischen Anstieg der Presseberichterstattung und an den Millionen von Amerikanern fest, die im Sommer 1994 online gingen. Als die Blase platzte (im Spätsommer und Herbst 2000) leitete er selbst einen mit Risikokapital finanzierten Dotcom-Betrieb. Anfang 2000 las er mit *The Internet Bubble* (Harperbusiness) ein Buch, das den kommenden Absturz vorhersagte, und brachte es in der Führungsetage seiner Firma in Umlauf.

Die Autoren dieses Buches, Anthony und Michael Perkins, beides Redakteure bei Red Herring (einer gedruckten Dotcom-Business-Zeitschrift, die das Platzen der Blase ironischerweise nicht lange überlebte!), legten dar, dass Finanzblasen normalerweise sechs bis sieben Jahre andauern. Der Aktienkurs der South Sea Company stürzte etwa neun Jahre nach Gründung des Unternehmens ab (obwohl es natürlich schwer zu sagen ist, wann genau die Blase ihren Ursprung nahm). Die Dotcom-Blase platzte sechs Jahre nach Beginn des Internet-Wahnsinns.

Befinden sich Kryptowährungen und insbesondere Bitcoin in einer »Blase«? Das ist schwer zu sagen, aber bis jetzt sieht es nicht danach aus. Die Bitcoin-Software wurde erstmals im Januar 2009 veröffentlicht, es gibt sie also schon seit über einem Jahrzehnt. (Natürlich muss es nicht so sein, dass die Blase selbst mit Gründung von Bitcoin begann; das Internet stammt aus den 1960er Jahren, aber die Dotcom-Blase begann erst in den 1990ern).

Es kann sein, dass Kryptowährungen aufgrund ihrer relativ geringen Marktkapitalisierung im Vergleich zu anderen traditionellen Anlagen wie Gold oder dem US-Dollar weniger Liquidität und damit mehr Volatilität aufweisen. Jede neue Anlage, die an Beliebtheit und Akzeptanz gewinnt, weist am Markt große Kursschwankungen auf. Dies ist zum Teil auf die Preisfindung und die asymmetrischen Informationen rund um die Kryptowährungsmärkte zurückzuführen. Die Volatilität und der Eindruck einer Blase können erst dann vollständig abklingen, wenn Bitcoin und andere Kryptowährungen eine relativ gleichwertige Marktkapitalisierung und Kursstabilität im Vergleich zu anderen hoch kapitalisierten Vermögenswerten erreichen.

Aktuell sieht es ganz danach aus, als würden die Kryptowährungen nicht mehr verschwinden. Tatsächlich mischen immer mehr große Unternehmen mit, darunter auch sehr finanzkräftige. Es gibt gute Gründe, warum Kryptowährungen einen nützlichen technischen Fortschritt darstellen könnten, der bestehen bleiben wird.

Vergessen Sie auch Folgendes nicht: Während die South Sea Company abstürzte und schließlich ihr Geschäft einstellte, während holländische Tulpen schließlich auf ein vernünftiges Preisniveau sanken und dort verharrten (obwohl seltene Tulpen auch heute noch hohe Marktpreise erzielen) ... vernichtete die Internet- oder Dotcom-Blase Tausende von Unternehmen, *aber das Internet ist trotzdem nicht verschwunden!* Das Internet ist heute fester Bestandteil unseres modernen Lebens; es ist unvorstellbar, dass es verschwinden wird. Und auch viele Unternehmen, die vor dem Platzen der Blase gegründet wurden, sind immer noch am Start. Eines der allerersten, Amazon, ist heute einer der größten Konzerne der Welt.

Zentralisierung

Die Zentralisierung von Kryptowährungen wird vielfach als gravierendes Problem beziehungsweise innerer Widerspruch angeführt. Kryptowährungen müssen dezentral organisiert sein, um sicher zu funktionieren. Sowohl das Mining als auch die Code-Entwicklung müssen dezentralisiert und verteilt durchgeführt werden, um sicherzustellen, dass keine einzelne Partei oder Gruppe die Währung dominieren und manipulieren kann.

Es wird oft behauptet, dass das Mining in einigen wenigen Ländern zentralisiert ist und von einigen wenigen Pools dominiert wird und dass sogar der Programmcode, der die Kryptowährungsnetzwerke steuert, von relativ wenigen Leuten geschrieben und verwaltet wird. Dies stellt die dezentralen Aspekte dieser Peer-to-Peer-Kryptowährungsnetzwerke in Frage. Diese Kritikpunkte sind durchaus berechtigt und einer intellektuellen Aufarbeitung würdig, aber sie werden auch oft missverstanden.

Bitcoin und die meisten anderen Kryptowährungen basieren auf Open-Source-Software, die jedem zugänglich ist und zu der jeder Code-Verbesserungen beitragen kann. In diesen offenen Kryptowährungssystemen können viele Code-Verbesserungen vorgenommen werden und es sind zahlreiche Einzelpersonen an der Weiterentwicklung des Codes beteiligt. Trotzdem kann aber nicht jeder nach eigenem Gutdünken schalten und walten, wie er möchte. Wir denken, dass Satoshi Nakamoto es ganz gut auf den Punkt gebracht hat: »Es liegt in der Natur von Bitcoin, dass das Grunddesign nach der Veröffentlichung der Version 0.1 für den Rest seiner Lebensdauer in Stein gemeißelt wurde.« Mit anderen Worten, die Konsensregeln werden am Anfang der Blockchain, im Genesis-Block, festgelegt. Ändert man die Konsensregeln, fällt man »aus dem Konsens« mit dem Rest der Blockchain und dem Netzwerk heraus; man »forkt« und wird damit zu einer anderen Blockchain und einem anderen Netzwerk.

Allerdings ist Zentralisierung ein echtes Problem. Die Peer-to-Peer-Netzwerke wurden für CPU-Miner entwickelt, die eigene, validierende Full Nodes betrieben. Seit den Anfängen von Bitcoin kamen jedoch die Mining-Pools auf und es wurden ASIC-Chips entwickelt. Inzwischen gehören gewaltige Mining-Farmen zum Alltag. Diese Entwicklungen haben tatsächlich zu einer stärkeren Zentralisierung des Ökosystems geführt.

In Kapitel 8 sprechen wir über den Dezentralisierungsgrad und darüber, dass Zentralisierung und Dezentralisierung nicht einfach zwei gegensätzliche Pole sind, sondern dass Systeme in unterschiedlichem Maße zentralisiert oder dezentralisiert sein können. Das trifft auch hier zu; die Zentralisierung des Bitcoin- und Krypto-Minings liegt irgendwo auf dieser Skala, zum Zeitpunkt des Schreibens wohl eher noch im dezentralisierten Bereich des Gradmessers. Mit neu vorgeschlagenen Entwicklungen im Mining-Bereich, wie etwa BetterHash und Stratum v2 (dies sind Vorschläge zur Verbesserung der Integrationsmechanismen zwischen Pool-Benutzern und Pool-Betreibern), könnten sich Bitcoin und andere Proof-of-Work-Kryptowährungen eher noch weiter in Richtung einer stärkeren Dezentralisierung bewegen.

Abzocke und Betrug

Die Kryptowährungswelt ist voll von Betrug und Abzocke. Ob gehackte Börsen, unseriöse Anbieter von Mining-Ausrüstung oder unehrliche Cloud-Mining-Firmen, die Vergangenheit von Bitcoin ist übersät mit Beispielen von Unternehmen und Einzelpersonen, die sich einen Vorteil verschaffen und arglose Verbraucher um ihre hart verdienten Brötchen in Form von Bitcoin, anderen Kryptowährungen oder lokaler Fiatwährung betrügen wollten.

Es gab auch zahllose Betrügereien in Zusammenhang mit Initial Coin Offerings (ICOs), die mehr versprochen haben, als sie liefern konnten (oder jemals zu liefern beabsichtigten), und die Investorengelder im Wert von Milliarden von Dollar gestohlen haben.

Dies ist ein ernstes Problem für Kryptowährungen, da es ein Bild zeichnet, das Kryptowährungen insgesamt als gefährlich und unzuverlässig erscheinen lässt, und nicht als etwas, mit dem sich Otto Normalverbraucher auseinandersetzen sollte. Diese Betrachtungsweise steht natürlich dem Wachstum der Kryptowährungsmärkte im Wege.

Die Einwände sind absolut berechtigt, und der einzige Weg, sich vor potenziell bösen Akteuren, Betrügereien und Abzockereien im Bitcoin- und Kryptobereich zu schützen, ist zu lernen und zu begreifen, was Sie tun, gründlich zu recherchieren und natürlich niemals blind zu vertrauen, sondern immer auch zu kontrollieren.

Preisinflation und Verknappung bei der Hardware

Ein weiteres Problem beim Bitcoin- und Krypto-Mining ist in letzter Zeit, dass die Preisinflation und die Verknappung der Hardware zu Engpässen bei anderen Anwendungen der Geräte geführt hat.

Mit der steigenden Beliebtheit und Rentabilität des GPU-Minings stieg etwa die Nachfrage in diesem Hardwaresektor stark an, die Preise schnellten in die Höhe und die Verfügbarkeit sank. Dies führte dazu, dass typische Nutzer leistungsstarker Grafikkarten (vorwiegend PC-Gamer sowie CAD-Entwickler, Videoproduzenten und Grafikdesigner) höhere Preise für ihre Ausrüstung zahlen mussten, wenn sie sie überhaupt bekommen konnten.

Man könnte jedoch auch argumentieren, dass die hohe Nachfrage nach GPUs und ASICs zu Innovationen im Bereich der gedruckten Schaltungen (PCB) geführt hat, was zu einer Steigerung des Produktions-, Entwicklungs- und Fertigungsvolumens und zur Verbesserung anderer Chip-Anwendungen geführt hat wie Mobiltelefone, Laptops und im Grunde genommen alle anderen elektronischen Geräte, in denen PCB-basierte Computerchips eingesetzt werden. Die Innovationen, die durch Krypto-Mining-ASICs vorangetrieben wurden, sind in fast alle anderen industriellen Computerchip-Anwendungen durchgesickert.

Brandrisiken

Es gab einige erwähnenswerte Fälle, in denen Mining-Hardware in Brand geriet; das passiert zwar nicht ständig, kann aber durchaus vorkommen. GPU-Rigs und ASIC-Miner laufen bei sehr hohen Temperaturen, und wenn die Geräte mit ihrer hohen Leistungsaufnahme nicht ordnungsgemäß installiert, konfiguriert oder gewartet werden, besteht sehr wohl auch ein Brandrisiko.

Zum Beispiel zerstörte ein Feuer in einer Kryptowährungs-Mine, die in einem Wohnhaus im russischen Wladiwostok eingerichtet war, acht Wohnungen; 30 weitere wurden unter Wasser gesetzt, als die Feuerwehr zum Löschen des Brands ausrückte.

Das heißt also, dass Sie es richtig machen müssen! Sie brauchen eine korrekt dimensionierte und installierte Stromversorgung und Verkabelung. Wenn die elektrischen Anlagen von einem qualifizierten und zertifizierten Elektriker korrekt installiert werden, ist das Problem im Prinzip vom Tisch.

Lassen Sie sich bei der Elektroinstallation oder der Überprüfung der vorhandenen Verkabelung für Ihre elektrische Ausrüstung für das Krypto-Mining von einem Elektriker vor Ort beraten. Stellen Sie außerdem sicher, dass für den Fall eines elektrischen Fehlers oder eines Gerätebrands immer Rauchmelder und geeignete Feuerlöscher in der Nähe sind. (Dies ist natürlich ein guter Ratschlag für *jedes* Haus oder jeden Arbeitsplatz!)

Beschwerden von Nachbarn

Geräte zum Mining von Kryptowährungen können dank ihrer schnell drehenden Lüfter sehr laut werden. Beschwerden von Nachbarn sind sowohl bei kleinen als auch bei großen Minenbetrieben an der Tagesordnung. (Wenn Sie im Internet ein wenig danach suchen, werden Sie schon werden Sie die entsprechenden Schlagzeilen finden: »Was ist das für ein Lärm? Eine der weltgrößten Bitcoin-Minen ist zu laut«, »Bitcoin-Miner hat Probleme, die Lärmgrenzwerte der Stadt einzuhalten«, »Brummender Bitcoin-Miner ärgert Nachbarn« und so weiter).

Diese Kritik fällt in die Kategorie des Sankt-Florians-Prinzips. Es überrascht kaum, dass niemand möchte, dass seine Ruhe durch die im Grunde genommen gewerblichen Betriebsabläufe in der Nähe seiner Wohnung gestört wird. Einige US-amerikanische Kleinstädte haben sogar Lobbyarbeit bei ihren lokalen Regierungsbehörden betrieben, um ein Moratorium für das Krypto-Mining zu verhängen, und zwar wegen des Lärms und anderer Bedenken in Zusammenhang mit dem Krypto-Mining, wie etwa des Stromverbrauchs und der lokalen Netzbelastung.

Welche Antwort können wir darauf geben? Große Betriebe sollten sich wahrscheinlich am besten weit weg von Wohngebieten ansiedeln! Für kleine, häusliche Mining-Betriebe kann es schwieriger werden, besonders wenn Sie in einem Mehrfamilienhaus leben. Es gibt jedoch Schalldämpfer für Mining-Rigs, und einige einfallsreiche Miner haben sogar bereits geräuschlose Anlagen in Betrieb genommen (siehe Kapitel 12 und 15).

Stichwortverzeichnis

51-Prozent-Attacke 76, 117

A

Abbauperiode 114, 118
Abschreibung 237
Abschwungphase 291
Abwärme 246
   nutzen 247
Abzocke 328
Adware 225
Algorithmen 71, 145
   ASIC-Hardware 146
   ohne ASIC 148
All Time High (ATH) 294
Alternative Energie-
   quellen 249
Amazon 267
AMD-CPU 203
Amortisationszeit,
   Ausrüstung 316
Angegebene Hashrate 168
Anonyme Täter 121
Anpassung der Block-
   schwierigkeit 106
Anreize für Miner 53
Anschaffungskosten 219–220
Antifragil 158
Antminer S7 171, 176
Antminer S9k 190
Antminer S17 Pro-15 176
AntPool 96
Application Specific
   Integrated Circuit 57
Arbitrage-Handel 311
ASIC 57, 93, 101
ASIC-Mining-Rig 176, 189
   Hersteller 176
AT&T 267
Aufhören oder weiter-
   machen 305
Auroracoin 260
Ausgaben 237–238
Ausrüstung
   Hashrate 221
   kaufen 266
   modernisieren 246
Auszahlungen 116

Auszahlungsadresse 127
Auszahlungsschwelle 127

B

Bandbreite 183
Bargeld 30
Benchmark,
   Prozessor 224
Beschwerden von
   Nachbarn 330
Betriebsausgaben 229
Betriebssystem 208
Betrug 328
BFGMiner 215
Bildschirm 208
Billiger Strom 315
Binance 277
Bitcoin 35
   Mining-Pools 117
   Netzwerk 59
   Peer-to-Peer-Protokoll
      60
   Proof-of-Work 74
Bitcoin Beginners
   Subreddit 250
Bitcoin Improvement
   Proposal 180
Bitcoin Magazine 250
Bitcoin-Subreddit 250
Bitcoin Talk 250
Bitcoin Tax 282
Bitcoin Volatility
   Index 300–301
Bitcoin-Whitepaper 32
Bitfury 177
BitInfoCharts 231, 256, 261
Bitmain 177
BitMex 277
Bitrefill 267
Bitstamp 277
Blackcoin 80
Blasenbildung 326
Blockchain 34, 53
   Adresse 43
   Nachrichten 42
   Netzwerk 34, 59
   verschlüsselte 40

Block-Difficulty 106, 260
   Anpassung 106
Block Digest 251
Blockkandidat 69
Block Producer 86
Block-Reward 53, 232–233
Blockschwierigkeit
   siehe Block-Difficulty
Blocksubvention
   53, 220, 326
Blockvergütungen 220
BOINC 323
Braiins OS 212
Brandrisiko 329
BTCMiner 215
Bürgerkrieg 253
Burn-Adresse 87
Bylls 267
Byzantinische
   Generäle 55

C

Canaan 177
Capital Expenditures
   (CapEx) 220
Carmichael-Zahlen 41
Cash App 276
Cash-Burn-Rate (CBR) 291
CGMiner 215
Chain Tip 82
Change 64
Change-Adresse 65
Client-Server-Netzwerke
   60
Cloud-Mining 98–99, 129
   Vergleich mit Pool-
      Mining 99
   Vor- und Nachteile 99
Coin-Age 79, 83
Coinbase 267, 276
Coin Bills 267
Coin.Dance 97
CoinDesk 250
CoinGate 266
CoinJournal 250
CoinMarketCap 259
Coin Mine 178

Stichwortverzeichnis

Coins
 frische 306
 zentralisierte Offerings 140
Cointracking 282
CoinWarz 142, 240
Cold Wallets 178
Colocation-Service 188
Community 160
Computerausrüstung 167
Core-Software von Kryptowährungen 214
Cost Averaging 278
CPU 203
CPU-Mining 92, 209
Crossover-Mining 74
Cryptofolio Tax 282
Crypto Mining Tools (Website) 241
CryptoNightR 150
Crypto Trader Tax 282
Curecoin 323
Custodial Wallets 60, 179, 256
Cybercash 31

D

DASH 84–85
Datenbank 34
delegated Byzantine Fault Tolerance (dBFT) 86
delegated Proof-of-Stake (dPoS) 86
Dezentrale Währungen 51
Dezentralisierung 161
Difficulty-Epoche 106
DigiCash 31
Digitales Geld 29
Dish Network 267
Dollar Cost Averaging (DCA) 278
Double Geometric Method (DGM) 120
Double-Spending 55
Durchsatz 324
Durchschnittskosteneffekt 278
 Verkauf 279
Dust 127

E

Easyminer 212
Eater-Adresse 87
EBang 177
Effizienz 226
 ASICs 171
 Ausrüstung 219
 Mining-Hardware 225
 und Profitabilität 246
Effizienzsteigerung 101
Effizienzvergleich 227
E-Gold 31
Eigentumsnachweis 54
Eigentumsrechte 34
Einnahmen 238
Einsteiger 113
Electricity Cost Averaging 279
Elektroinstallation 186
Emissionsrate 54
Energiebedarf ermitteln 230
Energiekostenmessgerät 230
Energiequellen, alternative 249
Energieverbrauch 319
 im Vergleich 322
Energieversorger, Tarife 248
Equihash 75, 147
Equihash 192/7 151
Ereignisse, aktuelle 251
Ethash 74, 149
Ether 74
Ethereum 35, 85
 Fork 253
 Mining-Pools 117
 Netzwerk 74
Ethereum Classic 253
ethos 211
Evolution des Mining 91
Exahashes 94
Exit Scam 177
Expansion 285, 315

F

Facebook 254
Faire Verteilung 326
Faltung von Proteinen 323
Fehlinvestitionen 219

Festplatte 207
Fiatwährung 138
Field Programmable Gate Array (FPGA) 93
Firmeneigene Tokens 140
Foldingcoin 323
FOMO-Investition 278
Forging 78
Fork 48, 251, 255
Fork-Kriege 251
FPGA-Chips 213
Frische Coins 306
Full Nodes 60–61
Full Pay-Per-Share (FPPS) 119
Fully validating nodes 61

G

Garantierte Profite 121
Gebäudekosten 220, 228, 237
Gebrauchtgerät 298
Geld, digitales 29
Gemini 276
Genesis-Block 33, 91
Gepatched 158
Geräuschpegel 247
Gesellschaftlicher Konsens 163
Gesetzliches Zahlungsmittel 103
Gewinn 233
GitHub 155
Goppa-Codes 41
GPU 92
GPU-Miner bauen 198
GPU-Mining-Rigs 177, 197
GPU-Riserkarte 206
Grafikkarten 204
Grafikprozessor 205
Graphical Processing Unit 204
Grenzen, physikalische 102
Gridcoin 323
Grin 313
Gyft 267

H

H4SHR8 211
Halbierungen 261
Halong Mining 177
Händlerkonto 30

Hardware 167, 189
  Effizienz 225
  gebrauchte 298
  Hersteller 176
  Kosten 174, 220
  Nutzungsdauer 175
  Schnäppchen 318
  Wallet 180
Hash 35
Hashes
  vs. Solutions 223
Hashing 35, 68
Hashing-Board 227
Hashrate 94, 143, 221, 225
  angegebene 168
  Einheiten 145
  Konverter 235
  Marktplätze 315
  und Sicherheit 158
  verkaufen 290
HDD 207
Heizlüfter 246
Hive OS 212
Hodln 269, 281, 296
Honeyminer 116, 130, 211
Hot Wallets 178
Hybrides Proof-of-Stake/
  Proof-of-Work 82
Hybridwährungen 83
  Beispiele 84
  Nachteile 85
  Vorteile 85

I

Immersionskühlung 317
Inflationsrate 54
Infrastruktur, bestehende
  nutzen 186
Initial Coin Offerings 329
Innosilicon 177
Input 64
Internetmodem 194
Internet über Satellit 183
Internetverbindung
  182, 194
Investitionsblase 326
Investitionskosten 220
IP-Scanner 195

J

Joule 171
Joule/Hash 171

K

Kabel 206
Kapitalrendite 233, 238
  berechnen 219, 233
  steigern 309
Klimatisierung 220, 317
Konsens 35, 252
  gesellschaftlicher 163
Konsensalgorithmen 56
Kontrollinstanz, zentrale 54
Kosten
  Hardware 174
  senken 245
Kraken 275
Kreditinstitute 31
Kreditkarten 30
Kreditkartentransak-
  tionen 325
Kritikpunkte 319
Kryptoanarchist 109, 269
Kryptografie 39, 54
Krypto-Miner 53, 78, 108
Kryptominen 48
Kryptowährungen 29, 51
  Algorithmen 145
  alternative 311
  auswählen 137
  Bestandteile 46
  Börsen 275
  Detailseite 152
  einsetzen 265
  Geschichte 30
  Guthaben 47
  hodln 269
  Homepage 155
  investieren 271
  Lebensdauer 157
  Legalität 102
  Marktpreis 233
  Netzwerk 59
  neue 312
  pseudonyme 46
  recherchieren 141
  Reserven 291
  spenden 271
  Staub 127
  umtauschen 266
  verschenken 272
  verschiedene schürfen 246
  Vertrauen schaffen 54
  wechseln 290, 302

Kryptowährungsadresse 127
Kühlung 228
  effiziente 317
  Kosten vermeiden 317
Kurseinbruch 298
Kursschwankungen 296

L

LAN-Verbindung 194
Latenz 183
LCPoA 88
Lebensdauer 157
Legale Zahlungsmethode 103
Legalität von Kryp-
  towährungen 102
Leistungsaufnahme 170
Leistungsmessgerät 230
Libra 254
Lieferkette 34
Lightweight Node 62
Limited Confidence Proof-of-
  Activity 88
Lindy-Effekt 157
Listening Node 61
Litecoin 35, 74
  Mining-Pools 117
Living Room of Satoshi 268
LocalBitcoins 276
Lüfter 208
Lyra2v2 147
Lyra2z 150

M

Mainboard 202
Malware 225
Marktabschwung 290
Markteinbruch 299
Markterholung 298
Marktindikatoren 272
Marktkapitalisierung 49
  realisierte 274
Marktpreis 233
Marktvolatilität 299, 301
Masternodes 85
Maus 208
Mayer Multiple 272
Mehrfachausgaben 55
Memory Pool 51, 66
Merkle Report 250
Messari 250
Metcalfesches Gesetz 161
Microsoft 267

Mikrotransaktionen 127
Millicent 31
Miner 53, 79
Miner der letzten Instanz 108
Mine Shop 178
Mining-Betrieb
   erweitern oder
      modernisieren 268
   Mining vs. Investition 280
   Steuer 280
   vergrößern 268
Mining-Farmen 98
Mining-Foren 157
Mining-Pool 96, 114, 224
   Anreize und
      Vergütungen 118
   Ausrüstung 115
   auswählen 97, 115
   Auszahlungen 116
   bekannte Pools 117
   Gebühren 122
   Honeyminer 130
   Ideologie 120
   Informationen 232
   prozentualer Anteil 123
   Recherche 128
   Reputation 121
   Serverauswahl 126
Mining-Rig 52, 56, 189
   poolspezifische
      Einstellungen 126
   Rahmen 199
Mining-Runde 114, 118
MiningSky 178
Miningstore 177
MiningStore AU 178
Minting 78
Modernisierung,
   Ausrüstung 246
Monero 75
   Mining-Pools 118
Mooresches Gesetz 101
Mother of Dragons 213
Multi-Level-Marketing-
   Systeme 121
MVRV Ratio 274

N

Nachbarn 330
Nachtstromtarif 248
Nakamoto, Satoshi 33
Nationalstaaten,
   Beteiligung von 102

NEO 87
NeoScrypt 148
NetBSD 252
Netzteil 185, 191, 207
Netzwerk-Hashrate 231
Newegg 266
NiceHash 116, 211
Niedrige Kurse 297
Node 35, 51, 59, 96
   räumliche Verteilung 163
   Typen 61
Nonce 69, 73
Nonlistening Full Node 61
Nutzungsdauer,
   Hardware 175
NVT Ratio 273
NVT Signal 273
NXT 80

O

Off-Chain-Daten 251
Öffentliche
   Schlüssel 41, 47
Online-Marktplätze 318
Online-Profitabili-
   tätsrechner 239
OpenBSD 252
Operational
   Expenditures 229
OpEx 229
Output 64
Overstock 266

P

Paid by Coins 268
Panda Miner B Pro 178
Paper-Wallet 179
Pay-Per-Last N Shares
   (PPLNS) 119
Pay-Per-Share (PPS) 119
PCIe-Stromkabel 192
PDU 185
Peercoin 85
Peercoin-Whitepaper 77
Peer-to-Peer-Kryp-
   towährungssystem 58
Peer-to-Peer-Netzwerk 33, 60
Petro 103
PHI2 151
Physikalische
   Grenzen 102
Piixpay 268
ping-Befehl 196

PIVX 85
PoA 88
PoB 87
PoC 88
PoET 88
Poloniex 276
Pool-Account 125
Poolgebühren 122
Pool-Mining 95, 99, 168, 210
   Einnahmen berechnen
      236
   Programme 211
   Vergleich mit
      Cloud-Mining 99
   Vor- und Nachteile 97
Pool-Software 209
Poolspezifische
   Einstellungen 126
PoS 77, 140
PoS-Kryptowährungen 80
PoW 71, 140
Power Distribution Unit 184
Preise, Hardware 174
Preisinflation 329
Premined-Coins 76
Premining 48, 312
Primecoin 323
Primzahlen 323
Private Schlüssel 41, 47
   Nachrichten signieren 43
Problem der
   byzantinischen
   Generäle 55
Profitabilität 141, 219
   durch Effizienz 246
Profitabilitätsrechner
   153, 239–240
Programme für das
   Pool-Mining 211
Proof-of-Activity 88
Proof-of-Burn 87
Proof-of-Capacity 88
Proof-of-Elapsed Time 88
Proof-of-Stake 56
   Algorithmen 77
   Auswahlverfahren 78
   Funktionsweise 78
   hybride 82
   Nachteile 81
   Vorteile 81
Proof-of-Work 56
   Algorithmen 71
   Anwendungen 73

Beispiele 74
hybride 82
Nachteile 76
Rechenaufgabe 68
Vorteile 75
Prozessor 203
Prozessor-Benchmarks 224
Prozessor-Testprogramme 225
Pseudonyme Kryptowährungen 46
Public Key 41
Public-Key-Verschlüsselung 41, 66

R

Rackmontage 190
Racks 189
Rahmen für Mining-Rigs 199
RAM 207
Raumkosten 228
Räumliche Verteilung 163
Realisierte Marktkapitalisierung 274
Recent Shared Maximum Pay-Per-Share (RSMPPS) 120
Rechenleistung 101
 verschwendete 322
Rechenzentren 187, 228
Recherche 141
Rechtlicher Status 103
Reinvestition 283
Rentabilität 239
Replay-Attacke 255
Replay Protection 254
Ressourcen einschätzen 260
Return on Investment (ROI) 233, 309
 berechnen 219, 238
Ringsignaturen 75
Riserkarte 206
ROI *siehe* Return on Investment
Router 194

S

Saldo 38
Satellitenzugang 183
Schalldämpfer 330

Schlüssel,
 öffentliche und private 41, 43, 47
Schwerlastregal 191
Score Based System 120
Scrypt 146
Serverauswahl 126
SHA-256 146
SHA-256-Miner 168
ShapeShift 277
Shared Maximum Pay-Per-Share (SMPPS) 120
Shark Mining 177
SimpleMiningOS 212
Skalierbarkeit 315, 324
Software 210
Software-Wallets 60
Solarenergie 249
Solarpaneele 249
Solo-Mining 95
 Einnahmen berechnen 234
 einrichten 214
 Risiken 113
sols 223
Solutions 223
Speicher 207
Spekulieren 311
Spend 267
Spenden 271
Spieltheorie 76
SPV (Simple Payment Verification) Node 62
SSD-Laufwerke 208
Stack Exchange 251
Standort, Mine 182
Statistiken 275
Staub 127
Steckerleisten 184, 193
Stellar 49
Steuern 269, 280
Steuerpflicht 311
Steuerzahler 269
Strom, billiger 315
Stromkosten 220, 229, 237
 berechnen 230
 senken 247
Stromleisten 184, 193
Stromverbrauch 320
Stromverbrauch ermitteln 229

Stromversorgung 184, 191
Subventionsvergütungen 326
Super Node 61

T

Tarifstruktur der Energieversorger 248
Tastatur 208
Terahashes 94, 145, 168
Testprogramme, Prozessor 225
Todesspirale 105
Token Tax 282
Transaktion
 verifizieren 66
 verschicken 63
Transaktionsgebühren 53, 64, 220
Transaktionsgeschwindigkeit 324
Transaktionsnachricht 43
Tribus 151
Trusted Setup Ceremony 75
Trustless 52

U

Übertaktung 226
Überwachung einer Lieferkette 34
Umrechnungskurs 220
Umtausch, Kryptowährung 266
Uncles 82
Unternehmen 104
 Beteiligung von 102
Unveränderbarkeit 36, 52

V

Validator 79
 dPoS 86
Verkaufen
 Börsen 275
 Durchschnittskosteneffekt 279
Verkaufszeitpunkt 272
Verlust 233
Verschiedene Kryptowährungen schürfen 246
Verschlüsselung 39
 Public Key 41
Verschwendete Rechenleistung 322

Verteilung der Nodes 163
Verteilung, faire 326
Vertrauen 54
Verwahrungsrisiko 280
Virgin Galactic 267
Volatilität 289, 299, 326
   Charts 301

W

Wahrscheinlichkeit
   Auszahlung 119
Währungen,
   dezentrale 51
Wallet 37, 46, 178
   absichern 180
   Arten 178
   Backup 180
   Custodial 60
   Sicherheit 179
   Verzeichnis 179
Wärmeabgabe 247
Wärmeleitpads 204

Wärmeleitpaste 204
Wärmetauscher 247
Wartungskosten
   219, 227, 237
Watt 170
Wattleistung 144
Wattstunden 170
Wechselkurse 233
Wettbewerb 260
Whatsminer 177
What to Mine (Website)
   240
Whitepaper
   Bitcoin 32
   Lightning Network 325
   Peercoin 77
Wikipedia 156
Windenergie 249
Wirtschaftlichkeit 165
Witnesses 86
Woobull Bitcoin
   Volatility 300
World Wire 104

X

X11 148
X16R 149
X16S 150
Xevan 151

Z

Zahlungsmittel,
   gesetzliche 103
Zcash 75, 259, 313
ZCash
   Mining-Pools 118
Zeitpräferenz 175
Zeitpunkt für den
   Einstieg 310
Zen Ledger 282
Zentralisierte Coin-Offerings 140
Zentralisierung 327
Zhash 150
Ziele 138

Diese Bücher könnten Sie auch interessieren

T. Laurence

Blockchain für Dummies

2. Auflage 2019 **ISBN:** 978-3-527-71667-8
230 Seiten

Format: 176 mm x 240 mm
Ladenpreis: 22,99 €*

Lernen Sie das Potenzial der Blockchain kennen. Finden Sie heraus, was die Blockchain für Sie und Ihr Unternehmen tun kann. Verbessern Sie mit der Blockchain die Sicherheit Ihrer Daten.

H. W. Lang

Kryptografie für Dummies

1. Auflage 2018 **ISBN:** 978-3-527-71457-5
300 Seiten

Format: 176 mm x 240 mm
Ladenpreis: 24,99 €*

Kryptografie ist ein wichtiges Teilgebiet der IT-Sicherheit. In diesem Buch erfahren Sie das Wesentliche über mögliche Angriffe, grundsätzliche Sicherheitsbedürfnisse und Lösungen, die die moderne Kryptografie bietet.

G. Harvey

Excel 2019 Alles in einem Band für Dummies

1. Auflage 2019 **ISBN:** 978-3-527-71608-1
790 Seiten

Format: 176 mm x 240 mm
Ladenpreis: 24,99 €*

Dieses Buch zeigt Ihnen, wie Excel funktioniert: verständlich und umfassend. So bietet es Neulingen einen leichten Einstieg und geübten Excel-Nutzern ein praktisches Nachschlagewerk.

*Der €-Preis gilt nur für Deutschland. Preisänderungen und Irrtümer vorbehalten.

Diese Bücher könnten Sie auch interessieren

R. Otte

Künstliche Intelligenz für Dummies

1. Auflage 2019   **ISBN:** 978-3-527-71494-0

458 Seiten

Format: 176 mm x 240 mm

Ladenpreis: 24,99 €*

Mit diesem Buch bringen Sie sich auf den aktuellen Stand beim Thema »Künstliche Intelligenz«: Verstehen Sie die zugehörigen Algorithmen, lernen Sie Industrieanwendungen kennen und finden Sie heraus, was künstliche Intelligenz noch nicht kann.

K. Beaver

Hacken für Dummies

5. Auflage 2018   **ISBN:** 978-3-527-71551-0

390 Seiten

Format: 176 mm x 240 mm

Ladenpreis: 24,99 €*

Erfahren Sie in diesem Buch, wo Hacker in Ihren IT-Systemen Angriffsstellen suchen (und finden) und wie Sie sich dagegen schützen können.

W. Gerken

Datenbanksysteme für Dummies

2. Auflage 2018   **ISBN:** 978-3-527-71526-8

376 Seiten

Format: 176 mm x 240 mm

Ladenpreis: 22,99 €*

Dieses Buch vermittelt Ihnen alles Wichtige zu Datenbanksystemen – von den verschiedenen Modellen und Architekturen über die Modellierung passend zu einer Aufgabenstellung bis hin zur Implementierung. Mit zahlreichen Übungsaufgaben und Musterlösungen.

*Der €-Preis gilt nur für Deutschland. Preisänderungen und Irrtümer vorbehalten.